潘祖蔭日記

蘇州博物館 編
潘祖蔭 著
呂健 點校

圖書在版編目(CIP)數據

潘祖蔭日記／蘇州博物館編；(清)潘祖蔭著；吕健點校. —上海：上海古籍出版社，2022.11
ISBN 978-7-5732-0217-8

Ⅰ.①潘⋯　Ⅱ.①蘇⋯②潘⋯③吕⋯　Ⅲ.①潘祖蔭(1830-1890)—日記　Ⅳ.①K827=52

中國版本圖書館CIP數據核字(2021)第270490號

2016年度國家古籍整理出版專項經費資助項目

潘祖蔭日記

蘇州博物館　編
潘祖蔭　著
吕健　點校

上海古籍出版社出版發行

(上海市閔行區號景路159弄A座5F　郵政編碼201101)

(1) 網址：www.guji.com.cn
(2) E-mail：guji1@guji.com.cn
(3) 易文網網址：www.ewen.co

常熟市人民印刷有限公司印刷

開本635×965　1/16　印張24.75　插頁2　字數286,000
2022年11月第1版　2022年11月第1次印刷
印數：1—2,100

ISBN 978-7-5732-0217-8

K·3125　定價：108.00元

如有質量問題，請與承印公司聯繫

前　言

　　蘇州博物館位於山水清嘉、人文秀逸的蘇州城内,自1960年建館至今,一直致力於古籍文獻的收藏與保護,是全國古籍重點保護單位。蘇州博物館收藏有中文古籍10萬餘册,雖不云多,然亦可曰精善。尤其是佛教經卷、地方文獻、碑帖拓片、名人手稿等,均是極具特色的館藏珍品。其中,67種古籍先後入選《國家珍貴古籍名録》,127種古籍入選《江蘇省珍貴古籍名録》。在這些古籍文獻中,名人稿本日記是蘇州博物館清代古籍文獻的一大特色。其中,最具代表性的當屬稿本《潘祖蔭日記》。

　　潘祖蔭(1830—1890)字伯寅、東鏞,小字鳳笙,號鄭盦。吴縣人,潘曾綬長子。道光二十六年(1846)順天鄉試挑取謄録;二十八年(1848)因祖父潘世恩八十大壽,恩賞舉人;三十年(1850)考取國子監學正學録記名;咸豐二年(1852)中一甲三名探花,授翰林院編修、侍讀,累遷南書房行走、侍講學士等職,爲同治、光緒帝師。歷官工、刑、禮、兵、户五部尚書,軍機大臣,加太子太保銜。宦海沉浮數十年,以"學問淵通,才猷練達"著稱。他曾典鄉試覆閲卷13次,會試覆試、朝考、散館閲卷各7次,殿試讀卷4次,考試試差、優貢朝考閲卷各4次,拔貢朝考閲卷2次,考試御史閲卷6次,考試漢教習閲卷2次,考試孝廉方正閲卷5次,考試謄録閲卷3次,還多次任武科主考官。範圍之廣、次數之多,在歷代爲官者中都是罕見的。還曾主持纂修《治平寶鑑》《藝文備覽》《穆宗毅皇帝全集》《穆宗毅皇帝實錄聖訓》等典籍。

潘祖蔭秉性直爽，敢於直諫，不計禍福。咸豐十年（1860）三月，左宗棠在湖南巡撫駱秉章幕府中襄理軍務，頗受器重，而爲忌恨者所參劾，罪將不測。潘祖蔭三次上疏密保，說明左宗棠爲人誣陷，並薦其能，"於地形厄塞險要，瞭若指掌——湖南不可一日無宗棠"。左宗棠因此獲起用，隨同曾國藩襄理軍務，後獨領一軍，並成爲"同治中興"的名臣。

潘祖蔭爲尋求鞏固統治的良方費盡心機，曾上疏拯救之策和團練章程。咸豐十一年（1861），他提出"勤聖學"、"求人才"、"整軍務"、"裕倉儲"、"通錢法"等建議；他認爲應該讓"在廷大小諸臣，各抒所見，各舉所知，廣開言路，毋拘常例。果有學識超群、名實兼副者，破格錄用"。他還提出"免各省之錢糧，以蘇民困；汰釐捐之名目，以紓民力；嚴行軍之紀律，以拯民生；廣鄉會之中額，以收士心"等時務良策。自宋元以來，吳地賦稅最重，蘇、松、太尤甚。同治二年（1863）四月，潘祖蔭上疏請減江蘇賦額，得旨允行，"千載積痛，一朝而起，四郡歡躍，額手皇仁"。光緒七年（1881）中俄《伊犁條約》簽訂，潘祖蔭等條陳善後策：練兵、簡器、開礦、造船、籌餉等五事。光緒十六年（1890）六月，順天府二十個州縣遭水災，他與府尹陳彝籌放義賑，疏請添設粥廠，以便附近災民就食；此後，又因"饑民衆多，轉瞬嚴寒，生路更窘"，奏請給米撥銀，添設粥廠。是年十月，潘祖蔭患病，但仍忙於賑災，還疏請撥銀，以備災民越冬。不久，因病情加重請假，僅三天即去世。當時，由於畿輔遭大災，饑民流轉於京城的有數萬人，"皆仰食於公"，聞耗後無不悲痛，號泣之聲震於郊野。李慈銘《潘文勤公墓誌銘》中說："蓋近百年來，公卿薨逝未有得人心如此者也。"

潘祖蔭才識高卓,辦事幹練、勤快,"遇事理解,批牘答簡,運筆如風,無不洞中利弊"。任刑部、工部尚書時,"積年百廢俱舉,官吏秉成,嚴而不苛"。他爲人謙恭,遍交天下士。又愛惜人才,取士不限一格,"有一技之長,終身言之不去口";"其主文也,務得魁奇、沈博之士"。

潘祖蔭自幼涉獵百家,精通經史,學尊公羊,工書法詩詞。擅楷書,尤嘉校讎之學,好搜羅善本秘笈,又醉心金石碑版,是近代金石考證學承前啓後的重要人物。聞有彝器出土,"傾囊購之,至罄衣物不恤",所得有史頌鼎、盂鼎、克鼎等,都是稀世無價之寶,曾輯有《攀古樓彝器款識》二卷。所藏圖書、金石之富,甲於吳下,聞名南北。他每得一書,必加評釋,著成《滂喜齋讀書記》二卷、《滂喜齋宋元本書目》一卷,曾刊有《滂喜齋叢書》和《功順堂叢書》。

蘇州博物館所藏《潘祖蔭日記》共12册,其中同治二年1册,光緒七年1册,光緒八年1册,光緒九年1册,光緒十年1册,光緒十一年3册(分別是正月初一日至五月初九日1册,五月初十日至十月二十九日1册,十一月初一日至十二月三十日1册),光緒十二年1册,光緒十三年1册,光緒十五年1册,光緒十六年(正月初一日至十月廿九日)1册。同治二年日記所用乃朱絲欄鈔紙,版框尺寸爲16.8×12.8釐米,每半葉10行,行字數不等,紅口,四周雙邊,雙紅魚尾。光緒九年正月廿二日至十二月三十日、光緒十一年正月初一日至五月初九日所用藍絲欄鈔紙(因丁父憂,故改用藍色稿紙),其餘年份均爲紅色,版心下鐫有"滂喜齋"字樣,版框尺寸爲14.0×9.5釐米,每半葉9行,行字數不等,白口,四周單邊,無魚尾。因爲潘祖蔭將此種稿本攜帶在身邊朝夕相處,閑來無事時便在書衣及空白處鈐蓋印章,故各册書衣均滿覆印蛻,書中亦朱白燦然,累累皆是,如"千載一時"白方、"如願"朱橫長、"八囍齋"朱卵圓、"快哉軒"白方、"文字之福"白方、"吉祥喜語"白豎長、"八願齋"白方、"日報平安福"白方、"報國在年豐"朱方、"壬午"朱豎長(此印有三種,各不同)、"壬午"白豎長、"出吉入利"朱界格方、"癸未"朱方(此印有兩種,各不同)、"癸未"朱豎長(此印有兩種,各不同)、"御賜歲歲平安"朱豎長、"御賜松竹並茂"朱豎長、"御賜延年益壽"朱白雙文豎長、"御賜□□延祥"朱豎長、"乙酉"朱方、"羽琌山館"朱界格方、"紅蝠書堂"朱界格方、"晚晴軒"朱界格豎長、"丹楓草閣"白方、"怡園"白方、"讀易堂"白方、"大阜鄆"朱方、"讀喜堂"白方、"盂孌齋"朱方、"八願齋"白方(又一種)、"分廛百宋移架千元"朱方、"老學廬"朱白雙文方、"晚香盦"白方、"丙戌"朱豎長、"丙戌"白方、"如願"白圓、"銅鼓齋"朱方、"如願"白方、"如願"朱豎長、"滂喜"朱豎長、"説心堂"朱方、"百宋千元"朱方、"南齊共奉"朱方、"足軒"朱方、"丁亥"白方、"丁亥"白豎長、"寶藝齋"朱豎長等。

此外,該日記版式字體與上海圖書館所藏《潘文勤公日記》相同。上圖所藏爲光緒十四年册,蘇州博物館所藏恰缺光緒十四年,故可將兩書綴合爲一部。

《潘祖蔭日記》的主要內容大致包括:上朝議政、職務變遷、政務工作、交遊書信、金石圖書、花銷帳目及身體狀況等。其中,上朝議政、政務工作、交遊書信占了絶大部分,每天接待訪問親友和收發信件的名單是必不可少的。花銷只有在金石圖書購買時才簡略記録。此外,在日記中可以發現潘祖蔭在收發信件或物品以及經手銀兩時會逐一蓋上很小的朱色鈐印。從時間上看,稿本《潘祖蔭日記》記載了潘祖蔭同治二年(1863)和生前最後十年的生平。最後一册光緒十六年(1890)記録了潘祖蔭逝世前一天的絶筆:"十月二十九日乙丑。鳳石來診,周姓診。"從內容來看,每條日記記録都很簡單,信件只記人名不記內容;訪客只留姓名,不記談話。這與他的好友翁同龢、葉昌熾、李慈銘的日記大不相同。雖然内容精簡，但是稿本《潘祖蔭日記》仍然爲我們提供了較爲豐富的第一手材料，是潘祖蔭生平研究的重要文獻依據。

文物出版社於 2016 年影印出版《蘇州博物館藏晚清名人日記稿本叢刊》，收録了《潘祖蔭日記》。此次點校整理采用繁體横排形式，整理原則如下：

一、整理所用底本均爲潘祖蔭手稿，漫漶或難辯文字以"□"代替。

二、稿本中涉及人名的異體字、古今字，只要不甚生僻，仍屬一般古籍的通用字，原則上不作規範性統一。

三、稿本行文中涉及國家、朝廷、上司、宗族、長輩等所用的"抬頭格"均不予保留。

吕　健

本書稿整理難度較大，幸得本社占旭東、上海博物館柳向春二位先生審閲，是正良多，謹此致謝。

本社啓

目　録

前言 …………………………………………………………… 1

同治二年 ……………………………………………………… 1
光緒七年 ……………………………………………………… 27
光緒八年 ……………………………………………………… 57
光緒九年 ……………………………………………………… 83
光緒十年 ……………………………………………………… 115
光緒十一年 …………………………………………………… 139
光緒十二年 …………………………………………………… 191
光緒十三年 …………………………………………………… 229
光緒十四年 …………………………………………………… 271
光緒十五年 …………………………………………………… 311
光緒十六年 …………………………………………………… 349

同治二年

　　同治二年癸亥，元旦。慈寧門行三跪九叩禮，乾清門行三跪九叩禮，補眼花衣。禮畢，換補褂常服。奉敕恭代御筆，陝西淳化縣關帝廟"顯佑綏疆"扁一面，城隍廟"神功佑順"扁一面。歸，天地神佛前行禮。尊長前叩賀。秋谷來。

　　初二日。入直，派擬惠親王五十扁對。派小寫。碩卿、珊士來。

　　初三日。入直，見昨日上諭："宗人府著潘祖蔭署理，欽此。"勉甫、珊士來。

　　初四日。正陽門關帝廟拈香。入直，具摺謝恩。

　　初五日。入直。劉南卿招，辭之。孔繡山招，辭之。

　　初六日。入直。胡月樵鳳丹招，辭之。

　　初七日。入直。拜劉蘭墅。

　　初八日。入直。勉甫、陸涑文來。

　　初九日。入直。孝侯視學山右。

　　初十日。入直。

　　十一日。入直。同鄉謝恩。派寫天壇神牌。珊士來。

　　十二日。入直。許、楊俱未到。許師自初二以後未入直。派寫《帝鑑圖說》十六張，本日呈繳。秋谷來。

　　十三日。入直。楊到。刷印《陰騭文闡義》一百六十四部。價壹百六十二吊，又八十吊。賀孝侯，訪修伯。

十四日。入直。

十五日。入直。楊到。賞元宵。祝許太師母壽。

十六日。入直。杜雲巢師招松筠菴。

十七日。入直。許、楊到。

十八日。入直。許、楊到。曹子千毓英來。

十九日。入直。鄭心廉先生觀壽授姪成縠讀。

二十日。入直。勉甫來。

廿一日。入直。楊到。

廿二日。入直。楊到。

廿三日。入直。楊到。

廿四日。入直。楊到。卯刻,到宗人府任。

廿五日。入直。楊到。同青士招華峰、小岩於謝公祠。因體中不舒,未去。琴舫、康芝山來。

廿六日。入直。秋谷卅旬初度。聞俊民下世之信。以鳳翔信送議政王閱。

廿七日。入直。楊、許到。秋谷來。李理臣孝廉昭煒來,並寄到夏弢甫炘書及《景紫堂全書》二函,即覆之。

廿八日。入直。楊到。徐琴舫招同周叔芸、董研秋、沈仲復、李菊人、吳亦梅。秋谷、碩卿來。

廿九日。入直。楊到。同許師、楊兄招黃孝侯、宋錫蕃、彭子嘉於餘慶堂。胡石生又號英夫孝廉澍來。

二月朔。入直。楊。復俞恂卿書。門人吳綽、王廣寒、孔憲愨、孫紀雲來,萊山來。

初二日。入直。門人王師德來,葉蘭台來。復姚致堂函,致子青。

初三日。入直。楊。門人孟傳琦來。畢茂昭來。

初四日。入直。楊。首調元來。門人梁振英、黃維翰、趙思沅、錢奉助、任曰清、艾慶曾、艾文傑、李汝霖、李裕復、劉純熙來。高丈甲午貢齡、李李村、郭玉六來。

初五日。入直。許、楊。送孝侯行。孝侯來辭行。門人孔憲苴、孔憲蘭、孔繼煋、吳敦源、沙兆洽、田洪修、金紹庭來。門人高彤瑄、毛鴻龍、姜桐岡、陳秉和、慕芝田來。

初六日。入直。門人鄒振岳來，方勉甫來。

初七日。入直。楊。諸門人來。

初八日。入直。楊。諸門人來。

初九日。入直。楊。諸門人來。

初十日。入直。楊、許。諸門人來。

十一日。入直。楊。諸門人來。子嘉來。

十二日。入直。楊。諸門人來。修伯、勉甫、丁默之來。

十三日。入直。胡榮寶來。

十四日。入直。楊。許師入闈。訪邵汴生。楊協卿、鄭心雅孝銘來，海鄒子也。

十五日。入直。楊。訪朱久香師。晚間不舒，夜延柳岑診。

十六日。未入直。楊。發燒，遍身作楚，延柳岑診。服兩劑。碩卿、秋谷來，門人來，俱未見。

十七日。具摺請假，賞十日。寶笙、苕村來。仍服柳岑藥兩劑。

十八日。咳嗆尚未愈，熱亦未淨。服柳岑方。碩卿、秋谷來。

十九日。仍服柳岑昨方。

二十日。仍服柳岑方。袁啓豸、濱石來。

廿一日。張輝山、王仲宣來。遣人賀仁師令愛下定，知仁師假十日。秋谷來。

廿二日。趙毓芝、公道東、石裕紳、吳重憙來。辛兄來，本日到京。仍服柳岑方。金紹庭、勉甫來。虞汝平來。辛兄、秋谷、碩卿來。李端遇、陳象灝、丁耀時、鄭允修來。

廿三日。祝沈鳳墀六十，賀琢如令郎完姻。魏培楠、李兆梅、楊敬廷、高彤瑄、劉文驤來。

廿四日。楊。銷假請安。送周、載、杜、許師處帶見贄敬各十二兩，廿六帶見。黃體芳、韓丕耀來。汴生來。聞俞襲芸躍井死，傷哉。李蘭蓀說。

廿五日。引見時，跪安。雨。

廿六日。入直。楊。梁同澤、孔憲愨、孟傳琦來。招辛、秋、譜、莘甫、揆初、碩玉、森誦清飲。

廿七日。入直。楊。李之青、馬天房、郭森、林天齡、秦誼亭來。

廿八日。入直。楊。馬天房、田洪修、吳其珍、吳福謙來。

廿九日。入直。珊士、辛芝、金鳳梧來，勉甫來。訪采南。

三十日。入直。楊、許。高梧來。鍾孟鴻、邱廷樞、魏培楠、采南、駕航來。

三月朔。入直。楊、許。許達京、鍾孟鴻、鍾覺黎龐貴卿門人、田洪修來。得張雲騫信。

初二日。入直。楊。光祿寺值日。誼亭索瑥卿信。招裕興飲。駕航招吳竹如來。

初三日。入直。風。派寫樂安寺額。

初四日。入直。楊。宋雪帆招，辭之。勉甫、汴生來。

初五日。入直。楊、許。陸儀卿慎言來。

初六日。入直。濱石分校禮闈。辛芝、秋谷招。

初七日。入直。復筠仙、雲騫書。

初八日。入直。

初九日。入直。李元善春舫、徐琴舫來。

初十日。入直。光禄寺值日。與仁師遇於内閣。知會試題："大畏民志"二句、"其養民也惠"二句、"於是始興發"四句,詩"譬海出明珠"得"才"字。碩卿來。

十一日。入直。答吳竹如。

十二日。入直。許。寫御筆《心經》籤帶。洪張伯來。

十三日。入直。黎公民來。

十四日。入直。汴生、芍亭來。

十五日。入直。許。囑珊士爲余選定律詩。

十六日。入直。許。辛、谷來,並出文閲之。

十七日。入直。上詣大高殿祈雨。王長申、王師德來。

十八日。入直。值日。魏培楠、方勉甫、鄭淑詹、張庭詩來。董竹坡招,辭之。招辛、秋。

十九日。入直。劉伯芙、李詔白龐門生、孔昭瑾、孟傳琦、陶鳳超陞、虞汝平、趙善全、諸葛樟、金紹庭、田洪修來。

二十日。入直。朱學爽、薛俊、趙朗甫來。袁啓豸、孔憲慤、李樹田來。

廿一日。入直。相龍章、車翹、蘇貽英、丁鳳年、屈秋泰、吳重熹來。

廿二日。入直。許。畢茂昭、吳懷卿、鄭心雅、高肜瑄、碩卿來。

廿三日。入直。許。萬壽聖節,前三後三常服朝珠,行禮時補褂。上御乾清宫。王公以下行禮。賞壽桃一盤。龐永齡來。楊紹程、傅譜來。

廿四日。入直。李端遇、魏培楠、王漸鴻、公道東、趙毓芝、仁師來。中額滿七,蒙二,漢五。直廿,奉三,山東十八,山西七,河南十九,陝六,蘇十四,安七,浙十一,江十七,湖北十一,湖南八,福八,廣東十二,四川五,雲三,貴三。

廿五日。入直。許。吳仲懌、韓丕耀來。吳懷卿來。

廿六日。入直。許。龔顯曾來。王廣寒來。張椿齡來。李菱洲來。

廿七日。入直。馬東垣來。雨。上詣大高殿祈雨。

廿八日。入直。辛兄、韓丕耀來。辛兄又同秋谷來。李兆梅、龐永齡、孫翰卿、文明、王澤普來。

廿九日。入直。許。梁振英送文出韻。魏石村來。山左門人公送席。派充磨勘官。許達京、袁廷俊、李樹田來。大雨。

三十日。入直。四叔加按察使銜,辛芝侍讀銜,小雅花翎,小匡加銜花翎。發下御筆《心經》,寫簽帶。邵汴生來。

四月朔。許。派寫《帝鑑圖說》簽。賞晾羊、風豬。陸之幹、俞紹萊、王文榮、錢保塘來。

初二日。入直。派寫《圖說》册引首"萬世玉衡"四大字。袁啟豸、沈鳳墀、方勉甫來。

初三日。入直。辛兄來。得姚致堂、尹杏農書,即復之,並子青信。

初四日。入直。值日。碩卿來。

初五日。入直。高彤瑄來。

初六日。入直。發季父稟。武福泰來。龐永齡來。辛、秋來。

初七日。入直。武福泰來。孔憲慤、吳仲飴、相文卿、辛兄來。賞浴佛日五香豆一碟。

初八日。入直。許。同許師、星叔、潤泉、辛、秋飲同興樓。門人獲售者,山東八人:張沇清、姜桐岡、丁鳳年、王文榮、李端遇、鄒振岳、張瑞麟、張蕙圃。丙辰薦卷一人，黃體芳。庚申覆試一人，高梧。命擬江西萬載縣城隍廟扁，派許。

初九日。入直。許。派書御用扇，唐王維詩二首，共一面，慈禧太后宸繪也。姜桐岡、陳珊士、李端遇、劉古山、丁鳳年、辛芝兄來。答丁竹侯。

初十日。入直。楊。磨勘班，未到。發下國史館列傳四本。訪碩卿、辛、秋。答觀唐。范持九、吳仲飴、鄒振岳、孔憲慤、張蕙圃、張瑞麟、王文榮來。

十一日。入直。許、楊。魏解元來。丁心齋、車翹、諸葛樟、虞汝平、趙善全、張椿齡、辛兄、碩卿來。

十二日。入直。張沇清、秋谷來。光禄寺值日。是日，上詣大高殿祈雨。

十三日。入直。楊。發下廣福寺扁額。楊。范鶴生、畢茂昭、李樹田來。

十四日。入直。許。辛兄來。陸吾山來。

十五日。入直。在懋勤殿閱蘇東坡《楂木詩》卷、趙子昂臨《十七帖》卷、仇十洲《太真上馬圖》、王齊翰《江山隱居圖》、蘇文貴《蕭寺圖》、曹雲西《溪山平遠圖》、董香光自書《告身卷》、《望山采菊圖》、《保母磚卷子》。香光藏本也。秋谷來。

十六日。入直。訪方勉甫、賀壽甫。訪叔平不值。袁啟豸來。藕船明日招於福泰，劉局，辭之。

十七日。入直。楊。命擬三姓、關帝廟、城隍廟匾額，派許。致藕船書。秋谷、李蕚客來。

十八日。入直。許。辛芝、秋谷來。勉甫、叔平來。

十九日。入直。在懋勤殿閱李伯時《吳中三賢圖》、趙伯駒《弘文雅集圖》、李伯時《五馬圖》、任仁發《飲中八仙圖》、唐張南本《華封三祝圖》錢陳群贊、姚允在《仿宋元六家山水卷》、梁楷《王羲之書扇圖》、張即之書《樓鑰汪氏報本菴記卷》、趙仲穆臨李伯時《番馬圖》、董邦達摹馬遠《瀟湘八景圖》、方琮摹黃大癡《富春山居圖》。招辛芝、秋谷、碩卿、誦清、譜琴於宴賓，遇駕航。

二十日。入直。值日。上詣大高殿祈雨。遞封奏一件。在懋勤殿閱陸治《上元譧集圖》，文徵明《石城草堂圖》，孫克宏畫花鳥卷，閻立本畫孔子弟子五十九人象蔣溥跋，姚公麟雜畫，趙伯駒《六馬圖》，范寬《秋山蕭寺卷》高江村詩，隋人書史岑《出師頌》張頷達善跋，文嘉、錢穀、文伯仁《半偈菴圖合璧》皇甫汸、黃河水、張獻翼、沙彌道魁、顧允燾、王世懋、王世貞、黃姬水詩，文嘉書。陶鳳超、郭森來。李和生來。碩卿來。訪錢馨伯。

廿一日。入直。許、楊。發下扇八柄繕寫，臣敬書三柄。辛兄來，即招辛兄、秋谷飲。

廿二日。入直。李和生來。

廿三日。入直。許、楊。招藕船、汴生、仲復、研樵、誼亭、玉雙、星洲於諫草堂。

廿四日。入直。許、楊。濱石具摺請假四月，開缺回籍省親。狀元翁曾源，榜眼龔承鈞，探花張之洞。午後雨。

廿五日。入直。楊。濱石謝恩。瀕行告予云："子好名之念太重，天之所忌，亦人之所忌也。以後韜晦爲妙。"翁仲淵歸第，同鄉俱集常昭館。勉甫來。

廿六日。入直。在懋勤殿閱張宗蒼仿黃公望筆意卷、《竹塢林亭卷》，唐子畏山水李季雲印，老松題簽，董文敏《麥餅宴詩卷》方朔印，馬軾、李在、夏芷分作《歸去來辭圖》，易元吉《聚猿圖》，周之冕畫花卉真跡，王著《千文》真跡，金潤《溪山真賞圖》，汪由敦臨王寵《諸葛亮出師表》，宋旭《西湖圖》，張宗蒼《蘭亭修禊圖》，王濛《聽松圖》八十三翁馬士英、王鐸題。

廿七日。入直。許。訪子嘉不值。晤錢笙。碩卿來。辛芝談竟日。

廿八日。入直。許。崑、新收復。賞帽緯一匣，袍料一個。在懋勤殿閱張照《千字文》高宗題、唐子畏《松陰高士圖》李季雲、朱德潤山水都穆題、李伯時《吳中三賢》又一、董邦達仿王詵《漁村小雪圖》、錢文敏《塞山雪景》、懷素《自敘》真跡、梁楷《右軍書扇圖》又一本、張宗蒼《雪溪帆影》、張照臨董臨蘇褉帖卷、文衡山《洛原草堂圖》康海、王九思、楊慎、薛蕙、唐龍、趙時春諸人題，江村跋，白貞夫札一坿後。

廿九日。入直。許師派閱卷。引見時磕頭謝恩。在懋勤殿摹東坡《橙木詩》墨跡、王著《千文》未竟。辛兄來。丁竹溪招文昌館。

五月朔。入直。許。賜角黍。錢辛伯、黃漱蘭、鄭心雅來。

初二日。入直。在懋勤殿摹王著《千文》。閱姚綬雜畫卷，顏輝《煮茶圖》，沈石田《西山雨觀》，張宗蒼《層樓曲棧》，莫是龍雜書，張宗蒼《惠山園圖》，錢維城《獅林全景》，沈石田寫生玉蘭、蟹蚌，林遹蘇軾詩帖卷，唐子畏、文衡山書畫合璧卷。在內閣晤仁師。諭旨："南書房翰林需人，著倭仁、賈楨於翰、詹各員內擇其品學端方者，酌保數員候旨考試。欽此。"

初三日。入直。許。在懋勤殿摹《千文》，並閱黃謁《雪獵圖》、高房山《秋山暮靄圖》、任仁發《出圍圖》、文衡山《姑蘇四景》、沈石田山水，沈士充子居《仿宋元十四家筆意》。晤碩卿、秋谷、高梧。武福泰、邵汴生丈、傅達泉、楊雪門來。同寶笙、汴生、月樵、辛甫、蓉州、植三公餞濱石。

初四日。入直。祝滇生先生壽。晤仁師。秋谷、珊士來。李端遇、鍾覺黎來。計內廷用童一百廿吊，銀三兩。孟、柳一百廿吊，劉五十吊，李卅六吊,戀勤一百廿吊,管四十二吊,報十二吊,朝房十八吊,各處節禮三百九十三吊。

初五日。入直。許。欠周四兩、李三兩。賜角黍。爲大人預祝。伯父、小匡、譜怡、味秋、玉森、誦清同飲。

初六日。入直。摹《千文》竟。大人散誕,小匡、亞陶、玉森、誦清、辛、秋、譜同飲。翰林院保送南齋三人,徐頌閣、歐陽用甫、孫萊山,初九日考試。

初七日。入直。許。摹子昂臨《十七帖》。萊山來,訪濱石。

初八日。入直。許。辛芝來,仁師來。

初九日。入直。許。在殿上見黃筌《柳塘聚禽圖》、陳閎《八公圖》、王煙客《晴嵐暖翠圖》。訪趙之謙益甫,吊朱修伯。徐頌閣來,歐陽用甫來。徐、歐皆本日奉旨直南齋者也。李村來。

初十日。入直。許師未到。王文榮、孫萊山來。

十一日。入直。許師未到。在殿上見李唐《雪景》、張師夔舜咨《樹石》、張訓禮《圍爐博古》、李士行遵道畫松、閻立本《竹林五君》。張瑞麟、張蕙圃、辛芝、秋谷、丁鳳年來。夜雨。

十二日。入直。賀頌閣、用甫。祝順之伯壽。晤秋谷、碩卿。李端遇來。

十三日。入直。在殿上見趙伯駒《漢宮圖》香光題、夏珪禹玉《西湖柳艇》、仇十洲《梅石撫琴圖》、仇十洲《移竹圖》、王石谷《晚梧秋影》南田題、郎世安《花底仙龍》、唐岱仿王叔明山水。辛芝來。三壇祈雨。上詣大高殿拈香。雨。

十四日。入直。許師未到。姜桐岡、武福泰來。招玉六、仁師、濱石、頌閣、用甫、勉甫於宴賓齋。勉甫因病不至。夜大雨。勉甫一兩,珊士四兩,劉蘭墅四兩。

十五日。入直。光禄寺值日。宗人府帶教習引見一名,李錫珍。濱石行。方壽甫來。

十六日。入直。在殿上見小李將軍《洛陽樓圖》香光跋不真,陳琳《溪鳧圖》、王蒙山水直幅《層巘疊嶂》、董北苑《龍宿郊民圖》香光、王橫雲題皆極佳,王原祁《虞山秋色》,張得天臨右軍《山川諸奇帖》。辛芝、碩卿、許達京、王廣寒、趙毓芝來。

十七日。入直。在殿上見荊浩《匡廬圖》、任仁發《花邨春慶圖》、馬遠畫雪景、王詵《九成宮圖》、趙雍《駿馬圖》、吳仲圭墨竹、錢選《五蔬圖》、冷枚《賞月圖》、冷枚人物畫幅、金廷標《鍾馗探梅圖》、金廷標《吹簫召鶴圖》。翁師入賢良祠,未去。

十八日。入直。許師未到。酷暑。在殿上見關仝畫《關山行旅》安儀周印,趙昌花鳥、趙孟堅《水仙》、盛懋《倉山白雲》、倪瓚《遠岫樹石》自題極佳、錢選《雪梅集禽》、呂紀《鴛鴦》。秋谷、勉甫來。修伯開弔,未去。

十九日。入直。許師、頌閣未到。

二十日。入直。許師、頌閣未到。李村、辛芝來。

廿一日。入直。許師未到。遣人以水禮四色送子福師,廿三行。大雨。

廿二日。入直。俱到。張叔平觀準來。

廿三日。入直。值日。訪許太老師。辛芝談竟日。訪秋谷。李菱洲來。

廿四日。入直。俱到。訪吳環卿。

廿五日。入直。許師未到。送韻和行。訪劉雲生。秋谷、碩卿、韻和、菽客來。

廿六日。入直。許師未到。賀秋谷、俊叔、韻初取學正,皆不直。大雨。

廿七日。入直。許師未到。頌閣作燒鴨東。小匡夫人壽,吃麵,大醉。貞字招,未去。

廿八日。入直。許師未到。大雨。秋谷來,知未記名。

廿九日。入直。許師未到。訪許師。陰。用甫作燒小猪東。訪叔平、馨伯,不值。王文榮、李端遇來。

三十日。入直。許師未到。頌閣來。晚大雷雨。

六月朔。入直。直日。同鄉謝恩,賜蘇子葉餃。許師未到。

初二日。入直。俱到。祝玉森三十。辛、秋、碩卿俱來。姜桐岡來。

初三日。入直。許師未到。酷暑。袁鶴洲來。夢甚惡,籤亦不祥。

初四日。入直。許師未到。寄若農書,交雲生。暑更酷。黃太夫人忌辰。李端遇來。

初五日。入直。俱到。晚雨。

初六日。入直。恭篆"文宗顯皇帝大恩皇考聖靈之寶位"十四字。許師未到。遇賓、辛兄來。

初七日。入直。許師未到。王文榮、秋谷來。鄭孝銘來。

初八日。入直。許師未到。晨雨。與譜琴飲宴賓。湯東笙來。

初九日。入直。直日。頌閣未到。秋谷來。

初十日。入直。許、徐未到。發下《皇朝兵志》、國史館列傳八本恭校。秋谷來,同吃燒鴨。

十一日。入直。許師未到。大雨,入直時衣履俱濕。

十二日。入直。碩卿招飲龍源樓。范崔生來。

十三日。入直。許師未到。訪滇生先生、許師。見《化度寺碑》九百餘字,宋刻宋拓,曾在商邱陳伯恭處,有王孟陽印、翁覃溪跋,詒晉齋、南韻齋皆有跋。今鄭邸出售,價壹佰貳拾金。

十四日。入直。馮柳堂觀察鎔來。張香濤來。

十五日。入直。許未到。頌閣招同小匡、香濤、霞峰飲。秋谷招,未去。

十六日。入直。許未到。答香生、雲生。小山招,同萊山、秦文伯、光緝甫、楊澧南、郝季飲。訪萊山。

十七日。入直。許未到。光禄寺值日。訪辛、秋、碩卿。訪叔平。孔繡之來。

十八日。入直。許師未到。訪琴舫。琴舫、趙秀田毓芝來。

十九日。入直。許師未到。辛芝來談竟日。以范眉生信交孔繡之。

二十日。入直。賞麨食四器、他喇一器。以偉如信、蘇炳臣信交琴舫。童觀察秀春、何桂苑繼儼來。大人服小匡藥。

二十一日。許師未到。御筆《心經》寫簽帶。徐、歐。秋谷來,辛芝來。鄭心廉年伯觀壽來,並索蕭質齋、章采南信。夜雨。

二十二日。入直。王廣寒、吳其珍來。暑。

二十三日。入直。許師未到。暑。

二十四日。入直。許師未到。巳刻立秋。訪碩卿、辛芝、秋谷。

二十五日。入直。

廿六日。入直。許師未到。昨約同興樓,今日同用甫、頌閣到同興樓,則竟未去也。碩卿來。

廿七日。入直。許師未到。秋谷來辭行,明日行。訪叔平、玉甫,長談。馨伯未值。二伯招宴賓齋,未去。校《文宗御製詩文集》畢。

廿八日。入直。許師未到。兩月以來,假貸無一成者,景況不堪矣。命擬直隸束鹿縣河神廟扁,派徐。許師招同興樓,同頌閣、用甫。勉甫辭行,初二行。李菱洲來。夜雨。

廿九日。入直,泥濘難行。送勉甫行。訪修伯。得四叔信。李端遇、小研來。辛芝來。

七月庚申朔，乙巳。入直。賞餪糕一盤。許師未到。內子病，延小匡診。辛芝來。致譜香信交勉甫。

初二日丙午。入直。訪馨伯。博希哲明西齋偶得《鳳城瑣録》，甚淵雅。致儷笙、芙卿信。

初三日丁未。入直。許師未到。《湖南通志》金石志一門是瞿木夫手。玉甫來。

初四日戊申。入直。繼母陸夫人二十周忌，龍泉寺禮懺。二伯、碩卿、玉森、誦清、苐村、柳岑、三琴、辛芝俱到。

初五日己酉。入直。許師未到。沈韻初來。寫牽牛河鼓天貴星君、天孫織女福德星君神牌。

初六日庚戌。入直。許師未到。在內作燒鴨東。韓仁山自山東來。辛芝來。

初七日辛亥。入直。許師未到。頌閣招許師、用甫於同興樓。

初八日壬子。入直。許未到。訪東生、仁山。同仁師、星叔集於福興，有頌閣、用甫。夜大瀉十餘次不止。服柳岑兩方。

初九日癸丑。憊甚，不能入直。許亦未到。札致用甫、頌閣。服柳岑方。辛芝來。趙秀田毓芝、翁叔平來。

初十日甲寅。入直。碩卿來。派恭代十二日御筆《心經》。趙秀田來辭行，贈以四金。汴生來。辛芝來。服柳岑方。

十一日乙卯。病，未能入直。遣人告頌閣。服柳岑方。韓仁山來。

十二日丙辰。兩下鐘進內。辰刻，慈安皇太后萬壽聖節，慈寧門行禮。得中魯六月十二書，即復之。許師上陵。

十三日丁巳。入直。訪賀鄭惕厂、豐少卿麟、郭玉六、杜榮三。

劉雲生、蔣拙菴來。

十四日戊午。入直。答伯芳。祀先。鍾遇賓來。劉南卿來。

十五日己未。入直。交用甫五十金、頌閣十金,贈蒓客四金。以荆山信交南卿。李菱洲來。

十六日庚申。入直。

十七日辛酉。入直。雨。碩卿、韻初來。

十八日壬戌。入直。吳環卿來。王廣寒、南卿、李村來。

十九日癸亥。入直。碩卿、辛芝來談竟日,以王鳳石刻贈韻初。

二十日甲子。入直。光禄寺值日。許師復命,未入直。頌閣未入直。

二十一日乙丑。入直。頌閣未到。頌閣來,辛芝來。訪韻初、碩卿。

二十二日丙寅。入直。許未到。唁頌閣內艱。

二十三日丁卯。入直。許師未到。訪碩卿、辛芝。韻初、李小研來。贈韻初雲亭碑、漢周憬碑,陳蘭浦澧有拓本,李研卿説。吳丁奉碑在湖州某橋下,趙益甫説。陳似是知者大師或慧善闍黎碑,張松坪目睹在金、衢間。蕭宏嗣、程文榮搜得。余已得之均初。賞榆次瓜。辛芝來。

二十四日戊辰。入直。許師未到。唁竹坡丁艱。珊士來。

二十五日己巳。入直。許師未到。訪碩卿、辛芝。辛芝來,竟日。

二十六日庚午。入直。大雨。許師未到。

二十七日辛未。入直。恭編《文宗顯皇帝詩文全集》,詩八卷、文二卷,刊刻完竣,共進呈本二十部、備賞本八十部,裝訂成帙,敬具摺呈遞。旨收,贈均初高頤碑劉燕庭拓本、賈君闕。

二十八日。入直。晨雷雨。許師未到。議政王傳旨領賞《文宗顯皇帝詩文全集》一部,並另有賞賜。光禄寺值日。晚又雨。吴環卿、沈韻初來,爲均初作緣得《化度寺碑》。

二十九日。入直。賞顧繡蟒袍一襲,大卷江綢、袍褂各一匣。磕頭謝恩。祝仁師壽。辛芝來。

三十日甲戌。入直。許師未到。駕航來談。《婁壽碑》,華中父真賞齋本,今在楊氏繼振_{號又雲、鋂雲,又號蓮公}處,有豐南禺、朱竹垞、何義門、錢竹汀、龔定盦、六舟跋,何子貞七古二首,有文後山鼎、秦光第、六舟、何子貞題簽。孫淵如題"墨皇"二大字。有陸謹庭名印,曾在其處也。名號印不計其數。見鶴壽本,有翁覃溪詩_{爲筠圃題},王惕甫跋,何義門題簽,留耕齋藏,有榮鑒印,印甚多。細看是僞本。

八月朔乙亥。入直。許師未到。辛芝來。雨。

初二日丙子。入直。許師未到。吴懷卿辭行。訪韻初、碩卿、辛芝。雨。

初三日丁丑。入直。許師未到。弔頌閣。賀涑文娶。無日不陰雨,道途甚難行也。

初四日戊寅。入直。許師未到。鍾遇賓、康芝山來。辛芝來。

初五日己卯。入直。許師未到。訪修伯。韻初、珊士來。范竿生來。訪叔平。

初六日庚辰。入直。許師未到。辛芝來,託買之皮未成。劉雲生來。

初七日辛巳。入直。許師未到,派寫之件送其家。以郭筠仙信交劉雲生。雨。

初八日壬午。入直。許師未到。訪許師。

初九日癸未。入直。許師未到。在内見宋拓《九成宮》、《聖教序》。一本林字已有裂文,有楊名耀、楊燾、楊繩祖景西印,甚佳。

《九成宮》袁司農物,有思白題簽並補第一頁者佳。宋拓《廟堂碑》王彥起本頗舊,拙老人題簽,王虛舟印。均初來。文翰初啓來,贈六金。

初十日甲申。入直。許師未到。辛芝、均初、高鳳岡梧來。假王蓉洲漢石經殘字來觀,一《論語》、一《儀禮》,與錢梅溪摹本悉合,恐非漢石,亦非宋石也。賀李村得子。

十一日乙酉。入直。頌閣開弔。交高鳳岡、鄭譜香信。叔平來。

十二日丙戌。入直。許師未到。訪許師、滇生先生。均初來。

十三日丁亥。入直。開發內廷節禮。范持九、鮑步垣、辛芝來。

十四日戊子。入直。許師未到,於內閣見之。訪單地山。周、載、杜、許師處送節敬。丁濂甫來。

十五日己丑。入直。許師未到。答陳綠樵象沛。賞西瓜三個,果子三盤,月餅三盤。

十六日庚寅。入直。辛芝悼亡。

十七日辛卯。入直。雨竟日。均初來。

十八日壬辰。未入直。宗人府考供事,同治貝勒辰初到,酉刻散。杜請託以端始進題。半夜雨。

十九日癸巳。未入直。宗人府供事,對筆跡,辰到午散。

二十日甲午。入直。辛芝來。

廿一日乙未。入直。許師未到。賀用甫移居城內。修伯、芍庭來。

廿二日丙申。入直。許師未到。用甫招許師同興樓。陳象灝來。寶笙來。

廿三日丁酉。入直。許師未到。以黃孝侯函及御製集交郭太史從矩。

廿四日戊戌。入直。以鄭小山、黃孝侯、王靜盦信付袁民章。

張雲衢爾遜，原名鴻翼來。

廿五日己亥。入直。許師未到。辛芝來。用甫來。

廿六日庚子。入直。許師未到。辛芝開弔文昌館。

廿七日辛丑。入直。許師未到。訪碩卿、辛芝。自中秋後，信均屬徐亞陶寫。邵汴生來。

廿八日壬寅。入直。許師未到。持九來。

廿九日癸卯。入直。許師未到。訪辛芝。交會文齋刻王平子詩。珊士來。均初來。

三十日甲辰。入直。訪辛芝。康芝山來。夜風。

九月壬戌朔，乙巳。入直。許師未到。訪辛芝，不值。辛芝、張爾遜來。碩卿、均初來。

初二日丙午。入直。在內閣《醴泉銘》虞璸跋、《皇甫碑》成邸跋，四百兩得荷屋、《聖教序》王虛舟、蔣拙存、李世倬跋、鍾王小楷曹倦圃、沈文恪跋、晉唐小楷成邸、郭蘭石跋。

初三日丁未。入直。許師未到。持九來。得程少泉書。

初四日戊申。入直。許師未到。途遇許師。訪辛芝、小山。辛芝、蒓客來。

初五日己酉。入直。許師未到。

初六日庚戌。入直。至館晤東山。碩卿、均初來。得丹初信。

初七日辛亥。入直。許師未到。

初八日壬子。入直。許師未到。賀李村子滿月。訪益甫、碩卿。辛芝、小山來。許師送東庫帖四本來，宋拓也。

初九日癸丑。入直。先妣汪夫人忌辰。在均初處待繼又雲，竟日不至。沈守之先生來書，即復之大順寄，並為作子青書。《武梁祠》三卷，黃小松拓本。觀《淳化》宋拓第六卷十三行，荊川本、《九成》、

《磚塔》皆佳。

初十日甲寅。入直。

十一日乙卯。入直。以張子青書交袁民章。

十二日丙辰。入直。許師未到。賀呂九霞視楚南學。訪辛芝。

十三日丁巳。入直。許師未到。訪辛、白。

十四日戊午。入直。許師未到。

十五日己未。入直。許師未到。碩卿來。

十六日庚申。入直。光禄寺值日。彭福仙夫人開弔，在長椿寺。

十七日辛酉。入直。許師未到。派出定陵，釋服三分之一。瑞常、孫葆元、靈桂、羅惇衍、中常、吳廷棟、薛焕、裕瑞、師曾、潘祖蔭、趙東昕。許師招東興。鮑步垣來。

十八日壬戌。入直。許師未到。訪辛芝，遇苕村。得見婁壽研，留之三日。

十九日癸亥。入直。許師未到。派寫東河河神廟"茨防永佑"扁。補繕文宗題皇帝御製詩文底本畢，呈進。

二十日甲子。入直。許師未到。宗人府帶領引見一名黃家相。發下《皇朝兵志》、國史館《忠義列傳》恭校。辛芝、桂山來。

廿一日乙丑。入直。訪碩卿。均初來。李村來。

廿二日丙寅。入直。許師未到。訪頌閣。均初來。

廿三日丁卯。入直。許師未到。

廿四日戊辰。入直。許師未到。汴生來。

廿五日己巳。入直。許師未到。辛芝來。

廿六日庚午。入直。許師未到。汴生來。

廿七日辛未。入直。訪均初、碩卿。送馨伯行。持九來。馨伯來辭行。

廿八日壬申。入直。許師未到。訪單地翁。辛芝來。

廿九日癸酉。入直。許師未到。

十月朔甲戌。入直。賞燻猪、晾羊。

初二日乙亥。入直。許師未到。訪碩卿、均初。

初三日丙子。入直。許師到。均初來。武會狀黃大元。

初四日丁丑。入直。許師未到。許師來。函致八太太。寶笙、辛芝來。

初五日戊寅。入直。許師未到。招門人陳壽祺、康紹、張爾遴、郭森、楊澍鼎、薛俊於家。和豐招仙城館，同許師、用甫、涑文、楫甫。

初六日己卯。入直。許師未到。余生日，招亞陶、小匡、玉森及諸兄弟於時豐。

初七日庚辰。入直。許師未到。賀辛芝補中書。張爾遴來。先妣汪夫人生忌。

初八日辛巳。入直。許師未到。鮑小山、薛小雲來。鍾遇賓之門人康福、朱寶珊太守以鑑來見。辛芝來。

初九日壬午。入直。許師未到。

初十日癸未。入直。慈禧皇太后萬壽，長信門行禮。衛静瀾來。

十一日甲申。不入直。

十二日乙酉。卯刻行，柵欄店食，住煙郊。

十三日丙戌。丑刻行，食段家嶺，住薊州。

十四日丁亥。食馬伸橋，住隆福寺。內務府科房堂郎中田師曾季瞻，行二，郎中阿爾薩蘭廓然，行大，堂主事恒杰英圃、松仰景瞻子、寶琳崑圃，行二均來，並送菜。惇邸、劻貝勒遣人來，並送菜。

十五日戊子。辰初，文宗顯皇帝暫安處行釋服禮，禮畢即行。

食薊州，住棗林三河縣。

十六日己丑。子刻行。夜大霧彌漫，對面不見人。夜行六十里。食柵欄店，申刻還家。

十七日庚寅。味琴招同芍庭、玉甫、子英、柳岑、玉森。用甫來。

十八日辛卯。入直。具公摺後，命光禄寺值日。許師未到。方壽甫、辛芝來。答謝綿竹坡、明元甫、田季瞻。

十九日壬辰。入直。許師未到。

二十日癸巳。入直。引見時跪安。訪均初、碩卿。答静瀾。

廿一日甲午。入直。許師未到。張爾遴來辭行。芍亭來。

廿二日乙未。入直。許師未到。文昌館碩卿開弔。蔡同春來。許師來。

廿三日丙申。入直。許師未到。小匡生日，痛飲竟日。

廿四日丁酉。入直。許師未到。碩卿來，爲小匡祝，同飲。遞封奏一件，奉上諭："實屬冒昧，不知政體，著傳旨嚴行申飭，欽此。"康芝山來。

廿五日戊戌。入直。許師未到。康芝山來。許涑文招同韞齋、筠菴、汴生、馨士、萊山、檀浦吃魚生。

廿六日己亥。入直。許師未到。王子泉庭楨來。貞孚來。

廿七日庚子。入直。光禄寺值日。許師未到。賀許師令愛送粧，同用甫在彼飯。霧。

廿八日辛丑。入直。許師未到。寫內廷貼落畢，共十二分。養心殿平安室殿內明間，南牆門口上向北白絹，橫宋程子《上殿劄子》"君道之大"至"輔養聖德"。東間西牆門北邊黃蠟箋，直漢班固《東都賦》"是以四海之內"至"道德之富"。殿內西裏間南牀西牆直，白素蠟箋漢王褒《得賢臣頌》"聖主必待賢臣"至"離世哉"。殿內東裏間南牀東牆灑金綠粉箋，直真德秀《進大學衍義表》"畎畝不忘君"至"更推作新民之化"。殿內西間西墻瓶式門南邊<small>白絹字，斗</small>張蘊古《大寶箴》<small>"聞之夏后"</small>至<small>"游神於至道之精"</small>。綏履殿內東間西墻門南邊黃蠟箋條蘇軾《進陸宣公奏議劄子》<small>"至於用人聽言之際"</small>至<small>"實治平法鑒"</small>。殿內明間西墻門南邊藏經紙條曹植《七啟》<small>"世有聖宰"</small>至<small>"聲教之未屬"</small>。養心殿後殿能見室殿內東墻門上向西黃紙橫朱子《敬齋箴》<small>"正其衣冠"</small>至<small>"萬變是監"</small>，全。能見室殿內北墻方窗東邊綠紙條呂祖謙《周師氏箴》<small>"時維師氏"</small>全。養心殿後殿攸芋齋殿內西墻門上向東黃紙字斗張栻《虛舟齋銘》全。養心殿、綏履殿內西向北墻方窗兩邊七言對<small>"寶露常滋三秀草，吉雲深護九如松"</small>，五言對<small>"克勤思禹績，無逸繪豳詩"</small>。賀許師。答長樂初。碩卿來，李村來。

廿九日壬寅。入直。許師未到。賞哈密瓜。訪均初、碩卿。賀經笙撫山西。李雨崖應霖<small>稼門之兄</small>來。

三十日癸卯。入直。許師未到。許子濱來。

十一月甲辰。入直。許師未到。穿貂褂。顧俊叔來。苕村、辛芝來。

初二日乙巳。入直。許師未到。訪均初，遇辛芝。同韞齋、寶笙、桓甫、筠庵、濂甫、汴生、伯蓀集涑文寓。芍庭來。

初三日丙午。入直。許師未到。茗生來。傷足。

初四日丁未。入直。許師未到。梁檀浦、梁馨士招，辭之。聞官軍十月廿六日收復蘇州。汪姑母十周年。玉森、苕村在西方丈禮懺，前往行禮。二伯散誕，碩卿諸君同席。叔平、辛芝來。

初五日戊申。入直。許師到。光祿寺值日。苗逆伏誅。四叔以道員記名簡放。周小棠、辛芝、鮑小山來。

初六日己酉。入直。許師未到。訪辛芝，不值。裴石麓來。

初七日庚戌。入直。許師到。辛芝來。

初八日辛亥。入直。許師未到。訪辛芝。

初九日壬子。入直。許師未到。至長椿寺,彭文敬周年。辛芝來。遇賓來。

初十日癸丑。入直。崔羽堂銀信面還周小棠。賞冰魚。許師到。訪濱石。小棠來,均初來。儲秀宮貼落一張,敬書崔瑗坐右銘。

十一日甲寅。入直。許師未到。到光祿寺署。冬至,祀先。

十二日乙卯。入直。許師未到。柳岑寫對,留飲。芍庭來。

十三日丙辰。入直。許師未到。柳岑寫對,留飲。蒓客來。

十四日丁巳。入直。許師未到。濱石仍入直。

十五日戊午。入直。許師未到。賀濱石,訪南卿,辛芝來。

十六日己未。入直。許師未到。搏九、南卿、辛芝來。

十七日庚申。入直。許師未到。訪辛芝。汴生來。

十八日辛酉。入直。許師未到。伯芳、碩卿來。

十九日壬戌。入直。許、楊未到。訪辛芝,不值。華友竹鑒來。夜再訪辛芝。

二十日癸亥。入直。許師未到。訪辛芝。辛芝來。

二十一日甲子。入直。許師未到。周蔗園爾堯來,南卿來。

二十二日乙丑。入直。許、楊俱到。訪价人、修伯。駕航來。

二十三日丙寅。入直。許、楊未到。祭翁文端。訪均初、碩卿、子嘉,不值。辛芝、濱石來。

二十四日丁卯。入直。許師未到。宗人府帶引見二名。碩卿來。

二十五日戊辰。入直。許、楊未到。恭書養心殿等處楣眼集錦卅三件進呈,計共八十七件。

二十六日己巳。入直。許師未到。欒以紱來。

二十七日庚午。入直。許、楊未到。賀杜師二世兄完姻並祝。

訪涑文,遇仁師。辛芝來。

二十八日辛未。入直。恭代御筆福字一百六十方,壽字三十二方進呈。秋泉來。

二十九日壬申。入直。許、楊未到。命擬"平安室"三字,四字扁、五言、七言對,派許底。子嘉、蕚生來。

十二月乙丑癸酉朔。入直。散後光禄寺京察過堂。慕杜、芍庭來。

初二日甲戌。入直。許、楊未到。慈禧皇太后賜福、壽、龍、虎字各一方,又賞大卷江綢袍褂料各一件。祝周師壽。涑文、慕杜、芍庭、修伯來。祝周師壽。中州館焚屋三間,即滅。辛芝、張鴻來。

初三日乙亥。入直。到署拆京察封。蒓客來。

初四日丙子。入直。楊未到。命擬綏履殿、平安室、鍾粹宮、儲秀宮春帖等件。小汀師壽。李村、辛芝來。

初五日丁丑。入直。引見時碰頭謝恩。命篆寶樣八件呈進。寫春條、掛屏各二件呈進。宗人府京察過堂。

初六日戊寅。入直。添寫平安室春條、掛屏八件呈進。許、楊未到。慈禧皇太后御筆蘭竹命題七律一首,並擬四字。辛芝來。

初七日己卯。入直。添寫鍾粹宮春條、掛屏四件呈進。賞耿餅二十五個。郭森來。

初八日庚辰。入直。許、楊未到。高小坡彥沖來,筠坡同年子也。

初九日辛巳。入直。許未到。命寫扁四面底子。珊士來。訪辛芝,不值。

初十日壬午。入直。許、楊未到。發下國史館書八本。賀用甫生子。松庭陸母舅周年,在龍泉寺。

十一日癸未。入直。許師未到。訪辛芝。辛芝來。

十二日甲申。入直。楊未到。命寫扁十二面底子。夜訪辛芝。

十三日乙酉。入直。命擬四字扁三十二面並寫底子。郭森來。辛芝來。

十四日丙戌。入直。命擬養心殿三字、四字扁各二面，七言對二付，八字斗方一面並寫底子。賞御筆福、壽各一方，字逕三寸許。碩卿來。

十五日丁亥。入直。許未到。進呈寫件。賞黃羊。至長椿寺，彭文敬明日葬也。辛芝來。

十六日戊子。入直。進呈寫件畢。賞福字。引見時碰頭謝恩。訪若農。用甫來。

十七日己丑。入直。許、楊未到。訪子嘉。辛芝、若農來。

十八日庚寅。入直。許師未到。賞魚一尾，山雞四隻。過年敬神。董硯秋招，辭之。顧筆熙來。

十九日辛卯。入直。許、楊未到。訪碩卿、均初。竹如、苐村、子嘉來。

二十日壬辰。入直。許師未到。晤於閣。慈禧皇太后賜"居安資深"四字扁一面，春帖子。賞福方十張，各色絹三十張，湖筆二匣二十枝，硃墨一匣八錠。年例賞大卷江綢袍褂料各一疋，帽緯一匣。命書綏履殿對五言一副，黃蠟牋。恭代御筆進呈慈安皇太后福祿壽喜扁邊款。

二十一日癸巳。入直。楊未到。苐村、辛芝來。

二十二日甲午。入直。神武門磕頭謝恩。均初來。

二十三日乙未。入直。許師未到。賞黃米糖。祀竈。周爾堯、鮑步垣來。

二十四日丙申。入直。許師未到。賞大卷袍褂各一連，帽緯一匣。

二十五日丁酉。入直。同鄉謝恩。若農來。

二十六日戊戌。入直。懋勤殿跪春。賞香橙。招若農、益甫、荄夫、均初、小匡、搏九飲。

二十七日己亥。入直。賞荷包貂皮二個,手巾二個。恭代御筆進呈慈禧皇太后福祿壽喜扁邊款。次日傳旨補寫子臣御名,敬書六字。辛芝、汴生、蘭岩來。

二十八日庚子。入直。寅刻進内,上詣太廟,出乾清門時侍班,回時磕頭謝恩。賞荷包四個。得麕鹿賞。

二十九日辛丑。入直。楊未到。載、瑞、全、朱師處送節敬。珊士來。

三十日壬寅。入直。許、楊、歐均未到。許、杜、周、賈師、翁師母處送節敬。田逢年送誥軸來。夜接竈,祀先。

光緒七年

　　光緒七年辛巳正月庚寅朔甲子。關帝廟前門、關帝廟拈香。辰初,慈寧門行禮。辰正二,上御太和殿受賀。寅初,惇、恭、醇、軍機、翁公閱曾電,一復一片。懋勤殿開筆。兩宮皇太后上前遞如意三柄,回賞。拜年。未初二歸。軍機招,辭,都察院辭,秋審處辭。

　　初二日乙丑。入直。孫、徐未。拜年數家。到署。文、孫到。復稚黃、廣安。

　　初三日丙寅。入直。徐未。弔沈經笙。奉上諭:"著充國史館正總裁,欽此。"經伯來。

　　初四日丁卯。具摺謝恩。懋勤殿跪春。日本田邊太乞書,總署於除夕送來,本日函交總署。樊圃、雪莊、竹軒、蓮舟未至夫可齋。施之博、廖壽豐來,皆提調。胡來。陸學源來。大風。

　　初五日戊辰。入直。派寫皇天上帝神牌。賞春帖子,賞。夜大風,叔平來。

　　初六日己巳。入直。叔平屬擬一文,午刻送去。晚風。馬來。風。

　　初七日庚午。入直,到署。今年奇冷。得十二月初四、十二日四叔、濟之、竹年信,即復。又莆卿、偉如信。

　　初八日辛未。入直。送楊萩芳五十幛對,福壽濟之四十七包,十包交楊蔭北。馬來。

初九日壬申。入直。上詣太廟。乾清門侍班,補褂、常袍。偕叔平奏進陳奐《毛詩傳疏》,交南書房閱看。候蘭蓀,蘭蓀來。得鵠山信,並劉道薌、林含芳求對二。

初十日癸酉。入直。拜年。總署外國來晤,英威、德巴、法寶、美安、俄凱、日阿、日本田邊來,未正二散。

十一日甲戌。入直。宗培、松寶面稟。發下李、劉、張、裕、穆、何、勒、吳、譚摺。三邸公閱,商復奏稿。風。寶森不惑、南齋復奏,奉上諭:"等因,欽此。"殷秋樵來。

十二日乙亥。入直。繕復奏片,辰初遞。以寄南果子膏、山查糕交敔季和。李來廿,殷秋樵來。發南信。

十三日丙子。入直。到署。派寫甘肅鞏昌廟扁。春圃招同李、景、王,申散。楊蔭北赴津。賞香橙,賞元宵。十五安徽團拜,辭。

十四日丁丑。入直。弔治貝勒。吉雲舫來,李來,馬來。沈諡文定。

十五日戊寅。入直。辰正,保和殿侍宴,蟒袍、補褂。巳初散。發南信。濟之、幹庭、麟生、偉如、莆卿、柳門。午後風。

十六日己卯。入直。壺天,午正同昨。乾清宮廷臣宴寶、全、靈、景、恩、廣、文、瑞、志、萬、董、徐、李、潘、翁、毛,賞蟒袍大卷、鼻煙、如意花瓶。風。盤子二兩,送席四吊。復譚文卿。馬來。

十七日庚辰。入直。午初大風。胡來。

十八日辛巳。入直。到署。文該班代之。冷。

十九日壬午。入直。到國史館任。卯刻到署開印。馬來十。寶森來。

二十日癸未。入直。壺天。到署。馬來廿。

二十一日甲申。入直。到署。敬該班。上祈雨。壺天。晤蘭蓀。

二十二日乙酉。入直。壺天。公同閱看曾十一日電,一復一片。到署文未到。得濟之廿三信,即復,並致平齋、眉伯,交仲田。寄芍庭《葉選》二部,《請雨》、《祈雨》、《伐蛟》各十部。

二十三日丙戌。入直。派寫直隸武強關帝廟扁。上庫。到署。

二十四日丁亥。入直。到署。星岩招。

二十五日戊子。入直。寅刻雪珠。壺。到署松未到。刑加班。風。

二十六日己丑。入直。壺。到署。偕惇、醇、翁連銜封奏一件。

二十七日庚寅。入直。壺。到署松未到。發南信,麟生、偉如、愉庭。

二十八日辛卯。入直。壺。到署文、孫未到。朝房晤季皋。交還國史館《本紀》卷四十七至五十四,共八卷。胡來。

二十九日壬辰。入直。壺。到署。賀季高總理兵、軍機、總署。雪酉正止。得振民信。

二月辛卯朔癸巳。入直。卯正二,坤寧宮吃肉。壺。到署孫先行。芍庭寄《陸祁生集》,即復,交仲田。

初二日甲午。入直。壺。到署文未到。巳初大風。

初三日乙未。入直。直日。到署薛未到。上庫。巳刻散。寄濟之、偉如、振民信。方元仲來。

初四日丙申。入直。壺。到署。風,冷。

初五日丁酉。入直。三王、樞廷、翁同議球案一片,又左說帖一件。壺。到署文東陵。盛京李永智一案刑卷宗到部,即派司員十人。吉、吉、廷、鍾、鳳、楊、劉、殷、趙、徐。季高、芥帆來。送元仲、芥帆屏聯。

初六日戊戌。入直。壺。到署。胡來。

初七日己亥。入直。壺。到署。連日冷。寄濟之、偉如、麟生、莆卿、振民信。

初八日庚子。入直。壺。到署。會法鍾稚泉、鳳輝堂。孫來。殘陶六十，直十金。仍冷。聯少甫、陸鳳石來。夜雪。

初九日辛丑。入直。壺。到署。松未到。胡來，秋樵來。

初十日壬寅。入直。刑加班。派驗放。壺。到署。敬該班。庚子，萬董團拜，辭之。復王補盦衮。孫來十。

十一日癸卯。入直。直日。壺。到署。佩卿來，胡來。刻字鋪百五，復文卿。

十二日甲辰。入直。趙清韶到案。吉、宗、賽、穆、崇、濮、劉、殷、方、孫。上祈雨大高殿。壺。到署。文到京。蘭蓀來。夜大風。

十三日乙巳。入直。鶴師家吃肉，同襲卿、汴生、達峰。晤受之。文到京。風。馬來。

十四日丙午。入直。刑加班。李永智復驗一摺，上諭："等因。"壺。到署。松未到。十五丙午團拜，未去。

十五日丁未。入直。壺帖。到署。馬來。

十六日戊申。入直。派恭代御筆《心經》。壺帖。到署。松未到。孫來。

十七日己酉。入直。壺。到署。孫來。馬再來。

十八日庚戌。入直。壺。到署。李永智案人證廿一名到部。得濟之正月廿五書，即復。孫來，馬來。

十九日辛亥。入直。壺。到署。薛請訓，文未到。施、廖兩提調來。

二十日壬子。入直。到署。答星岩、壽泉、子授、子齋、雲階、受之，辭者襲卿。申初散。

二十一日癸丑。入直。惇差公同閱看曾電二件，一復一片。壺。到署。薛是日行，文未到。謝惺齋、吉雲舫來。換灰鼠褂。

二十二日甲寅。入直。壺。到署。文未到。寄濟之果子膏、奶子共三匣；寄振民圪塔頭、杏仁、冬菜、口蘑二包，交鳳石托雲台之子晉生寄。

二十三日乙卯。入直。恭差公同閱看曾電一件，一復一片。壺。到署。孫未到。

二十四日丙辰。入直。國史館奏事。壺。到署。敬差。廖國士來，馬來。復緝廷。

二十五日丁巳。入直。壺。送左書。到署。松未到。廿四己酉團拜，未去。復濟之。

二十六日戊午。入直。壺。到署。會法崇、許。候蘭蓀，不值。送雲階、頌閣、子授津門魚蝦。薛到京。換銀鼠褂袖頭。

二十七日己未。入直。公同閱看曾電，一電一復。壺。到署。文、松差。正班。

二十八日庚寅。入直。上庫。到署。孫、敬未到。壬子團拜，到文昌。復撝叔，寄以書八種，交方祖綬寄。復桂文圃，寄屏聯。

二十九日辛酉。入直。壺。到署。

三十日壬戌。入直。換羊皮冠絨領。派閱孝廉方正卷卅四本。景、錢。辰初散。壺。到署。紹彭來。

三月壬辰朔癸亥。入直。到署。俱未。松、孫、敬、薛招聚豐，崇錫到，文班。得南信，復四叔、濟之、祝年、偉如、麟生。

初二日甲子。入直。壺。到署。松未到。馬來。上祈雨。

初三日乙丑。入直。上庫。鍾泰。到署。文、松未到。孝廉方正孟晉瑛來，號次修。蘇來。

初四日丙寅。入直。壺。到署。松未到。江佐清北樓來，換氊冠，月白絨領，棉袍褂。

初五日丁卯。入直。到署。文未到,松假。壺。胡、孫來。助袁民章之子樞百金,交雲階。

初六日戊辰。入直。夜微雨,巳初晴。清明,上詣奉先殿、壽皇殿,改派惇、恭。壺。到署。孫來九十。寄魏稼生《輿地碑目》、《古泉叢話》、《沙南碑釋》、《簠齋別錄》、《東古文存》,交子授,初八。復芍庭,寄偉如,交仲田。

初七日己巳。① 入直。風,冷。到署。文未到。殷秋樵來。李永知兄永發自盡。加班奏。

初八日庚午。入直。到署。文未到。蘇來,馬來。大衍清完。夜狂風,冷。

初九日辛未。入直。加班。到署。文該班。孫來,胡來。

初十日壬申。入直。派驗放。到署。俱未到。受之、襲卿招。復濟之、偉如、麟生、平齋。孫來大衍。胡來。

十一日癸酉。丑初驚悉慈安皇太后於昨戌刻上賓,命惇、醇、御前、軍機、毓慶宮、南齋王大臣至鍾翠宮哭臨。未刻,行殮奠禮。慈寧宮門內行禮,未成服。亞陶來診。

十二日甲戌。入直。巳成服。早祭,辰初一。晡祭,申初三。日中祭,午初三。到署。松未到,巳出。寫扇卅柄。亞陶來。風,冷。

十三日乙亥。入直。到署。三祭到。風,冷。派百日穿孝,共三十一人。

十四日丙子。入直。到署。三祭到。寄濟之詩選四部,麟生六部,交培之。風。孫來,十贈之。

十五日丁丑。入直。到署。三祭到。風。扇百十柄,在內書。夜招亞陶。

---

① 今按:"己巳",原作"己亥",誤。下文初八"庚午"、初九日"辛未"亦誤作"庚子"、"辛丑"。初十日"壬申"原作"壬寅",旁訂爲"申"。今皆改正。

十六日戊寅。入直。辰刻，殷奠禮後，早祭。上庫。到署。孫、松未到。午祭未到。晚祭到。亞陶來診。復莘卿，交仲田。風。發濟、偉信。夜雹。公同閱電，醇王未到，一片無復。

十七日己卯。入直。上顏料庫。到署。孫、松、薛未到。午祭未到。亞陶來診。筆彩、樊來。

十八日庚辰。入直。三祭到。得簠齋信並匋拓，廉生帶來。巳刻至内閣會議。大行皇太后尊謚蔭，與穌力言"貞"字宜首列。樊來。

十九日辛巳。入直。到署。薛、孫未到。三祭到。樊來。亞陶來診。扇四十柄。

二十日壬午。入直。卯初，奉移觀德殿。辰正，景山後東北隅跪迎。巳初二，宮門內行禮。文、敬、松、孫未到。亞陶來診。王廉生來，得眉伯信。以濟之等信件屬向通州吳君取。

二十一日癸未。入直。福陔，助東之子。《毛詩》交秋坪。早祭到。到署。文、松未到。送廉生以所刻書各四分、二分。會奏上尊謚。寄壽卿匋拓八百九紙，又塤三古器四紙，《感逝集》一，交東甫。雨即止。

二十二日甲申。入直。卯正二。早祭到。上詣觀德殿，侍班。到署。復芍庭葉詩選十部，復石查，又花農信。胡、崔來。

二十三日乙酉。入直。早祭到。到署。松未到。

二十四日丙戌。入直。早祭到。派寫四川南部縣天后、龍王、城隍扁三面。卯正，上詣觀德殿，侍班。復方元仲。復楊見山。胡來，廉生來。夜大風。

二十五日丁亥。入直。早祭到。到署。次日換季。蘭蓀來。馬、樊來。

二十六日戊子。入直。卯初二，上詣觀德殿，行初祭禮。辰初早祭。到署。少荃來。

二十七日己丑。入直。卯正二繹祭。早祭到。答少荃。到署。潘協卿來，胡來。

二十八日庚寅。入直。卯正二，上詣觀德殿，行大祭禮。辰初早祭。到署。陰而不雨。得子泉王忠廬來交。致芍庭。崔來。

二十九日辛卯。入直。卯正二繹祭。早祭到。到署。文未到。寄濟之信。馬、樊來。夜亥正雨。

四月癸巳朔壬辰。入直。雨不止。由神武門、北上門至觀德殿。到署。雨仍未止。夜雨。

初二日癸巳。入直。上庫。到署。松未到。雨。致偉如，交仲田。夜雨。胡、崔來。

初三日甲午。冒雨入直。仍由北上門赴。早祭。到署。孫未到。孫來。

初四日乙未。入直。晴。早祭到。到署。孫未到。崔來，孫來呂望。

初五日丙申。入直。早祭到。上詣觀德殿。兩邸云初七換紅帽圈。到署。松未到。得濟之、偉如、振民三月廿二信，即復。王振鎬來，胡來，崔來。交管先生名禮恭，號壽銘寄濟之葉選六部。

初六日丁酉。入直。早祭到。辰初雨，即止。到署。送管君食物。前數日送培之食物。

初七日戊戌。入直。派寫天壇神牌。交王頌笙，寄濟之書十部。先欲交聯少甫，六月乃行也。早祭到。除百日釋服者，皆釋服。雨。纓青長袍褂。到署。馬來大衍，崔來，易笏山來。

初八日己亥。入直。招廉生飯。王筱雲貽清來，胡來。

初九日庚子。入直。小雨自夜達旦。到署，文未到。聯少甫來，交以譚德孫及孫歡伯書件及信。馬來。崔來耳順。蘇來。孫來。孔懷民寄鼻煙四刺。

初十日辛丑。入直。卯初二，上詣觀德殿行禮。辰初早祭。到署。巳刻陰雨。寄尹次經四十、丁少山信，交幼軒。發濟之、偉如、平齋信廿二拓。施濟航來。申正二雷雨。送涂朗軒書。

十一日壬寅。入直。上詣觀德殿行禮。辰初早祭。寄星農師自刻書及拓本，交陸蔚庭。蘇來。

十二日癸卯。入直。直日。到署。秋審，弟一包。張鵬耆來。寄次經信，交幼軒。方正武從超來，號相侯。子英來卅未付。

十三日甲辰。入直。到署。弟二包。胡、崔來。亞陶爲大人診。孫來。

十四日乙巳。入直。發下曾摺二，總摺片各一，條約正本一册，地圖一分，縮本二張。公閱復一片。昨午，黃二由宗人府逃。會法夏恩。子授户右。廉生來。崔來廿，鄭仲遠來。孫來三包。

十五日丙午。入直。到署。夏未到任。得偉、濟信，即復，初七所發。胡來卅。弟四包。

十六日丁未。入直。刑加班。會總署奏俄約章封奏。到署文未。弟五包。崔帶人來，戴一磚三塤，上蠟。馬來四十。廉生行。

十七日戊申。入直。上詣觀德殿，辰初行禮。到署。會吏户一件。弟六包。上蠟日飾三千。寄尹次經信，交幼軒。孫、胡來，樊來。

十八日己酉。入直。到署。夏到任。弟七包。史館《河渠志》四本。壽泉來，廷壽峰愷來。樊來。批准。

十九日庚戌。入直。子授順學。到署。弟八包。樊來。復芍庭，交仲田。

二十日辛亥。入直。到署。弟九包。少仲寄《榕村全集》，交周道懋琦。周送陸澄齋刻叢書，云是晴初、偉如門生。孫來百。周號韓侯，送以叢書。

廿一日壬子。入直。到署。寄清卿拓及書，交康民。弟十包。蘊寶介祁瑞苻來犨，蘇來爵還，寶森來。程雪樓六十，未付。交康民緝廷書五種及信與吳同無拓。大風。發濟、偉信。夜小雨。

廿二日癸丑。入直。到署文未。十一包。崔來，蘊寶、張來。

廿三日甲寅。入直。上詣觀德殿，辰初行禮。上庫。巳正到署，同人已散。十二包。蘊寶來，劉蘭洲璈來。

廿四日乙卯。入直。到署。十三包。雨。得四叔、濟之、偉如信，即復。崔來。致芍庭信，交頌田。佩卿來。

廿五日丙辰。入直。派驗放。十四包。到署。復于鑑堂。崔來，《大易釋言》百七十，《詩外傳》、《國策》各十。因銓百信促錢云遲一日，價另議，還之。筆彩方鼎九十，敦子孫父乙，九十。罷議，不准再提。孫來還四五十，卣蓋還之，欠五十。風。

廿六日丁巳。入直。到署。風。十五包。蘊寶、張來。寄次經，交幼軒。

廿七日戊午。入直。風，冷。到署文未。十六包。三庫奏事。

廿八日己未。入直。刑直日。仍冷。到署文未到。十七包。蘊寶、張來。

二十九日庚申。入直。卯正一，上詣觀德殿。卯正三，隨同行禮。到署。十八包。杜紹唐培安來。蘊寶、張來䣛五，子授來。

三十日辛酉。入直。到署。發濟、偉信。張來，胡來卣䣛。十九包。

五月甲午朔壬戌。入直。到署松未到。胡來。送王鍾山瑜國、杜培安對，《洗冤》本書。筆彩、胡來。二十包。

初二日癸亥。入直。內廷開發節賞並帶子授者。到署文未到。

廿一包。馬來,拓本、古泉俱還之。筆彩、蘊寶來。馬松圃送鰣魚。

初三日甲子。入直。復徐巽卿。到署。蘊寶清、筆彩卣帶回。蒓客廿金,門人徐古香、葛正卿各禮四色,寫賞扇也。胡來百。復次經廿二信,交幼軒。秋寀無。

初四日乙丑。入直。到署。上庫。廿二包。經伯卅兩,瑞苻十兩。得四叔、濟之、振民廿七信,即復。周韓侯來,崔來,寶森來四十。

初五日丙寅。入直。卯初二,上詣觀德殿,端陽祭。卯正三,早祭。還宮侍班。連日藻熱。微雨。到署。俱未到。送小山、襲卿詩扇,以奉使朝鮮也。寄偉如,交頌田。以書十六種送周韓侯。

初六日丁卯。入直。直日。奏審限,奉上諭:"等因,欽此。"廿三包。胡來清。舒世琛、裕盧信。

初七日戊辰。入直。到署。沈退菴、守謙來。承厚、施啓宗來。復芍庭,即交仲田。提調廖縠似、王小雲來。寶森來。酉初雷雨即止。發南信。

初八日己巳。入直。到署。筆彩來鼎、敦,胡、舒來,廖、王提調來。施、承來。

初九日庚午。入直。到署。手復龐省三。寄次經,交幼軒。廿四包。王藎臣忠蔭來。

初十日辛未。入直。青長袍褂。卯初三,上詣觀德殿,滿月禮及早祭,仍縞素,來回侍班。到署松未到。發濟之、偉如、振民信。蘭蓀來。

十一日壬申。入直。青長袍褂。上詣觀德殿,仍縞素。來回班。到署。廿五包。樊來,崔來。

十二日癸酉。入直。青長袍褂,換亮紗。派寫遵化州扁三面。本紀貳,秋坪商。到署。崔來。

十三日甲戌。入直。寅正,上閱册寶。巳初,上詣觀德殿,上孝貞顯皇后尊謚。青長袍褂，摘纓。到署。雷，殷來，陳硯香來。復竹年，謝洋鐘、火骰。

十四日乙亥。入直。寅刻雨。直日。到署文未到。廿六包。雨竟日。十六日發南信。雨竟半夜。

十五日丙子。入直。風涼。到署。廿七包。王達五、振鎬來，筆彩來。

十六日丁丑。入直。請《文宗本紀》於乾清門階下交提調廖，時卯正矣。到署。會法鍾、鳳，文未到。夜雨。

十七日戊寅。入直。加班。卯正三，上詣觀德殿，隨行禮。朝房見子授。到署文、敬未到。復撝叔，寄以書六種，交許繹知縣。雨。

十八日己卯。入直。到署。子授來。廿八包。得偉如、濟之、竹年信廿日，復。崔來。頌得閣學。

十九日庚辰。入直。到署敬未到。

二十日辛巳。入直。加班。三件。到署。廿九包。松楚珩來。

二十一日壬午。入直。到署。夜雷雨。寄次經，交幼軒。

二十二日癸未。入直。正班。到署。卅包七本。

二十三日甲申。入直。派寫皇地祇神位。上詣觀德殿，隨行禮。上庫。到署俱散。得文卿、中丞、花農書。筆彩、樊、崔來。雨。夜大雷雨。送劉蘭洲書。

二十四日乙酉。入直。到署。及扇、對屏。還寶森、梁茞林書四種。復知無，交仲田。復文卿書七種。復花農《松壺集》五，交唐作舟。王寯頤來，原名承志，號子善，山西縣。寶森來。

二十五日丙戌。入直。到署。夏末。卅一包七本。發南信，濟之、偉如、竹年。

二十六日丁亥。入直。到署。得濟之十八信，即復。得平齋信。

二十七日戊子。入直。到署。關吉詳會法崇、恩。夜雷雨，即止。

二十八日己丑。入直。到署。卅二包。廖、王提調來。夜電。

二十九日庚寅。入直。與秋坪面商進本紀事。卯正，上詣觀德殿，隨行禮。微雨。到署。樊來百。午後雷雨。寄濟之，復平齋塤拓五，新得器五拓。

六月乙未朔辛卯。入直。派驗放。直日。李永智結。到署。丑正三，有星見東北方。胡來。

初二日壬辰。入直。到署。星仍見。樊、胡來。

初三日癸巳。入直。到署。星仍見。滿提調恩興、興陞來，青士來，以腹疾未見。星仍見，司天始奏。

初四日甲午。入直。卯初，上庫。到署。發南信。夜雨。

初五日乙未。入直。到署。加班，四件。到史館，秋香、薇公商，巳初三也。卅四包三本。周子玉來。夜雨。雨止，星仍見。

初六日丙申。入直。上詣觀德殿，隨同行禮。到署。卅五包，五本。胡來，得質卿信，得伯足信。星見愈高。

初七日丁酉。入直。派恭代初九日御筆《心經》。到署。候蘭蓀。樊來，寶森來。申初欲雨即晴。星見。

初八日戊戌。入直。到署。趙香圃來，又銘孫、寶森來。星見。

初九日己亥。入直。直日。到署。卅六包，六本。寄濟之信，復伯足、質卿。

初十日庚子。入直。卯初二，上詣觀德殿，隨行滿月禮及早祭。派驗放。到署松未到。得次經十九、廿五信，復二函，交幼軒。星見。

十一日辛丑。入直。到署。送幼軒四色。

十二日壬寅。入直。卯正，上詣觀德殿，隨行禮。到署。卅七包。得濟、偉、麟生信，即復。再致質卿，爲調生詩也十五。滿漢提調來。星見。

十三日癸卯。入直。史館奏本紀事。到署。巳散。偕子齋同散。會法。含英、筆彩、寶森來。

十四日甲辰。入直。派寫平安縣扁三面。史館繳本紀二函。到署文未。

十五日乙丑。入直。到署。酷暑。卅八包七本。訪蘭蓀。樊來。復芍庭。寄合肥，交補菴。

十六日丙午。入直。到署。晤蘭蓀。胡來。酷暑。

十七日丁未。入直。直日。到署。酷暑。發南信十五、十二。申初陣雨。寶森來。

十八日戊申。入直。卯正，上詣觀德殿，隨行禮。到署。卅九包，九本。胡來。戌初雨，至丑正止。

十九日己酉。入直。寅正，上詣觀德殿，行百日禮，釋縞素，薙髮。到署俱未到。青士來，寶森來卅。夜雨。

二十日庚戌。入直。館奏事。刑加班。到署。少甫來，未見。復王符五、徐花農。筆彩，百大衍欠百八五。胡來七十，欠百三。

廿一日辛亥。入直。到署。四十包，七本。胡來大衍。

二十二日壬子。入直。派寫薛福辰等扁。國史館演禮，散巳初。到署，俱散。復尹次經初八信，交幼軒。

二十三日癸丑。入直。到署。文未到。文約廿四吃肉，辭之。得濟之信，即復。致尹次經，交提塘。筆采來大衍，欠百卅五。

二十四日甲寅。入直。寅正，進本紀至乾清宮，進賀表。補褂掛珠、緯帽藍袍。卯初散。到署俱未。四十一包，五本。滿漢提調來。孔到京。復廉生,交香濤。

二十五日乙卯。入直。卯初一,直日。坤寧宮吃肉。蟒袍補褂。派恭代二十八日御筆《心經》。到署。復仲飴,交庚生。孔帶南信到,復濟之、振民。得次經書,次日復。寄文恭朱拓五、眉川伯四。請兩經四種,《東古文存》、《有真意筆記》,摺稿,《簠齋別錄》四本,《田公德政》紅匣縮本,《所安集》。朝卷等七本。

二十六日丙辰。入直。辰初,上詣乾清宮,受禮,補服。到署。朱澐冒領銀案,派吉、吉、宗、鍾、鳳、雷、濮、殷、趙、方。復次經。又寄次經五十金,交幼軒。付次經來人李春等六金廿七行,胡來四十。

二十七日丁巳。入直。卯正。上詣縞素觀德殿,行禮。青長袍褂。隨行禮。到署。多福案松、廷、劉、施。四十二包,七本。酷暑。

二十八日戊午。入直。補褂。到署惟敬到。寄次經書一包,交幼軒。午初雨。胡來。星仍見。

二十九日己未。入直。寅正,進本紀於皇史宬。到署。補褂。復清卿、緝廷,交康民。四十三包,一本,一起在署看。

三十日庚申。中伏。入直。卯正,上詣太廟、乾清門。侍班,補服。到署。酷暑已旬日矣。明日發南信。寶森來。昨派寫永善寺、瑞福寺扁。賀蘭蓀協揆。

七月丙申朔辛酉。入直。到署。寄小宋信,交周子玉懋琦。胡來,馬來。浙中德孫、惠桂及廣安信交子玉。

初二日壬戌。入直。上庫。到署。昭官故。寄周福陔、李捷峰信。杜培安紹唐來,汪二官來。寄次經,交提塘。胡來。夜十一點微雨。得濟、竹信。

初三日癸亥。入直,直日。到署。會法鍾、恩。戌刻陣雨。復濟、竹。朱以增劼伯足叔父信。

初四日甲子。入直。到署敬未到。青士、秋樵來。裕、姚、倪、華堯峰、張丹叔。雨。《蝗蛟》《全生》本書交杜培安。廖、王來。

初五日乙丑。入直。上詣觀德殿，隨行禮。到署。寄剛子良、田星五，交玉貴。寶森來。伯潛辭保舉。胡來。

初六日丙寅。入直。寅初，陣雨。寫"千牛河鼓天貴星君""天孫織女福德星君"神牌。到署。馬來。作譚德孫信。發捷峰、福陔信。又黎、許信。

初七日丁卯。入直。到署文未到。胡來。申正一，大風作，雨勢即止。

初八日戊辰。入直。到署。熱。寶森來卅六。胡來二百。

初九日己巳。入直。到署文未到。蘭九瓣，胡帶人來繪之。熱甚。

初十日庚午。入直。卯正，上詣觀德殿，隨行禮。刑加班。熱甚。到署夏未到。星仍在北極四輔之間。王貽清送保單。

十一日辛未。入直。正班到署。寄次經，交幼軒。復偉如，交仲田。寄芍庭，交仲田。熱甚。

十二日壬申。入直。孝貞顯皇后誕辰。卯正，上詣觀德殿青長褂，摘纓。隨行禮。到署。復葉燮生，作《蜀中金石志序》，並寄以書七種。得雨生信，即復。以高氏拓交小宇裱。胡來。

十三日癸酉。入直。卯正，上詣觀德殿，隨行禮。丑正二刻雨，卯止。到署文未到。巳初又雨，即止。明日史館保舉上。

十四日甲戌。入直。史館奏事保案。到署。會法崇、劉。

十五日乙亥。入直。派恭代御筆《心經》。丑正二刻雨，時大時小。寅正二，上詣觀德殿。卯正三，早祭。辰初，中元祭。隨行禮。辰初二，皇太后詣壽皇觀德殿，不侍班。謨公云。蘇、黎、許信，交汪二官書七種。大雨竟日夜。

十六日丙子。入直。代館員謝恩。卯初，上庫。到署。會法崇、鳳。復萊山。

十七日丁丑。入直。到署松未到。得濟、偉初三信，即復。汪二官行。胡來。

十八日戊寅。入直。答敬子齋。到署。子授來。復次經初九信，交幼軒。小雨旋止。

十九日己卯。入直。直日。到署，得振民信。

二十日庚辰。入直。派寫清苑、吳橋、龍神、關帝扁。到署。寄振民、濟之、竹年。

廿一日辛巳。入直。卯正一，耳痛。上詣觀德殿，隨行禮。到署。青士來。

廿二日壬午。入直。到署。宗、法、敬去。陰，大雨。發南信。復知無，交仲田。

廿三日癸未。入直。派寫甘肅、西寧扁二方。到署。爲高南鄭作《印章拾遺序》，交次屛。

廿四日甲申。入直。辰初，雨。到署。致濟之，廿六發。寄輓秋谷聯。

廿五日乙酉。入直。加班。到署。藻熱。復叔文、濟之，致偉如。申初，雨，有雹，即止。酉初，大雨如注。至丑正少稀。

廿六日丙戌。入直。到署。署門水深數尺，遂回車。王蓋臣來，交以知無信。申初又雷雨。寄次經，交提塘。

廿七日丁亥。入直。直日。到署。白雲亭有水，坐大堂後，過堂中。得次經信，即復，交提塘。月、太白晝見。井十二度。

廿八日戊子。入直。到署，薛未遇。昨庚生來，今日胡來，子授來。彗見北斗之下台、天牢，指天璇、天璣。

廿九日己丑。入直。上詣觀德殿，隨行禮。到署。辰正，陰雨，時作時止。寶森來。

三十日庚寅。入直。到署。王應孚呈遞封奏,明日遞。胡來。寶森來。

閏七月朔辛卯。入直。加班。到署。在署閱《朝審略節》四册。弟一本,實一起,緩九起,十三名。二本,實二起,緩八起,十四名。三本,實一起,緩九起,十名。宗室三本,四名。即批訖。寶森來,張承熊來。

初二日壬辰。入直。赴庫。到署。巳散。寄次經,交提塘。戌刻,雨,六刻。

初三日癸巳。入直。到署。蔣少菴錫年來,江蘇大令。

初四日甲午。入直。到署。承厚、施啓宗來。

初五日乙未。入直。直日。八件。到署。送《聖訓》來。

初六日丙申。入直。派閱考御史卷,偕瑞、邵、薛,三十三本。辰正散。到署。看秋審三本,各一起。朝審一本,八起,實二緩六。唐鄂生來。

初七日丁酉。入直。上詣觀德殿,隨行禮。到署。文。看秋審三本,二本皆一起,一本三起山西。答鄂生。寄濟、竹信、愉庭信。

初八日戊戌。入直。到署。敬。復偉如、濟、竹,知平陽大姊去世。任筱沅來。

初九日己亥。入直。到署。答任筱沅。辰正雨,即止。送筱沅、念仔各一席。秋樵來。

初十日庚子。入直。上詣觀德殿,行滿月禮。到署。晤蘭蓀。寄次經,交提唐。

十一日辛丑。入直。寅正,大雨。堂議。雲至蘇。雨辰刻止。岱東來。

十二日壬寅。入直。堂議，未初散。王信甫來。李念仔來。胡來。

十三日癸卯。入直。直日。到署。復次經，交幼軒。

十四日甲辰。入直。到署。文貴三百五兩。胡來大衍，寶森來賢人，蘇來。發順伯、濟、竹信。戌刻，大人延亞陶診。

十五日乙巳。入直。到署。見孔生。上詣觀德殿，隨行禮。大人延亞陶診。

十六日丙午。入直。上庫。到署。俱散。賞燕窩。大人延亞陶診。

十七日丁未。入直。到署。大人延亞陶診。得芍庭信，即復，交仲田。胡雲楣來，送益甫信，即復。

十八日戊申。入直。到署。徐郙假。大人延亞陶診。霍子方來。

十九日己酉。入直。到署。大人延亞陶診。文貴百，欠二百五金。國史館請修孝友傳一摺。派寫都天廟匾。

二十日庚戌。入直。到署。大人延亞陶診。施之博來。胡來。

二十一日辛亥。入直。直日。到署。亞陶來診。胡、劉來古陶七件。酉雨。

二十二日壬子。入直。到署。亞陶來。得四叔、濟、竹、三姊、眉伯初六信，廿四復。又寄偉如。復辛芝五月十二信，交春記。

二十三日癸丑。入直。卯正二，上詣觀德殿，隨行禮。到署。亞陶來診。得次經二函，即復，交提塘。

二十四日甲寅。入直。到署。又次經交提塘。亞來。

二十五日乙卯。入直。加班。到署。又次經，交幼軒，並賢人，復稼生。岱東來，贈以聯幅、書。亞來。

二十六日丙辰。入直。丑初三，遇伯潛、王邦璽於朝房。到署。訪蘭蓀，不值。亞來。胡、崔、馬來。

二十七日丁巳。入直。到署。又致次經，交幼軒。匯東、駕航來。

二十八日戊午。入直。到署。徐滿假。復濟之、振民、平齋，初一發。胡來百。蘭蓀來。

二十九日己未。入直。直日。到署。寄偉如，復柳門，初一發。

八月丁酉朔庚申。入直。派驗放。到署。

初二日辛酉。入直。到天安門朝房秋審上班。胡偕劉來，穆蓉舫信。候芥航、藹人、張芹圃、李念仔。鍾洛英簽商俞樹鈞一起。

初三日壬戌。入直。加班奏事。卯初，朝審上班。楊樹田呼冤。辰刻，雷雨。送李念仔屏聯、書。寄次經《登瀛備覽》、《慎盫詩文》、桂未谷拓紅厓碑及所屬書小條幅，交劉姓。李念仔來。

初四日癸亥。入直。卯正到庫，巳刻畢。刑部加班，奏朝審呼冤一摺。到署。

初五日甲子。入直。內閣看摺稿。到署。發濟、竹、偉、振民信。明日寄廉生四十拓，交小宇。送張、龔字。

初六日乙丑。入直。到署。廖穀士來，崔來，蘇來，寶森來。蕚客詩來，送以廿金。

初七日丙寅。入直。得子良信。寄次經。派寫井陘、慶雲等扁。到署。馨伯來，送靜山、星東食物。

初八日丁卯。入直。直日。到署。星岩招。文貴付五十，含英付五十，寶森付卅。

初九日戊辰。入直。公摺請止，恭送。派恭代皇太后賞恭王扁對。到署。

初十日己巳。入直。上詣觀德殿，隨行禮。到署。修檔房，獄神祠落成。發南信。青士、承厚、敏先來。得濟之初三信。

十一日庚午。入直。到署。得知無、碩卿信,即復。青士來,筆彩來,胡來,于鑑堂來。

十二日辛未。入直。到署。風,小雨,冷。

十三日壬申。入直。到署。會法恩、徐用儀。霙至,午正方到。陰,小雨。開發內廷節賞。

十四日癸酉。入直。加班。送派敬行禮。派文。到署。復王蓮塘、豫東屏。復廉生。筆彩來,胡來四十全清。

十五日甲戌。入直。卯正三,上詣觀德殿,隨行禮。到署。俱未到。陰雨。瑞符廿,經伯卅。賞瓜餅。蘇、寶森、馬來。

十六日乙亥。入直。直日。寄濟、竹、麟生、偉如、振民信。文采一百。次經初二信,即復,提塘。

十七日丙子。入直。到署。洪秉鈞來,有丁雨生信。梅葖來,送張沆清信。胡來。

十八日丁丑。入直。卯正三,上詣觀德殿,隨行禮。到署。秋樵來,蘇來。

十九日戊寅。入直。到署。寶、李來會審。復雨生,交洪秉鈞。

二十日己卯。入直。加班。到署。得濟之、竹年、眉伯十三信,即復。胡來。

二十一日庚辰。入直。赴顏料庫收錢。到署。發南信,濟、竹、振民、眉伯。寄次經,交提塘。內部鐘九紙。胡來邸十。

二十二日辛巳。入直。到署。胡來百。李偉卿貽寓來,雷瀛仙來。

二十三日壬午。入直。到署。胡來百。雷送奏底來。得莆卿復。

二十四日癸未。入直。直日。到署。作濟、竹、偉、振民、平齋信,廿六發。復莆卿,交仲田。胡來,大衍。

二十五日甲申。入直。到署。胡來，大衍。

二十六日乙酉。入直。卯正三，上詣觀德殿，隨行禮。加班，奏楊樹田等案三件。到署。筆彩來。又柳質卿信。

二十七日丙戌。入直。到署。不值蘭蓀。胡來。

二十八日丁亥。入直。到署。文未到。

二十九日戊子。入直。到署。廿八彗始滅。

三十日己丑。入直。到署。復四叔、濟之、偉如、振民十九信，初二發。筆彩來，胡來。

九月朔戊戌初一日庚寅。入直。上庫，巳正散。到署，俱散矣。馬子祥來。復順伯，初二發。得次經信，即復。

初二日辛卯。入直。直日。又寄次經信。觀德殿齊集，朝鮮香供也。到署。松未。筆彩來，拓器。胡來。夜雨。

初三日壬辰。入直。大霧。

初四日癸巳。入直。上詣觀德殿，六滿月，隨行禮。到署。松差。筆彩來。

初五日甲午。入直。到署。胡來，大衍。少荃來。提牢卅。

初六日乙未。入直。史館進末單，秋審進末單。到署。發濟之、竹年、偉如、振民信。寄次經卅兩，交幼軒。

初七日丙申。入直。巳刻，觀德殿祖奠禮，隨行禮。到署。文、敬差，松未。寶森來。馬來。

初八日丁酉。入直。到署。文、敬差。

初九日戊戌。入直。丑刻至觀德殿。寅初三，上至，皇太后至，侍班。寅正二，孝貞顯皇后奉移步，隨出東直門。辰正跪送。派寫四川彭縣關帝廟匾、閬中桓侯祠匾。得南信，復濟、竹、麟生，寄偉如、質卿，十一發。

初十日己亥。入直。派驗放。上庫。到署。派寫山東河神廟匾一面。蘇來。

十一日庚子。入直。大霧。派寫景山關帝廟匾對各一，又恭王壽物匣上四字二分。到署。馬來廿。胡來卅。筆彩來。

十二日辛丑。入直。直日。到署。苗穎章放順慶，提陳文田行走，趙舒翹坐辦，陸光祖補。蘇來。得次經信。于鑑堂來。蕁客信，助廿金。

十三日壬寅。入直。丑刻，大霧。

十四日癸卯。入直。派寫彭城鎮龍神匾，盧氏關帝、城隍匾，共三方。到署。發偉、麟、濟、竹信，十六寄。換羊皮冠，白袖頭。

十五日甲辰。入直。到署。大風，始冷。胡來廿。又黃河清補柳圖十。筆彩來，得尹二信。

十六日乙巳。入直。冷。到署。派雷一套，缺函，致文送其家，交殷五十，棉衣六十套。崔來。

十七日丙午。入直。冷。到署。換灰鼠一套，瓜仁領，藏獺冠。崔來松壺二。

十八日丁未。入直。到署。亞陶、經伯來。

十九日戊申。入直。到署。筆彩來。復濟、竹、平齋、振民信，又董信，寄汪二官。

二十日己酉。入直。到署。復茀卿。

二十一日庚戌。入直，到署。文未到。派寫十一言對。崔來，寶森、筆彩來，胡來。竹年文旦十八個。王維煜卿雲寄信。

二十二日辛亥。入直。到署。巳正一，孝貞顯皇后黃輿進大清門，跪迎升祔太廟，陪祀。午正二刻散。復竹年信，交王。崔來，寶森來廿，筆彩來卅。

二十三日壬子。入直。上庫。巳正散。到署全散。晤雲階。復四叔、偉、濟、竹九月十五信，並寄平齋光和量拓本。苗逸雲來。得星師信。復拓本百五十九紙,並小峰信。

二十四日癸丑。入直。到署。敬未到。晤於朝房。星師信交蔚庭。崔來百。國史館送《忠義傳》來,即閱。復胡、石、查。

二十五日甲寅。入直。到署。松未到。陰,小雨。王信甫來。夜雨。

二十六日乙卯。入直。到署。陰雨。

二十七日丙辰。入直。陰雨。到署。松未。派寫養心殿貼落一件,隸書壽字一件。派寫賞恭王壽扁一件,長壽字一件。陰雨。

二十八日丁巳。入直。到署。敬班。復芍庭,交仲田。胡來。

二十九日戊午。入直。正班。到署。松未。蘇來付十,欠十九。胡來,一爵一觚,次日還。

三十日己未。入直。發濟、竹、偉。朔日,上出乾清門。侍班,補服。到署。

十月己亥朔庚申。入直。坤寧宮吃肉。賀左季高。到署改晚。巳初,雪漁來。

初二日辛酉。入直。壺。雲階來談。到署。崔來,寶森來。左七旬送酒。

初三日壬戌。入直。上庫。到署。大風。

初四日癸亥。入直。壺天。到署。敬未到。崔來二數。劉姓來廿,送古匋四件。筆彩、寶森來。

初五日甲子。入直。派驗放。壺天。到署。胡、崔來,李偉卿來。

初六日乙丑。入直。加班。派"延年益壽"各一方,"長壽"字二方。派閱考試漢御史卷,巳初散。董瑞錫。到署。發濟、偉、平齋信。復花農、仲飴。

初七日丙寅。入直。壺天。到署。直日。胡帶畫者李來,畫塌。寄清卿信。得尹次經信。得濟、偉信。

初八日丁卯。入直。派恭代御筆《心經》。壺天。到署。復次經,交東甫。寄清卿各書,交彭小圃光譽。又寄緝廷信,交小圃。

初九日戊辰。入直。壺天。到署。崔來,左季高來。

初十日己巳。入直。派寫福、祿、壽、喜、龍、虎大小各一分。辰初,慈寧門行禮。到署。俱未。晤蘭蓀。文式如玉來。

十一日庚午。入直。壺天。到署。文、敬、松未到。

十二日辛未。入直。壺天。到署。文、敬未到。亞陶來。

十三日壬申。入直。壺天。到署。文差。亞陶爲大人診。

十四日癸酉。入直。壺天。到署。文、敬、松未。崔來,得廉生九日信,並石塢念初求字。亞陶來。

十五日甲戌。入直。直日。鶴峰師招吃肉。賀文協揆。到署。松、薛、夏未到。季高招飲,辭之。

十六日乙亥。入直。壺天。到署。敬班。胡來,岐子惠、王夢齡來。得叔父、濟、竹、平齋初六信,即復。

十七日丙子。入直。派寫臺灣天后廟匾。上顏料庫。到署。吳誼卿到。

十八日丁丑。入直。派寫文瀾閣斗子匾。壺天。到署。夏未到。吳誼卿、景東甫、洪植臣來。林開章、黃自元來。

十九日戊寅。入直。壺天。到署。唐大案添派,以載彩言。發濟之、偉如、振民信,柳門信、四叔奶餅四匣交洪植臣。王小雲來。

二十日己卯。入直。壺天。文葵卿來。到署。李和生、王錫九來,王達五來。廖谷士來。

廿一日庚辰。入直。壺天。薛談。到署。王藎臣來。

二十二日辛巳。入直。壺。到署。姚協贊來,胡來。竹年交王槐三大令寄笋。

二十三日壬午。入直。壼。薛來。直日。到署。文未。崔梅十。以臨《書譜》六十交梁。何衡甫世兄政祥來，苟庭信。寄仲飴，交庚生。胡來。

二十四日癸未。入直。昨夜微雪。壼。到署。胡來。

二十五日甲申。入直。派篆寶四方。壼。薛、敬、夏。到署。文未。青士來。粟懋謙來，云是增焴子。

二十六日乙酉。入直。壼。到署。會法鍾、劉。冷。發南信，濟、竹、偉、振。胡來。

二十七日丙戌。入直。壼。到署。文、敬未。福益三來。崔來。

二十八日丁亥。入直。上庫，巳正散。到署。彭小圃來。

二十九日戊子。入直。壼。到署。文未。臨書八十幅。胡來日。以百廿幅交經伯。

十一月庚子朔己丑。壼。到署。文、松未。冬至夜祀先。

初二日庚寅。入直。壼。到署。松、文未。薛請訓上陵。崔來，臨八十幅。

初三日辛卯。入直。壼。大風，冷。派寫四川自流井神扁。到署。敬未。臨《書譜》七十，全完。

初四日壬辰。入直。壼。到署。

初五日癸巳。入直。壼。到署。發南信，濟、竹、偉、振。初七，胡、崔來大衍。

初六日甲午。入直。壼。到署。王信甫來。

初七日乙未。入直。同鄉謝恩。壼。到署。復濟之。

初八日丙申。入直。加班。壼。到署。蘭蓀來。

初九日丁酉。入直。壼。到署。薛到京。復小岩、知無。崔來四十。

初十日戊戌。入直。直日。到署。星岩招，未正散。

十一日己亥。入直。到署。文未。崔來,啺伯足,用甫對。

十二日庚子。入直。壺。到署。文未。翁道鴻儀臣來。胡四十。

十三日辛丑。入直。派恭代皇太后福禄壽三星贊三件,題畫五件,卯正畢。壺。到署。崔來。

十四日壬寅。入直。賞貂皮八、大卷四,引見時磕頭。壺。到署。

十五日癸卯。入直。派篆寶四方。加班奏事。壺。到署。寶森來。

十六日甲辰。入直。壺。遇香濤。到署。葉冠卿伯英來。

十七日乙巳。入直。壺。到署。敬未。

十八日丙午。入直。直日。派寫"受兹介福"四字,寫對百廿付。壺。到署。松未。姚檉甫來。胡來。李岷琛來。

十九日丁未。入直。壺。到署。敬未。六十付。胡來。

二十日戊申。入直。加班。壺。到署。文、夏未。卅付。風。崔、筆彩來。

二十一日己酉。入直。壺。到署。胡五十。崔五十。胡又來。寄復濟之、麟生、質卿,寄偉如、振民。

二十二日庚戌。入直。壺。到署。文未。卌付。胡來。

二十三日辛亥。入直。寫年差六十餘件。上庫。到署。文未。崔來大衍。胡來。

二十四日壬子。入直。派寫東岳廟匾三面。史館提調,未見。壺。到署。文未。胡來。發南信。馬號失書。

二十五日癸丑。入直。加班。三庫奏事。壺。到署。會法鍾、許,文未。胡來。

二十六日甲寅。入直。直日。壺。到署。文未。胡百。

二十七日乙卯。入直。壺。到署。文未。

二十八日丙辰。入直。加班,減等三單貳千九百六名,畢。壺。

到署。復廉生。胡來百。

二十九日丁巳。入直。壺。祈雪。到署。胡來，毅卿來，贈孝達《中說》。

三十日戊午。入直。壺。到署。

十二月辛丑朔。入直。派寫福字五方。壺。到署。答香濤。

初二日庚申。入直。上庫。到署。文未。雪。

初三日辛酉。入直。京察過堂。復次經，還一齊瓦器，有僞字百餘。賞李春二人十兩。賞大卷二、帽緯一。復少山二百八十块瓦片，來人二兩。

初四日壬戌。入直。直日。候補過堂。胡、馬、崔來。發濟、偉、麟、振信。

初五日癸亥。入直。京察開封。賞燕窩。館奏事。上出內右門，磕頭。壺。到署。文未。崔來。

初六日甲子。入直。壺。到署。崔來。馬來廿六。胡來。

初七日乙丑。入直。館奏事。派寫長春宮七言對四分。壺。到署。文未。亞陶來。復濟、竹、偉十一月朔信。

初八日丙寅。入直。上顏料庫。到署。崔來百。薛奉使江蘇，有旨。

初九日丁卯。入直。派寫同仁寺扁。王信甫來。壺。到署。夜雪一寸。

初十日戊辰。入直。壺。到署。松未。香濤來。

十一日己巳。入直。壺。到署。文、敬未。送香濤。派寫對五付，春條底九分。

十二日庚午。入直。派寫對二付。三庫京察靈、廣、徐、奎、王。到署。

十三日辛未。入直。壺。到署。文未。潘遹送益甫信來，即復。

十四日壬申。入直。壺。到署。文未。復莪卿，交仲田。亞陶爲大人診。

十五日癸酉。入直。軍機傳旨袁大馬等云云。壺。薛來。到署。文未。亞陶來。馬、崔、胡來。復芍庭，交仲田。發南信。

十六日甲戌。入直。派題畫蘭詩。上庫。到署。夜，亞陶來。

十七日乙亥。入直。賞穿帶縢貂褂。亞陶來。毅卿來。

十八日丙子。入直。具摺謝恩。到署，會法崇、劉。崔、胡、筆彩來。

十九日丁丑。入直。加班。到署。賞袍褂料、帽緯。復廉生，交協同慶。

二十日戊寅。入直。直日。上詣大高殿、神武門。碰頭。壺。到署。送雲階，晤候子和署左。

二十一日己卯。入直。到署。封印。卯刻，胡來。

二十二日庚辰。入直。壺。到署。會法徐、許。發濟、竹、偉信，廿四行。

二十三日辛巳。入直。派題畫十一首，題畫六件。巳正散。皇太后賞福、壽字各一分，長壽字一分，貂皮十張，大卷八个。到署。刑部加班。復周子玉，交蔚長厚。旨："毋庸謝恩，亦不必具摺。"筆彩來。胡來百。得偉如信、眉伯拓。

二十四日壬午。入直。唪恩露圃。派寫四字語五分賜軍機者。同鄉謝恩，到者董、潘、徐、夏。李卅，梁卅，祁廿。崔來六十。龔穎生、李蘭蓀來。胡來百。

二十五日癸未。入直。答蘭蓀。派寫福貴財喜神位等五件。到署。

二十六日甲申。入直。到署。文、敬。趙、孫、貢、李來，鳳石來，陸壽門來,梁斗南來。崔來百。寶森四十。

二十七日乙酉。入直。皇太后御筆畫題詩七首。派寫陝西郿縣太白廟扁。賞荷包、貂皮、手巾。上詣太廟,侍班,歸時磕頭。到署。全到。閱復陳啓泰摺。崔六十。

二十八日丙戌。入直。派恭代御筆《心經》。加班奏事。到署。文到。子刻,敬神。崔大衍,寶森百,梁卅,李大衍,祁廿。

二十九日丁亥。入直。刻字鋪百。祀祖先,接竈。得南信。馬來十四,十吊。胡來百。賞香橙。

光緒八年

光緒八年壬午正月朔戊子。丑初,進內前門關帝廟拈香。辰初,慈寧門行禮。蟒袍補褂。乾清門行禮。懋勤殿開筆,派恭代元旦御筆《心經》。不拜年。歸,吳毅卿、孔醉唐見。

初二日己丑。入直。卯正二,坤寧宮吃肉,補褂。到署,俱到。寄芍庭。寫南信,初六發。

初三日庚寅。入直。大高殿祈雪。馬來。

初四日辛卯。入直。風冷。答子齋。到署。祁、胡來。

初五日壬辰。入直。答寶。到署。

初六日癸巳。入直。寶森來廿。

初七日甲午。入直。到署。答夔石。崔來。

初八日乙未。入直。到署祁。班龍膏並信交陸錫康。郝聯薇近垣來。

初九日丙申。入直。上出乾清門,補褂侍班。童德中以王國江節孝扁書之贄,卻之。加班,到署松。復陳榮叔,交秋樵。復稚璜。胡來。

初十日丁酉。入直。加班。文未。到署。馬來,青士來。夜雪。

十一日戊戌。入直。雪。十七謝。得南信,復。梅茨來。

十二日己亥。入直。到署。復張沇清,交梅書字。復清卿、芍庭。

十三日庚子。入直。候蘭蓀。復芍庭。

十四日辛丑。入直。到署。

十五日壬寅。入直。朝房晤文。胡來。

十六日癸卯。入直。到署祁。

十七日甲辰。入直。大高殿謝雪。崔來。

十八日乙巳。入直。加班。文未。到署夏。文青來。付八十兩，欠七十九。

十九日丙午。入直。壺天。到署，會法周、劉。復廉生，交小宇。寄濟、竹、振民、平齋書。偉如、麟生信即日發。寶森來。

二十日丁未。入直。加班，到署。王信甫來，胡來。付太百四十。

二十一日戊申。入直。到署，開印。壺。候蘭蓀不值。趙增榮、蘭蓀、胡來。

二十二日己酉。入直。壺。到署。胡、筆彩來。

二十三日庚戌。入直。派寫福建宜蘭城隍廟扁。上庫。到署。

二十四日辛亥。入直。到署。萬、董等開缺。

二十五日壬子。入直。壺四百六十。到署祁未。發濟、竹、偉、振信。寶森來廿。王小宇來。

二十六日癸丑。入直，直日。到署松未。

二十七日甲寅。入直。公同謝摺。壺。到署敬未。王寯頤來。

二十八日乙卯。入直。引見時謝恩，照舊供職。到署。王信甫來。是日京堂引見。

二十九日丙辰。入直。派寫養心殿貼落一張。壺。到署文、松、祁未。

二月癸卯丁巳。入直。壺。到署文未。馬來。換洋灰鼠褂。馬來。

初二日戊午。入直。筆彩來。坤寧宮吃肉、補褂、洋灰。到署文未。寄濟之信野。

初三日己未。入直。壺。到署文、祁未。復次經，交幼軒。寄廉生，交小宇。胡來。

初四日庚申。入直。上庫，到署。英俊摺，庫吏韓士俊等。古尼音布摺。溥來，王鵬運來，有交片。馬來還小幣百一。胡來。

初五日辛酉。入直。直日。到署。胡來百。

初六日壬戌。入直。到署。大風。

初七日癸亥。入直。大風。王補菴來。派寫東岳廟、文昌關帝扁二面。得振民信。

初八日甲子。入直。大風。到署。

初九日乙丑。入直。鶴師招吃肉。到署，會法。胡來。小宇十二行，寄濟、振蔴姑、杏仁。

初十日丙寅。入直。加班二件小回回。到署敬未。剛子毅良來，馬來。

十一日丁卯。入直。丑刻，雨。到署文未。

十二日戊辰。入直。到署文未。童德中來，得濟偉廿九信，即復。

十三日己巳。入直。到署文未。信甫來。

十四日庚午。入直。到署文、祁未。

十五日辛未。入直。加班。到署文、祁、松未。賀子青兵尚，問汴生病。復四叔、濟、振、麟。

十六日壬申。入直。到署。寄瘦羊小譾一、葉選二、松壺一，交小宇。

十七日癸酉。入直。大風。到署祁未。晤蘭蓀。自十九起早衙門。崔、胡、鳳石、子青來。

十八日甲戌。入直。到署敬、未。胡來，言山東龐姓銅器三件被扣留。王春庭作孚、伯希來,溫棣華來。

十九日乙亥。入直。到署。青士、展如、秋樵來。斗南來,胡來。

二十日丙子。入直。到署松未。會法鍾、劉。王小宇來辭行。換銀鼠褂、白袖頭。

廿一日丁丑。入直。直日。到署祁未。馬來。

二十二日戊寅。入直。到署文未。

二十三日己卯。入直。到署,先散。派擬蘭詩百廿首,四字、五字、七字百廿分次日遞。毅卿、經伯、仲田、鳳石未正散。

二十四日庚辰。入直。請安。換羊皮冠、黑絨領。看方。到署。許筠菴來,胡來。

二十五日辛巳。入直。胡、崔來。派驗放肅、松、王。到署祁未。

二十六日壬午。入直。命擬蘭詩廿首同徐。經伯來。到署。會法。趙蓉鏡、剛子良、崔來。尊客廿金。

二十七日癸未。入直。加班。到署。展如來。蘭蓀爲幼樵要參六錢。庚生、伯希來。

二十八日甲申。入直。到署文、祁未。

二十九日乙酉。入直,直日。到署文、祁未。

三十日丙戌。入直。到署。信甫來。得濟、竹、眉伯信,復。

三月甲辰朔丁亥。入直。到署。胡來。

初二日戊子。入直。辰初雨。到署松、祁未。夜雨。施啓宗、承厚、夏伯英、陸宇生來,胡來。

初三日己丑。入直。到署敬未。

初四日庚寅。入直。到署。上庫。蘇來,馬來十。

初五日辛卯。入直。到署文、松、祁未。蘇來。

初六日壬辰。入直。到署。會法鍾、劉。寄濟、竹、振、平齋信。信甫來。

初七日癸巳。入直。到署松差。直日。復次經，交幼軒收回。訪蘭蓀不值。

初八日甲午。入直。到署文未。子良來。陸蔚庭、周希世爾珍教習來。瑞荷二八。

初九日乙未。入直。到署敬未。鳳石、斗南、胡來。蘭蓀來。

初十日丙申。入直。帶梁、陸進內。到署。馬來。付幼軒廿金，還少山款也。派題蘭花二幅，署款不書臣字。賀梁、陸。胡來皆十一日事。晡時，微雨。

十一日丁酉。入直。到署。得濟、偉、質卿信。鳳石、斗南來。夜大風，冷。胡來十。

十二日戊戌。入直。上庫。到署文、敬未。換季。崔來廿。得雨生訃，其姪來。

十三日己亥。入直。加班。到署。星厓招，午正散，皆同署。

十四日庚子。入直。到署。發濟、竹、龐小雅、胡石查、徐花農、質卿、偉如信。

十五日辛丑。入直。到署文未。招徐、梁、陸。直日。筆彩、王姓來。

十六日壬寅。入直。到署。陸楚士、吳毅卿來。復清卿。

十七日癸卯。入直。到署。張雲卿承燮來。再復清卿，並拓本。風。

十八日甲辰。入直。到署。筆彩、本立、寶森來。

十九日乙巳。入直。到署祁未，薛到。訪雲階。筆彩、幼樵來。

二十日丙午。入直。派寫張愷墨蘭、墨竹籤。徐、梁、陸招梁厲。酉初後小雨，即止。

二十一日丁未。入直。賞扇百七十八柄,送寅臣令郎寫。到署薛回任。蒯柘農廉訪來。又賞扇,送梁經伯。筆彩來春光。

二十二日戊申。入直。到署。青士來,行文直督爲雲南司案調川司派審。

二十三日己酉。入直。直日。到署。上出景運門,詣奉先殿,補褂侍班。王補菴來。

二十四日庚申。入直。派寫巴里坤武聖廟扁一面。寄濟、竹、振民,廿六發。復次經,交幼軒。到署文未、敬差。

二十五日辛酉。入直。加班,停句併案,得允。派閲蔭生卷奎、徐。未正散。寄少山《説文》序一。

二十六日壬戌。入直。到署敬差。胡來。

二十七日癸亥。入直。到署。雨。黃名玨號潤生來。

二十八日甲子。入直。到署。高搏九、宋偉度來。夜雨。胡來。

二十九日乙丑。入直。上出乾清門,補褂侍班。小雨。派榮壽公主府扁對七件。到署。黃貴誠允一、李維誠恂伯來。龔仲人壽圖,江蘇道來,恩綸來。崔來廿九。

四月乙巳朔丙辰。入直。上庫。日食。派寫榮壽公主府貼落五件。到署文未。

初二日丁巳。入直。到署。本立、劉來。得振民、竹年信件。

初三日戊午。入直。恒壽、信甫來。派寫藥房御扁二分,對三分。到署。寶森來。

初四日己未。入直。到署。寶森來。

初五日庚申。入直。到署。蘇來,付卅清。馬來。復南信,偉、濟、振、眉伯、平齋。胡來卅。

初六日辛酉。入直。派字斗一方，牕心廿八件。到署敬回。經伯、毅卿、仲田來。

初七日壬戌。入直。到署。

初八日癸亥。入直。署中搭棚。賀星東、子騰。晤蘭蓀、幼樵，不晤。黄名珏來。酉初雨。爲柏師作序，偉度《易卦變》作序。

初九日甲子。入直。到署文、松未。發濟之、平齋信，内趙惠甫要拓本百十六紙，眉生要盂鼎一紙。得次經廿一信。崔來廿。海韻樓來。

初十日乙丑。入直。到署，會法陳荔秋、劉叔倫。卞頌臣來，寶森來。奉上諭："陳、張、鄧參崇禮大學士會同查明具奏。"

十一日丙寅。入直。派榮壽公主府匾四字五面，二字二面，壽字一方。到署。秋審。弟一包四本。

十二日丁卯。入直。上庫。到署各散。弟二包四本。得濟、柳信。

十三日戊辰。入直。到署。弟三包四本。得芍信。

十四日己巳。入直。到署。弟四包四本。青士來。喑若農並聯幛交生和太掌扇胡同。派題皇太后御筆畫蘭四幅，各題四字隸書。

十五日庚午。入直。到署。五包四本。胡來。蘭蓀來。

十六日辛未。入直。派閱考差卷徐、潘、瑞、麟、王、孫、許、錫、祁、夏。午散。

十七日壬申。入直。到署。弟六包、七包。晨，小雨。寶森來十。

十八日癸酉。入直。到署，直日。弟八包。宋偉度來。得偉如信。全師去世。

十九日甲戌。入直。到署。賀鳳石。弟九包。

二十日乙亥。入直。弔小汀師。到署。弟十包。毅卿、庚生來。

二十一日丙子。入直。到署。復石查。得四叔、濟之、振民信，即復。夜雨。

二十二日丁丑。入直。查庫,弟一日四十萬。午散。禮、莊、勛、張、烏、錫、徐、夏、興、岳,十人。莊假廿日。管庫靈、李、廣、潘、奎、許,廣在假。到署。弟十二包。

二十三日戊寅。入直。卯初開庫。辰初先行。到署文未。弟十三包。

二十四日己卯。入直。卯初開庫,偕興辰初二先行。到署。弟十四包。毅卿來。

二十五日庚辰。入直。卯初開庫,偕禮、興辰初先行。到署文未。十五包,四本。復芍庭,交仲田。

二十六日辛巳。入直。直日。卯初開庫,禮、興辰初先行。到署。復子泉,又芍庭信。十六包,四本。

二十七日壬午。入直。派恭題皇太后畫蘭四幅,並隸書四字。賞大卷四匹,葛布二,扇一,漳紗二,帽纓二,燕窩一包。卯初開庫。到署。偉度要任筱沅信。馬來。十七包,四本。

二十八日癸未。入直。派大考差擬題。開庫,卯初。到署。候蘭蓀不晤。潛生姪來。賞袍褂料、紗、葛、帽緯。十八包,四本。

二十九日甲申。入直。皇太后賞御筆畫蘭四幅。蘭蓀來。十九包,四本。卯初開庫。巳初,查銀庫,完畫稿。到署已散。

三十日乙酉。入直。到署。二十包,四本。函致益甫,交捷峰。次日查庫復命。

五月丙午朔丙戌。入直。到署。秋審廿一包,四本。內廷節賞。誼卿來。

初二日丁亥。入直。到署。復柳門,交誼卿。張友山來。馬來。李卅、梁卅、祁廿。

初三日戊子。入直。到署。寶森來廿二包。

初四日己丑。入直。派寫扇二柄。上庫。到署，俱散。馬來，十兩全清。寶森來十，初五日付。

初五日庚寅。入直。到署松到。招誼卿、仲田、孔先生及其子，偕潛生午飯。看廿三包，自五月起，間日一包。崔來。

初六日辛卯。入直。卯初，會同查内庫。到署薛未。辰正三，大雷雨。發四叔、濟之、眉伯、竹年、振民信。得徐花農信次日復。雨至酉止。

初七日壬辰。入直。恭題皇太后畫蘭四幅同前。答蘭蓀、子久。卯初開庫尚。到署，看廿四包。王達五振鎬來。

初八日癸巳。入直。卯初開庫。加班奏事。到署。候蘭蓀不值。提調姚協贊、王貽清來。嵩良來，回内庫，短少事。崔來。

初九日甲午。入直。卯初開庫。查尾完後，桶外用鈎搜找，尚欠二千五百兩。午初封庫。到署已散。廿五包。發捷峰信，並寄益甫信。吳肅堂、魯、陳彥鵬行六來。崔來。

初十日乙未。入直。到署。答梁、陸、偉度來。

十一日丙申。入直。卯初開庫。申初三散。廿六包。清秘來，未見。馬來泉幣還之。

十二日丁酉。入直。直日。奏結古銘猷案，奉上諭："等因，欽此。"朝房晤丹初。到署。復次經、廉生。毅卿來書，寄恒軒篆扁。

十三日戊戌。入直。開庫。巳正散。短七百五十兩。到署，俱散。廿七包。復恒軒。

十四日己亥。入直。恭題皇太后御筆畫蘭四幅同前。到署文未。晤丹初。

十五日庚子。入直。查内庫，復命並奏數目不符一摺。奉上諭："欽此。"到署。廿八包。

十六日辛丑。入直。卯初段庫，辰初散。到署文未。濟之信，張履謙、竹年信，鄭桂生交來。鄒振岳、魏培楠來。

十七日壬寅。入直。卯初段庫，卯正二散。發濟之、竹年信。到署。廿九包。得筱雅信，即復。寄衛靜瀾、邵小村，爲筱雅書館阜康。夜雨即止。

十八日癸卯。入直。到署。豐伸泰來。作濟之、竹年、振民信，與筱雅信同於次日發。得偉如信，廿日到。

十九日申辰。入直。到署松未。寄穆春厓、紹石安信，交阜康。看秋審卅包。段庫復命。

二十日乙巳。入直。加庫，收五十七萬餘。到署夏未。得偉如信，明日進城矣。顔料庫查，弟一日未到。胡來。

二十一日丙午。入直。卯初，開顔料庫，四連、五連。卯正散。到署松、敬未。卅一包。偉如來，留飯，未刻散。復濟之、振民。

二十二日丁未。入直。卯初，開供用庫。卯正散。廿四復命。到署松、敬未。晤偉兄、蘿兄、貞孚、子宜。酉，微雨即止。

二十三日戊申。入直。到署敬未。復麟生又亢鋨卿，並爲書對、扇面交鳳石。戌刻後雷雨。卅二包。承厚、施啓宗來，偉如來，次日始知，已睡故也。

二十四日己酉。入直。到署松、薛未。敬調兵，貴署刑右。查庫復命。賀張友山、貴午橋。福箴廷調刑右。沈藻卿翰來，小雅之壻也。志楠來，皆未見。偉如來，崔來，呼瑞堂來。寶森四十。

二十五日庚戌。入直。到署貴未到任。看卅三包。姪壻劉泉孫用傑來，鏡如來。

二十六日辛亥。入直。到署松、夏未。陰雨，時作時止。聯綱幼農、佛昇額伯恒、王信甫來。夜大雨。

二十七日壬子。入直。到署。大雨。卅四包五本。承恩來。

子正雨止。

二十八日癸丑。入直。正班。到署文、松未。柳門、毅卿、岱東來。胡、崔來。

二十九日甲寅。入直。到署松未。卅五包。

六月丁未朔乙卯。入直。到署貴到任,松未。昨夜雨。明日加班七件。偉如來,睡,未見。

初二日丙辰。入直。到署松假。加班。卅六包。夜雨。

初三日丁巳。入直。到署。燥甚,陰雨。柳門、蘿杉、子宜來。張友山、偉如來。寄濟之、振民、平齋信。

初四日戊午。入直。上庫,巳正散。到署夏未。卅七包,五本。

初五日己未。入直。派寫科布多河神廟扁。到署夏未。

初六日庚申。入直。到署夏假,貴班。卅八包,八本。

初七日辛酉。入直徐、梁未。到署夏、松假。得撝叔信。

初八日壬戌。入直徐、梁未。到署夏、松假。雨。卅九包,九本。

初九日癸亥。入直徐、梁未。到署夏、松假。偉如來,施啓宗、李傳治來。

初十日甲子。入直。上庫,巳正散。到署貴未。四十包,六本。

十一日乙丑。入直。到署徐未。文署三庫。胡廿。馬來。斗南得講官來。徐寶晉五十,交鳳石。

十二日丙寅。入直。到署貴未。四十一包,五本。偉如來。復芍庭。馬來。

十三日丁卯。入直。到署松銷假。巳刻雨。馬來。徐惠生五十,交鳳石。

十四日戊辰。入直。到署松未。馬來卅。一閦一礪,皆破銅器,七二父戌,一咒一爵,鑒中有字,三無字。直三百五十,還之。施啓宗來,未見。江蘇司去年五月初五奏命盜月申,該司六月稿已失,該員任內事昨始查出耳。四十二包,五本。胡來二百。

十五日己巳。入直。直日。到署。寅初雨,時作時止,且大雨。發濟之、竹年、振民信。

十六日庚午。入直。到署。卯正雨。四十三包,六本。亞陶、吉昌新放漳守來。得尹次經信,復之,交幼軒。

十七日辛未。入直徐未。到署松班。雨時作時止。馬來尊卅。發濟之、竹年、振民信十八。致小雅,內邵小村復信交偉如。

十八日壬申。入直。到署文、松未。四十四包。崔來,胡來。戴毅夫二次要參,共二兩。

十九日癸酉。入直。到署。四十五包,三本。素禮庭來廿日。偉如來,已睡矣廿日。秋審完。

二十日甲戌。入直。到署松。南信今日始發,又小雅、瘦羊信。

二十一日乙亥。入直。到署。

二十二日丙子。入直。到署。馬來。得石查信,復石查廿三。直日。

二十三日丁丑。入直。直日。到署。

二十四日戊寅。入直。到署俱未。星岩招。偉如來,呼來《鼎帖》六十,未付。跌手足。

二十五日己卯。立秋子正三。入直。到署。南齋四人,為斗南祝五十。星師於十三去世,唁蔚廷。本日藍袍常服,不掛珠。

二十六日庚辰。末伏。入直。上御乾清宮受賀。到署文到。招柳門、誼卿、仲田、偉如,午初散。

二十七日辛巳。入直徐未。雨時作時止。到署松未。夜雨。

二十八日壬午。入直徐未。到署俱未。補褂藍袍。夜雨達旦。

二十九日癸未。入直。到署松、貴未。雨。

三十日甲申。入直。上出乾清門，侍班，補服。到署松未。胡來，崔來，姚協贊來。

七月戊申朔乙酉。入直徐未。直日。到署夏假廿日。偉如來，馬來。燥熱。

初二日丙戌。入直。到署夏假廿日。陰雨。馬來。

初三日丁亥。入直散後徐來。大雨。到署。星農師開弔財盛館，甚雨，及之。發濟之信。晚晴，夜雨。

初四日戊子。冒雨入直徐未。朝房遇叔平。到署。偉如以庖人所作假蕈以來。崔來，作卣閣。

初五日己丑。入直。加班。到署貴班。坐轎入直，車候西長安門。

初六日庚寅。入直。賞燕窩。到署英、貴未。福到，初八安。偉如來，馬來。夜不寐。雨。

初七日辛卯。入直。到署貴未。

初八日壬辰。入直。到署。楊望洲來。朝房晤福箴廷。極熱。賀貴午橋山東主考。

初九日癸巳。入直。到署文未。直日。陰雨。誼卿、聯俊、傑卿、歐陽衛、賓丞來。

初十日甲午。入直。到署文未。偉如來。得次經四月廿九日信，僞古一匣，交藏笠亭寄。

十一日乙未。入直。到署松未。復次經，還僞物，留小布、小泉，交幼軒。胡來。陳研香來。

十二日丙申。入直。到署松未。答容方。王朗清、德榜來。

十三日丁酉。入直。到署松未。晤容方。得濟、竹，即復盂鼎一。

十四日戊戌。入直。到署。寄濟盂、擔粥、問月、文成、姚林吳字祁對，瘦羊同，有《吾廬筆談》交沈藻卿姪壻翰，贈以對、幅、書。子授來。又濟要胎産丹一筆句交藻卿。

十五日己亥。入直。派恭代十七日御筆《心經》。偉散生日，未去。送江、劉芝田、何子峨、王朗清字。到署。陳秉和梅村來。亞陶來，爲大人診。送聯俊字。

十六日庚子。入直。到署福十九到右任。亞陶來診。偉如、陳梅村來，胡、崔來崔廿四。

十七日辛丑。入直。直日。到署，先散派輯五各缺。上詣奉先殿，以直日侍班。派公主府扁九件，對五件，直條三件。陸九芝來，爲大人診。蘇來，亞陶來診。

十八日壬寅。入直。看朝審五本。派湖北黃陂、木蘭山扁各一面。亞陶來，爲大人診。雲階來。亞陶再診。鳳石來。

十九日癸卯。入直。到署，先散。派窗格眼卅二張。福箴廷到任。偉如來。

二十日甲辰。入直。加班。到署福未。答九芝、鳳石。亞陶來診。

二十一日乙巳。入直。到署文、松未。壽泉、梅村、胡來。明日軍機處領交片。亞陶來診。夜雨，至次日辰止。答雲階。

二十二日丙午。入直。卯初，同芷菴軍機處領交片恭未。卯正，到署。堂議雲南至熱河止夏假廿日。胡來。

二十三日丁未。入直。在内晤芷菴。堂議，午正散。派審。宗培、瑞霖、趙時熙、田我霖來殿秋樵提牢班。本日奉上諭一道。

二十四日戊申。入直。偕宗培四人晤芷菴。到署福未。棣華、誼卿來。

二十五日己酉。入直。直日。到署。晤芷菴。賞大卷四。研香、展如、雅農來。崔來。宗、瑞、趙、田來。

二十六日庚戌。入直。朝房晤芷菴。到署福、松未。偉如來,容方來,宗、瑞、趙、田來。

二十七日辛亥。入直徐、陸未。到署福未。蘇、馬來。

二十八日壬子。入直同上。傳心殿晤芷菴。到署。復石查、野叟言。雨。胡來。夜雷電雨。秋樵來。

二十九日癸丑。入直徐、陸未。偕芷菴連銜封奏。到署福假。趙藹臣、胡、馬來。奉上諭一道。發濟、竹信。

八月己酉朔甲寅。入直徐未。到署福、夏假未滿。馬來百五。卣,孫春山物,尚欠三个五十。胡來,柳門來。

初二日乙卯。入直。頌閣徽學陸假五日。恭題皇太后畫蘭四幅。到署文未。偉如、誼卿來。胡來百。潘任卿來,望洲來。荻芳送名世,卻之,即復。石查信復。

初三日丙辰。入直。到署文未。胡千里來。宗、瑞、趙、田來。馮文蔚來。馬來,文奉命東陵查辦廷、周。夜雷雨。

初四日丁巳。入直。直日。到署。寄廉生、清卿拓本。振民子崔齡喜對交鏡如。午雨。夜又雨。鏡如辭行云初六行。

初五日戊午。入直。到署惟薛到,文請訓。辰雨。宗、瑞、田來。馬來。文初七行。

初六日己未。入直。到署松、薛。上諭:"兼署禮部,欽此。"提調姚、王來。未刻又雨。

初七日庚申。入直。具摺謝恩。到署。陸銷假。胡清瑞、吉昌、慕榮榦來。

初八日辛酉。入直。加班奏覆勘朝審。到署,會法陳、徐。偉如來鏡如已行。王魯薌來。

初九日壬戌。入直。到署松未。誼卿來,素禮庭來。派審五位來。

初十日癸亥。入直。派驗放。禮直日。上出景運門，侍班，補服。到禮署。到署。

十一日甲子。入直。到署。李和生、青士來，殷、趙來。和生帶去崧鎮青信。

十二日乙丑。入直。直日。到署。崔、馬來。蘭蓀來。復四叔、竹年、振民。次日又復濟。

十三日丙寅。入直。到署。復李靜山。彗於卯初一刻見東柳星之次。

十四日丁卯。入直。到署。復邵岱東，恩誠、吳崤來。朝鮮遣趙甯夏、金宏集、李祖潤來。蕈客卅，經伯卅，瑞荷廿。胡來百。

十五日戊辰。入直。恩誠、吳崤來。賞月餅、瓜果。夜雨。未刻大雨。皇太后賞普洱茶、鍋焙茶、活計一匣、大卷六个。到署。偉如來，毅卿來。寶森、馬來。蘇來二兩。

十六日己巳。入直。禮加班，封奏二件。到署。宗、趙、田來。發濟之信。申雨。寄石查信。刻癸未小印。

十七日庚午。入直。到署。同人公餞子授、頌閣，未正散。辰初雨。馬來冊。

十八日辛未。入直。秋審，辰刻上班，巳初三刻散福銷假。王信甫來。得郝近垣信，即復。胡來百。得竹年信。

十九日壬申。入直。朝審上班，辰正散。柳門、聯綱幼農、佛昇額伯恒來。

二十日癸酉。入直。直日。到署。招柳、毅、偉、田。宗、殷、田來。駕航來，胡來。

二十一日甲戌。入直。到署。發濟、竹信，得次經信，未復。吉雲舫來，崔來。

二十二日乙亥。入直。到署。爲清方伯盛作《謁岱記》作序,寄聯少甫。寄四叔普洱茶、茯苓,交潛生廿四行。趙、田來,馬來。

二十三日丙子。入直。到署。禮加班。雨。寄仲飴。臧良基、宗、趙、田、馬來。

二十四日丁丑。入直。到署。庚生來。呼瑞堂、筆彩、樊來,胡來。

二十五日戊寅。入直。到署。偉如、誼卿、呼來。發濟之、眉伯信,復平齋。

二十六日己卯。入直。禮直日,到署。又到署。以塤册寄恒軒,題並瓦拓、竟拓。胡輯五來,交振軒信並書。芷葊、王振鈴來,呼來。還郭太碑全幅,崇雨舲物,汪喜荀、車克慎跋、張氏世澤堂印,直五百金,僞物也。

二十七日庚辰。入直。到署。

二十八日辛巳。入直。直日。到署福未。裕竹村來。晤芷葊於朝房。

二十九日壬午。入直。以詩賀香禪六十。派閱孝廉方正卷奎、王、薛百八本,除墨汙于心如草一本。巳正散。到署俱散。陰雨。誼卿來,飯。

三十日癸未。入直。到署。發濟、竹、振民信。

九月庚戌朔甲申。入直。到署。偉來。

初二日乙酉。入直。到署。昨奉上諭添派惇親王、翁同龢會同查辦。本日同芷葊封奏。奉上諭一道。誼卿、庚生來。馬來大衍,欠六十。崔來。

初三日丙戌。入直。到署文住通。胡來百。臧笠廷來,裕竹村來。

初四日丁亥。入直。禮直日，到禮署。到署。陳世兄彥鵬來。

初五日戊子。入直。換毡冠絨領。芝葊請迴避景、王。派驗放。文復。命到署文未。王與軒來。殷、瑞、趙、田來。胡、馬來。發濟、竹、振信。

初六日己丑。入直梁以足疫痛未入直。胡雲楣來。惇王贈星圖三幅，以《乙巳占》答之。

初七日庚寅。入直。到署。臧笠亭來。于幼堂鍾霖來，復于子戩蘅霖並李崧信。

初八日辛卯。入直。丑刻到内，弟一次句到，奉、新、雲、貴、兩廣、福。加班一件又一件。到署，接本。招偉、誼、柳、田。偉帶菜五、碟四。馬帶濰人邵姓來帶一簋一敦，方赤物。

初九日壬辰。入直。到署。達旦雨止。馬來二百。胡來百，自八月起名世。作濟、振信十一發。

初十日癸巳。入直。到署。加班。覆卞摺，並及越訴，查嘉慶廿五年聖諭。唐維卿景崧來。運齋來。奉上諭一道。

十一日甲午。入直。到署福假。陰冷。偉如來。得初二南信，即復。

十二日乙未。入直。禮直日。到禮署。到署。運齋來。宗、瑞、殷來。

十三日丙申。入直。到署，得姚克諧信號海樓。志裘泉孫中式。

十四日丁酉。入直。直日。晤芝葊。張瀛就獲。到署。夏伯英開缺。運齋來，海韻樓來。許星叔刑右，童署。

十五日戊戌。入直。到署。偉如來。

十六日己亥。入直。到署。辰正，會法陳、鳳。運齋來。楊石泉來。平齋、恒軒信交運齋。

十七日庚子。入直。句到弟二次，四川。加班。胡體安一件。

旨定案時再行請旨。又二件。到署。胡壽祺來。馬來。

十八日辛丑。入直梁未。到署。壺天，少坐。本日改巳初到署。晨陰。

十九日壬寅。入直梁未。壺天。到署，會法陳、英。知南榜信，無一人也。

二十日癸卯。入直梁未。加班二件。到署童到右任。風冷，換羊皮冠、黑絨領、珠毛袍褂。

二十一日甲辰。入直。壺天。有冰。派河南河神扁二面。到署福、滿。運齋、蔣少牧增榮來孝廉方正。

二十二日乙巳。入直。弟三次句到。偕芷葊封奏。上諭一道，廷寄一道。派閱覆試卷瑞、麟、錫、邵、薛、周、王，八十四本，一等廿，二等廿八。巳刻散。到署同薛。吳攀桂、劉錕來。

二十三日丙午。入直。四次句到。派題皇太后畫蘭四幅。到署童未，廿一起，以前同。

二十四日丁未。入直。壺天。到署童未。寶威重子固、王序宗西莊來。蘇來，胡來觶。發南信廿五發。

二十五日戊申。入直。壺天。到署。蘇來。潘任卿、林增華、葛慶春、徐德沅、張之鑾、馬蓁來。

二十六日己酉。入直。壺天。到署福、童未。運齋、胡來。復撝叔，交潘伯循。李振鵬來，馬來，施敏先來。

二十七日庚戌。立冬戌刻。入直陸五日未。壺天。到署松、童未。史館提調來，崔來。晉榮覆試、錫三來。得四叔、濟、竹、三姊十九信，即復。梅炏、胡來。李傳元橘農、寶森來廿九。

二十九日壬子。入直。壺天。到署童未。象驚碎輅，並傷。

三十日癸丑。入直。直日。上詣太廟。乾清門侍班。到署童未。耿士璟來。陶玉琦來。訥近堂子。升允來。覆吉甫。

十月辛亥朔甲寅。入直。卯正二，坤寧宮吃肉。到署童、松、福未。偉如來。怡齡、鮑光灼來，信甫來初二。交小宇助渭濱身後十兩。

初二日乙卯。入直。壺天。到署薛未。復芍庭。王小雲、姚馨圃來，崔來。

初三日丙辰。入直。壺天。到署童未。呼來，李菊莊來福建司。馮芳澤來覆試。敏先來四十，卻之。

初四日丁巳。入直。壺天。到署童未。雨又雪。寄濟、竹信。呼來，胡來。

初五日戊午。入直。壺天。到署薛、童未。得靜山信並袍褂料。寄平齋、清卿拓。秋樵來。蘇來。

初六日己未。入直。加班。到署童未。呼來。

初七日庚申。入直。壺天。到署。考王國鏞、陳廷彥、劉勳。夜雨。蘇來百十兩。胡來。曹寯瀛來。

初八日辛酉。入直。直日。皇太后賞墨蘭四幅，大卷六個。到署已散，文、福、童未。崔師招吃肉。答偉如。答蘭蓀。胡來，運齋來。

初九日壬戌。入直。壺天。到署松班，童未。換貂冠白風毛。風。柳門來。

初十日癸亥。入直。蟒袍補褂。慈寧門行禮，遞如意，賞還。到署俱未。胡來，呼來。宮子行、方成周、鹿名世來。

十一日甲子。入直。壺。到署福、童未。偉如來，留飯。寶森來。馬來。《仕學規範》。二石印。

十二日乙丑。入直。壺。到署文未。弗卿交濟、振枇杷露、葷油，即復。增子良來，綏定。

十三日丙寅。入直。壺。到署薛闈，松、童未。子青來。祝吳母壽。晤運、柳，以對贈石泉。

十四日丁卯。入直。壺。到署童未。運來。

十五日戊辰。入直。發濟、竹信。派驗放。偉如來。送宮子行書對。信甫來。

十六日己巳。入直。直日。壺。到署童未。晤蘭蓀。

十七日庚午。入直。派題皇太后畫菊二幅。姚樫甫、石杉禮咸、運齋、王朗清來。壺。到署童、福未，薛出闈。

十八日辛未。入直。壺薛來。到署。大風。

十九日壬申。入直，壺。芷菴來。到署松、童、薛未。張尊三來竹樓方正。崔來。

二十日癸酉。入直。到署童未。運齋來。

二十一日甲戌。入直。到署童、福未。偉如來。

二十二日乙亥。入直。到署童未。蘇來。復麟生，交偉如。馬來又言兮仲敦四百，先小宇三百。偉放江西。

二十三日丙子。入直。偉至。壺。到署松、童未。運齋、秋樵、胡壽祺來。送心岸貂裘、紅狐馬褂。

二十四日丁丑。入直。壺。到署。宮子行、敬子齋來。馬來。發南信。

二十五日戊寅。入直。到署童未。得南信，即復。

二十六日己卯。入直。壺。到署文、童未。子宜辭行。發南信。呼來還《爭坐》一、王帖一、《景君》一。

二十七日庚辰。大雪，午正三刻。入直。壺。到署童未。風。答王德榜、游百川。朱石峯文鏡來，呼來。

二十八日辛巳。入直。壺。到署薛闈，童未。耿士璟來。派寫貼落二張。

二十九日壬午。入直。五次句到山、直、熱。到署童未。偉如來。夜雪。

十一月壬子朔癸未。入直。到署。文星岩招同心月、子齋、襲卿、受之。柳門、苇卿來。殷、趙、田來。心月辭行。贈頌田鹿茸次日。

初二日甲申。丑初，送心月，未見，甫卧也。壺。到署福班。會法文暉、徐用儀。呼來。劉曉瀾海鰲來，運齋來。

初三日乙酉。入直。直日。到署，考筆帖式童未。胡來。

初四日丙戌。入直。宗、殷、趙、田來，呼來。派寫南河金龍四大王廟扁。到署，考筆帖式。

初五日丁亥。入直。壺。到署文、福、童未。考筆帖式。

初六日戊子。入直。朝審句到。巳初二刻，召對於養心殿。奉上諭，在軍機大臣上行走。到署，辦孫、周摺。柳門、叔平來，蘭蓀來，止其辭，奉命也。

初七日己丑。入直。具摺謝恩，引見時碰頭。運齋、鳳石來。至三邸及同直處，不晤。斗南、殷、趙、田來。發南信。周革，孫解。偕芷封奏。

初八日庚寅。入直。到署。答客一。陳荔秋來。秋樵來。冷。

初九日辛卯。入直。到署。運齋來。

初十日壬辰。入直。到署文、福、童未。賞大卷各一。賞冰魚。子青來。冷。殷、趙來。

十一日癸巳。入直。直日。大風冷。召對，碰頭，又磕頭謝賞。到署，俱散，午刻矣。

十二日甲午。入直。到署松未。殷、趙、田來。運齋來，鳳石來。

十三日乙未。入直。卯刻冬至。壺。到署文、福、童未。陸吾山來。瑞、殷、趙、田來《書譜》冊。

十四日丙申。入直。壺。到署童未。運齋來《書譜》冊。宗、殷、田來。陳偉傑、歐陽銜來。

十五日丁酉。入直。《書譜》卌張。召對。到署福、童未。信甫來。

十六日戊戌。入直。壺。到署童未。發南信。偕芷葊封奏明發。胡卷伯時卷十六。

十七日己亥。入直。派寫長壽字等底子卅六方。壺。到署福未。風。

十八日庚子。入直。兆子苻蘭來。

十九日辛丑。入直。召見。發南信。午正到署。吾山來，殷、田來。

二十日壬寅。入直。召見。復恒軒交運齋。祝恭壽。午正到署。

二十一日癸卯。入直。偕芷葊封奏。壺。晤萊山。到署文、松、童未。風。胡、寶森、運齋、幼樵來。萊山來。

二十二日甲辰。入直。壺。芷葊來晤。到署文。點驗軍器。大風。運齋、殷、趙、田來。

二十三日乙巳。入直。召見。賞鹿尾、鹿肉、冰魚、野雞。到署，弔桑文恪。

二十四日丙午。入直。壺。到署文、童未。

二十五日丁未。入直。壺。到署文、童未。朱伯華來，贈五十，卻之。殷、趙、田、燕起烈來。寫對六十付。得初六南信。復濟之、振民。柳門來。

二十六日戊申。入直。壺。到署。運齋來。對六十付。上祈雪大高殿。

二十七日己酉。入直，直日。到署。派恭代吉祥四字五分，又六分。對六十付。

二十八日庚戌。入直。召見，派恭題皇太后畫蘭四幅，隸四字。

午到署文、童、福未、餘已散。得清卿信,即復。運齋來。

二十九日辛亥。入直。寫如意單、長壽字、十三言對、五言對、福五方、壽一方,"天佑皇清"一張。到署童未。胡來。馬來。蘇來。

三十日壬子。入直。到署一人到。一點鐘,偕李、陳至英、美、德、吡、日館,歸申正三。

十二月癸丑朔癸丑。入直。到署文、松未。蘇來廿。發南信。劉仲良來。

初二日甲寅。入直。召見,賞柿餅。到署已正,俱散。運齋來,胡來,馬來四十。遞如意單,賞大卷一,袍褂料各一。斗南來,呼來。

初三日乙卯。入直。壺。到署。于次棠來,呼來。還鳳石四十,在殿面繳。

初四日丙辰。入直。召見。復一山、岱東。崿卿來。到署午正。呼來二百。寶森來卅。胡來二百。潘禄祖希彭來。復謨卿。

初五日丁巳。入直。卯正二,上詣壽皇殿,隨同行禮。到署童未。宗培來。

初六日戊午。入直。到署。大高殿祈雪弟二。

初七日己未。入直。到署。青士、薛叔耘福成、殷、趙、田來。賞對全完。

初八日庚申。入直。召見,派恭題皇太后御畫松鶴七絕一首,並隸四字。未初到署俱散。寶森來四十。陳寶箴右銘,辛亥來,袁善來。

初九日辛酉。入直。召見。還運百五十,欠十。未初,到署。會法已過。運齋來,呼來二百。宗培來。王振鈐來。

初十日壬戌。入直。到署。星叔明日復命。胡來二百。馬來。

十一日癸亥。入直。賞燕窩。蘇來四十,欠廿六。壺。到署松未。寶森來十八兩。秋樵、運齋來。刻字鋪一百。胡來。

十二日甲子。入直。雪花即止。賞鰣鮠魚,回網魚一尾,紫蟹廿个。到署福未。星叔交來南中十一月初二信。發四叔、濟、竹、振、平信,平齋信交運齋。

十三日乙丑。入直。召見。王小宇卅。胡來。未初到署。吉榮帆來,口北道。

十四日丙寅。入直。派寫對四付,歲歲平安底子二分。胡錫祜心齋來。到署,飯於總署。俄國拜年。

十五日丁卯。入直。賞藏香。胡來。雪花。到署。得南十一月十二信,心月信。

十六日戊辰。入直。召見。未初到署。復濟之、竹年、瘦羊、振民、眉伯及三姊信。寶森來。

十七日己巳。入直。到署文未到,許未到任。會法張、鳳。青士、柳門來。

十八日庚午。入直。召見。皇太后大安,賞"松竹並茂"四字,賞黃米糖、香水梨、截梨、平頂香、書、結,共六種。到署許到任。崔來。呼來二百兮仲敦,欠五十。胡來,寶森來百。手復張雲卿承變,贈對幅。

十九日辛未。入直。賞袍料二,褂料一帽緯。壺。到署。筆彩來,蘇來,崔來。

二十日壬申。入直,召見。賞鱘鰉魚。到署已未初。是日辰刻封印。胡來,呼來。復鑑堂對幅。夜雪達旦。

二十一日癸酉。入直。召見。子刻敬神。到署文該班,薛到。信甫來。蘇來。復知無。復石安對屏。

二十二日甲戌。入直。刑部加班十四件。到署。朝房晤同人及芷菴。運齋來。得南信。吉順、潘慶瀾來。

二十三日乙亥。入直。召見。蘇來,胡來兩數。

二十四日丙子。入直。晤星厓恭邸。到署薛。運齋來。蘇來名世,蕚卌,瑞廿。

二十五日丁丑。入直。召見。運齋十,交柳。崔來二百清。未初到署,遇福。柳門來百五清。發南信,明日行。

二十六日戊寅。入直。午正到署文,許,已散。毅卿、鳳石來。呼來百八十,尚欠卅。蘇來,寶森來。復仲飴。復陸存齋,交仲田。

二十七日己卯。巳正立春。入直。召見。賞"慶藹迎春"四字,賞"延年益壽"二張,"歲歲平安"一張,貂皮十張,袍料六卷,褂料二卷。青士、秋樵、胡來。到署文、薛,已散。

二十八日庚辰。入直。上詣太廟,乾清門侍班,補褂。派恭題皇太后御筆松鶴二幅,七言對並隸四字。黃酒館五十兩,一年未付也。祝佩翁。到署。

二十九日辛巳。入直。恭代御筆富貴喜財神位等五件。賞荷包。到署。蘇來百,已六百矣。呼來。招小宇、廉生、葑卿、運齋、柳門來。長允叔萃來。陳右銘來。胡兩數。

三十日壬午。入直。賞荷包,金銀錁。祀祖先,祀竈。梁四十二。筆彩大衍,欠六十。蕚廿,連前共六十。蘇已付六百,尚欠百五。呼來。馬來廿,欠九兩。復恒軒,交運齋。寶森來十二兩。卜霖來,宜子望之弟也。得辛芝信,爲偉度身後事,即復,交寶隆寄。

光緒九年

　　光緒九年癸未正月朔癸未。子初,進內,前門關帝廟拈香。卯初,養心殿召見,遞如意,賞還。賞八寶荷包二个。辰初,慈寧門行禮,乾清門行禮。巳刻,壽皇殿侍班,隨同行禮。孔雀房恭候,賞荷包一个。駕到時謝恩。懋勤殿開筆。詣恭邸、醇邸。祝蘭蓀。

　　初二日甲申。入直。卯正,坤寧宮吃肉,補褂。到署。大雪,子正至巳初。

　　初三日乙酉。入直。到署。答客。

　　初四日丙戌。入直。到署。答客。訪吉榮帆,不值。運齋、信甫來。

　　初五日丁亥。入直。同人偕詣恭邸。發濟之、竹、平、眉伯、瘦羊、振民、平齋信初七。胡、崔來。

　　初六日戊子。入直。答佩蘅。巳初到署,大雪。鳳石來,仲良來。大雪時作。

　　初七日己丑。入直。到署。大雪未止。午晴。胡來,郝近垣來。

　　初八日庚寅。入直。召見。到署薛。雪時作。夜雪。長允叔來。

　　初九日辛卯。入直。卯正二,上詣太廟,乾清門補褂侍班。恭代皇太后賜榮壽公主卅壽扁對。恭代上福禄壽喜四方。到署松。呼來皇甫四百廿。運來。雪。寄平,交運。

初十日壬辰。入直。到署文未,餘俱到。在叔平廠招寶、李、景。壺。寅雪,辰愈大。辰正止。

十一日癸巳。入直。派題《群仙祝壽圖》五律一首。到署全到。面商王樹文一案。呼來,全清。發濟、竹信。

十二日甲午。入直。召見。到署已午刻,劉春軒潼商道、劉仲良浙撫,本日請訓來。

十三日乙未。入直。到署。壺。佩翁招同直於東園,申初散。

十四日丙申。入直。上詣奉先殿,内右門侍班。壺。到署薛。斗南來。信甫來。

十五日丁酉。入直。壺。到署門逢福。辰正微雪。運齋來。

十六日戊戌。入直。召見。午正,到署。王朗清來。

十七日己亥。入直。壺。答惇邸。到署文、松、薛。青士來。

十八日庚子。入直。召見。到署。加班十件。文星岩招本日,辭之。運齋、柳門、萧卿、嵩書農昆、鄭小亭賢坊、盛蓉洲植型來。

十九日辛丑。入直。到署。秋坪招。發南信。

二十日壬寅。入直。賀芷菴太夫人棟鄂氏八十。到署文、松。雪。青士來,鳳石來,胡來。世勳送翁批《閣帖》肅本。卻之。

二十一日癸卯。入直。午刻開印。到署薛。

二十二日甲辰。大人於昨夜亥刻中痰不語,本日丑刻瞑目而逝。搶地呼天,百身莫贖,痛哉。運齋、柳門、鳳石、經伯、仲田、董彥合來後日又來。翁、李、薛、敬來。申刻大殮。運齋來。一切皆其照料。

廿三日乙巳。酉刻接三,演口同直、同寅均來,司官門生來。發南信,八妹來。

廿四日。奉上諭:"追贈三品卿銜,賞銀二千兩等因,欽此。"來客不備錄。再發南信。

廿五日丁未。李、翁。來客不備錄。地山、芷菴來。三妹來。

廿六日戊申。漆飾弟一次。王朗清祭，客不錄。青士來，報銷案派子青。

廿七日己酉。編錄年譜。吳、汪各祭，客不錄以下同此。八妹歸。

廿八日庚戌。頭七，念經演口半舫，惇王祭，董妹祭，法源寺祭，袁氏三太太祭，陶妹祭。文星厓再來。槓房定四千吊。馬工頭祭。

廿九日辛亥。漆飾弟二次。運齋交來孝達信由幼樵交。客不錄。訃目清出，明日請人寫籤在假山洞高慎德餑餑桌。

二月朔壬子。請寫訃籤。徐迪新、徐寶晉、吳少渠、沈子培、許雀巢、劉詠詩、王小宇、王廉生、韓蔭棻、耀曾、梁經伯、楊雪漁、彭仲田、顧康民、陶妹歸。寫訃五分，惇、恭、醇、載、萬，共一千七十分。

初二日癸丑。得正月初八日濟之、振民信。江西司祭。韓鏡孫來見。寶佩翁送粥、菜蔬。

初三日甲寅。壬戌，山東門人祭。醇王送餑餑桌，豕羊各一。敬子齋再來，得孝達、豹岑書，未復。運齋言平齋正月十一去世。酉初雪。復濟之、振民，初四發。文錫送餑餑桌。

初四日乙卯。刑部文、張、松、薛、福、許公祭餑餑桌，羊豕一。丁丑，門人卅一人公祭。王春沛祭席。風。運齋一切皆總其成，無日不到，至戚究異於人也。客不備錄下同。

初五日丙辰。漆飾三次。癸酉，門人祭五十餘人。宗培祭。三姪女偕劉姪壻來。

初六日丁巳。二七念經。龍泉寺祭，梁、陸公祭，劉姪壻祭。演口，子正畢。風。得合肥信，如冠九唁信，復。

初七日戊午。風，冷。柳門交校訂年譜，即付梓。崇地山再來。

初八日己未。兩班漢章京祭羊豕席。湖廣司來八人,恭王遣澂貝勒來送幛、羊豕。叔平三次來。得濟之正月廿五信,瘦羊信,薛撫屏來送分,張丹叔信未復。

初九日庚申。兩班滿章京公祭,雲南司、福建司公幛。蘭蓀三來,幼樵再來。廷子雋、復恩良祭。

初十日辛酉。子靜姪來。雲南全司、國史館提調等,戶部、工部各司來。翰林院幛,都察院幛。

十一日壬戌。文星厓、文書田、豫錫之再來。郝近垣祭。司務廳等公幛。

十二日癸亥。八妹、三妹來。乙丑、辛未、丙子、門人及同事竇、李、景、翁公祭。得四叔、二弟信,即復。裕德祭。徐乃秋再來。

十三日甲子。三七。五姨奶奶送經。胡先生祭,八妹祭。演口,亥刻畢。福珍亭、貴午橋再來。

十四日乙丑。國史館漢提調等公祭。李問樵祭。福綏庭、鍾洛英來。外訃約四百餘分。十五發四叔、二弟信。六科公幛。南中托二彭寄件到。寄合肥信,托輪歸照料。三妹歸。

十五日丙寅。寶竹坡、田季瞻再來。王莆卿、汪範卿祭。晚演口。得偉如信。

十六日丁卯。領帖。晨霧,酉雨。熙年、泉生兩姪來。翁、李、景、松均又來。蕭邸來。陪客請十二位三位滿,唯長萃較早,客三百餘人,誼卿戌初散,可感也。分六百二兩,票七百餘兩。雪至次日午正。

十七日戊辰。熙年、泉孫兩姪來子靜亦來。未刻,請蘭蓀點主,斗南、鳳石、誼卿、柳門相題。戌刻行啓奠禮。紹葛民、王信甫十餘人來。

十八日己巳。辰刻啓殯,由本胡同北口山東大街至法源寺,門人路祭四處。壬戌、癸酉、丙子、丁丑，未刻神主回吉，即回，至寺宿。得合肥信。

十九日庚午。李問樵、松峻峰來。申刻返厪。發四叔、濟之信。歸厪後，沈士鑠來。

二十日辛未。四七。董彥合、吳運齋、泉孫、陸鳳石、胡子英來。演口，亥刻畢。

二十一日壬申。陰。漆飾灰漆。廿八上布，廿九砑布。張幼樵來，得撝叔、福益三、郭鳳岐信。大風。回厪。

二十二日癸酉。哀啓甫刻成，得四叔、濟之、振民、桂清姊、眉伯信，十四日所發，即復，廿三發。大風。孔先生來，廿六請朱先生賜卿，丙子副榜權館，授年弟讀。回厪。

二十三日甲戌。請梁經伯寫籤。大風。運齋來，得怱齋書。再書寄四叔、濟之，廿四發。張安圃引見御史欲與易宅。

二十四日乙亥。大風。漆飾。上布四人。又寄濟之書，共八紙廿五發。經伯到厪，寫籤，各直省卟也。殷還浦如珠來，回厪。

二十五日丙子。發濟之信。靜涵來見。郝近垣乞撰《蘭臯先生全集序》，葑卿代爲之，本日交來。回厪。

二十六日丁丑。運齋到廟，並到厪。朱先生號賜卿，名敏修到館，吳梁孔同陪。外卟發。復偉如，交運齋。復恒軒，交運。楊聰來。托醉棠寄葉鞠裳聘書金廿兩。

二十七日戊寅。寅初上供，五七念經，演口。仲田、經伯、亞陶、運齋來。董彥合、孔醉棠來，鳳石、子靜、熙年、泉孫來。汪柳門、陶見曾、劉姪堉亦號泉孫來。斗南、葑卿來。夜微雨。

二十八日己卯。發四叔、濟之、麟生書。上灰漆。叔平、韓鏡孫來，回厪。

二十九日庚辰。運齋來，秦氏三甥來。得順伯、四叔、濟之、竹年廿二所發信，復，初一發。又振民信。柳質卿來，回厪。

三月丙辰朔辛巳。復恒軒，交運齋。江香岩、李洵安、王信甫來，得若農信，即復。運齋來。河南王樹文案昨日結。青士放河南守。回厪。

初二日壬午。復香濤，交幼樵。漆飾，橫布。徐花農、汪瑜伯、奎斌、運齋來。復苪庭。回厪。

初三日癸未。年譜送柳門校，廿七送去，本日送來，交刻字人改正。辰，微雨。回厪。青士來，未見。

初四日甲申。年譜始付刻，柳門校遲。《說文古文考》刻成。得近垣信初三日，索還《曬書堂文集》、《筆記》、《筆錄》等原本，即交來伻帶回。運齋、青士來。潘譽徵、區國琦、吉順來。杭州丁孝廉丙子立誠送家刻百餘冊《西泠五布衣詩》、《杭郡詩輯》、《西湖叢編》。

初五日乙酉。六七，念經，演口。孔醉棠、王以懋來。朱賜卿敏修、鳳石、彥合來。運齋來，即復恒軒。胡子英來，發南信。

初六日丙戌。復鄒岱東。文、寶皆到厪。回厪。運齋上陵，東屏信。

初七日丁亥。大風。晨，馬驚折足。回厪。蘭蓀到廟，不值，腹疾。

初八日戊子。沈守廉來，選永寧道，回厪。夜腹疾大瀉。

初九日己丑。押布灰漆。得招商局黃刺史應笀，號花農信，即復。夜腹瀉五次。

初十日庚寅。蘭蓀來，得四叔、濟之初二日信。夜瀉七次。回厪。

十一日辛卯。復南信。

十二日壬辰。七七，念經，演口。劉春軒來辭行。孔醉唐、朱賜卿、彥合、柳門、子英來。繆小仙、潘希彭來，黃紹箕來。亞陶來，得仲良、壽山信，得黃漱蘭信。

十三日癸巳。陰。漆匠來，上布。胡良駒來。回厝，夜雨。

十四日甲午。大風。寄出書貼淼古廚，帶件貼纍古。胡子英來，汪眉伯、運齋來。復振民。

十五日乙未。眉伯祭。廉生來。

十六日丙申。復濟之初七信、振民信。漆飾，押布。風。書七十三箱，書架書匱□□件，寄法源寺。以齊刀、尖刀、明刀一箱寄廉生。象濟來。古匋廿七匣，六百七十六件交廉，又三筐一匣三百九件交廉生。秋樵來。

十七日丁酉。約含英閣裝古器邿銍鐘一匣一枚，又無字鐘一架寄廉生。眉伯、顏聘卿、孔昭泰、運齋、曾紀鳳來。以匋器卅九件、瓶罐十九件、磬一件、甎十一件，有匣者四，又三匣，又無字小銅器廿件一匣，又破銅無底器一件，交廉生。又漢唐竟十一面，有字無字兵器九件，權一件，又刀范三件，皆無字。子靜到寺，未晤。含英裝古器。以下同。

十八日戊戌。熙年、江佐清、王小宇來。豫綠樵、章泉孫來。鐘十架二、齊刀五、明刀六十四、甎八，交廉生。又古泉二匣內一四匣，一二匣。又箋版一箱，又大塤同作乃䚎。

十九日己亥。漆飾，中灰四斤。浙同宗陛榮、運齋來。容方、桂文燦來。石刻三箱、棕箱二、紅皮箱一，交廉生。

二十日庚子。發濟之信。收拾拓本字畫五箱，交廉生明日送。付寶森六十四兩，又飯錢四十千。是日，換涼帽。汪瑜伯來，因忙未見。

二十一日辛丑。陰，雨。運齋、陳貞來。廉生處送昨裝之五箱，又今日之大長箱，又褾册拓本箱，共七箱，皆得復。楊寶彝來，又一箱，共八箱，交廉生。又馬韉一對，漢洗連架，又建文槌，又自用印木石五匣，銕泉九十五枚，交廉生。

二十二日壬寅。六十日，念經，演口。漆飾細灰。子静、彦和、醉棠、康民、詠詩來。復偉如、緝廷。朱賜卿、運齋、汪瑜伯來，庚生來。申刻後陰，小雨。

二十三日癸卯。小雨。拓本箱弟九、弟十交廉生。得四叔、濟之信，即復廿三。又裱册拓本、未裱拓本二箱交廉生。得四叔、濟之十四信，即復，廿五發。

二十四日甲辰。運齋來，廿兩、廿四兩。潘衍桐來。宋元板書三箱、漢洗有字架二、無字大句鑼一、無字鼎一，交廉生。

二十五日乙巳。發南信。雨。無字大鎛交廉生。廿五日漆飾，漿灰三斤。

二十六日丙午。夜雨達旦。以宋元本二箱寄廉生。

二十七日丁未。晨雨，巳刻晴。宋元本一箱寄廉生，本日止。

二十八日戊申。漆飾。沈潔齋來辭行。長允升、王信甫到廟。

二十九日己酉。運齋、胡千里來。胡來，寶森來，收拾南旋書，發南信。

三十日庚戌。立夏，得四叔、濟之、瘦羊廿二信。胡來二百，朔四百。

四月丁巳朔辛亥。發南信。漆飾十四次。胡寰敦交長太卅。

初二日壬子。發南信，合前三函同發，共四函。寶森此次四日裝書，又寄濟一函，内有訃，屬翻刻。運齋、蘊苓、子静、花農來。胡來二數清。

初三日癸丑。静涵以其前代和尚象求題。發南信，言擬二十日行。秦石麟來，蘭蓀到寺，含英收拾完。

初四日甲寅。漆飾十五次。雨。胡來。得陸存齋信及《藏書志》，及集，及叢書二集。

初五日甲寅以下誤。① 運齋來，廖仲山來。風。致濟之信。

初六日乙卯。柳門來，馬東垣未來。

初七日丙辰。漆飾十六次。柳門來，秦關、秦佩、崔吟燕來，馬東垣來。復王符五。夜雨達旦。

初八日丁巳。雨寅正止。秋樵來，蘭蓀送料壺二。

初九日戊午。寄濟之信，趙展如到廟，得濟之、振民初一信，復。

初十日己未。寄濟之信，以益甫、容齋對、陸叢書二集寄廉生。運齋、陳研香、趙展如來，李和生、葉挺生來。回厲，蘭蓀來，寶森來冊，王振鎬來。

十一日庚申。子靜來。長泰赴通，僱定太平船二。眉伯前日來，昨日去。《權文公集》寄廉。

十二日辛酉。寄四叔、濟之信。漆飾十七次，止。運齋、子靜、瑜伯來。江佐清來。孫欽晃未見。叔平來，未見。腹疾。

十三日壬戌。又寄濟之信，寄郝近垣信、黃花農信。陳世兄彥鵬來，頌南師子行六，贈以廿四金。李世彬、廷傑、鍾壎、裕彬、穆特亨額來。風。熙年、泉孫、花農來。刻字鋪四百金。

十四日甲子。陰，發南信。運齋、杜石生、鳳石來。汪瑜伯來，即以帳目交付，明日先至。

十五日乙丑。午風。陞榮來，子靜來，胡來□□三百。長卅兩，餘五人，廿兩，寶森四十，又廿千。斗南來，未見。

十六日丙寅。發南信。法源香火二百八十千，香資廿兩。梁卅兩，蕈卅兩。

---

① 今按：初五日甲寅，"甲寅"當作"乙卯"，以下至"十三日壬戌"，皆誤一日。此潘氏標"以下誤"之意。今仍不改。

十七日丁卯。山東門人公祭，孫紀雲、高彤瑄、郭鵬雲、馬瑞辰、劉中策、李端遇、陳秉和，同鄉劉詠詩、崔巢、康伯、毅夫、仲田、申之、康民、範卿、茀卿、誼卿、柳門公祭。幼樵、熙年來。黃子壽、李士彬來。以俸米捐粥廠，棺票四十交誼卿。

十八日戊辰。吳均金、吳瀛上祭。程椿壽上祭，號季園，小泉堂弟，山東通判。韓蔭祿上祭，叔平上祭。秋審趙時熙、陳惺馴。王田來。三秦上祭，蘭蓀上祭。燕起烈來，秋樵來。戌初，雷電、雨。潘慶瀾來。

十九日己巳。張霽亭、杜庭璞、馮伯申、吳汪董、亞陶、貢幼山、世錫之、熙年、秋樵、仲田來。癸酉，陸、蔣式芬、周志靖、沈士鑠、長萃、馬錫祺、徐致靖、何崇光、魏晉楨、趙增榮、趙爾震、程夒、李潤均、徐寶晉、張寶恩、孫承鑑、吳蔭培、沈曾植上祭。世錫之上祭。朱子涵來，李蓴客、王廉生、小宇、楊頤、陳昌年、王邦璽、斗南來，會章來。江容方、花農、王忠廡、運齋來。

二十日庚午。運齋來送，一人而已。寅刻，啓靈。午正，獨龍摃抵通，三號太平船，又小船一隻。王魯薌、薛撫屏、郝近垣、李珠圃來，韓鏡孫來。熙年、泉孫、瑜伯同舟。申初開船，酉正柳谷莊泊。憶道光甲辰八月奉先妣靈柩曾經此地，今復奉先君靈柩泊此，悲哉。
八妹、董妹均送至通州。

二十一日辛未。寅初開船，白糧船極擠，舟子竟日呼叫。賴今年水驟長，十餘年所未有也。水自十九雨乃增。午初前過張家灣，未刻過潞縣馬頭，酉初楊家灣泊，距橋上十里，據稱行百餘里，日日淺。

二十二日壬申。丑正開船，戌正泊蔡村。

二十三日癸酉。寅初開船，至楊村。黃建筦、朱乃恭差接，黃金志練軍全隊接，宜子望、花農來，王得勝來。額運使勒精額玉如、周道馥玉山來。劉道景韓樹堂來。韓宗清來。至天津已戌初，砲船迎送。

二十四日甲戌。廖穀士、瞿永嘉浙委員、同知、趙啓心、劉亨霖來。韓宗清上祭，送席。巳初，張振軒宮保、額運使、周道、劉道、宜、守北河同知李蔭梧、候補府徐翰辰、津鎮鄭國魁、候府繆彝、候通判方觀國、津左守備吳振清、署津右副將彭道明、津都司副將徐傳藻來，並上祭。朱福榮差接。子望來，迭次。巳刻開船，朱乃恭送席。眉伯來。巳正，紫竹林。午初，黃花農備執事，請靈輀上豐順大艙，包大餐間四間二百四十兩，賞四十兩。花農、張敬熙友堂上祭，胡良駒來。發電報，午刻得信。楊春貴、周士海、彭德、鄭世貴、徐獻廷、馮玉春、袁文彪、劉芝順、李正坡行禮。廖谷士、瞿永嘉竹庭來。花農送席，子望送果點。發行李。自午至暮，大風。子望、花農、鄭鎮、額玉如、劉景韓、周玉山又來。許涑文差送。鄭號一峰。子望又來送。花農、張敬熙來送。眉伯別去。癸酉，倪文俊來分發江蘇州判。

二十五日乙亥。丑初起，寅初開船。風昨止，雨作。自紫竹林以下仍易淺。辰初過新城百里。紫竹林至大沽二百四十里。午刻出大沽口。風。船主茶嗲時來見。未刻，淺，候潮，云六點二刻可行。至九點行，擱淺四時。

二十六日丙子。作致蘭蓀、叔平書，到申發。晨，有霧。又運齋、廉生書交蘭。辰正二見島嶼，當在登、萊間矣。厨中辦洋菜，以腹疾，屬弟姪食之。申刻過成山，嘔吐者多。

二十七日丁丑。未初過黑水洋，天氣晴朗，有風，可著棉。夜過佘山，見神燈。

二十八日戊寅。寅刻近吳淞口，辰刻進吳淞口，到金利源馬頭。濟之來，即換蒲鞋頭。謝家福、謝鉞、葉維幹、湯紀尚、楊靖、參將陳永春、鏡如、子靜、守備傳文彩、李少荃節相、通判陳嵩屏、朱震姪光宸移至珊記馬頭，潘琴軒、許仲韜、汪振民來。嚴錫康來。上海令黎光旦來。移泊老閘，行禮遲延故也。徐道潤來，號雨之。濟之厨范姓、振民厨王姓試之，明日再試之。行李船六點鐘未到，遲矣。小火輪船借四隻。坐船，連濟之四隻，行李船五隻。通判蔡匯滄來。發蘭蓀四人信。發電報至蘇，片刻可到。張桐來。

　　二十九日己卯。丑初開船，申初抵婁門內倉口。四叔及弟姪親戚俱到，地方官自織造、藩臬以下來祭。

　　五月戊午朔庚辰。寅初刻啓靈，移獅林寺，四叔及弟姪親戚俱送。麐生、沈寶恒、維驄、吳國樺、家介福、敦先、志萬、志暉、仁鹿、志裘、志愾、志絲、汪啓新、汪頌新、開祉、開祺、開禔、之昌、介祉、志穎，撫藩署臬部、府畢、縣金、陳、陽，陶承潞、汪啓逢、黃祖絡署常鎮道、朱維賓、汪宗泰、守備晏化雨、吕建伊、姚長烜、沙得元、朱福清、程南金、張豫立、鄭學濂、陸曜彥、洪鈞、彭慰高、史惟善、顧文彬、任道鎔、陸國祥、吳寶恕、貝蔭泰、嚴辰、吳艾生、李景曾、姚覲元、小雅、王鏞來，住獅林寺。琴兄、陶民、振民同早飯。昨來者崔國清、立山、金吳瀾、陳建勳、陽肇先、吳大根佩卿、沈仲復、陸曜彩、志暉、吳家楨、汪啓新、陶承潞、汪頌新、陸國祥、陳維楨、吳嘉楨、介祉、汪開祺、汪爾昌、誦薰、汪兆柏、都司王秉陞、志萬、介福、敦先、陳嵩屏、吳郁生、丁兆苓、畢保釐、汪福安、郜雲鵠、許應鑅來。小雅、濟之看，同夜飯，而未食。

　　初二日辛巳。百日禮。主僧中和，如皋人，來見。四叔、二兄、弟姪輩來，蔣心香、志愾、嘉植、汪開祺、汪鴻祚、汪兆柏、高承基、洪鈞、汪爾昌、陸曜彩、吳郁生、介祉、敦先、志穎、仁鹿、汪之昌、陳壽昌、許鈞、俞樾、翁發龍、洪秉鈞、葉鞠裳來。念經，演口。家屬來。桂清三姊來。

　　初三日壬午。始到金太史場賃屋，婦及弟初一已到。譜兄、瑜伯來。至通恕、敏慎，尊長俱見。拜鞠裳。樞廷同直及三邸信，運齋、柳門、鳳石、廉生、花農、秋曹同寅信，均交文卿。

初四日癸未。三點鐘赴獅林寺領帖。中丞等來祭，客不備述。申正後歸。發少荃、振軒、小村信。三房送經。是日陪弔者，紳則吳子實、吳培卿、吳語樵、洪文卿，戚則陸小松、汪魯岩、瑜伯、景瞻，宗小畬，家子珊、麟生、桐生。次日，濟之赴玉峰。

初五日甲申。汪魯岩、瑜伯、幹卿、陶民、四叔來。藻熱而風。

初六日乙酉。瑜伯、四叔、二兄、四弟、三弟、九弟、太官來。先君生忌。晝禪寺念經。雨。答廣安朱鏡淩。李世兄來。

初七日丙戌。請葉鞠裳先生到館，住月到香來之室，李世兄來，瑜伯、三弟、九弟、泉孫、熙年作陪。陰雨。文卿、廣安、堂前五位內侄、任蔣橋、静叔之子復齋來。貝康侯來。廣安薦書鋪世經堂刻字。毛上珍來。翁已蘭來。廣安薦裱褙家翰墨齋大順坊巷孫姓來。漆飾弟一次。

初八日丙戌。① 晨雨。寅刻，鈕家巷石子街堂前拜祠，百花巷四叔留飯。

初九日丁亥。謝孝晤、二兄、怡琴來，瑜伯、濟之來。手復德小峰、竹年。作蘭蓀、運齋書，初十發。漆飾。

初十日戊子。謝孝晤、培卿、瑜伯來。四叔來。瑜伯爲購松柏、洋楓、珠蘭、末利、雀梅共十盆。以年譜、二百金寄蕚客，爲先君銘文，交運齋，托培卿由阜康寄。能穀辭行，至竹年十弟處也。

十一日己丑。謝孝三日之末日，據輿夫云已畢。余卅年未歸故里，其巷陌已不識，而隨從皆北人，無一知者，無如何也。志萬、碩庭來。取己酉日記閱之，如隔世事。瑜伯來。夜小雨。

---

① 今按："丙戌"當作"丁亥"，以下至二十五日止，各日干支皆誤一日。潘氏於天頭自記"以下皆誤"，即謂此。今仍不改。

十二日庚寅。唁訥生,訪仲復、彦士、蔭甫,皆不直,吳中皆宴起也。雨。手復宗子材,寄偉如,交培卿,內有撝叔書並年譜,懇譔先君墓文。二弟來,彦士來。訪廣安。

十三日辛卯。瑜伯、小畬來。漆飾。仲復、雲楣來。即復撝叔,交雲楣。汪景韓、景叔珍妹之子、汪叔鴻北街賓甫之子、陶承潞織雲及其子來,安甫同來,汪振民來,陸蔚庭、錢伊臣來,並爲題星師《金石補正》及百塼拓本。

十四日壬辰。至界石浜敬展先妣、繼妣塋,丙舍蕩然,羅圈亦毀,遂偕瑜伯訪培卿,商安葬修理事。卯刻歸。發運齋、柳門、廉生信,乞書墓志。培卿來。熙年赴儀真,辭行,李道應騨其姨丈。

十五日癸巳。至員嶠巷宗祠、鈕巷祠堂、獅林寺、百花巷,見四叔、濟之。濟、瑜來。晚似欲雨而虹見。復桐西。

十六日甲午。廣安、四叔、翰墨齋來,一飯三起,遂自辰至巳。閱書三送濟。古器拓卅又卅二、《漢裴岑》、吹角埧、《爨寶子》、米帖、襄陽刻、《紅厓》送碩庭。詣晉、少穆、荷屋、姬傳送濟、瑜,並煙波扁。碩攜郍羥鐘來。酉雨即止。石查、穀宜來。漆飾。

十七日乙未。答石查、穀宜。石查、穀宜來。湯道小秋壽銘,海秋子來,培卿來。午後雷雨。答蔭甫。大雨再作。答曲園。以小峰信交李胡。

十八日丙申。復芍庭。瑜伯商葬事。石麐來,得誼卿信並唁信二件。碩庭、瑜伯來。還郍鐘,交碩。任浣香百,洪緒五十。

十九日丁酉。至寺。到家後漆飾,弟四次瑜伯在。門人高承基、陳偉傑方正來。廣安來。得京報,內張承燮信五十。趙价人寄香幛。

二十日戊戌。發運齋、鳳石、筱珊信。昨夜雷電。陸蔚庭來。族姪佑之光宸、姪孫容甫來。

二十一日己亥。沈仲復招看虢鐘、頌敦、商父己鼎、黨于姜《九成》、王振鵬《荔支》（食荔支佳）、張即之《古柏行》，皆佳。聽艫樓三面河。又項氏《千金帖》、閣帖，繼又雲物。又米跋褚河南《蘭亭》，詒晉齋物。又孫退谷《黃庭》、《洛神》等。又王右丞、郭忠恕、趙千里、文衡山卷。濟之、泉孫、碩庭來飲，同步怡園。夜小雨。看泉字。

二十二日庚子。晨小雨。發運齋、筱珊、廉生、花農信。廣安、瑜伯來。陶方琦來，未見。夜大雨。

二十三日辛丑。瑞蓮庵椒坡夫人廿周年。至百花巷，見四叔、濟之，交浙劉德信。答陶方琦。瑜伯去看破土。李笙漁嘉福來。

二十四日壬寅。胡春及來若卿師子，麟生來。

二十五日癸卯。獅林寺茂叔念經，晤泉孫、復齋。訪蔭甫，未起。晤瘦羊、銅士。陸存齋來，碩庭來，李笙魚來。得召鼎、散盤拓各一，竟一百八十。四叔來，陶民來，留飲。戴少梅來。爲銅士題《溫虞公》、宋拓《塼塔》。

二十六日乙巳。答少梅。存齋已行。發運齋、廉生信。庖人逐之。譜琴來。

二十七日丙午。漆飾五次。雨。曲園送《筆記》，仲復送酒及阮《款識》。吳蔚若借《顏家訓》。沈絜齋來，復齋來。

二十八日丁未。答絜齋，訪眉生。俞曲園、任小沅來，以龍字十二、龍虎一付裝，以御筆交瑜伯作匣。泉孫、碩庭來，同飲，步至顧園，遇子山、小沅，步至師竹。復呂憲秋、瑜伯。做花架六。

二十九日戊申。爲香禪題卷二，碩庭拓册一，送泉孫拓百五紙。

六月己未朔己酉。至宗祠。寫徐節母雷序。雷雨。宗祠、鈕巷、獅林寺、百花巷，見四叔、四叔母、二弟。答小沅。程韻泉寶璐診仲午。存齋寄子爕兒觚。碩庭借阮《識》，還趙印。熱。

初二日庚戌。濟之來。爲子山寫對，函眉生得復，曲園得復。

再雨。寫字。

初三日辛亥。發運齋信。送魯岩喬梓聯屏。寫字。夜大雨，戌刻至子刻。

初四壬子。小暑。曲園、仲復、子山復問校邠所出_{初三}。楊萩芳喬梓來，未見。張留仙來。夜雨。

初五日癸丑。答萩芳喬梓。白塔子巷大乘庵玉荀婦周年。萩芳父子來，送酒席，送屏幅。申正，泉孫來。熱。以閒書盡送濟之。老李次_{日行}，付十兩。

初六日甲寅。天初明，吳子備觀樂、彭訒生來。辰初雨，寅正開楓窗。以閒書十一種送濟之。復熙年，送兩龜，交泉孫。四叔、碩庭來。_{草橋吳松甫卅周。}

初七日乙卯。至界石浜，丙舍豎柱上梁_{卯、午}。至藥師庵，吳太翁陰壽。晤培卿。答子備。手復季高。手復籩齋，交天庫前同益興王餘山，韓惟功寄。

初八日丙辰。余魁梅來。漆飾_{弟六次}。碩庭、泉孫來，以福方與之。送余君扇幅。

初九日丁巳。答余魁梅況公祠。藥師庵吳氏念經。百花巷見四叔、二弟。劉翰卿心埈來孝廉方正。得運齋、恒軒、廉生、鳳石、偉如信。今年有荔支，食三四次者，昔無也。

初十日戊午。復各信，偉如信內攜叔潤二百兩交培卿。游拙政園。買鼀六頭十番，花橋引之來，瑜伯放之西園。得眉生復並拓本。熱甚。始有菱。竹年得缺，小峰信。

十一日己未。熱甚。贈眉生拓本。二弟來。竟日熱甚，雷小雨。

十二日庚申。初伏。謝小韓琦、李孟和_{福沂}來。謝交知無信。熱甚，夜小雨。

十三日辛酉。答小韓、孟和，送福。答朱福清。廣安、四叔、小雅來。夜風雨。

十四日壬戌。眉生、石麟來。晚晤廣安，同遊顧園。

十五日癸亥。到莊、鈕巷、獅林寺、百花巷。漆飾八次。大雨，雨時作時止。

十六日甲子。作書誼卿、廉生。王振鈴來，號篆五，振録、振鎬之兄，揚州鹽大使。卯正雨，復知無，交訥生。緑印泥三次，不好，交濟之。西圃伯來，得運齋、廉生、秋樵信，次日復。廣安以小舫、邢叔、妥賓來，即還，僞也。又一敦一方爵。蘭有十瓣者，有九瓣者。

十七日乙丑。發京信。廣安來，交還方爵。申初，大雷雨。夜有鸂鶒。

十八日丙寅。手復雪琴、大馬。碩庭來。晚風雨。怡琴來。

十九日丁卯。至瑞蓮庵，東圃大嫂念經，太官尚未到。答費幼亭。以《唐石經校文》、《説文聲類》、《吳氏印譜》十二册寄廉生，交培卿。存齋以子燮兒觥贈，謝之。以《款識》贈廣安、眉生、中復、彦侍。鄰人以秤傷徒死，申正檢驗。

二十日戊辰。大暑。瑜伯來，寫"潘氏丙舍"四字刻年月款。復存齋。花農薦揚庖沈姓來。太官來辭。張留仙、翰墨齋來，泉孫來。風。

二十一日己巳。發運齋、花農、廉生信，內仲復拓漢瓦、豹牌、書範、泉範六種。翰墨齋孫姓一人來，裱張、李尺牘。吳、高、李、眉生亦付裱。風。

二十二日庚午。到七襄公所，無一花。到百花巷，均未起，即歸。孫姓六人來裱李、吳尺牘，本日畢。風。

二十三日辛未。至百花巷見四叔。許星台來，未值。發運齋、胡子英信。風。

二十四日壬申。風。

二十五日癸酉。漆飾。濟之來，竟日同步顧園。雨即止，數點而已。風。

二十六日甲戌。以《百宋賦》托廣安交點石，不成。

二十七日乙亥。至界石浜，丙舍已完。答星台。四叔、碩庭來，交三姊十元，爲五姊及其女三小姐也。

二十八日丙子。風，熱。

二十九日丁丑。得運齋十九、鳳石廿日信，即復，並廉生、筱珊、花農。

三十日戊寅。以尺牘十册交蘇鄰題，又《順治十八年搢紳》，又莫章高尺牘三册，又《適園印存》二本。韻和送瓜果、陳皮、香水。笙漁來廿。

七月庚申朔己卯。到獅林，到莊，到鈕巷。四叔昨函止，今日不必到宅。漆飾。小畬來。答韻和，答以二席。發運齋五函。葉師之母病。尺八印二送蘇鄰看。雨即作即止。

初二日庚辰。香襌來，屬捐利貞廳卅元。復熙年。吳蒼石俊刻"井西書屋"印，好。譜琴送瓜二，荷露一壺。雨時作時止。夜風雨。

初三日辛巳。陣陣雨，做秋天也。得運齋信。

初四日壬午。雨不止。復運齋、蕓客、廉生，以墓志銘乞廉生書。

初五日癸未。靈鷲寺竹年夫人念經，承天寺陶織雲廿周，至則無人也。發運齋信。風雨不止，恐水災耳。夜又雨。連日發胃痛，已六日矣。倉石來，贈拓本廿五紙。

初六日甲申。卯正二刻立秋。雨意猶濃，奈何。倉石名俊卿，從九，刻印、行草、詩文俱好，湖州人。碩庭來。酉初又雨。

初七日乙酉。復柳門,復知無。振民、嘉官來十弟子也。振民帶鈕氏《説文考異》、張秋水《西夏本末》、《墨妙亭碑考》、《烏臺詩案》去,交局刻。泉孫來。

初八日丙戌。汪二官、眉伯來早飯。申,陶民來,留夜飲。夜胃疾又發。

初九日丁亥。卯正,雨竟日。

初十日戊子。雨。申正,四叔來。發運齋、廉生、小山、鳳石、恒軒信。夜胃痛。

十一日己丑。復蘭蓀、偉如、撝叔内墓誌稿。復蘇鄰,委題十册,以病未即題後仍題。濟之來談竟日。

十二日庚寅。患河魚之疾。夜,雷雨即止。

十三日辛卯。子開、鶴舲來。藻熱。

十四日壬辰。卯正,赴界石浜。

十五日癸巳。獅林寺念經。四叔、二兄、四弟、二弟、汪振明、陶民、瑜伯、眉伯、潘小盦、吴廣安來。演口後歸。倪文俊來。

十六日甲午。眉生送一罕一甗,皆真,未受。

十七日乙未。至百花巷見四叔、二弟,其餘各處均未起。得運齋初九書、文星厓信、恒軒信,次日復。

十八日丙申。得郝近垣寄先刻十九種。碩庭、泉孫來,得鳳石信。鴟鳴夜夜。

十九日丁酉。汪魯岩來,香禪來。

二十日戊戌。

二十一日己亥。答柳質卿、吴蔚若、羅少畔、吴恒、吴熙,皆不晤。晤香禪,即送行。未正後,風雨竟日夜。

二十二日庚子。堂前大姊二周。晤振民、安甫、吉甫、雀亭。至百花巷四叔、叔母、二弟,仍風雨,辰刻歸。大風雨竟日,恐成災。遣人持千候。世錫之本日到任。風雨連夜。

二十三日辛丑。李眉生約看書件，並以汪太夫人、陸太夫人傳乞書。看其宋尺牘、元人册，蘇卷《民師》、黃蘇册茝林物、張即之《金剛經》、王元章梅卷、古器，皆真。便飯，豆腐、豆粥、辣菜佳。答訥生，晤。藻熱。蔚若來，交以御筆福壽龍虎新重裝各幅廿一件，寫上下款。世勳來，未見。燈下，胡子英來，帶到延煦堂三器、廉生一函。

二十四日壬寅。發運齋、鳳石、廉生宗周頌鼎信。汪吉甫、安甫、陳嵩詮來，濟之來，胡子英來。眉生送酸醎，甚好。

二十五日癸卯。答世錫之。羅少畊來，碩庭來。錫之又來，未晤。送少畊聯幅。

二十六日甲辰。子英來，廣安送金瘦仙拓索二三千，還之。

二十七日乙巳。子英來卣直付清。

二十八日丙午。答立豫甫山，喬司空巷不之見。胡子英來。

二十九日丁未。患瀉。運齋、廉生信交長太帶去。廣安送杜氏敦白作寶敦、卣亞形失蓋、爵□□□、觶父乙，還之。

八月辛酉朔戊申。到獅林，到莊，到鈕巷，百花巷見四叔。立山來，未見。小畬來，泉孫來。將夜，大雨即止。培卿來化度。

初二日己酉。藻熱異常不可耐。廣安言鐘、卣。

初三日庚戌。藻熱如昨。夜欲雨而止。

初四日辛亥。藻熱。廣安、徐卜年鐘付。至界石浜，廿七水長一尺。彭漱芳開弔，未去。

初五日壬子。韓師愈來四年孝方。

初六日癸丑。張沇清來，號東榮，送對扁。藻熱。

初七日甲寅。藻熱。發運齋、恒軒信。碩庭來刻大紳字，五元付。夜欲雨不成。三姊十元，五姊六元，三小姐四元。

初八日乙卯。白露。瑜大衍,修敬。藻熱。晨陰。劉繼來,送海峰孟涂集,未見。夜欲雨未成。

初九日丙辰。卯正雨,陰晴錯。

初十日丁巳。約濟之、碩庭、泉孫、瑜伯吃西瓜鴨。四叔來,得偉如、撝叔信,並墓誌,即付刻。壬秋信並幛。

十一日戊午。仍藻熱,桂亦無消息。

十二日己未。復偉如、撝叔。曲園、譜琴、振民來。爲曲園校《茶香叢抄》,爲鋘蕉舅臨子畏《雲夢瀟湘卷》。得鳳石、廉生、蓴客、運齋信。

十三日庚申。眉生約看書。倪文俊來。發運齋、廉生、鳳石、蓴客信。

十四日辛酉。馬光勛、碩庭來。

十五日壬戌。至莊,至獅林寺。晨雨。午後熱。陶民來。廟堂巷三官、四官來秉舅之孫,四叔處妹之子。瑜伯之一子一女來。

十六日癸亥。陰晴錯。熱。內人至汪七、汪九家。題蕘翁《魚集》唱和册,爲實甫其曾孫。

十七日甲子。晨微雨,小雨竟日。叔母及姪女妹及女來。小畬及張繼高桂姊之外孫。

十八日乙丑。涼。寄廉生吳鈞長垣本《華山》、東海廟殘字,《溫虞公》、《化度》四種,姚刻《三十五舉續》、《再續》一本,交培卿寄。碩庭、廣安來。

十九日丙寅。陰雨。捐直賑五百,交蘇鄰。莫宴均來。眉生來。延程韻泉,未來。

二十日丁卯。汪七來,培卿來捐山東五百,均初夫人五十。

廿一日戊辰。辰雨。復恒軒,並《說文古籀補》序文一交培卿。濟之、眉伯、瑜伯同點心。陸存齋來,贈以宋版巾箱本《九經》。

廿二日己巳。再捐山東五百，交培卿，交柳門。四叔、吳倉石來。

廿三日庚午。發運齋、廉生、鳳石信。答陸存齋。眉生約。瑜伯送湖蕈。助伯足妾五十金，交蘇鄰。

廿四日辛未。還存齋魯公鼎玉午，又鬵彝。眉伯來。

廿五日壬申。廿三信被婁門搶，全太盛再補發。又繆筱山信。仲復來，留飯。碩庭、泉孫來，點心。

二十六日癸酉。存齋來留格伯敦，贈毛鼎拓，帶去《考古續圖》四册一函。午後雨。

二十七日甲戌。汪九來。

二十八日乙亥。濟之招飯，約定一魚翅、一豆腐、一饅首，不得過三物也。

二十九日丙子。得運齋、廉生、鳳石信，次日復。碩庭、小雅、子宜來。午後雨。

三十日丁丑。夜雨達旦。寫京信後，寫筱珊、偉如、子靜、撝叔、知無、德小峰、宗子材信畢，天始微明。眉生、泉孫來。

九月壬戌朔戊寅。至莊，至鈕，至獅林，見四叔、濟之。發湖北、江西、通州郝、浙江德各信。怡琴來。

初二日己卯。潘彬卿、濟之、亙之師、胡子英來。安齋去世。

初三日庚辰。香禪來，晤眉生。

初四日辛巳。吳熙來初五。發運齋、廉生。鳳石來。

初五日壬午。至婁門，適閉門大索，乃歸。聞有犯越獄也。碩庭、泉孫來。

初六日癸未。弔嚴緇生母。答香禪。

初七日甲申。出婁門至譚涇浜掃墓。廣安約看古器、石刻、宋本書，留飫。開皇《蘭亭》、《十七帖》、《聖教》二、《太清樓》、《雀銘》、《閣帖》、東海殘字、齊侯罍二、師酉敦二、師田父尊、三家敦、齊侯匜、庚罷卣、撫尊牛首形，宋板《參寥》、《中興編年》、《新定》四種，大《麻姑》、顏元靖，又張從申，皆宋拓之佳者。汪七、碩庭來，步顧園。

初八日乙酉。赴耦園約看《崔敬邕》、《常醜奴》、《韓勑》、《鶴銘》南村本、黃氏《士禮居》、《溫虞公》、黨氏《九成宮》、《高湛墓志》木夫藏本，巳刻回。陸篤齋學源、秦夔揚來。得鳳石信。

初九日丙戌。志潮號海秋來，貞孚子也。楊望洲來，四叔、三弟、秦佩雀來。三姊來住。送亘之師祝廿兩，交瑜伯，由韻和交十七生日也。

初十日丁亥。爲曲園校《叢鈔》，題《詩記》、書面。爲香禪作序二。胡子英來。

十一日戊子。界石浜掃墓。

十二日己丑。眉生、泉孫、眉伯來，屬香禪刻石梅孫詩《葵青居》五冊。得京信。

十三日庚寅。發運齋、廉生、鳳石、文星岩信。宜子望來。

十四日辛卯。托眉生屬黎蕁齋覓日本石刻五種。答子望，以墨妙亭研贈眉生得陶堂印一枚。

十五日壬辰。至祠。是日秋祭，蔭到，尚無人，先行禮。至鈕巷，至獅林寺，至百花巷見四叔、二弟。

十六日癸巳。發運齋、廉生、鳳石、筱山信。眉生約。小畬來。

十七日甲午。香禪來，交五十元刻葉石詩及劉辰孫雜著之用。夜訪廣安。碩庭來。

十八日乙未。方振業告助，送二元。從前壬戌山東曾見，正其革時，濱石戚也。何世兄毓祥來。雨。

十九日丙申。卯初，偕泉孫登舟。巳正，過錢園。午正，到光福見西圃伯父及兄弟子姪輩,共卅一人。夜雨不止。余住舟中。

二十日丁酉。卯初,光福。辰正,雅宜山。午正,萬禄山掃墓。早飯與碩泉同,午後分手。申初,胥門。舟直三元,菜三元,起早四百,舟子王四壽。

二十二日戊戌。復柳門並弟姪三人,移獎年萬裘。微雨。碩庭來,爲題《遂園修禊》卷。西圃伯命補書雅宜山對,"枕上羅浮枝上月,卷中香雪畫中詩",彭芝庭題貢湖公探某圖句也,文恭公書失去。

二十三日己亥。熱甚。問廣安母病。

二十四日庚子。風雨。徐小匆、吳蔚若、四叔來,胡子英、眉生來,得廉生、運齋、小山、仲飴信十六所寄,次日復。

二十五日辛丑。發各信,交頌田。又鳳石信。碩庭來,以蕘圃《劉子》見示。子英來二百。

二十六日癸卯。亘之師、香禪來,付四十兩。碩庭示《蛻庵集》、《僑吳集》、《圭塘集》、《友石集》,皆士禮居物,跋而還之。吳太夫人去世。

二十七日甲辰。唁廣安内艱。陰雨。屬碩庭刊《百宋賦》,送書五種來看。抄本《甘復》、《宋季事實》、《存復齋》、《潛溪文粹》、明刻《雁門集》。

二十八日乙巳。發仲田、廉生、鳳石信。振民、眉伯、碩庭來,交之大衍。吳蒼石來。陰。

二十九日丙午。晨陰。陳嵩侳來送以怡亭銘,借去甘亭注。碩庭送菊卅盆,花敵送天竹。

三十日丁未。夜雨達旦。

十月癸亥朔戊申。獅林寺念經。四叔、二兄、二弟、四弟、汪七、汪九、吉甫、瑜伯、眉伯、小畬、梅若、碩庭來。

初二日己酉。謝各處。見四叔、叔母、濟之。碩庭、泉孫來。

初三日庚戌。發仲田、鳳石、筱珊、廉生信。濟之來。西方色赤，酉。

初四日辛亥。答王祖畬。亘之師、廣安處上祭。鄭子惠立誠來。答郜荻洲。

初五日壬子。濟之、陶民來，得鳳石信。

初六日癸丑。得筠仙信，即復，交安裕艮號。復偉如全太盛。

初七日甲寅。雨。唁安齋。答鄭立誠。訥生來。夜雨達旦。

初八日乙卯。陰雨竟日。潘芸生學祖、劉少涂繼來，碩庭來。

初九日丙辰。眉生約。答潘芸生、劉少涂。得京信。運齋來。

初十日丁巳。夜雨達旦。胡子英來爵一。

十一日戊午。四叔處飯，遇亘之師。發仲田、鳳石信。

十二日己未。夜大風。晨雨，始冷。

十三日庚申。運齋慈七十生日，未去。

十四日辛酉。發仲田、廉生、鳳石、秋樵信。

十五日壬戌。到莊，到寺，鈕家巷、百花巷。香禪屬刻《魏忠節》、《陳惠裕年譜》、《亭林餘集》，以有刻復之。又《山靜居書論》、《樊榭縠人集外詩》，寥寥無幾。

十六日癸亥。晤運齋、廣安。子英來，陶民來。

十七日甲子。得秋樵、子齋信，次日復。又文卿、廉生、仲田、鳳石信，十九日發。

十八日乙丑。曹鐘彝來前太安縣琢如子。碩庭來，泉孫、濟之來。

十九日丙寅。沈師來仁濟堂廿元。吉甫、安甫來。陰雨。

二十日丁卯。雨。汪汝綸來丁卯覆試弟一。得鳳石信次日復，又繆、王、彭。

二十一日戊辰。雨。答曹、陳名珍，子惠子、庶常、汪，俱不見。

二十二日己巳。羅少耕來，由洪來，廣安信，毛鼎拓。

二十三日庚午。還秋谷拓六本。跋香禪拓二一盂一張簠。發京信彭、洪、陸、王，廿五發。

二十四日辛未。答署守桐澤。巳刻開金井，培、濟、瑜到。

二十五日壬申。發京信。濟之、碩庭、振民來。謝墉以二蘇仙館印贈，爲題"梅石庵圖"四字。

二十六日癸酉。晤培卿、誼卿。誼卿、濟之、子英來。夜雨達旦。

二十七日甲戌。雨至夜。培卿來。復陸存齋，還《考古圖》，借《營造法式》影宋本，交陶佔北倉橋漱萩齋。

二十八日乙亥。贈眉生《帖鏡》、《南村帖考》。交香禪刻資五十元。助直賑千金，爲先妣資冥福，交運齋。

二十九日丙子。周季相、運齋來。得魏培楠、張丹叔，又京信。

三十日丁丑。熙年來。陰雨。

十一月甲子朔戊寅。陰雨。到莊、寺、鈕、百花巷。熙年送食物二色。眉伯來，得海運。

初二日己卯。四叔、泉孫來。

初三日庚辰。陶民來，發京信。

初四日辛巳。界石浜上祭，各工粗畢。得眉生信及高句麗碑。

初五日壬午。濟之來。程筠泉來診。

初六日癸未。筠泉來診。運齋來，即赴滬。譜琴來。

初七日甲申。筠泉來診。碩庭、泉孫來。

初八日乙酉。裴樾岑來，次日答，已行。得仲田、秋樵信。汪九來，小畬來。

初九日丙戌。至界石浜。得鳳石信，皆初十復。又廉生信。

初十日丁亥。發京信。

十一日戊子。濟之、泉孫、文卿來。

十二日己丑。弔吳景和培卿胞叔、廣安。答文卿。至界石浜。陶民來。

十三日庚寅。

十四日辛卯。至獅林念經，到者四十二人。吳、培、誼均到，培又至浜。子刻，起靈下船。自倉口下船，繞閶、胥門到浜，一時有半。送至浜一夜未睡者，瑜、眉、陶民、葉。

十五日壬辰。寅初到界石浜，到者卅九人。亥刻，封域一丈五寸。留者濟之、瑜伯、小畬、眉伯、葉緝甫、吳子貞、顧逸群。看蹋作，連底五作。培、誼均到。葉氏下二人皆吳帳友。

十六日癸巳。碩、泉、熙辭去昨住舟中。竹年來。未初早飯，與葉、顧、吳、畬、瑜、眉同食。潘誦斌號仲全來，昨亦來，瑜伯之甥也。演口畢，亥正二。夜，濟、瑜、眉、葉、顧、吳、小畬、仲全看蹋作。

十七日甲午。招欽敬敷來看拜臺，東西旁寶藏二座拆去，舊所無也。拆席篷，僅留拜臺以上者。午後陰，夜半晴。

十八日乙未。仍諸君看蹋作，每日三層，夜同，尚短二層。得仲田、廉生信。培卿來。自十四至本日晴，十五有風。次日復仲田、廉生，又小山、鳳石。未刻歸。蹋作畢十八層，上燈時畢。以後加草皮三日，高於羅圈半即八風，約四尺，尺與周尺同。

十九日丙申。至界石浜。瑜、葉、顧、吳在，餘俱歸。申刻後雨，加草皮。（墳向壬丙兼子午，金門檻正丈六，找脊丈二。八風高四尺闊二丈。羅城周圍十一丈二尺，拜臺進深二丈八尺，闊四丈，小拜臺見方九尺。甬道長十丈零六尺，闊六尺。界邊石五十二塊。墓門高一丈，闊八尺。籬槿周圍五十六丈六尺，石岩十三顆，柏一百零五顆，子孫柏一對，柳卅二顆，梅十二顆，杏七顆，芙蓉十八，冬青廿顆。墳後石駁岸高六尺五寸，闊十二丈三尺。從前甲辰冬先君自定此地,地師胡芑香名駿聲。此次擇日,地師欽春煦,號敬敷。始終其事者,培卿昆季及吳帳友葉、顧、瑜伯,後添吳子貞,亦吳友。案《會典》,一品墳九十步,封一丈六尺,近皆高出八風。本墓八風高四尺周尺,加以倍,亦僅八尺耳。欽云上元宜乎高,現高出八尺,去品制尚遠已十六層,蓋一品一丈六尺也。添玉蘭二株,並補籬。以後添樹再記。十九日辰初記。)[1]

二十日丁酉。至界石浜,瑜、葉、顧、吳、畬、眉在。竹年來。申正,雨。得知無信、白木耳、蓮心。

二十一日戊戌。晴。至界石浜,六人均在。辛芝來。

二十二日己亥。辰初,至界石浜圓塚。運齋、魯岩、冠英來。瑜百兩,葉、顧卅,吳八十元,眉、畬十六。冬至,夜祀先。

二十三日庚子。交眉生寄蒓齋、星吾自刻書《叢》只存一部,《款識》只有上一本,餘亦多未印,答其日本碑三拓本一百七十七紙及《古逸叢書》也。送冠英十元。次日珍妹弟三子完姻。初四日其長子完姻,共送四十元。

二十四日辛丑。送眉生郝蘭皋《叢書》全分,蒓齋、星吾、陸存齋書各二分,《劉平國石刻》阿克蘇新出漢石二分,交眉生。小畬、眉伯來。送二吳皮甬帽沿、濟之五彩壺帽沿。

二十五日壬寅。送竹年帽沿、活計、食物。

二十六日癸卯。獅林寺安靈禮懺來廿三人,申刻散。

二十七日甲辰。謝客。見四叔、濟之、竹年即赴浙、培卿、誼卿。答任筱沅。屬總捕,告以自置路燈。

二十八日乙巳。謝客。見西圃伯,兄弟姪均見。歸,伯父饋鱸魚。送墓志百花、花橋二處。

二十九日丙午。至界石浜。八風完工,謝客畢。夜大風。

---

[1] 今按:括號內文字原記於日記天頭。

十二月乙丑朔丁未。紅光如故,二月餘矣。到莊、鈕、百花。碩百元。贈鞠裳《祁生》及《白燕集》、墓志,及商刻陳立《公羊正義》事。

初二日戊申。晤眉生。贈以南園對、紅厓縮本、吐番裴姜會盟碑,前贈《朱博》、《沙南》、《爨寶》八種,萊子侯三種。

初三日己酉。弔殷譜經,答子寋,謝培之庭芝。香禪、姚彥士來昨生日,曾送禮。濟之、碩庭、泉孫來。眉伯送花六盆。

初四日庚戌。發廉生、仲田、小山、鳳石信。眉生送箋十餘,送西圃黨參、甘露,送辛之,運齋食物。

初五日辛亥。辰初微雨。熙年來。濟之送燕筍,運送鹿筋一碗,送四叔。

初六日壬子。四叔送鱸,分送眉生、培、誼。

初七日癸丑。誼卿交銀票來,沈師來五十元。三姊來送以福壽字。助徐蕘圃次子國楨卅元完姻,①交誼卿。陳午亭章錫,丙辰,太湖廳來。

初八日甲寅。交香禪卅元,刻印全清。寄撝叔墓詺十分,玉壺碧玜蓋、五彩壺翠蓋爲潤筆,交偉如銘四分。二秦來。

初九日乙卯。眉生招,辭之,適胃痛。引之、四叔來。汪七來。

初十日丙辰。答許星台、吳引之。運齋、汪九來。碩庭送鱸鯸。世錫之尚衣送黃羊、野雞以贈許星台。碩庭送枯木黃楊、鱸已鯸。余茂林花敞千年運子枸杞、黃天竹。香禪書板來。

十一日丁巳。龐小雅寄《國朝文徵》、《蛾術編》、酒、骰,即復。辛芝來。碩庭刻金秋史對送來,懸墓廬中有高伯足對,汪大紳橫幅,左季高矗麥堂扁,文恭公平爲福扁,趙之謙、王懿榮書墓志。送香禪卅金爲其刻日記。廣安屬林海如來商同占,其數六百兩,艮庵物,得之彥香德林者。鳳石信及邸報前月十一日發,今日到。

---

① 今按:"國楨"原作"家楨",又旁注"國幹",據日記後文,其人當作"國楨",蓋潘氏一時記憶未清。今據下文改正。

十二日戊午。贈中復金秋史對、大紳橫幅、近刻吳人近著六種。即香禪、□□、元歎劉氏、葉莒、米條石父子。贈眉生吳人近著六種金先送，贈彥士吳六種、金對，贈西圃同。昨香禪交來五分，金去其四。板十一交來歸入叢書。

十三日己未。至百花巷見四叔、濟之。辛庭、碩庭來。

十四日庚申。至界石浜弔吳景和。發廉生、小山、仲田、鳳石信。訥生招十七，辭之。贈星台吳人六種、平爲福一、秋史一。星台送午時茶。

十五日辛酉。到鈕，到莊，見四叔、濟之。眉伯、小畬來。手復剛子良、張丹叔。作廉生、鳳石、仲田信未發。運齋來，見繩庵信。

十六日壬戌。碩庭、辛芝來，又運齋信。暖。

十七日癸亥。晨微雨。送濟之血燕一包。香禪來。爲朱孝子立增題詞。復陳榮叔延益，寄撝叔、偉如書，交培卿。手復宗子材、培志平高。

十八日甲子。四叔、濟之、泉孫、碩庭、顧姓來，議仲兗碑千六百金。得鳳石初一信。

十九日乙丑。晨微雨。運齋來，手復仲良、小峰。吳慰祖號蔭餘，咸師子，送以五元。

二十日丙寅。發廉生、仲田、鳳石、小山信。陳亮伯貞來。

二十一日丁卯。碩庭來。

二十二日戊辰。眉生約。顧荃春岩來，鳳仞之子爲作傳。濟之、眉伯來。寄偉如戒溺及殺龜二事，交運。

二十三日己巳。[1] 手復胡采庭晉兢，福鹽大使芰舲之子。手復李孟和。祀竈以有服，瑜伯代。

---

[1] 今校："己巳"原作"己卯"，顯誤，今改。

二十四日庚午。周季相來。葉師解館設席以有服,瑜代陪。送桂清姊十元,五姊五元,其二姑奶奶五元。送林海如十六元、畫砂壺十六、圖册。送眉生《楚詞》,端木刻。

二十五日辛未。晨微雨。吳蔚若、小畬來。星台送某花,即送錫之,加以拓本,以某四小並拓送星台。瑜百。眉生送張廉卡裕釗刻歸批《史記》,附方批,極精。

二十六日壬申。送陳嵩佺、吳倉石各四色,碩庭武梁祠畫象。復蕚送卅金,交仲田,又蕚寄羊。復禮信,交偉如二函俱交運。運來。雨。

二十七日癸酉。雨。手復少畊。送眉生四色。

二十八日甲戌。熙年送食二,答之。濟來。運齋送食二,答書拓。

二十九日乙亥。至界石浜。復竹年,得鳳石十一信。碩來。

三十日丙子。供喜神。祀竈,瑜代。碩送食二,答之,並《寶子碑》、《舍利塔銘》。彦士送煙酒。胡子英食六。(卣蓋廿兩,孔贊唐廣鐘來,贈蔚若《聖教》。錫之送褂料二,運齋送料、壺、越圖,少畊送蘋橘、西村字,竹年送豆豉、家鄉肉。)①

---

① 今按:括號內文字原記日記天頭。

光緒十年[1]

甲申元旦丁丑。來者不少,另記。

初二日戊寅。卯初雪,辰已甚大。

初三日己卯。辰初雨。彥士嵩、佺眉生來。

初四日庚辰。大雪達旦,至界石浜。香襌、泉碩來。

初五日辛巳。

初六日壬午。到莊、鈕巷、百花一帶。辰已大雪,夜雪達旦。發京信彭、陸、王、繆。

初七日癸未。至花橋,任、蔣、眉生約。大雪竟日。

初八日甲申。雪未止。申立春。午後晴。

初九日乙酉。答客。晤訥生、梅若、辛之。

初十日丙戌。答客。劉家浜拜影堂,胃痛即歸。得仲田信。

十一日丁亥。答客,晤培卿。又平齋周年。倉石來,四叔、辛之來。

十二日戊子。廣安、蔚庭來。寄小村,爲蔚庭之兄繼德。十三日復知無。

十三日己丑。曹福元再韓、許祐身子原來。眉生來。

十四日庚寅。得鳳石信。星台來。

---

[1] 本年日記前有扉頁,潘氏自題:"是年患目疾,四月十四後長太代書。"

十五日辛卯。

十六日壬辰。卯刻雪。碩庭、訥生來。子山以都鐘看。

十七日癸巳。陰雨達旦。

十八日甲午。收容。還顧子山鐘。香禪令千頃堂來。

十九日乙未。陰雨。張沇清來。向星台索伽南末。

二十日丙申。發京信、緝廷信。四叔、濟之、香禪、泉孫來。

二十一日丁酉。陳亮伯貞來，付偉如信。爲眉生題夢蓮年伯畫蘭帳額。眉生小字與余同。

二十二日戊戌。大人周年。獅林念經，復宜子望、善徵、蔚庭。

二十三日己亥。陰雨達旦。謝客，見四叔。答莫善徵。佛昇額、聯綱來。善徵來，送聯右輔、佛昇額席。得偉如、撝叔信。

二十四日庚子。謝客，見誼卿。送聯少甫活計鼻煙。小漁來。復偉如、撝叔，交運齋。

二十五日辛丑。晨雨。至界石浜。答陳少希常鎮道。聯綱、佛昇額辭行。香禪偕石方涑來，任阜長廿元。

二十六日壬寅。文卿、少希來。眉生約。復偉如信，交運。

二十七日癸卯。龔世潼、張沇清來。

二十八日甲辰。少希來，執弟子禮，遞如意，卻之。濟之、眉生來。

二十九日乙巳。

三十日丙午。碩卅元。陶民來。書板盡交香禪。

二月丁卯朔丁未。到莊、鈕巷、百花。得仲田、廉生信八日發。運齋、子靜、碩庭、泉孫來。莼齋送《古逸》二，楊拓本四本，《名類抄》。

初二日戊申。發仲田、廉生信。康伯四十兩。又復秋樵。少希、子靜來。復偉如、芍庭。蔡研農來。

初三日己酉。至界石浜，答少希、研農。朱福春、香禪交五十兩、泉孫來《昭陽扶雅集》。

初四日庚戌。贈黎書答《古逸》。四。方正學、陸存齋、羅尊聞拓《舍利銘》、毛鼎。又墓誌，大紳、伯足。楊《六莪綱目》。董武、毛鼎、《十三行》。《退谷》。江西王文成白鹿、忠孝四字、八字。子靜來，贈撝叔《潛書》。夜雨達旦。送香禪之無錫《潛書》、豆醬。

初五日辛亥。耕娛信。研農、蔚若辭行。四叔來。夜大風。

初六日壬子。送蔚若喜筵。

初七日癸丑。濟之、雲楣、雲台來。鳳石廿日信。

初八日甲寅。答雲楣送《酒政叢抄》、雲台。得小村信，寄蔚庭，交訥生。孔昭乾來。驚蟄。《閉門》、《船庵集》印四十部，香留十部。

初九日乙卯。復訥生、吳世兄蔚祖號蔭餘。師母在堂，月助叁元。眉伯明日行，交仲田、鳳石信，廉生書件。陰雨。

初十日丙辰。陰雨。子靜、辛芝來。辰雪，午晴。

十一日丁巳。吳蔭餘來，得仲田、廉生信。碩庭來。

十二日戊午。倉石來，留飯。倉石移西美巷。

十三日己未。黃道祖絡來。黃號幼農。

十四日庚申。答黃道彥士。星台送海螺、鮮鰒、江瑤柱。

十五日辛酉。至界石浜，腹疾。濟、譜、小漁來。

十六日壬戌。發仲、廉、石信。子靜來，緇生來。

十七日癸亥。星師三月初九葬，送十元，交訥生。泉孫來。

十八日甲子，寄偉如、撝叔《閉門》等集。運來，寄窻書、拓本十紙。子英來。鳳石初十信電北寧失。

十九日乙丑。界石浜家祭。陰雨，午後益大。偉如送陳皮，即復。

二十日丙寅。復窻，交運廿二。

二十一日丁卯。汪九來，飯。四叔母及兩妹來。

二十二日戊辰。眉生自常歸未。發京信。子静、濟之來。

二十三日己巳。復偉如。送星台周敦、訡晉磁對，屬韻泉合奪命丹百元。得仲田信。春分。

二十四日庚午。存齋借史載之方、《石林奏議》。至四叔、譜、怡、濟、和、太段涇浜，共七人。陶民來。

二十五日辛未。存齋來。復徐小勿送《武林掌故》、《韻補》王子安注。陰雨。子英來。

二十六日壬申。至界石浜春祭。答存齋。復楊荪芳。

二十七日癸酉。運來，泉孫來。耕娛寄英和《筆記》。答仲復英《筆記》。姚彦士《十三行》。

二十八日甲戌。仲復送《退菴題跋》。子静來，即行，付窓信。碩庭來。得花農信、温公八分。

二十九日乙亥。復知無，交訥先伯集。復竹年並爲王子獻繼香寫書面。送彦士劉平國刻石，送存齋英《筆記》、汪退谷四種。

三月戊辰朔丙子。至鈕巷，至莊，至百花。四叔留飯。辛芝、曲園來。伯洪草刻碩經手成，卅部，西十六，仲復四，彦士一，曲園一。送曲園點心，又耕娛二墓二，譜一。屠詩浮集。

初二日丁丑。至界石浜，得鳳石信。碩庭來。

初三日戊寅。眉生來。

初四日己卯。碩以猴箋易箋，眉生要也。

初五日庚辰。交碩庭刻汪詩百元，詩據云十萬字。安太七百九十號。四叔來，即去。董彦和來。得仲田信。

初六日辛巳。晤運，眉生約。印《百宋》、《紀要》二書未成。

初七日壬午。訥生夫人初九葬，往祭。發京信田、廉、陸、繆、花農。

初八日癸未。獅林清明念經,瑜、漁、濟、熙、碩、泉、譜、殷柏齡昆季、仲全來。龐小雅送《昭代叢書》。印書畢,廿部。

初九日甲申。出門見四叔、濟。香襌來。竹年送蕈。

初十日乙酉。晴。眉生借《蓮溪文抄》,還《後村集》、《七頌堂》、《之溪老生集》先著。陳偉傑來山東東昌方正。碩庭要喉藥。

十一日丙戌。雨。以若卿師時文歸胡春波,並跋之。日本金石十九軸還眉生。眉生欲分贈,不忍受也。《中論》還眉生。得鳳石朔信。

十二日丁亥。寄偉如信。陰雨。寄偉如,索顏龍溪祖闕。

十三日戊子。眉借《石洲集》、《七經考文》。小雅來。子英來。子初延韻泉診薇。得偉三函。

十四日己丑。至獅林,殷譜經十五殯。延韻泉。交運,復偉。運、齋、碩來。運名世,育嬰。

十五日庚寅。夜雨達旦。至界石浜。致荻芳,馬貞烈女坊事。

十六日辛卯。莊祠春祭。得仲田、廉生信。

十七日壬辰。發京信彭、王、繆、陸、徐。寄竹年王孝子二文一碑一序。

十八日癸巳。泉孫、振民來。四叔來。

十九日甲午。子英來。薦舒世琛之弟於海續廷緒。跋《平齋尺牘》。崔齡來,碩庭來。

二十日乙未。陰。復芍庭。知十三樞廷罷。

二十一日丙申。運齋、汪兆柏來。得鳳石、仲田十四信。濟之來。

二十二日丁酉。陶民來。碩庭來宋沈氏墨跡還之。

二十三日戊戌。四叔來。秋谷之壻陳駿生其鑣偕志暉來,榮叔之子。張勳云是秋水曾孫六元。彭子嘉穀孫、彭惠人清龢來。

二十四日己亥。訥生夫人念經圓通寺。答二彭。

二十五日庚子。送駿生袍褂、硯二、箋、席，送二彭席。駿生來。

二十六日辛丑。卯初行，未初至光福、雅宜、萬禄上冢。

二十七日壬寅。未正二刻歸。光福五十三人，萬禄廿五人。碩、泉、希在舟同飯。昨至滎陽別墅，其樓面山臨流。發京信同前。得清卿信初十、十一。

二十八日癸卯。目疾三日。復清卿、鏡如、偉如。復陳容叔，交駿生。得鳳石廿日信。

二十九日甲辰。目疾。《小謨觴集》香禪自行交坊印四十部，送十部。除香一部外，姚一、眉二、陸一、吳廣安一。運來。濟來。

四月己巳朔乙巳。目疾，不見客。

初二日丙午。目未愈。荻芳、漪芳來，未見，送二席。夜甚痛。

初三日丁未。未愈。平齋家念經，未去。送祭席。初八葬。得廉生、仲田廿二信。

初四日戊申。未愈。

初五日己酉。張富年未見。

初六日庚戌。

初七日辛亥。運來，韻泉來。服藥。發京信。

初八日壬子。大府秘，四日不下。韻泉再來，用元明粉、大黃。雨。夜大下。

初九日癸丑。雨，冷。

初十日甲寅。

十一日乙卯。

十二日丙辰。得陸信，俱冷。

十三日丁巳。以上服韻方大黃。雨。

十四日戊午。韻診，大黃。

十五日己未。韻診。

十六日庚申。韻診。

十七日辛酉。韻診。發京信。胡來。

十八日壬戌。韻診。

十九日癸亥。韻診用童便。運來，胡來。到陸信。

二十日甲子。韻診，用童便洗。文恭公三十周年，獅林寺，未到。仲午病，亦未到。汪七來，未見。

二十一日乙丑。韻診。程薦眼科蔡子謙。

二十二日丙寅。韻診。子謙來。運來。

二十三日丁卯。程、蔡來，濟之來，要借撫台小輪船，不許。胡子英來，夜大風雨。

二十四日戊辰。程、蔡來。汪九來，未見。大風。

二十五日己巳。程、蔡來。

二十六日庚午。程、蔡來。發京信彭、陸、繆、徐、王。夜雨。

二十七日辛未。小滿。程自二十日起看。仲午、蔡來。得鳳石、偉如信。晝夜雨。

二十八日壬申。程、蔡來。寄偉如、撝叔信，交運齋。得曉村信、曾侯信。

二十九日癸酉。程、蔡來。復芍庭。

三十日甲戌。程、蔡來。復竹年。

五月庚午朔乙亥。蔡來。

初二日丙子。程、蔡、譜琴來。得仲田信。

初三日丁丑。搭棚。蔡來。

初四日戊寅。蔡來，運來，胡來。姚送禮，世勳送禮，胡燨業送禮。汪五十，李十四，三姊二十元。

初五日己卯。蔡來，胡來。熱。夜雨。

初六日庚辰。蔡來。何其傑寄書。風。發京信，彭、王、陸。

初七日辛巳。蔡來。得陸京信。

初八日壬午。蔡來。倪文焌送食物。

初九日癸未。蔡來。

初十日甲申。程、蔡來，胡來，運來。

十一日乙酉。程、蔡來，胡來。

十二日丙戌。忙種。程、蔡來，沈寶青來，未見。

十三日丁亥。程、蔡來。

十四日戊子。程、蔡來。

十五日己丑。程、蔡來，胡來。朱咸庚未見。

十六日庚寅。程、蔡來。雨。

十七日辛卯。程、蔡來。風。

十八日壬辰。程、蔡來。風。劉廷枚來，未見。得徐琪信。

十九日癸巳。程、蔡來。熱。

二十日甲午。程、蔡來。得彭、陸京信。熱。沈秉成送枇杷。

二十一日乙未。程、蔡來。發京信，彭、陸、王、繆、徐。得郭筠仙書。

二十二日丙申。程、蔡來。雨。

二十三日丁酉。程、蔡來。

二十四日戊戌。欽雲浦來，程、蔡來。

二十五日己亥。程、蔡來，胡來，汪陶民來。幫潘公二洋。彭訒生送枇杷。吳運齋上煙台。陰，夜雨。

二十六日庚子。雨。程、蔡來。

二十七日辛丑。程、蔡來。徐花農送糟魚。

二十八日壬寅。程、蔡來。夏至節。

二十九日癸卯。程、蔡來。得陸鳳石信。雨。得鏡如信。

閏五月朔甲辰。蔡來。寄京信，陸、彭、徐、李。復鏡如信。
初二日乙巳。蔡來。夜雨。
初三日丙午。蔡來。雨。
初四日丁未。蔡來。
初五日戊申。蔡來。得彭、王信，寄來書板、烏魚穗。得直督咨，奉旨議敘。復鄒曉村，寄蔚庭。
初六日己酉。蔡來。
初七日庚戌。蔡來，祈子禾來。
初八日辛亥。蔡來。雨。
初九日壬子。蔡來，胡來。得陸鳳石信。
初十日癸丑。蔡來。寫馬貞烈碑文。
十一日甲寅。蔡來，發京信，彭、王、陸、徐、李。德壽來，未見。
十二日乙卯。蔡來。送德壽席。
十三日丙辰。蔡來。熱。胡來。
十四日丁巳。熱。蔡來。雨。運來。
十五日戊午。蔡來。寄偉如、攜叔書一包，交運。小暑節。早雨。得偉如、攜叔信。雷雨。
十六日己未。蔡來。復偉如、攜叔信。雷雨。
十七日庚申。復芍庭。
十八日辛酉。毛上珍印書，四日畢。
十九日壬戌。發京信，彭、陸、王、徐。付毛上珍印書工科、酒資，共洋貳拾貳元，清。
二十日癸亥。得陸鳳石信。
二十一日甲子。得殷信。熱。

二十二日乙丑。蔡來。時晴時雨。

二十三日丙寅。早雨午晴。得徐琪信。

二十四日丁卯。交葉九十七兩票，又九十七兩。

二十五日戊辰。

二十六日己巳。蔡來。

二十七日庚午。初伏。得陸心源信。午後雨。得汪鳴鑾信。

二十八日辛未。得李蘭蓀、翁叔平信。

二十九日壬申。陰雨。胡來，劉來，蔡來。得彭信、陸信、尹信。

六月辛未朔癸酉。風。大暑。

初二日甲戌。風，蔡來，香禪來，付五十元。胡來，劉來，四叔來。

初三日乙亥。雨。

初四日丙子。雨，午後晴。

初五日丁丑。

初六日戊寅。熱。馬貞女碑刻成，寄楊宗濂。

初七日己卯。熱。

初八日庚辰。中伏。

初九日辛巳。得偉如信。

初十日壬午。復偉如信，內有撝叔信。

十一日癸未。發京信，彭、王、徐、陸、李、翁。胡來。陸壽昌來。張二書刻成。熱。

十二日甲申。熱。

十三日乙酉。熱。寄廉生書七種，交胡。胡來，得彭、王信。

十四日丙戌。熱。

十五日丁亥。熱。得劉蘭洲信。

十六日戊子。熱。寄偉如、撝叔信並《經説》。

十七日己丑。午刻立秋,熱。又寄偉如、撝叔信。運來,汪陶民來。

十八日庚寅。熱。

十九日辛卯。得偉如、撝叔信。

二十日壬辰。得楊宗濂叢書。胡來,得鳳石信。香禪來。

二十一日癸巳。發京信,彭、王、陸、殷。濟之來。

二十二日甲午。

二十三日乙未。雨。初五日至二十二日無雨十八天。得殷、彭、王、吳重憙信。

二十四日丙申。發京信,殷、彭、王、吳重憙。

二十五日丁酉。蔡來。得胡雲書並眼藥。

二十六日戊戌。雨。復雲台書。徐花農送核桃。

二十七日己亥。

二十八日庚子。雨,藻。大吉祥來合眼藥。得胡雲台信,又眼藥。

二十九日辛丑。夜雨。復胡雲台信,又得雲台信。

三十日壬寅。夜雨。復胡雲台信。得陸鳳石信。

七月壬申朔癸卯。發京信,彭、徐、王、陸,熱。

初二日甲辰。

初三日乙巳。陰雨。夜雨,大風。除暑。得胡雲台信。得王文韶書信。

初四日丙午。復胡雲台信。四叔來。得胡雲台信。

初五日丁未。運來。

初六日戊申。運來。復雲台。得雲台信。碩庭、泉孫來。

初七日己酉。復雲台信。得胡雲台信。

初八日庚戌。復雲台。得雲台信。

初九日辛亥。復雲台。寄若農叢書,交運齋。

初十日壬子。發京信,彭、陸。得陸信。復胡雲台,得雲台信。

十一日癸丑。運來,十三日赴廣東。復王文韶信,送汪退谷帖,得翁叔平信,得偉如信。

十二日甲寅。陰雨。復偉如信。

十三日乙卯。午雨。

十四日丙辰。雨,午晴。

十五日丁巳。熱。

十六日戊午。熱。

十七日己未。酉刻雨。胡來。熱。

十八日庚申。白露。寄王廉生、吳仲飴信,書一箱:《墨妙亭碑目考》、《眉山詩案廣證》、《咫進齋叢書》、《乙巳占》、《伏敬堂詩錄》、《説文古本考》、《閉門集》、《滂喜齋叢書》八函。陸心源來,未見,送《滂喜齋叢書》一部。熱。

十九日辛酉。發京信,彭、殷、王、陸、翁。熱。

二十日壬戌。夜雨,蒸熱。申初大雨。得陸信。

二十一日癸亥。夜雨,午雨。

二十二日甲子。

二十三日乙丑。

二十四日丙寅。劉傳福來,未見。得偉如、搗叔信。

二十五日丁卯。四叔來,唁星台長子,唁榮,叔扶柩。

二十六日戊辰。

二十七日己巳。濟之來。

二十八日庚午。

二十九日辛未。得趙撝叔、陸鳳石信。

八月癸酉朔壬申。得雲台信。

初二日癸酉。復雲台。雨。

初三日甲戌。得徐琪信。胡來。

初四日乙亥。發京信,彭、陸、徐。雨。

初五日丙子。夜雨達旦。

初六日丁丑。夜雨。

初七日戊寅。得彭、王信。

初八日己卯。

初九日庚辰。

初十日辛巳。發京信,彭、陸、王、徐。

十一日壬午。碩庭來。

十二日癸未。得偉如信、砜砂,即復。

十三日甲申。

十四日乙酉。雨。得彭信、殷信。世勳送禮,特還。姚送禮,特還。

十五日丙戌。雨竟日。得雲台信,得吉榮帆信。《滂喜齋叢書》送李眉生、陳嵩伶、楊萩芳、運齋、恕園、黎花齋①、姚彥士、廉生、存齋、仲飴、廣安、葉鞠常。《說文古本考》二十部,送嵩伶一、廣安一、廉生一、姚彥士、沈、俞、葉、仲飴、存齋、費屺懷十四。《百宋》、《紀要》送葉、姚、吳廣安、眉生、黎花齋。《士禮》送李眉生、黎花齋、葉屺懷菊常、費屺懷、陸、王、姚。

十六日丁亥。復雲台,復榮帆。寄徐琪書,交俞。雨。

---

① 今按:"黎花齋"疑是"黎蒓齋"之誤。下同。

十七日戊子。雨,復雲台。

十八日己丑。雨。

十九日庚寅。雨。寄繆小山《滂喜齋叢書》四函、《説文古本考》、《士禮居題跋》、《眉山詩案》、《墨妙亭碑考》,交胡。寄廉生《恩福堂筆記》、《周官故書考》、《娱親雅言》、《漢印偶存》,交胡。得李蘭蓀信,彭、王信。曲園來,胡來。

二十日辛卯。寒露。得陸信。

二十一日壬辰。發京信,彭、陸、王、徐、殷、李、吉。

二十二日癸巳。寄廉生,交胡。胡來。許送仙螺、《錢氏藝文志略》、《眉山詩案》、《松壺》、《百宋》、《紀要》。

二十三日甲午。

二十四日乙未。霧,大雨。

二十五日丙申。雨。墓祭,未到。

二十六日丁酉。夜,大風雨。

二十七日戊戌。復雲台,復運齋。濟之來。

二十八日己亥。葉二十一元四角。《湖海文傳》、《國朝文鈔》。

二十九日庚子。秋祭,未到。助念和葬,其柩十餘口,百元。

三十日辛丑。譚經浜,未到。

九月甲戌朔壬寅。子牧來。雨竟日。《功順堂叢書》:鞠常二、屺懷、申季、泳之、查翼甫。

初二日癸卯。

初三日甲辰。發京信,陸、彭、王、吴。酉刻雨。

初四日乙巳。

初五日丙午。霜降。得李若農信。

初六日丁未。得吉雲舫信並燕窩。《鹿洲集》。《士禮居》:申季、泳之、翼甫。

初七日戊申。

初八日己酉。復徐小勿。

初九日庚戌。

初十日辛亥。大雨。寄廉生《兩罍軒印考》，交胡。

十一日壬子。夜雨，早雨。復敬子齋、殷秋樵。胡雲台來並送禮。汪振民來，有人以空青售，還之。王清如來，未見。晚晴月出。

十二日癸丑。送雲台《滂喜齋叢書》。送胡食物四色。

十三日甲寅。李寶章來。發京信，彭、陸、殷、敬一。雨，胡來，得陸信。

十四日乙卯。雨。

十五日丙辰。

十六日丁巳。夜雨，連日雨。

十七日戊午。夜雨達旦。《一切經音義》四十元。得菽齋寄《日本史》百本。得碩卿信，又錫器，又紹石安信。復碩卿。胡來。

十八日己未。夜雨。運到蘇，送食物，答以席。胡來。復石安、丹叔、星五、謨卿，交纘廷。

十九日庚申。胡來，敦欠百八。得偉如內召信。

二十日辛酉。立冬。送蘇隣壽物，遣人賀星台浙藩，送星台熊掌。寄偉如信。子牧來。

二十一日壬戌。雨。

二十二日癸亥。夜風雨。運來，濟來。送俞曲園食物。得陸信。

二十三日甲子。發京信，陸、彭、徐。四叔來。

二十四日乙丑。

二十五日丙寅。雨。得胡雲台信。

二十六日丁卯。雨。復雲台。
二十七日戊辰。冷。莫善徵來，未見，送《叢書》。
二十八日己巳。雨。楊萩芳來。蔭北禮官來，即北行，送席，送食物。
二十九日庚午。雨。得彭、王、殷信。
三十日辛未。吳倉石來。復秋樵、廉生、仲田。徐巽卿寄錫器二卓。

十月乙亥朔壬申。發京信。《功順堂叢書》，鞠裳二部。德小峰送蝦油八、酒二。得花農信。熙小舫來。
初二日癸酉。得陸信。周季相來，未見，送食物答之。
初三日甲戌。送陳榮叔席。陳榮叔來。
初四日乙亥。
初五日丙子。小雪。腿生瘤三日矣。世錫之送米骰活計，譚送憲書。
初六日丁丑。吳縣童試揭曉。
初七日戊寅。賀運子本齊入泮。
初八日己卯。得松壺畫四。
初九日庚辰。
初十日辛巳。
十一日壬午。發京信，彭、陸、王。
十二日癸未。賀濟之百元，福隆完姻也。玉妹四十兩。黃漱蘭來，未見。以馬貞女碑屬其題。
十三日甲申。《士禮居題跋》贈孫得之傳鳳。得陸初三日信。
十四日乙酉。眉伯自山西來。
十五日丙戌。香襌求《士禮居》三部。
十六日丁亥。陰冷。汪陶民子十九完姻，借頂補朝珠，送菜二。

即以送陳駿生報刻三印也。

十七日戊子。

十八日己丑。以羽琹山館、紅蝠書堂、晚晴軒屬梅石謝庸刻。《士禮居題跋》香禪索去三部。得徐花農信。香禪索去《眉山詩案》、《默妙碑目》各一部。再得花農信。胡雲台寄洋水仙。

十九日庚寅。復雲台。發京信，彭、陸、徐、費、文、管、詩、香禪。

二十日辛卯。寫黎母吳挽聯。大雪節。

二十一日壬辰。

二十二日癸巳。以蓴齋信交眉生。曲園送食物。郭鵬雲、任煥奎吳縣來，未見。

二十三日甲午。復胡雲楣。濟之來。得陸信。

二十四日乙未。得蘭蓀、仲田信。雲台又寄水仙二十頭。

二十五日丙申。復雲台。爲眉生跋《廣開土王碑》。獅林、中和送酒筍。

二十六日丁酉。冷。

二十七日戊戌。復雲台。季相、廣安來。得碩卿信。

二十八日己亥。復碩卿，交運齋。郭南池鵬雲來。發京信，彭、陸、徐、李、蘭蓀。得雲台信。

二十九日庚子。復雲台。叔母七旬，賀百元，五福捧壽五彩壺一。

十一月丙子朔辛丑。賀芍庭頭品信。鶴齡、福隆來，運來。

初二日壬寅。偉如、泉孫來，得益甫訃。

初三日癸卯。送偉如席。

初四日甲辰。冷。夜祀先。眉伯、心岸來。

初五日乙巳。酉正，冬至。

初六日丙午。陳嵩俟送《西夏紀事》十部。偉如來診。夜,寒熱大作。

初七日丁未,偉如來診。濟之、子牧來。《士禮居》,辛芝、玉荀、碩庭。送《西夏紀事本末》,鞠常、眉生、香襌。送嵩俟《功順堂叢書》,送偉如《士禮居題跋》。夜,仍作寒熱。

初八日戊申。仍避風。送嵩俟《烏目詩存》、江西蜜橘。夜,寒熱,是初四日起。

初九日己酉。德小峰來見,贈《叢書》二種並送席。小峰送火骰、紹酒。寄唁益甫子趙壽俟信,交全泰盛,洋百元未寄。

初十日庚戌。偉如來。

十一日辛亥。偉如送《烏目詩存》十部,嵩俟送楊見山、朱修庭詩來。偉如來。濟之送水仙廿頭。

十二日壬子。得張丹叔信。夜,小雨達旦。

十三日癸丑。雪。發京信,彭、陸、李、王、徐。

十四日甲寅。復雲台。沈仲復來,得柳門、芍庭信,即復。

十五日乙卯。甚冷。偉如來,運來,陶民來。敦先及妹壻顧鹿鳴來,未見。

十六日丙辰。送汪惟清入泮禮拓本三張,少安之子也。《功順堂叢書》,姚彥士、俞曲園。又《功順堂叢書》,送眉生二部。以殿板《左傳讀本》贈眉生。

十七日丁巳。葉鞠常交來查翼甫信,並《廣均》、《竹友集》,直名世元也。眉生贈《塼塔銘》,松下清齋物也。

十八日戊午。以書直交鞠常三百五十金,合洋五百。得耕娛太夫人訃、張振軒訃,知文星厓去世。

十九日己未。似有雪意。偉如來。署梟田芝庭來。

二十日庚申。小寒節。午後雨。

二十一日辛酉。夜雨達旦。送嵩佺《松壺集》，未復。送芝庭聯幅。雨。

二十二日壬戌。夜雨。復張丹叔，並跋其詩。唁王耕娱，有幛，唁張振軒之子鬻卿華奎，有幛。偉如來飯，得朱丙壽信。

二十三日癸亥。復雲台，復朱少愚。汪燕庭詩二百廿洋，已付百洋，餘約定今日付。廣安來，碩庭來。漱萩齋賬百洋清結。

二十四日甲子。

二十五日乙丑。廣安來，得子良信，得仲田、小山信。夜雨達旦。

二十六日丙寅。雨，午後雪大。復剛子良、鳳石、仲田、筱珊。

二十七日丁卯。昨夜雪甚大。送廣安《功順堂叢書》一部。四叔來。

二十八日戊辰。偉如、濟之來。

二十九日己巳。復鏡如，交偉如。復黃漱蘭，送入泮禮。吳本齋運子聯幅、硃拓三，叔重硃拓三，錢萩文、顧端文、志詢雅南叔祖曾孫硃拓三，俞四書批本，汪鶴齡硃拓三，恩福堂，吳應鼎子述長子硃拓上，《西夏紀事》，《説文古本考》，《士禮居》。徐慧生寶晉，吳廣安來。

三十日庚午。大冷。復吉雲舫，贈振民、錢伯璵、錢調甫、劉海峰《孟涂集》四函。

十二月丁丑朔辛未。發京信，彭、陸、繆。郭南池來。偉如送《江西詩徵》。蕚齋送《古逸叢書》二部，全矣。

初二日壬申。晴暖。淳之送風雞、燕荀，以風雞、白菜送偉如。劉繼送《廣列女傳》，未見。

初三日癸酉。夜雪。入泮日，振民送菜四，送偉。

初四日甲戌。陳榮叔、訥生、偉如、運齋來，振民來。

初五日乙亥。大寒節。

初六日丙子。復盧荻圃。汪開祉來。

初七日丁丑。曹叔彥元弼、戴綏之姜福來見，贈以《滂喜齋叢書》、《説文古本考》、《士禮居題跋》，又先公年譜、墓志及《馬貞女碑》。

初八日戊寅。辛芝來。

初九日己卯。復劉仲良。吴章臣本齋來見，運齋子也。言運齋昨到滬，十三四可到粵。濟之來。復芍庭。

初十日庚辰。手復涑蘭，並序王彥威節母《焦尾閣稿》。

十一日辛巳。至白善橋觀音廟，眼目司拈香。送陳榮叔《西夏紀事本末》、《眉山詩案》、《墨妙亭碑考》、《士禮居題跋》。吴倉石來，董彥和、汪眉伯未見。偉如來。許星台送辣菜，以送眉生。

十二日壬午。李笙漁以古玉三件求售，卻之。濟之説師趂鼎，以乏資未取。

十三日癸未。偉如、譜琴、廣安來。偉送燻魚、糟蟹。

十四日甲申。發京信，彭、陸、王、徐。寄運齋信，托購蘇合丸，交培卿。爲心岸寫敏德堂心月山房匾，又一聯。助吴子重十元，交西圃伯。

十五日乙酉。得叔平、廉生、鳳石信，復之，二十日發。至界石浜。孫文起來，答之。

十六日丙戌。至四叔、香禪、譜琴、偉如處，留飯。香禪相左書板領回。陶民來。

十七日丁亥。復雲台。

十八日戊子。唁陳伯潛，送幛。陸馨吾送風雞、燕筍。送三姑太太十元，五姑太太五元，二姑奶奶五元，何姑太太四元，小畬賀分十元。

十九日己丑。立春亥刻。

二十日庚寅。得仲田、廉生信。葉師潤敬百金。香禪屬刻《調生賞奇集》六十家，内有西圃伯、吴子寔、許鶴巢、辛芝、椒坡詩，辭以力不能矣。其直百六十千。

二十一日辛卯。借抄彦士《乾象新書》卅卷。《知不足齋》又申耆藏本，是日抄畢，還之，送《烏目詩》一部。抄《乾象新書》，裝補《通考》二函，《一切音義》一部，裱《高麗王碑》，共十八元六角。廣安來。沈亘之師三十兩。陳嵩佺來，云文小坡欲來見。暖。夜，小雨即止。

二十二日壬辰。送陳芝泉夫人十元。雨竟日。手復子材。

二十三日癸巳。送錫之芷林題跋、硃拓《裴岑》、經石峪摩崖、扁聯、錫器二匣。送彦士《栝蒼金石志》、《泰山銘集聯》一匣，貂帽沿、爪仁領、荷包一匣。送祁翰香先生孤寡十元。又錢叔美《仙海螺舟》一幅送錫之。送陳嵩佺印泥、箋四匣，食物四色。復李孟和福沂，贈以《功順堂》，子材亦贈也。香禪來，以花四盆送眉生。

二十四日甲午。送訒生二色，送培卿二色。爲亢銕卿樹滋書板"敏慎堂"扁。爲石君秀題石梅孫自壽手卷、"枌鄉祭酒"四字，皆香禪代。以玉堂富貴一盆送偉如，偉如送梅花四盆。冷。設席請葉師、李世兄、瑜伯。文小坡來，偉如來。世錫之送梅花、橘、食物、火腿、馬褂料。

二十五日乙未。晴冷。《茶磨詩》十部，送鞠常一、汪振民一、文小坡一，又香禪三，又陳嵩佺二，又眉生一，又曲園一。瘦羊送來《貞烈編》五部，眉生一、曲園一、陳嵩佺、楊見山、朱修庭。濟之來，復少畊，送食物。卞寶樹求助一元。彦士送銅佛、銅鼓、酒蟹。送偉如酒二罌、鴨、野橄欖、醉蟹，即少畊所送。得馬光勛、筱沅信。得鳳石信。偉如信云，法昨由川石山掠領水，人遒由北行。

二十六日丙申。晴冷。以鳳石《馬貞烈女詩》交香禪。廣安送魚膘一片，小種茶四。還其《新定續志》、《中興館閣續錄》、《吳郡圖經續記》三種，皆宋槧，堯圃物也。答以糟魚、海參。廣安來，有人以鳥集木咎作父癸寶尊彝敦來，直二百四十金，乏資卻之，懷米山房物。碩庭來，宋槧《紀事本末》六匣裝一大匣，《古佚叢書》二部六匣裝一大匣。梯雲送食物二，以食物二送曲園。

二十七日丁酉。信未復者皆本年來以目疾未復：馬光勛、孫儒卿、宜霖、福通、高承基、龐慶麟、聯綬、劉蘭洲、張朗山、施均甫、邵小村、曾劼剛、岐子惠、劉錫鑾、徐巽卿、郭筠仙。葉師以《篇》、《均》各二見示。《廣均》宣德本，又元余氏雙桂堂本。《玉篇》魁本，弘治刻，又元本頗精。吳倉石以彭姞鐘拓見示，僞。今年所見古物，卅卅父乙角、尚方竟、金塗塔，皆未收。所見松壺畫《心田種福》橫；《西溪移居圖》，爲張仲甫作。皆笙漁物，一廿，一百金，均未收。曲園送日本空海墨刻卷及印泥，曰《朝陽閣集古》。眉生屬書《南詔碑》二册籤。又稱汪兆曾佳士。敦成百二。手復漱蘭，贈以《功順堂》、《滂喜齋叢書》。以黃詩交香禪，以左紹佐交前。王引之送濮院綢、錫器。

二十八日戊戌。獅林寺祖妣汪太夫人三十周年禮懺。四叔云向於是日忌辰，是廿九日也。信未復者，王引之、陳少希。獅林寺未刻歸。怡琴、太官未到，客另記。文小坡乞書，並索題"西臺墨跡"，又贈香光山水、煦齋奏草。余回不收字畫，擬卻之。培卿說運齋昨方到粵，有電來。聞法兵艘六去淞百里。酉刻小雨即止。

二十九日己亥。陰冷。汪太夫人忌辰。還文小坡二件。葉先生題"古埴釋遜"，字甚精。小雨。偉如來。朱修庭觀察幅六，送青筱扁，廣安代求。又寫文小坡橫幅，又爲題李西臺臨《坐位帖》一頁，有眉生長跋。此册余疑不真。西臺時坐位未行也，何以臨之。草草爲書數字而已。聞法船又南行,援臺南洋五艘猶泊浙之鎮海。

三十日庚子。恭懸喜神設供。天晴冷。送瑜伯百金,來謝。眉生還《盂鼎釋文》一本。汪兆曾,號少符,儀徵人。眉生説曾在雨生處。送還文小坡西臺册及橫幅,又繳其世愚侄名片。再致書偉如,還其電報。四叔送咖啡茶一小瓶,云以絹包煎湯,加白糖。許星台送新會橙、山東麪、《松江府志》。酉初接竈神。信未復者,吕憲秋。

光緒十一年

　　光緒十一年乙酉正月朔辛丑。宜霖信，即答。偉如、瑜伯、寶穀、吉甫、安甫、雀齡、仲全、眉伯、辛之、小畬、佑之、屈師、竹、元穀、彥士、生甫、幹卿、陶民、四叔、濟之、春疇、眉生、志惠劉家浜仰連、敦先來。

　　初二日壬寅。雪。六世祖妣汪安人生忌。汪沐懋少甫、汪恩錦絅之、百花、汪寅生陶民子、衍穀、子牧、銅士、振民、子開、麟生、熙年、陶子芾、汪鴻祚敬叔、和甫、志恢來。

　　初三日癸卯。高祖考貢湖公生忌。修穀、志樾少霞、汪惟嵩少安子、陳榮叔、泉孫、嵩佺、小坡、太官、叔九、汪崔書玉妹子、汪毓英芾村子來。

　　初四日甲辰。雨水。魯岩平、如英、庭叔遵垓、劉家浜、汪宗度、子容、陸國祥禮之、曜彥侍庭、志暉、戴祖芬揖青、志愉、萬、縣、勛、穀玉、韞玉守之、訥生、介祉玉荀、陶景弼子芾子，敬穀、志鄂、汪福年來。是日，親戚、內眷來。

　　初五日乙巳。汪鵬、駿生、費幼亭、程一琴、偉如、辛芝來。

　　初六日丙午。至宗祠，又各宅。拜影堂，四叔、偉如留飲。遇譜琴，彼此未值。寄善徵信，交眉生《功順》三，善徵、蓴齋、仲武。郭南池、貝偉如來。夜雨。

　　初七日丁未。大雪。星台來。得花農、亞陶信，並爲貞烈詩。

秦大來。

初八日戊申。答客並拜三處,影堂劉浜、任蔣、天官坊。陰,小雨。復竹年。怡琴來,承悦來。

初九日己酉。陰雨。答客鱘門等處。安甫來。小松乞橘紅。

初十日庚戌。晴。復運,交培卿。葉師到館,輿迎設饌。高祖妣汪夫人忌。錢道京硯寶傳來。廣安來。復纘廷。泉孫來。

十一日辛亥。答客,晤偉如、廣安、退樓、樓周也。送星台,明日行。碩庭爲大公望鼎作緣,卻之。

十二日壬子。廣安來。星台送眼鏡、煙壺。叔母及内眷來。眉生約午後,遇之。曲園來。陰。晤偉、鏡。

十三日癸丑。晴。鏡如來。任石芝、陳少希來,即答。眉伯來。喜神前上燈、果、花、礮。

十四日甲寅。答糧道王韻和,晤曲園,贈以峨眉銅佛、駱越鼓,托寄丁松生《滂喜》、《功順》各一。

十五日乙卯。至宗祠,至百花巷,喜神前供元宵。得仲田十五信。廣安來。晴暖。

十六日丙辰。至界石浜。陰。午晴暖。偉來。得仲飴信。

十七日丁巳。晴。復仲飴,交廉生。李賓堂來,即答。訪訥生,不晤。許子原、戴綬之來,各贈《功順》一部。得丁少山書,即答,交廉。竟如來。

十八日戊午。敬收喜神。陰,風。送曹叔彥《功順》。

十九日己未。驚蟄西初。發京信,彭、陸、王、胡子英、吳仲飴、丁少山、徐。晤仲復。龔梓材世潼來,云可補崑山。程尚齋桓生來,即答。風。

二十日庚申。送眉生《皕宋樓》、《愨進齋》二書。送葉師《管子纂詁》。倉石、仲復、爐青來,即答。陶民來。得秋樵信,稱弟子。

夜雨。

二十一日辛酉。陰。梅垞伯母九十誕,獅林念經。送眉生《藤陰雜記》、《蜀輶日記》。

二十二日壬戌。得朗齋信。冷。先君二周年,獅林念經。四叔、眉伯、瑜伯、小畬、彥和、陶民、少甫、新生泗、笏南誦咸、樹庭、禮之、幹卿、竟如、偉如、振民、廣安、譜琴、怡琴、香禪、魯岩、榮叔、沈旭初、眉生、小雅、安甫、泉孫、碩庭、熙年、颺生、培卿、志暉、景叔、修寶、勛穀來,范樾甲午蔭侯來。

二十三日癸亥。謝客。百花見四叔、濟之,眉生處留麪。午後歸。送眉生《嘯亭雜錄》、《群峰集》。得運信及代購丸藥。冷。悤寄紙十、參廿支。

二十四日甲子。復運、悤,交培卿。送眉生《武林掌故》八函,《國朝文徵》四函。得雲台信。

二十五日乙丑。復雲台,送以聯、屏、橫。容叔、叔彥來。晴,仍冷。眉伯、颺生來。送振民《乙巳占》等書卅八本。送眉生《蛾術編》、龔孝升《定山堂集》三函。

二十六日丙寅。范蔭侯樾來,今年七十九。洗蕉老人戴青書卿送馬貞烈七古,惲次山之室也。詩交香禪。冷。

二十七日丁卯。冷。《金石萃編》送叔彥。此眉生去冬贈者。送眉生《亨甫詩選》八本,又京江鮑氏三女史詩少梅所贈。濟之來。朱璞山守和來,伯華父、歘本家。心存尚志來。

二十八日戊辰。偉嫂六十,送燭酒。泉孫來。夜雨。送振民書七本。

二十九日己巳。雨。偉如來。申初,晤偉如。明日赴湖,竟如赴滬。

三十日庚午。抄《北堂書鈔》五十七萬餘字,二十八元。送眉生《功順》白紙一。又二,從申季借,葉先生所借。強賡廷一,汪少荷一,共五部。

　　二月己卯朔辛未。至界石浜,至百花巷。送申季《楞嚴蒙抄》,眉生所刻。郭文塏來。得茀卿信,即答,並致仲田、鳳石、廉生、秋樵、筱山、花農,明日發。送芻常郝《爾雅》、《山海經》二函。陞生志縣來。

　　初二日壬申。發京信,屬許子原書文叔、易安二文。候眉生,是日眉生留髯。子原來,贈以白紙《滂喜齋》一部、石印三枚。得蘭蓀、仲田信,即答,併入前函,明日發。

　　初三日癸酉。答田熾庭、郭文塏。獅林寺先舅卅周年。暖。爐青來。得鳳石十九、廿九信。玉蘭、盆梅盛開。

　　初四日甲戌。寅正二大風,雷雨,冷。送爐青,晤彥士。振民來。彥侍來,乞書"餘福堂"。得花農信、丹叔信。春分酉正。

　　初五日乙亥。晴。送眉生《尊聞居士集》、《支遁集》及《琴操》。送葉先生《慧琳音義》九十九本三函。復丹叔。濟之、小畬來。

　　初六日丙子。復曲園湖上信。洋水仙開。訪廣安,遇費芸舫。復黃花農。王戀齋師德來。奇暖。夜大風。

　　初七日丁丑。玉蘭盛開。陰冷。四叔送洋水仙一盆。陶民來。偉如函招鄧尉,云梅花大放,辭之。嚴緇生來。徐花農寄白菜十六顆,梨四十。夜小雨。

　　初八日戊寅。陰冷。答客。晤眉生,留餅。申刻雷。眉生送《經籍纂詁》,卻之。

　　初九日己卯。陰寒。至百花,晤濟之。四叔來,文卿來。亥初二,地微震,風雨達旦。

　　初十日庚辰。陰冷,雨仍未止。問譜琴病,答文卿,晤培卿。偉如來，余尚未歸也。五點鐘後，偉如又來。

十一日辛巳。陰冷。偉如於十一月廿五奉賞假兩月，期已過，將北行。子原來交二册，送以澄泥硯、印泥二、汪松泉拓四、文恭公額一、《十三行》一、伯足對一。眉伯、中復來。

十二日壬午。送仲復十四行，送以《叢書》二種、鼻煙四喇、舊料壺一匣，托寄書板八箱，木器七匣。晤偉如，云十六行，又云二十行。晴，大風，冷。送培卿對，又幅。夜小雨。田熾庭乞書對，又送一聯。

十三日癸未。晨，小雨。送葉先生聯，又幅。托偉帶書箱，不允。廣安來，得鳳石卅日信。夜雨。段涇先定明日祭，四叔改期，以雨也。

十四日甲申。陰雨。發京信，彭、陸、徐、李、翁。淙淙不已，簷溜如繩。得仲田並《搢紳》。又以仲田信托中復。

十五日乙酉。至莊祠、鈕巷、百花。歸，辰正。陰冷。叔九、寶穀來。送偉如火餭、點心，十八行也。夜大雨。

十六日丙戌。至界石浜，清明祭。送子原文盦一，石印七，木印。陰雨，午晴。李憲之皋使來。夜雨。

十七日丁亥。同仲午段涇浜春祭，到者四叔、二琴、濟、均。風，陰冷。送偉如，不值。答李皋。爲訥書"雲住閣"。

十八日戊子。送偉如行。候曲園，未起。偉如云今日申刻行。日色赤，暖。吳培卿來。送眉生芮長恤《匏瓜錄》。送振民《養一齋劄記》、方宗誠《志學俟命錄》、劉開《廣列女傳》。總兵江萬川來，川人，號晴波。得仲田、鳳石、秋樵信，即答。夜陰雨。

十九日己丑。雨。發京信，彭、陸、殷、李。譜琴來，曲園、廣安來。風，冷。申、酉雨更大。夜雨達旦。清明亥刻。

二十日庚寅。雨。訪眉生，未正會歸。雨益連綿。候曲園、子原。夜雨。

二十一日辛卯。夜雨達旦。復鏡如,亘之師以書局恐裁其人,欲托中丞,告以不可。函詢嵩佺,云無慮也。陰冷。眉生書云,清明後冷如此,吳中亦希有。

二十二日壬辰。子正二,大雷雨。陰冷。辰、巳間雷雨。送葉先生《癸巳類稿》。芸台來。午見日光,仍陰。復柳門。未、申暖。子刻大雷雨。

二十三日癸巳。陰雨不止。手復耕娛,並送其夫人祭幛。雨中廣安來。雨竟日不已。夜,雨止。

二十四日甲午。陰冷。爲屺懷跋《龍興寺膽巴碑》,仁山師舊物也。李孟和來,即答之。午晴。夜風。

二十五日乙未。昨暖,今辰又冷。此地寒暖真不測也。葉先生送徐興公、陸其清書目。《左氏補注》刻成。巳刻又雨。田熾庭來。嵩佺送《尚書要義》,答以《蜀輶日記》。送眉生紅印《左氏補注》。送葉先生《藤陰雜記》。得偉如廿四上海信,即復。

二十六日丙申。陰。送嵩佺楊耐軒士達《古文鈔》及《吏事識小錄》。日赤暖,又將雨也。嵩佺來,眉伯來。眉生書云趙惠甫索所刻書,告以行李戒矣。托葉先生以屺懷借《知不足齋叢書》不得。藻熱。

二十七日丁酉。陰。沈廷杞楚卿來,丙子副榜,丁丑八旗教習,大興人,山東候補府,現在臬幕。振民來。從屺懷借《凌次仲集》。午後見日。寫仲田、鳳石、偉如、蘭蓀信。惠甫昨以《石鼓篆釋》來,字小不能看,即還。陳貞寄茶菰、草菰並信。

二十八日戊戌。子正,大雷電,風雨。小雨達旦。以二聯送倉石,前來見所求也。雨又不止。王篆五振鈐來。蔣幹臣國楨來,其爲人浙道督銷鹽局。曲園來借《丹泉海島錄》。作函與子英。小雨竟夕。

二十九日己亥。以凌次仲二文乞子原書之。倉石來。答熾庭。候眉生，留麩。歸，知鏡如來，即往，未值。知偉如廿六上船。晴。曲園來。

三月庚辰朔庚子。至界石浜。風，冷。發京信，彭、陸、偉、李、胡。送葉先生《戴子高集》。百花見四叔、濟之。訪廣安，又病，不能見客。鏡如送砲式二包。訥生、鏡如來。李笙堂嘉賓來，丁丑教習。沈藻卿翰、王篆五來。以《功順》寄尚齋。泉孫來。夜，子正雨。

初二日辛丑。陰雨。送訥生、南屏對。李憲之、笙堂、沈楚卿乞對。沈藻卿乞對屏。答蔣道，弔椒嫂，見西圃伯、辛玉春兄弟。晤竟如。熾庭辭行，即送之。得仲田、鳳石廿一、廿四信。

初三日壬寅。陰。交仲田文星岩、龍蘭簃、馮金鑑送幛，又寫鳳石信。培卿屬書瑞芝堂扁。冷。答培卿。曲園晤，廣安不晤。郭鍾麟來，乞書清立堂。得清卿信，即復拓本三紙。午後晴。又作偉如書。

初四日癸卯。晴。作廉生拓本二紙、仲飴《捃古錄》、醬菜二書。朱道福清來，即答。至百花見四叔、濟之。晤彥侍，見毛公方鼎，卻伯卣敦二，蓋一，器皆真。《鳳墅殘帖》八卷，《順陵碑》全，義門、淵如、映山藏。小坡送畫指福圖。發京信，陸、彭、偉、王、吳、仲飴。復齋來乞一扁一聯。夜半雨。四叔送蓴菜。

初五日甲辰。晨起，陰寒。以蓴送眉生。以雙鉤《夏承》還彥侍，是巴儁堂蟬藻閣刻本，否則梁瑤峰也。曹叔彥來。巳午，小雨。廣安病瘧旬日，問之，尚未愈。未、申，暖，沈陰。送四叔醬菜二、苦瓜四。復運齋信。

初六日乙巳。穀雨卯正一。陰。知偉如初一抵津，初三由水路赴通。子原來。送眉生《新疆輿圖風土考》，即《邈域瑣談》。在眉生處麨。借莊氏《古籀疏證條例》一本來校。濟之來。費幼亭除服，送禮。彥侍來，不值。子原乞書對二付。

初七日丙午。晴。還眉生莊珍蓺、《說文古籀疏證條例》，周孟興從刻本抄者，彀甫之子也。亙之師來。得花農二月廿三日書。函致彥侍，問子尹《汗簡箋證》。彥侍來，以《涪州石魚文字所見錄》屬序。又訥生函招初九日。

初八日丁未。爲彥侍作序。彥侍送拓本。容叔送《裕昆要錄》。獅林寺西圃伯母廿周忌。以柏二盆、松二盆、黃楊一盆送眉生。眉生交來莫善徵送淮局刻《韻會》、《巢經巢》五種。得竹年信，即復，並謝送火骽、笋、脯。眉伯來。晴，風，冷。山茶二盆，一紅一白，甚佳。洋楓亦佳。黃天竹尚好。

初九日戊申。訥生約辰巳間。復陳容叔，交駿生。洋水仙亦盛開，粉紅、大紅、深淺藍、白四色，無黃者。訥生招繭圃，南昀先生舊園，所過看菜花，甚好。振民來，駿生來，未值。晴。能穀來。駿生又來，即辭行赴鄂。張桐以函求助五十，以函交竟如，屬帶十元。竟如於初六已行矣。

初十日己酉。晴。以梁斗南、曹福元、曹叔彥所作馬貞烈女詩交香禫。李鍠琴慶恩來，李村堂弟，曾拜門生，現同知，自上海來。至百花見四叔、濟之。彥侍《涪州石魚文字所見錄》中序又改數行，函致之。知京中換涼帽十五日。問廣安，尚未愈。

十一日庚戌。梁檀浦以《喬梓京兆圖》乞題。彥侍送文僖遺著六種。鈕氏《說文校錄》刻成。嵩侄送來，其篆即出嵩侄手。小畬來，送眉生、苅常各一，以其抄本交苅常，還其孫鈕惟善。此事十年始成，爲之一快。濟之來，屬書宋培枬川人《讀管子寄言》書面。郭南池來，以劉氏叔器父鼎來看，拓本也。晴。風。申刻後陰。

十二日辛亥。晴。以題檀浦圖及復函屬子原書之。子原來，四叔來,熙年來。《補注》尚欠十五元有零付清。復檀浦,交信局寄。沈楚卿、李笙堂來,送以八言對各一。笙堂明日行。

十三日壬子。莊祠春祭,寅正二去,行禮。培卿遷居倉橋,送二席。送眉生《左氏補注》、《論語孔注辨譌》各一部。眉生竹二白一,匊常竹一白一,泳之竹一,屺懷竹一,翼甫竹一,申季竹一。眉生處藤花盛開,繡球亦將放矣。存齋三種,各以其一送鞠常。晤眉生歸。檢葭二小支送去。存齋來,不值。送《秋室集》、《儀禮古今文異同》、《三續疑年錄》。得仲田初三、廉生二月望、仲飴去冬書。熱,可單衣。

十四癸丑。陰。《左氏補注》、《釋地》、《孔注辨譌》,送彥侍各一,曲園各一,嵩佺各一。答存齋,送以《功順叢書》一部,《補注》、《釋地》、《辨譌》各二部。還存齋《史載之方》、《石林奏議》,又《翰苑集》一册。送眉生《秋室集》、《儀禮異同》、錢補《疑年錄》。寫復仲田、仲飴、廉生信。曲園薦董姓太平船,告以不用。引之來。二沈書。叔彥竹一,綏之竹一。上有龔定盦手校款,鈕非石親書《説文》稿本,本日嵩佺索回交鞠常,交其孫惟善。鈕《説文》一送存齋。得鳳石初二信,竟如信。張尊生十元已付。酉,大雷電雨,亥止。

十五日甲寅。至界石浜。寅正二,陰。至百花見四叔、濟之。得秋樵、展如信,手復之。復鳳石。鈕惟善號心泉。大風,冷。前二日可單衣,今日又重棉。午晴。譚序初送《古逸叢書》二部,即復。

十六日乙卯。曲園以《茶香室續鈔》屬寫書面。其前集亦余書面。存齋來,吳卓臣來。存齋,吳興七才子之一,舊知子高、施均甫,詢其四,則凌子與瑕、姚宗諶、俞竹、王承義。王已亡。蓼生丈、貝彙如來。答蓼生、引之丈、吳培卿,皆不值。前《韻會》及《巢經巢》五種,乃莫仲武所贈,子偲之子,名繩孫。得容叔信,又寄《裕昆要錄》十本,並云廿日後即赴鄂。文卿、陶民來。

十七日丙辰。文小坡乞瘦碧行窩扁一、對一，貝彙如對二。倉石來。訪眉生，繡球已開。得子材信即復，答以對一、橫幅一。培卿來，亦不值。大風，午後漸暖。

十八日丁巳。發京信，彭、陸、王、吳、殷、趙。晨陰，風，冷。葉先生借查氏書送看。翼甫，名燕緒。《伯生詩續編》蕘圃本，精。《李翰林集》宋本。《九經直音》不經見。《陳衆仲集》拜經樓，有蕘圃手札二粘後。《論語句解》李公凱，未著錄有陳仲蔚印。中統本《史記》拜經樓。《南部新書》兔牀抄本。《世說新語》宋本。《近思錄後鈔》宋刻，精。陳同禮潤甫來帖晚生，壬午、癸未，庶常，致堂之甥，懷寧人。修腳。得鏡如十六信，即復。

十九日戊午。晴。齋中山查猶盛。答陳吉士。至百花見四叔、濟之。香禪屬書精舍及"雙鳳雙虎專研齋"扁。送貝子木張研孫詩五部，即送曲園、存齋、嵩佺、眉生、鞠常。午後又奇暖，藻熱。張桐去世，助以廿元，即由信局寄滬。雨，又藻熱。

二十日己未。陰雨。存齋已歸。昨信由濟泰當寄去。辰正後晴，藻熱。臨《書譜》一張。胡芸台屬書絹屏四張，交信局寄。熙年來。送眉生《裕昆要錄》二本。穿兩單，熱極。柱礎皆蒸濕。得檀浦復信。酉初雷電雨。

二十一日庚申。四叔送牡丹八盆。振民送一團和氣牋，答以牋二種。陰。葉先生送銕華館刻《文子》、《列子》、《群經音辨》、《新序》、《佩觿》、《字鑑》。臨《書譜》二張。辰見日，仍藻熱。以蔣氏書六種一部送眉生。問廣安病，尚未愈。志潮、志鴻來，貞乎之子，號海秋、逯秋，乞書對。濟之來。手復青士。得鳳石、黃花農信。月季白者頗佳。立夏酉初一。

二十二日辛酉。得蘭蓀信，晤曲園。眉生繡球、藤花甚盛。李傳元來，不值。晴，藻熱。途遇游顧氏園者不絕。申初，自眉生處歸。得竟如信十八日。

二十三日壬戌。手復黃花農，復蘭蓀。臨《書譜》一張。鈕心泉來，年五十餘。還其原書二部，並送以局新刻一部。王永陞來巡查都司，未之見。陸馨吾來，即答之。陸師母徐夫人今年七十，六月正壽。龔仲仁、陳嵩侄、張東榮、許子原、沈楚卿來。嵩侄乞書屏一，對一。得蘭蓀信。眉生送張文虎詩集。

二十四日癸亥。復檀浦，交張沆清，送以書鈕、沈三部。送曲園食物，明日赴湖。曲園送《茶香室續抄》二。答仲仁，晤彥士，見其宋元本。小字《紀事本末》一本，汪。大字全部。《撮要》黃，大字無註《通鑑》二本，汪，又全。《玉山雅集》元刻本，《玉臺新詠》明，宋板《脈經》黃，元板《傷寒百問》明袖珍方，宋板《魏書》、《唐六典》，元板《通志》，十行本《穀梁》，元板《松雪集》，宋小字《山堂考索》，宋小字《左傳》，元板《春秋集傳大全》，宋板《孟東野集》黃，影宋《韓非》黃、顧，宋板《聖宋文選》黃，宋板《崇古文訣》，宋板《爾雅注疏》，《顧氏家訓》黃校，《太平樂府》黃校，元板《羅豫章集》，宋板《新唐書》，《柳集》馮柳東物，元，《韓文考異》元，影宋本《江湖小集》五十本，毛。又一極大銅鼓，有"建武十八年伏波造"字，精。復心岸十五信。得龐小雅信。送葉先生《續抄》一部。送彥侍鈕《說文》一部。彥侍乞書《嘯堂集古錄》、《銕橋金石跋》封面。泉孫來。藻熱。酉初雨。戌初，大雷電雨。

二十五日甲子。雨。得芸台信。陰冷。臨《書譜》二張。午前無事，又臨一張。以銅鼓拓寄廉生。復蘭蓀，明日發。眉生送《三龕記》、《千文》、《九歌圖集》日本古稿。世錫之乞書屏六、對一，以書板十四箱、書五箱托寄。得仲田十七信。

二十六日乙丑。菽坡夫人開弔，在花橋。發京信，彭、陸、王。李另發。晤培卿、祿生、李傅元、眉生，未初歸。訥生送箋一包。眉伯來。莫善徵來，未值。彥侍來，未值。

二十七日丙寅。答善徵。晴，風涼。《左氏補注》、《論語孔注辨僞》，善徵各一，蒓齋各一，仲武各一。張東榮辭行。問廣安病，未愈。至百花四叔、濟之。答文小坡，不之見也。收拾書箱十二隻宋外金石書，又二大匣《唐書》，又《古逸》初印本一大匣，大字《本末》一大匣。

二十八日丁卯。晴。曹叔彥來。臨《書譜》三張。風，冷。收拾已裱、未裱拓本書箱九隻。腹瀉已二日。

二十九日戊辰。晴。石盆二架送眉生。去夏以六元一个得之者。晴，風，仍冷。得徐花農信。鶴齡乞書扁一、對一。遣人問富仁坊，無信。

四月辛巳朔己巳。至界石浜，至百花，四叔、濟之留飯。歸，巳刻。得存齋信並師望鼎拓本、朱晦菴尺牘墨刻。大雨，濕蒸。即復存齋。夜雨。

初二日庚午。雨。得心岸、仲田、鳳石廿一等日信。發京信，彭、陸、偉、徐、王。晤廣安。雨不止，風，冷。訪眉生，長談，未正歸。培卿來。陳嵩佺送篆隸對幅。培卿乞書扁對，扁曰"秋蔭義莊"尤氏。夜雨。

初三日辛未。雨。復謝嵩佺。培卿扁對交去。拓《石湖田家雜咏》五元交葉先生。陳偉傑來。答培卿、彥侍。彥侍贈銅鼓全形拓、梁氏《蘭亭》。又寫《嘯堂》封面。濟之來，以沈廉卿對屏乞書，又一對。李超瓊紫璈，拔貢。

初四日壬申。送均初之子小韻、培卿之子訥士幅一。送眉生洋楓二盆。任石芝煥奎來。瘦羊來。晴。訪眉生，長談，未正歸。振民、郭南池來。

初五日癸酉。葉先生之母男四、仲午同學李文鍾伯英之父少華開弔。答任石芝。至百花見四叔、濟之，留點。晤瘦羊。爲醴如子號子樂志愉書對。子原、廣安來。得子英信、秦權拓本。蓼生乞對。陶民來。復子英，作頌田、鳳石書。

初六日甲戌。得心岸信，即復，交富仁坊。得程尚齋信，即復。王禹皋廷典來，蓬州人。禄生對寫好送去。臨《書譜》一張。得陳駿生信，云秋間入都，未復。得仲田廿七信，内梅少岩信。禹皋乞郭、夏二道，芝、岑、定、軒對，送以對幅。收拾書箱四隻。

初七日乙亥。晴。昨酉正將睡，廣安來，云即赴金蓋山乞仙方，須四五日歸。得香濤信，即復，並寄二沈書三部，一若農、一豹岑。臨《書譜》一張。晤眉生，午正歸。蘅病，韻泉來診。京信明日發，彭、陸、胡、偉。

初八日丙子。小滿卯正一。延韻泉來診。送葉先生膏秣之資百，又《莊書疏證》百。送韻泉八言對。得芍庭信，即復，交訥生。陳嵩佺來。得竟如信，即復，云又將赴閩。葉拓石湖七分，八元船錢在内。

初九日丁丑。王禹皋來辭行。嵩佺爲喬駿翰卿代求對，即書送去。韻泉來診，送以《烏目》、《松壺》、《秋室集》、《蠶桑》、《篔齋別録》五種。濟之來。蘊苓、三秦來。馬筱沆來，送以對幅。李眉生來。眉伯來。秋谷書匼十二，全送還榴官。

初十日戊寅。石湖田家石刻，昨面送眉生。韻泉來診。以墓誌二分寄香濤，交培卿寄。藻熱。午初，雨。史陳善雨林來，己酉史藻之姪。葉先生送來《大唐類要》校本一本，《乾象通鑑》廿四本，温陵張氏舊藏。未正，雨少大。熱甚。得鳳石初三信、檀浦信。收拾箱六隻。

十一日己卯。陰雨。以唐述山房書匼八隻送眉生。延玉荀來診。今日又涼。作復鳳石信。香禪以魯伯俞簠來，索二百四十元，還之。榴姪來。作致偉如信。振民來。又作仲田信。

十二日庚辰。又作致王廉生信。晴。玉荀來，小漁來，崔齡來。祥麟，號寅生。榴官，號葵生。熙年來。書二架，連書寄李氏，托葉先生與前四架及書存一處。泉孫來。得孔贊唐信，即答，交信局。得心岸初一信，即答，交富仁坊。

十三日辛巳。陰雨。辰初，大雨。發京信，彭、陸、王、偉，明日發。玉荀來診。柳門信即復之。藻熱。王魯薌來，即答之。濟之來。

十四日壬午。未初，奉先君神主進鈕巷祠堂。來客自四叔以次及親友撫藩臬司道府縣，共客八十八人，單另記。得運齋信，即日復，交培卿寄。沈楚卿來。

十五日癸未。寅正二，奉先君神位進義莊宗祠，至百花。玉荀來診。復竟如、黃花農信。巳正後謝客，午正歸。

十六日甲申。謝客數十家，至花橋，見西圃伯、辛兄、玉春弟、熙年、葵生姪。韻和七十，送禮送席。汪九、史陳善乞書，還之。四叔、濟之物，受半。劉承錫送，但收茶。汪魯巖茶、骰，受半。振民送席，受。竹年送，收半。玉荀來診。馬筱沅來。小畬送禮，收半。眉伯來。眉生要去和合箋。劉承錫來，號子蕃，云開生其堂侄也。廣安送朱竹石《芻言》來看。

十七日乙酉。至界石浜。雨。李鎮琴慶恩來。玉荀來診。訥生送扇箋，並以《江山風月冊》歸還，香生所寄。勵甫夫人送，收茶。眉伯送，收茶。胡榮桂林一送，收茶。小疋送四肴酒二，收。文卿來。子原送菜點。陳絅堂康祺來。得庚生、仲田初七信。送眉生蘭花五盆。得心岸信，即復，交富仁坊。

十八日丙戌。寅正，雷電雨。送陳絅堂年譜、墓志、貞烈編、二沈書。辰初,雷聲殷殷,簷溜如繩。玉荀來。素服十件及衣帽送碩庭。瘦羊、濟之來,爲綱堂寫《壬癸藏札記》書面。梯雲送,收茶。李壽彭送,收蓮心。晤眉生,未正歸。振民、小疋、培卿來。長太看船。手復駕航,交許之珏。韓國祥送楊氏書緝及墨茶、磁屏等,還之,小亭之子。夜雨。南灣子四隻,六十元。送眉生桂,極大,四棵。

十九日丁亥。夜,大雨達旦。玉荀來診。三姑太太,卅元;五姑太太,十元;何姑太太,十元;胡林一三姑奶奶,十元;陳芝泉太太,卅元;董太太,廿元;汪三太太,廿元;三姑太太,留轎子;沈亘師,卅兩;八姑太太前年會艮五十兩,即送。雨中至百花見四叔、濟之,留點心。嵩佺、廣安來。蔭甫送食物。眉伯來。許子原、任石芝來。廣安送徐同柏、張石匏拓册《十七帖》。湯鼎煊來,甲戌散,安徽建平,現起服。陸曜彩國祥,收茶。吳培卿來。手復張東榮。

廿日戊子。至婁門段涇辭墓,同仲午。送玉荀四十元、袍褂料、活計。函致葉先生行期。致瘦羊一函。玉荀來。獅林時軒卅周年,十月中預做。世錫之來送,卻之。衛靜瀾招廿二,辭之。一府、三縣織造辭行。晤錫之、培卿。譚、李、王招廿二怡園,手書辭之。佩崔來。韻和來,並送廿元。彥侍來。再復靜瀾。瑜伯,五十兩。亘師來送,收。

廿一日己丑。至界石浜辭墓,至雙涇拜安朱黃老姨太太墓。巳初歸。魯巖來。序初、憲之、魯薌處辭行。晤香禪,交東賬百兩四百元。至百花,賀叔父母。培卿來,交二百五十元,易艮。朱福清禮四,玉。汪南官毓煥來。西圃未去拓詩文,時魚收。委員通判陳嵩屏來,荔秋堂弟。孫蘊苓來。辛芝、玉春送,收。

廿二日庚寅。靜瀾處辭行。眉伯十六元,小畬十六元,仲全十六元。至百花,四叔留飯。至花橋拜別西圃伯、辛春、碩、榴。訪管叔,壬申季。費幼亭送百元頌閣送屺懷,交仲午。靜瀾來,贈二沈書。

陶民來，同。錫之送燕菜席。朱修庭來。陳嵩佺、費幼亭、培卿、文小坡來。史雨林來，又以散盤來看，僞。沈楚卿來。手復陳絅堂。手復靜瀾。

廿三日辛卯。至義莊、鈕巷石子街拜祠，至百花顏巷拜别叔父母、譜琴。送蘇隣《十七帖》、參二枝、書医二个。譜琴、怡琴、叔重來。四叔、濟之、三弟、九弟、子開、辛芝、熙年、玉筍、廣安來。陳偉傑來，號少奇。百花三姪來《裕昆》三本。郭南池來。彦侍、序初來。二沈書，振民、序初、西圃、辛芝、譜琴。吉甫、安甫、崔齡、子開、振民來。魯薌、小疋來。吳子實來。笙魚、丁經生兆基、小農堂兄吳卓臣來，竟日。汪開福來。任石芝、魁文農來。培卿、瑜伯先押行李行。得芸台信。引之來。葉緝甫來照料。泉孫、汪幹庭來。得仲田、心岸望日信。手復魯薌、序初。沈楚卿來，致憲之信。眉生以李超瓊子璈所贈《高麗王碑》四本送來。芒種亥刻。

廿四日壬辰。丑刻祀神。緝甫、廣安來。寅正到舟。卯初，中丞、織造、司道寄聖安，即用利川、救生兩火輪拖帶三舟。陶民舟送葉師。熙泉在第三舟。眉伯已押行李，昨日行。送至滬者，培卿、瑜伯、小畬、陶、振、濟。卯正，寶帶橋，寶、樊各統領帶隊送，並演旱雷水雷。魁太守、任大令舟送。巳初二，過崑山。舟行無事，以李紫璈所贈《高麗廣開土境王碑》閲一過，以眉生札粘上此碑。去冬爲眉生跋。此本較余本多二百餘字。子翺、濟之同年，送橫幅識別。培卿、濟之、陶民、振民、瑜伯、小畬。未初過泗江口，未正過黃瀆。副將余興、參將張興元來見。申初二，野雞墩，四下，二小火輪淺住。八下三刻，泊馬頭。三景園，久之。熙、泉去，瑜、培來。胡芸台、黃承乙、邵小村來。十下鐘，睡。又王叔蕃、蘇元瑞來，已睡，未見。

廿五日癸巳。丑正二，起。寅刻，答招商局馬眉叔、張敬甫、邵小村、莫善徵、謝佩之、胡芸台、黃明府，皆不晤。小村來，擋駕，以無會客處也。卯刻,上海晏輪船計大餐間六間,一百六十兩,官艙六位,九十兩,統艙十一位,一百十八兩八錢。馬眉叔、張敬甫必欲見,見之。善徵,擋駕,托電致花農。胡芸台必欲見,見之。巳初,濟、瑜、畬、陶、振、祥、麟均辭去。昨眉叔派照料者吳茂春樹齋,洞庭山人。培卿、王念劬來又陸雨生。又賑房陸雨生。交培卿四百。小村送席,收。善徵送書,收。黃承乙送書、茶,收,辭骸。福建道唐景星來,辦開平礦者。袁恭宏來,未見。李鋂琴來。葛繩孝、黃承乙來,未見。善徵、小村又來見。芸台又送書件,收。申初,又來見。四點鐘,展輪。

廿六日甲午。夜風雨。善徵所送《顧氏遺書》,顧觀光,號尚之,精算學及校勘。黃承乙,號芝山,所送《明夷待訪錄》、《思舊錄》二書以贈葉師。胡芸台所送書,點石齋之本《子史精華》、《康熙字典》、《通鑑輯覽》、篆書《五經》《四書》。馬眉叔送茶、骸、蠟、蜜棗,由賑房今日送來。《武陵山人遺書》二部,以其一贈葉師。《六曆通考》、《九執曆解》、《回回曆解》、《算賸初編》、《續編》、《餘稿》上下、《九數外錄》、《神農本草經》、《周髀校勘記》、《傷寒論補注》、《吳越春秋校勘記》、《華陽國志校勘記》。今日東北風,掛帆三道。申初,風大。

廿七日乙未。丑刻,過黑水洋。辰刻,大霧。昨在熙泉房遇張鴻祿叔和,廣東道佑之親家,即辦南漕與局員朋比者。聞合肥亦知之也。曾問之廣安,云即流氓。今日可抵煙台。十二點鐘,舟中具餐。焯時魚、羊排骨、火骸旦、雞粉、薯子、糖油點心、雞旦糕、甜雞旦飯、紅酒、梅子酒、加非、茶。見其船主,名安成碌,又楊望洲之二子,同張叔和北上者,壽棠、壽棣。三點鐘到煙台。六點鐘開行。東海關道方又民汝翙來,秋谷同年。稅務司和德持片請安。張叔和送,收茶,使一元。午後晴,

廿八日丙申。有風,不大。二點鐘進大沽口。丁汝昌、方伯謙

來見。申正，在馬家口淺住。申刻，花農來接，以小輪一帶一小太平。亥刻，到招商局。八小船付花農二百六十兩，次日付。合肥同窗及司道等見於局。

廿九日丁酉。答客。窊齋處長談。合肥亦來談，即至合肥處留飯，同窊齋。盛杏蓀、周玉山、張樵野、汪子常來。季士周、萬培因來。嚴小舫信厚來。朱其詔來。窊齋又來。朱伯華來，胡雲楣來，章洪鈞來。申初刻，合肥又來，即開行。天津縣陳以培送席，盛杏蓀、黃花農送席，錫席卿持千辭行。合肥以小火輪送行。窊齋贈子璋鐘拓，又一小鐘拓本。燥熱而不雨，蓋此地不雨久矣。司道以下又送行，擋駕。窊齋又送鰣魚、點心。申刻，至紅橋。小輪淺住，辭去。砲船送。七下鐘，泊北倉口，行三十里。

三十日戊戌。三點鐘，雨，即止。自紅橋以上，糧刹船停者櫛比，聞海運前日起程矣。掛帆而行，仍用縴，水淺故也。作福箴亭、彭仲田、心岸信，俟到通發。辰初二，過浦口，已行三十里。午初，小雨。午正，過楊村，有隊接。據云，已行六十里。提督王恒鳳、武清縣李均豫接，均辭謝席還。楊村巡檢路聯奎。未初二，又小雨。過香莊。申初，過禹垈。申正，過大漁莊。酉初，晚晴，酉正三，泊蔡村。

五月壬午朔己亥。寅初開行。晴。取眉生所贈《高麗廣開土王碑》閱之，即李子翱物也。較余所藏本，多前數行二百餘字。開行李單：大小衣箱九十五隻，銅器書畫磁器箱一百九十隻，木器花卉零星四百五十件。掛帆行。晴。巳正，過河西務屬武清。午後，已熱。舟小，日光甚。通水以上愈淺，云擬泊香河。香河去順天一百二十里，河去城八里。戌初二，泊此。

初二日庚子。寅初開行。寅正二，舟擱淺。閱《石湖田園雜興詩》，其書酷似元度、元長，俊爽可喜，並同出於沈傳師者也。午過漷縣馬頭，聞長年云，前年八月自張家灣以下之蘇家莊，沖開河一道，至通河，近三十里。未初二，過長塋。未正二，榆林莊。申初二，蘇莊。舟子飯半時許。由蘇莊後出新河。熱。酉正二，過張家灣，至五家窰，向來糧船候提於此，至通卅餘里。知州高建勳差接。

初三日辛丑。丑正三開行。凡夏日舟居，晨則東曬，夕則西曬，非巨舫不可耳。辰初二，詢之，云去通州八里。凡水內有泡起處，或云下有泉眼。巳初二，抵通，舟泊東門外復興店門首。薛撫屏東門、郝近垣南門、高星槎來見，即答。並往唁八妹及其嗣子李老六，午初歸，遣安福進城分送福、彭、心岸各函，及蘭蓀函，又胡子英一函。砲船二回去，賞十四兩。邀葉師、眉伯、熙年、泉孫至東門外福興館吃麪，用錢二千一百文。

初四日壬寅。丑刻，自通起程。辰初，尖雙橋，遇蘭蓀所借之車馬。巳初到廠。心岸、仲田俱來。仲田爲收拾房屋，心岸爲具一日之食。午正，往訪蘭蓀，遇錫之。申刻，蘭蓀留飲。叔平往訪，同坐。上燈後歸。葉師、熙年、泉孫、眉伯俱到。

初五日癸卯。葉師處賀節。行李昨日發，今日進城。心岸、鳳石、席卿、汪範卿、胡子英、子牧來。發南信，四叔、濟之、振民、陶民、三姊、辛芝、譜琴坿熙、泉信。萊山來，菱舟、緝廷、康民來。

初六日甲辰。先君生忌。蘭蓀、經伯來。子英來。容方、斗南、嶧琴、莆卿來、蔚庭來，秋樵、安圃、小山來。張振卿英麟來。

初七日乙巳。承厚、龔穎生、陸之幹、心岸來。鳳石、沈曾植、子英來。陸寶忠、仲復、秋坪、蔚若來。張賡颺翰卿來。胡子英二百，又二百兩，又七十兩。王遵文、勞啓捷來。汪介夫來。招壽泉，送酒席。菱洲來。

初八日丙午。張成勳麟閣來。寄愨齋信交眉伯。仲田、鄭聽篁、長允升來。又黃花農信交眉伯。晤蘭蓀。李擢英、趙展如、雷瀛仙、廷用賓、陳雅農來。孫燮臣、張子青來。錢心伯、馬東垣來。王引昌席，收。

初九日丁未。眉伯赴津。承厚、張成勳送酒席，玉。張賡颺酒席，玉。亞陶、六希、高紫峰來。何壽南崇光、會東、樵松、壽泉來。吳炳和來。徐致靖、敬子齋來。五下鐘，蘇拉廣林送安摺來，閱並牌子一個。子齋送酒食，收。

《功順堂》：蘭蓀、仲飴、少山、廉生、佩蘅、益吾、茀卿、叔平。

初十日戊申。請安。辰正二，召見於養心殿，奉上諭："仍在南書房，署兵部尚書。欽此。"壺天。點心，謝客。申正歸。晤佩蘅、子青。劉博泉來。

十一日己酉。具摺謝恩。入直。上大高殿、時應宮祈雨，碰頭。常服，掛珠，有執雨纓。星叔來。謝客。晤樹南、仲華、偉如來。晤蘭蓀。

十二日庚戌。入直。巳初到任。雨辰正作，午後晴。謝客。偉如不值。子英來二百、籧二。郝近垣送先著四。

十三日辛亥。入直。送近垣撫屏、《功順》一。謝客。書田壽昌、佩蘅。樹南送席，花農送肴點。雲階、高紫峰來。皞民、康民來。

十四日壬子。入直。寅正，大雷雨。到署，遇雲階。錫菊泉恩來，沂州守，送以扇對。謝客。朗齋送鳥。得南信。

十五日癸丑。入直。送紫峰屏對。向含英購狐筆二次日還之，換一支。晤蘭蓀。子英來。

十六日甲寅。入直。派寫小西天等處扁九面。到署。晤廉生。謝客。丹初、花農來。

十七日乙卯。直日。派寫六字真言一件，十一言對二付。晤廉生，送以鈕《說文》、《西夏紀事本末》。耆彬、語堂來。子英來，階平來二百。寄濟之、培卿、廣安、振民信，眉生信，又訥生、瘦羊信。得楊敦崔。

十八日丙辰。入直。到署。謝客。熱。子静來，子英來。

十九日丁巳。入直。晤廉生。謝客。以《功順》、《左補》、《孔注》、《士禮居》、《眉山》、《百宋》、《紀要》送伯希。以《平齋尺牘題跋》送廉生。以《曬書堂集》、《證俗文》、《筆錄》四種送葉先生。以《左補》、《孔注》、《眉山》送蘭蓀。安徽、江蘇公局先辭。壽蘅招，辭。李次青來。叔平來，以《左補》、《孔注》、《西夏》、《眉山》、《石湖田家石刻》、《秋室先生集》送之。仲田來。次青送其集，並《南嶽志》。

二十日戊午。入直。到署。謝客。晤心岸。遇朗齋。小雨。耆語堂送土宜。① 得訥生信，即復，爲南官事。雨中答次青，晤蘭蓀。陸壽門送磁四色。送崧鎮青對、屏、席。送朗齋對幅、《滂書》。崔階平來，留《石田集》，還《胡傳》。石查以二水畫索百金，還之。夜雨達旦。

二十一日己未。入直。晤廉生。石查來。昨子英來百，伯嗣敦之直也。寄清卿專拓六紙，交子静。

二十二日庚申。入直。到署，遇達峰。德静山來，子牧來。朗齋送石燕、劉平國石刻，煙壺一枚。博古來楊。

二十三日辛酉。入直。是日，本是祈雨，改廿五，報謝。派寫慈寧花園貼落一件。答静山。晤廉生。博古楊姓來。心岸、馬子祥五十、子英來。送心岸、子静、子牧、熙年、泉孫、斗若横幅。

二十四日壬戌。入直。到署。謝客。發培卿、誼卿、彦侍信，又眉生。午初，訪蘭蓀不晤。送尊《左補》、《孔注》、《功順》、《西夏》、《說文古本考》。送蘭《眉山》、《墨妙》、《平尺牘》、《茶香叢抄》。日赤。

---

① 今按："耆語堂送土宜"六字下文原重出，今刪重。

二十五日癸亥。小暑,辰正二,六月節。入直。晤廉生。直日。上是日謝雨。得竟如信,十四日發。子英來,以煦堂羊首卣來索四百,還之。陳梅村、秉和來。

二十六日甲子。入直。到署。遇達峰。心岸偕朗齋來。博古楊來。馬子祥以一彝十小幣一策馬來。彝者盨也,山農物。子英來。夜風。小雨。

二十七日乙丑。入直。晤蘭蓀。松子久長來,馬子祥來。

二十八日丙寅。入直。到署。答于蔭霖。博古楊姓來二百五十兩清。崔階平以宋小字《禮記》看。筆彩來。得莫宴均信。復四叔、濟之、竟如、辛之、碩庭、振民信。酉刻,大雷雨。

二十九日丁卯。入直。晤廉生。廿八李氏妹來。心岸、子靜、子牧俱來。胡子英、崔階平來。亥,大雷電雨。

六月癸未朔戊辰。入直。派寫河南淅川扁一面。到署。賀朗齋桂撫。發南信。筆彩來二百。子英來,心岸來。申刻,陣雨未成。子初,大雷雨達旦。

初二日己巳。冒雨,入直。辰正,冒雨歸,交子靜寄清卿、合肥《功順》各一。又送秋坪《功順》及土宜,送斗南土宜。懋勤劉送鼻煙,回以二百千。李蘭孫送頂好鼻煙二瓶一匣。馬子祥來,付百卅千清。酉刻,雨。

初三日庚午。初伏。入直。陰雨,到署。午初,大雨如注。子英來羊首卣三百。雨。未正後又大。送蘭蓀蘇刻二紙,近人二紙,板橋二紙,平齋二紙。大廳及西廂漏。申酉,雨更大,至夜止。

初四日辛未。入直。命擬船上三字、四字、七言、五言扁、對各十二分。直日。晴。崔階平、石查來。蘇來。

初五日壬申。入直。發下《忠義傳》。到署,遇雲階。酷暑,子英來。

初六日癸酉。入直。晤廉生。熱。

初七日甲戌。入直。到署。復芍庭。福箴亭、偉如來。馬東垣來。陸壽門來。熱。

初八日乙亥。入直。晤廉生，贈伯熙拓十六紙。文錦如來。馬子祥、胡子英來。子英送看方爵。熱。

初九日丙子。入直。文宗誕辰。到署。晤蘭蓀。石查來，以《江山風月圖》屬乞張吉人篆。廉生乞益甫《叢書》二函，永寶送看《方輿勝覽》，還之。申正，大雨。

初十日丁丑。入直。出西華門，謝客數家。復清卿、誼卿，交全太盛寄。得濟之、陶民、譜琴、廣安、瘦羊、竹年信，初一日發。又振民信，即復，十三發。子英、階平來。蘇來。聯綱、佛昇額來。

十一日戊寅。入直。派寫儀鳳舸等扁、對七件。晤廉生。到署，遇雲階。子英、階平來。階平送看百衲《史記》。子英議卣爵十字。得清卿信，再復拓本十紙，交全泰盛。叔美畫廿兩《三生同聽一樓鐘》十二，交階平裱。

十二日己卯。大暑，丑正初。入直。直日。昨派寫對，俱改小字，不及一寸。心岸來。子英、階平來。子英卣爵六對五百，楊蔭北來，書扇以贈。

十三日庚辰。中伏。入直。夜起，甚涼。唁恭邸子澂貝勒，送幛紙四對。唁孫燮臣悼亡。到署。晤蘭蓀。

十四日辛巳。入直。晤廉生。手復仲飴。到署。心岸昨署黔撫，今日來，留飯去，云今日住黃酒館。寄清卿卣拓一，交子牧。得培卿信，並會艮五百七十五兩，曹平。送廉生涿字小幣一。電報葉荔裳十三故。秋坪招慶和堂看荷，辭之。發南信。筆彩來，殷秋樵、朱一新來。

十五日壬午。入直。加班。壺天。遇秋坪、芷葊。賀廖仲山、白桓主試。小雨。送心岸召對。晤蘭孫。文山、子英來。蘇來。博古來。潘嶧琴來。子英再來。

十六日癸未。入直。到署。賀心岸，不值。許寉樵來。寄清卿拓本六單，鐘一，爵二，方爵一，延熙堂卣一，一字盒一，交信局寄。博古、子英來。

十七日甲申。入直。晤廉生。答鹿滋軒、朱一新數家。又李次青、王益吾。蘇來，還一爵，"𠘨父"二字，留一料壺，五十千。筆彩持仲殷敦來。永寶持陽父卣蓋來。階平，百兩票。益吾來。熱甚。送心岸五律一章，送益吾書八種。酉刻後，大風雨竟夜，小雨未止。送芷葊土宜。

十八日乙酉。入直。陰雨。到署。顧若波澐《半舫聽雨圖》七兩，交子英。松壺《三生同聽一樓鐘》畫帖裱直二兩，交階平敦直五十兩，全清。李次青來。尚欠階平廿六兩。顧緝廷來。子初後雨。

十九日丙戌。丑初，冒雨入直。晤廉生。得四叔、濟之十一信。筆彩來百兩，敦尚欠廿兩。

二十日丁亥。入直。到署。遇達峰、小雲。直日。顧井叔來。酷暑。送偉如壽禮對七十，送沈鹿苹母吳太恭人六十對席。子英、馬子祥來。曾樹椿怡莊來，兵部員外，丙子鄉試，復試一等弟四。

二十一日戊子。入直。酷暑。派三海船上扁、對各一，又窗格眼春條十餘件。復清卿十五信，交心岸。作眉生、培卿、誼卿信，即發。又作四叔、濟之信。又曲園。

二十二日己丑。入直。到署，酷暑。送李次青對幅、《功順》。送秋樵對幅。酉刻，雨。微雨竟夕。

二十三日庚寅。入直。寅初，小雨。兵部加班。帶領引見五班。雨，午初未止。階平來百，售銅鼓。

二十四日辛卯。入直。派寫滬尾天后扁。到署,遇達峰。晤蘭孫。心岸來,留飯。裕竹村來。惇邸及内監皆藍袍,以花衣前一日也。子英來,以拓本五十五張屬裝册,攜竟一。

二十五日壬辰。入直。辰初,寧壽宮聽戲二十九刻,未正三散。得清卿、訥生信。復訥生、竹年,又曲園、振民。

二十六日癸巳。遞如意,賞還。辰初,上御乾清宮,受賀,蟒袍、補褂、羅胎帽,御前萬絲帽。辰正,寧壽宮聽戲二十八刻,申初散。賞如意磁、銅、袍褂、荷包、銅手鑪等八件。從蘭孫借孫高陽字,即還。又前數日借趙儕鶴尺牘,即還之。

二十七日甲午。入直。到署。晤蘭孫,得高崇基信。復清卿,内拓本六紙,交心岸。送朗齋團扇二。立秋,酉正二。

二十八日乙未。入直。晤廉生。晤仲華,留飲。蕭小虞允文來。石查來,筆彩來。發南信。王曾仁,號潞泉,振録之子,送騾。花農來。

二十九日丙申。入直。到署,遇達峰。上詣太廟、乾清門,侍班。羅胎帽,花衣、補服。復曲園,借《三俠五義》,交花農。穆特亨額來,號琴舫。連日仍熱,早涼。胡子英來。

七月甲申朔丁酉。入直。答立山、熙敬,賀于太夫人壽,陸和讓景濂來。筆彩來,一敦還之。夜,子初雨。

初二日戊戌。丑正,冒雨入直。送偉如請訓。直日。到署,雨不止。送葉師賻五十兩。又交邵小村信及書對,薦張福也。子英來,聞崔階平去世廿九日。心岸來。張迪先篆銅鼓齋印,連石二全交子英。石查送來二水畫、鴻寶字。爲李偉卿貽雋書扇對。

初三日己亥。入直。晨,大霧。上幸北海。晤廉生。會館拜嚴子範興傑,未晤。子範爲鞠裳權館也。鞠裳明日行,同心岸。晤心岸並送行。寄四叔托購各件及藥物,付張幅。復運齋、清卿,交心岸。又寄眉生信,交鞠裳,爲沈小宛荆公詩注事。餞匊常,請子範二姪,仲午陪。心岸來,留飲三盃。崇地山招初四,辭之。容方、子牧來。雨通宵不止。

初四日庚子。冒雨入直。冒雨歸。遣人送心岸。聞停止北海二日。手復子靜。

初五日辛丑。入直。泥塗難行。派寫牽牛河鼓天貴星君、天孫織女福德星君神牌。送次青。訪蘭孫,途遇之。蘭孫來。子英來,爲容方寫扁六面,松壽泉太史第一面。

初六日壬寅。入直。上詣南海。到署。酷暑。

初七日癸卯。入直。上詣南海。到署。酷暑。晤蘭孫。蘇來,付料壺五十千。董橒送川土宜。小樓,潤之子。朗齋送車馬,偉如所用也。得奎樂峰信,送燕菜召席。酉刻大雨。

初八日甲辰。入直。藻熱。上幸南海。訪廉生,痢,不晤。作書問之。子英來。

初九日乙巳。入直。到署。遇達峰、雲階、季瞻。藻熱。容方來。得清卿初六日信。

初十日丙午。入直。直日。到署。以平齋《兩罍軒尺牘》送益吾、伯熙、仲飴。仲飴信交廉生。子英、周鶴亭來。子正,雨。

十一日丁未。入直。到署。遇達峰。答容方,不值。送仲華《功順》、硃銅、五銖磚。晤蘭孫。

十二日戊申。入直。藻熱。作四叔、濟之、偉如、培卿、辛芝、吳子重外廿元信,即發。復清卿,內卣拓二紙,即發。又鞠常、辛芝,交泉孫。子英來卣蓋百。蘇來,得振民信。

十三日己酉。入直。換藍袍。藻熱更甚。到署。遇雲階。飯銀處點張兆蘭。蘭孫示清湘老人《亂叠奇峰打草稿》卷,索翫二水畫、倪鴻寶畫，尤子求《九歌》册。石查示黃石齋《周忠介神道碑》墨跡卷子。得濟之、譜琴、瘦羊、陶民、振民、三姊信，初四發。復各信，作心岸信，共七函。申初刻，雷雨。蘭孫取觀高麗《廣開土境好太王碑》。

十四日庚戌。入直。處暑，辰正三。派寫鄭金華母扁。蘭孫索觀智永《千文》《平百濟碑》。中元祀先。晤廉生。永寶雀來，階平之弟廿九去世敦一還之。送對書。于次棠<small>蔭霖</small>、錫清弼<small>良，又號夢如</small>、裕竹村<small>昆</small>、耆語堂<small>斌</small>、菊小虞<small>允文</small>、穆琴舫<small>特亨額</small>。

十五日辛亥。入直。賞燕窩。熱。到署。發南信，共七函。子英來。酉刻，容方來，已睡矣。

十六日壬子。入直。派寫山海關海神廟扁。寄清卿，內畣立戈一，古陶二。夜雨。

十七日癸丑。入直。到署。晤蘭孫。送還子英立戈、畣，直云百金。子英來。蘭孫借宋拓《四歐》去。徐亞陶、薛撫屏來。丹初送南園拓本。夜大雨。

十八日甲寅。冒雨入直。答薛黼屏，答丹初，退谷拓本。直日。藻熱。容方、展如來，得培卿、芍庭信。

十九日乙卯。入直。到署。送子青退谷拓、《古泉叢話》。子青招廿一福壽堂，辭之。陳駿生<small>其鑛</small>來。復芍庭，交仲田。寄培卿信，內葉先生、心岸、辛芝信。葉先生五十金托仲田會寄，並吳子重廿元前款。送駿生菜點二。駿送銅手爐、燭□二、酒二。

二十日丙辰。入直。加班。晤廉生。子英遣人送紀盃。鳳石來，送到張伯顔《文選》，直六十。崔嘉桓來。

二十一日丁巳。入直。到署。遇徐小雲。復涂伯音傳德，交其子宗瀚，並對一付，《洗冤》三種。于次棠來。

二十二日戊午。入直。熱。派寫信陽城隍扁。晤蘭孫。答于次棠、馮伯申。得清卿信。酉初三,雨。戌,大雷雨。

二十二日己未。入直。到署。巳初大雨,午止。復清卿,內山農、運齋信。

二十四日庚申。入直。特派擬太極殿、體元殿、怡情書史、長春宮扁四十四面。筆彩來。陳駿生來。乙亥,孝廉方正李乘時來,號秀峰,癸丑汪少谷世澤之壻也。花農來。復曲園。

二十五日辛酉。入直。到署。得四叔、濟之信,又彥侍信。含英來王仁煦。

二十六日壬戌。入直。直日。李雨蒼來。送譚叔裕宗浚《功順堂叢書》、《眉山墨妙》、《百宋》、《紀要》、《士禮居》、《洗冤》、《全生》、《貞烈》書件。又送梁星海鼎芬一分,交斗南交去。廉生送壯布一。晤蘭孫長談。樹南招廿九。雨蒼交李希哲信,送之《功順》、《眉山》、《全生》。得清卿信並砆拓虢盤,即復之。送以小幣拓本七紙。得匊常十七信。

二十七日癸亥。入直。派寫長春宮等處扁十二面。答雨蒼。徐小雲送《經籍訪古志》,送以《功順》、《左補》、《孔注辨偽》、《眉山》、《全生》、《洗冤》、《士禮居》、《貞烈編》。

二十八日甲子。入直。派寫體元殿等處扁十六面,對四付。張檝來,未見,孝達子,號君意。到署,遇季瞻。送鳳石《左補》、《孔注辨偽》、《士禮居》、《松壺》、《全生》、《百宋》、《紀要》、《貞烈》。蘭孫借閱書五種,還二種。熱甚。

二十九日乙丑。入直。派寫扁九面。晤蘭孫。樹南招,辭之。載瀛送來畫二幅,號春園,惇邸四子。龐省三來。含英王仁煦以卣閱,即蘇姓送看者。白露,戌正三刻。

三十日丙寅。入直。派寫共三十八件,今日齊備。到署。答省三。發南信,四叔、濟之又二函、彥侍、鞠常、辛芝,共六函。含英王仁煦來，付《毛詩》、盍價也。

八月乙酉朔丁卯。入直。派署臣款扁卅五件，恭代皇太后御筆扁四、對四，交刻。賞帽緯一匣、大卷二聯。鳳石山東學。仲田以艮二百八十兩還。得清卿信，即復。拓本十三紙，又心朋拓本四紙。

初二日戊辰。入直。上欠安，看方請安。黎子俊嘉蘭來，東莞人，陝西候府攀鏐之子。晤廉生，晤容方。蘇來，一僞盤，還之。方坤五連軫、陸鳳石來。

初三日己巳。入直，請安看方。到署。蘭孫署吏左。

初四日庚午。入直。子授亦入直，昨奉旨也。上幸北海。兵部直日，橋右侍班。賀子授。貴午橋來。陳善琨來。號昆玉，丁丑八旗教習。容方來，擇初九日丑刻修山洞橋南。花農來。

初五日辛未。入直。上幸北海。風，冷。晤廉生、蘭孫。寄清卿拓本十紙五，收到印譜二函。柳門信，漢碑二。王符五信，乞對一。

初六日壬申。入直。奉旨正考官。辰正，入闈。晤監臨烏少雲、沈仲復、提調楊蓉圃。午初，謝叔平、薇研丈、星齋俱到，齋謝，拜監試、同考、收掌。收掌陳槐林、雷祖迪，監試阿克敦、吳協中。凡入闈閱卷簿以分房爲主，再於各房各頁註明某字號，如貝字之類。計鄉試貝、北、南、中、滿、夾、承、旦、合及官各占一頁，可也。若以每字號分簿，而以各房繫之，則紛然難理矣。切記，切記。分房爲簿，一房多不過占十頁。會試則十八頁耳。

初七日癸酉。掣房翁韜甫坐十八房，擬策題交龐絅堂，翁斌孫應否迴避，由至公堂奏。巳正，奉旨："毋庸迴避，欽此。"安摺，楊定甥晨丁丑寫進呈。頭場，黃梅岑彝年丙子寫。二場，徐花農琪庚辰寫。

三場,汪鏡青槩庚辰寫。策,䋲堂三道。

初八日甲戌。辰初,命題《大學》、《論》、《孟》、《韻府》陽到。洪右臣良品、李少東峴琛、趙佑申培因中書,甲戌、黄梅岑彝年、黄仙裴[①]甲戌。"寔能容之"三句,"子華使於齊"一章,"孔子嘗爲委吏"一節。培玉堂寫題五分"盡放冰輪萬丈光",印万二千紙,實到万一千三百八十一人。巳正寫畢,申正刻成,子初送出。寫者子初印畢,開門進内簾。叔平策二道,農書、選峰其現成者。

初九日乙亥。經題、策題擬定,封。恭繳御章、書籍,用黄簽。光緒乙酉順天鄉試弟壹大寫場,題臣潘祖蔭等恭擬,叔平書也。共四簽,明日開門時呈遞,與題筒同。《春秋》題,薇翁尌酌至四日,恐人用胡傳也。

初十日丙子。辰正外三擂鼓,内五點進呈題筒,繳御章、書籍,遞安摺二件。寫二場涂海屏慶瀾、龎䋲堂鴻文、黄梅岑、陳伯雙懋侯。内場先傳點。

十一日丁丑。涂海屏、龎䋲堂、黄梅岑、徐花農、陳伯雙寫二場題。辰初,安摺回。叔平備飯,並監試。辰正,寫起,午正刻畢。昨實到一万一千三百七十五名,酉刻印畢。戌正,送題。"六二,鳴謙,貞吉"、"先知稼穡之難,乃逸"、"潛有多魚"三句。"夏五月辛酉,公會齊侯,盟于艾"隱公六年、"祊之爲言倞也"三句。腹疾。

十二日戊寅。三場。《論語》古注,古逸史,鄭學。選峯、農書招三場寫策。安曉峰、張肖庵、楊定甫、于幼棠、吳郁生蔚若、孔少沾、汪鏡青、江韻濤、翁韜甫,共二席。薇研備飯。辰刻,封題,備安摺,開門時呈遞。三場題午刻交會經堂發刻,自去看之。腹疾。

十三日己卯。進。辰正三刻,開門,内傳五點。呈題筒、安摺二

---

① 今按,"裴"字原缺,據下文補。

件。巳初二刻,進卷九百八十三本。條記刻成,上堂。又進七百九十二本。未刻,上堂。無薦卷。

十四日庚辰。巳初,外傳五鼓。安摺回。卯正,上堂。閱薦卷五十一本。酉初散。子正,開門,送三場題。(三場此日十二送刻已遲,須早刻。蓋前二場皆五塊板,此則二塊,是以十四日直催,至子正猶未印齊也。)①

十五日辛巳。秋分,卯正初刻。午後發三場題筒、安摺。申正,內傳五點。昨進卷連前四千三百五十九本。今日閱薦卷四十七本。②

十六日壬午。寅正外鼓五,試者六十七人。發下宗室題、書籍,即擬題。先刻前二行及詩均。未正,大雷雨。閱薦卷三十七本。宗室進呈題,蔭寫。

十七日癸未。丑刻,偕叔平刻文題、詩題、序事二句,"印沙鷗迹自成行"得沙字,薛昭蘊詩。申刻進內五點。午正,小雨。呈題筒及安摺,恭繳御章小答叔平寫、書籍。寅正,二百紙印齊,又印百張不知何用。外間索八百張,□可解。卯刻外傳鼓,發題。亥刻,三場。閱薦卷四十一本,計共進卷一萬八百四十八本,夜又進卷四百餘本。共一万一千三百二本。

十八日甲申。漢監臨出闈,宗室卷進六十七本。巳刻,安摺回外鼓五。閱薦卷四十二本。分得宗室卷十七本。夜有風。

十九日乙酉。閱薦卷五十一本,至公堂知照宗室中七名。宗室卷六十七本,請汪鏡青寫進宗室卷摺一件,落卷加批籤。風。

---

① 今按:括號內文字原記於天頭,今錄於此日後。
② 今按:原"十五日"日記後有籤條,錄於此:
供事名單:吏部書吏張金銘、户部書吏王學忠、兵部書吏丁世昌、刑部書吏張鑑、工部書吏董堃、都察院書吏童芬、通政司書吏金國瑞、大理寺書吏沈德培。

二十日丙戌。知照至公堂,宗室出榜日粘名次,落卷加批簽。閱薦卷四十四本。封奏摺、安摺卷夾板。奏爲進呈試卷事。本年乙酉科順天鄉試,蒙恩派臣等爲正副考官。八月十八日,據至公堂移送宗室卷六十七本。臣等公同校閱,謹遵欽定中額,選貼試卷七本,擬定名次,黏貼黃簽,恭呈御覽。命下之日,由至公堂拆去彌封填榜。爲此謹奏。光緒十一年八月二十二日。至公堂送來上諭,內有湘陰飾終上諭一道。

二十一日丁亥。辰刻,內點五,發安摺、奏摺及進呈宗室卷七本。天已涼,可穿棉矣。貳場之進七千餘本。閱薦二十七本。

二十二日戊子。午初雨,即晴。未初後,安摺回。至公堂拆封填榜,發落卷。閱卷二十七本。開門,知宗室中式名次:瑞賢、普勳、玉源、載昌、阿林、祥瓆、靈耀。已薦卷三百六十七本。

二十三日己丑。閱薦卷十一本。午正頭場閱畢,同考歸房閱卷,共薦三百七十八本。貳場一萬一千二百五十三本。

二十四日庚寅。夜,風甚大,冷矣。囑伯雙、弢甫各看本房文。蔚若、絅堂來。囑洪右臣看本房二本。伯雙將改本交來。絅堂撤回貝字一本。于幼堂薦南皿四本。

二十五日辛卯。換季。絅堂來交北皿一篇發刻。弢夫來,交承字首三、二文發刻。張肖菴來齊一本。一房撤回貝一本。

二十六日壬辰。六房撤回貝一本。肖菴房卷改來交刻。叔平中皿十房一卷通場之冠。趙佑申合字一卷首次二文刻。右臣來,改文二本,尚有一文未來。十二房連二場一貝薦一本。十五房連二場薦二本一貝、一南。叔平與星薇齊元卷改本及乾隆四十四年上諭。

二十七日癸巳。二房、四房、六房、十四房、十五房二場薦卷來。來者又九房、七房、十二房、一房,共九房二場卷。又十一房、十七房。十五房補薦南皿一本,二房補北皿一本,大房補薦貝一本。

二十八日甲午。請監試、同考上堂,以房首交磨對。二場卷催齊。最遲十三房、八房于。換季以來，天轉熱，夾衣猶揮汗，殆將雨也。十三房仍未齊。

二十九日乙未。催三場。定房首最難，余處四房貝以易萩雷同，易薇處北皿。薇處十四房始以越幅，繼以三場淳化字，今日再易矣。午刻，十三房二場卷仍未來也。十三房二場始來。

九月丙戌朔丙申。以詩付寫。自廿八、廿九、初一皆應自行磨對前十本及句讀。擬十二房第六南皿次三場極佳。蔭處一房中皿，今日八房貝字。叔平處合字三場極佳。八房補薦貝一本。寒露午初三刻十分。

初二日丁酉。閱三場薦卷。巳正，尚有五房未來。因次題事，商定奏稿一件。申刻，各房三場俱齊。吳時齋來齊，初四發中卷事。六房補薦南皿一本。

初三日戊戌。叔平重定前十本，奎童處亦因之更。請寫摺二件。汪竟青請寫前十名批語、名次。黃枚岑、楊定甹、安曉峰、徐花農及汪竟青午正請寫，未初畢。三房補薦南皿一本。釘連三卷，申初二畢，以大甄壓。刻字匠應登科來釘，渠自道光乙巳即任是役。叔平中卷尚須定。晚在薇處三杯。

奏爲進呈試卷事。本年乙酉科順天鄉試，蒙恩派出臣等爲正副考官，入闈，復准至公堂移送試卷一萬一千二百十九本。臣等率各同考官悉心校閱，遵照例額，擬取如數。謹將前十名試卷酌擬名次黏貼黃籤，恭呈御覽，伏候欽定。爲此謹奏。光緒十一年九月初五日。

初四日己亥。商定官字號中卷巳初二刻定，北皿、官已散叔平有一本。申刻發。綱堂來，換貝一本策四用均。安摺進呈，卷卷箱十本、封奏一件、奏摺一件。午初，將各房中卷交監試發各房磨對，連不在內六本，共七十本。今日甚熱，單袍褂猶揮汗。定本人名下副榜十六名謄録。本年加倍取，應每人取六十五名。風。

奏爲請旨事。查乾隆四十四年順天鄉試題爲"子曰毋"三字，是科舉人于德裕將家宰誤認爲公臣，語意與傳注不合。欽奉諭旨訓飭，並指出元魁卷中"國制天恩御廪天家詔禄馭富"等句通行曉諭在案。今科次題爲"子華使于齊"全章，各房所薦佳卷以此題爲全章，作法與三字題不同等語，作爲波瀾陪襯，若概行沙汰，則各卷中十居八九，幾至不能如額。臣等公同商酌，除將誤會題解，如乾隆年間于德裕之以家宰爲公臣者，悉加擯斥外，若就注中禄字僅止引用經書中字面，既於文體無妨，勢不得不憑文録取，即如進呈前十卷中間有"馭富詔精"字樣，其應否取中之處，臣等未敢擅便，恭候欽定，謹奏請旨。光緒十一年九月初五日。

初五日庚子。卯初，小雨即止。風。定甫來，換中皿一本，策第二、三不對題，駢文。貝矜八，八房大，南阮九十八，十二房明，貝飯二十二，十房光，貝夕七十四，七房光，北紃六十六，二明，南倫四十五，三大原弟二，貝佳四十六，十六大原弟一，滿答四十七，六明，合審三十八，五正，南阮六十一，十五光。申刻開門。安摺回，另有旨。戌初，開門。奉旨，准其取中。夜，大風。

初六日辛丑。絅堂、少沾、枚岑、花農、定甫、曉峰、海屏、蔚若來。風雨。吳時齋來。夜，大風。

初七日壬寅。風，冷。中卷磨勘訖者。未初，始有十四房送來，尚有四房未來也。弟八房于直至戌正二始送來。此次各房均遲。

初八日癸卯。卯正，釘連三卷。先從余處起，即印銜條。巳初畢。將中卷發各房加批。副榜亦即釘連三，印銜條。午初，手填草榜。叔平、星翁爲排次二人唱名，一人書之。未初畢。各房加批，申初交來。明日請寫名次表。陳伯雙、張肖菴、黃仙裴、枚岑、楊定甫、花農、蔚若、孔少沾、汪竟青、翁叕夫共十位發條。於十一日叫車馬來，於十二日子刻到貢院門。申刻，叔平招薇丈、星翁同飲，酉刻散。付榜加批。酉初，謄錄取定二百六十名，由薇處定。

初九日甲辰。請同考十位書卷面名次，填闈墨名次。冷。辰初，上堂同吳時齋，將各卷散納各號仍照草榜一一呼名，十卷一束，已正畢，然後請十位上堂寫畢，即寫副榜名次。以復命摺請汪鏡青寫。名次填訖時午刻。星齋裝鼻煙。初五封奏及旨，擬明日移交至公堂。午後，公服拜監試，各房及雷、陳二收掌皆來答。寫條兵部筆帖式十二，至本宅領復命摺、安摺，開發各單。書辦金等五十千。又抄文十千又卅千家中取。刻字應登科二兩，又刻字二兩，又二兩家中取。監試家人卅千，委官家人十六千，收掌家人十八千，剃頭十二千，香厨十六千，堂皁八千，茶房八千，水火夫八千，搬行李四千。夜，大風。

初十日乙巳。發落卷。烏少雲數日前云能丑初填榜爲妙，以是夜即須進呈御錄也。閱報，知換戴氈冠、絨領、綿袍褂。偕叔平手寫榜字及曉諭。

十一日丙午。丑初起，候監臨、提調彈壓填榜，亥刻訖。子刻對御錄訖。余及翁、童、吳、阿及同考仍宿闈中。

十二日丁未。寅初，出闈。兵部程志清、張畹九來，交以復命摺、安摺。蘭蓀、斗南、益吾俱來。鳳不來，星叔來，門人張謇、玉源、惲毓嘉、尚其亨、延煜、延爕、馬步元、許之榮、沈瑜慶、徐德饒來，芷菴、樵野、剛子良、嵩書農、王貽清、少沾、伯雙來。玉均、延蘭、趙執詒、儀年、梁濟、周行錄、連文淵、楊志立、門人王益祥、劉常棣、王德祖、鹿瀛理、瑞賢、王守訓、普勳、梁于渭、方孝傑、阿林、丁述存、祥璸、呂賢瑩、沈曾相來。

十三日戊申。上幸南海，皇太后過，均在德昌門外橋側碰頭。

晤廉生、蘭孫。

十四日己酉。入直。上幸南海,賞大卷六件,帽緯一匣。開發內廷節賞。繆小山、何棠光、于幼棠、志顏、黃仙裴來。門人王詒善、余誠格、啓綬、孝昌、熊登第、恩麟、楊鋭、項同壽、載昌、崇福、秦慶元、貴誠、錢駿祥、于宗濂、陸鍾岱、陸鍾琦、任毓楨、熙元、屠寄來。朱琛、汪鳳藻、歐陽銜、吳蔚若、張肇鏞、耿士璟來。

十五日庚戌。入直。復清卿,並寄誼卿墨題名。發南信,四叔、濟之、辛芝、瘦羊、廣安,墨十二本。復仲飴,墨二本。晤廉生,墨四本。尹良、崇良來。裕昌、郭恩賡來。容方、李丹厓來。林萬濤、黃昌耀戊辰教習,瑞蘭之子來。尹良、崇良、水寶煜、瑞啓、劉元輔、寶謙豐、寶巽豐、鍾廣、張毓賞、蔣晉、蔣志廉、鄧應潢、梅文明來。薛少雲、涂海屏、陸蔚庭、錢子密、定成癸酉刑部來。

十六日辛亥。入直。霜降,未刻。朗齋、花農、方作孚、王桐、蔭槐、郭光燽、吳昌坤、李景暘、陳景墀、張渭、郝植東、党佩蓮、劉澤溥、傅世煒、顏鈞、施啓宇、常光斗、安圃、蘊苓來。送伯雙盂鼎拓,枚岑《左補》、《孔辨》、《全生》。

十七日壬子。入直。晤蘭孫。蔣式芬、張澂、萩芳來,右臣、少東、朱楹之、方孝傑、榮禧來。江仁葆、王焯來。

十八日癸丑。入直。送伯兮盂鼎拓本,又別拓三分,交廉生,又杞侯盂拓本。繼良來,前戶部寧夏守丁憂。寄清卿杞侯盂拓、培卿墨一分,劉家蔭來,胡來二百。安曉峰、周慶榜、馬亶望來。復培卿、鞠常。培卿乞書節孝二分扁,即寄之。傅增清來。陳智、郭發源、恩壽二司官來。郭號少蘭,恩號益堂。

十九日甲寅。入直。換羊皮冠、黑絨領、珠皮袍褂。到署。汪同生來。復清卿橫幅,子靜墨四本。裕祥吉臣、楊星伯、炳源、胡景桂月舫,癸、張一麟伯仁來。李春澤、張祖辰、濮賢慈來。

二十日乙卯。入直。兵部帶引見五名。恭題皇太后畫梅四幅。馮學彥來。姜秉善、華學瀾、瑜璞、豫咸來。王寯頤來山西縣癸酉。王莆卿來。寄知無信、墨，内心岸信、墨，交汪同生。

二十一日丙辰。入直。寄裕壽山墨、《左》、《孔》、信，交同生。胡景桂、錫良來。送子授《左補》、《孔譌》、《松壺》。容方來。董研秋之子維幹來，號仲巖。

二十二日丁巳。入直。贈廉生《楊廣樂太守碑》。鳳石來。梁錦奎來。到署。午，風。嵩書農來辭行。耿士璟小宋來辭行。董文伯櫄來，曰穆子。武景炘來。

二十三日戊午。入直。唁舜臣。董仲巖辭行。子英來百。筆彩來。

二十四日己未。入直。晤廉生。榮福、黃壎、王鍔、廷棟、汪同生來。楊定甫來。換銀鼠裙。

二十五日庚申。入直。派寫恰克圖關帝廟"德周澤洽"扁。大風，冷。胡來百。陳恩榮、崔宜、杜華鳳、章鈺、昶賡勳、王芝理、董錫光來。鹿瀛理來。寄王魯薌對、皮甫，濟之墨。

二十六日辛酉。入直。派寫河南鹿邑、汲縣關帝廟、城隍廟"澤敷渦潁"、"三川保障"扁。振民墨二，陳嵩佺孟鼎、墨，皆交眉伯。又陶民二，又訥生、辛芝。胡來。

二十七日壬戌。入直。冷。眉伯行。劉文冶、穆星沅、李嘉祥小軒子、瑞麟、德壽來。胡來，借蘭孫得天四言對交刻。廿九日以原本還蘭孫。

二十八日癸亥。入直。冷。寄彥侍墨、孟鼎、異盉、唐墓誌等共六紙。石查來百。陳治宣、張元鈺來。胡來。龐綱堂來。

二十九日甲子。入直。愛吾廬晤蘭孫。水寶煜來。得振民、嵩佺信，即復。換洋灰鼠。胡來。

三十日乙丑。入直。上詣太廟、乾清門,補褂侍班。祀先。崇文山來。到署。午刻,微雪後小雨。

十月丁亥朔丙寅。卯正二,直日。坤寧宮吃肉,補褂。晤廉生。李鍾瓚來,菱洲子,副榜,號仲卣。李念茲來。刑部奉天司來,言劉若曾之賢其鹽山同鄉也。朱錦雲甫、陸紹周粹甫來。子英來。仲榮來漢軍,九名。立冬,未刻。

初二日丁卯。入直。派寫長春宮水門扁、對十分。十八房請文昌館,辭之。容方來。孫寶琦來,子授令郎也。十八房送文昌酒席,以送剛子良。夜,大風。換染銀鼠冠。

初三日戊辰。入直孫未。派寫凝秀宮對一聯七言。派寫閱是樓格眼三件。換白風毛。

初四日己巳。入直。風,冷。晤蘭孫。吳樹梅新直南齋,來。容方又來,看動工處所。

初五日庚午。入直。帶吳鑣辰入直。冷。惇邸送神肉第二次。胡子英來。朗齋、蘭孫送禮。駿生送木瓜。文山送燭、酒,璧。楊蓉圃送酒、餕。

初六日辛未。入直。昨戌刻,職方司不戒於火。寅初,到署。知已辦摺,本日奏,據稱即即時撲滅。萬壽聖節,賞袍、帽料六个及帽緯。住壺天,仿儀徵茶隱之例。聞馮伯申亦住對面房。午初,到署。本日摺,奉旨依議。約廉生來未初去,壺天。馮伯申來,其值班,亦厞此也。廉生以位西注《四庫總目》來閱,即還之。

初七日壬申。入直。得濟之、譜琴、三姊、清卿、廣安信,即復。發誼卿、培卿、清卿、濟之信,内仲午吉期事。劉姓來,並同郝貴來。

初八日癸酉。入直。晤蘭孫。徐國楨堯圃子、趙夢奇來。蘇崇河來,新舉人。胡來二百。邀石查,未來。

初九日甲戌。入直。購袁氏書、朱澤民《存復齋集》、《中吳紀聞》、《顔山雜記》、《陳伯玉集》楊春刻、元版《瀛奎律髓》，共四十四兩。張天瓶"明月直入，清風徐來"小對刻成，送蘭孫紅藍拓各一分，共拓藍五分，紅八分。石查來，送一爵。秦鍾簡來，號舸南，新放兖沂曹道。戊辰，法源寺書漸取回。

初十日乙亥。入直。皇太后萬壽聖節，慈寧門行禮，遞如意，賞還。借蘭孫申文定題王百穀萬年青一幅、潘蓮巢摹雲東逸史萬年青一幅，有夢樓題，付子英鉤刻。王樹堂寓頤來。胡子英來百。鄭鐘清。郭升帶去清卿、譜琴、濟之信。夜，大風。

十一日丙子。入直孫未到。風。兵直日。斗南函致，伊胞兄病故。

十二日丁丑。入直梁未到。方長孺爲刻三小印，皆不見工。午初，到署尚無人。石查送一銀鉢，有都司工字字疑以平齋大鉢集書者，索五十兩，還之。子英來，一敦史族。還蘭孫申文定題王百穀萬年青一幅。武闈外場今日復命耀、薛、内場明日放本，列翁、祁、孫子授、孫萊山、徐壽蘅、周心棠、梁斗南、惲、李端棻，共九人。次日派祁、孫。李秀峰乘時來，孝廉方正，分發安徽。沈樹人來，新舉。

十三日戊寅。入直。還蘭孫蓮巢畫萬年青一幅。孫入武闈，梁未到。斗南借卅金。陸壽門送茶、盃、壺四件，又張公束鳴珂寄林仁肇鐘拓，並索《滂喜叢書》。

十四日己卯。入直。命擬水仙花盆上三、四、五、七言及五言、七言絕。招徐花農、駿生、泉孫寫片，留飯。晚餕嚴先生。仲田來告，芍庭於十三亥刻去世。發清卿、誼卿、培卿、濟之、譜琴、辛芝、竹年信。童薇研招十五日，辭之。胡子英來百。張樵野來。

十五日庚辰。入直。晤廉生。嚴子範辭行。送黃枚岑《滂喜》一部，又高紫峰、嵩書農、剛子良、張樵野。陸壽門來，未見。子英來，屬裝自藏器拓四十三紙。馬子祥故，助四十千。

十六日辛巳。入直。大風。寫對五十付。送朗齋一聯、一大司馬石章。李恂伯維誠癸酉，英荷亭煦山東主試來。午正，到署。小雪，午初一刻。

十七日壬午。入直。晤廉生，代購鐘幣廿枚，直可五十餘。賀歸陶民三妹五十。大風。送蘭孫《東津館》、《江山風月集》。劉芝田、剛子良來。裕宸來。嚴子萬南歸。

十八日癸未。入直。派寫湖北房縣關帝廟扁"筑江昭佑"四字。晤蘭孫。子英來。世錫之交來濟之前月初四信件。

十九日甲申。入直。答樵野、芝田、芷菴。晤廉生，交百金足市平票，又十六金票。兵部直日。換戴本色貂帽、貂領。博古送來《聖教》，勵衣園物，良常跋，索三百，還之。王寯頤彬堂、李乘時秀峰來。

二十日乙酉。入直。進內。上幸北海。上過永安寺時，侍班。兵部加班，奏事磨勘武鄉試錄一摺。本日吏部亦加班。兵部別到者惟余耳。得鞠常信，又至申江而返。發葉先生、濟之、辛芝、瘦羊、廣安、清卿、誼卿、培卿信。寄眉生挽聯。送芍庭挽聯。

廿一日丙戌。入直。請同考文昌館，奎星齋辦，及監臨、提調、內收掌、監試者公班。酉初散。嚴修範孫來，壬午復試，癸未庶常。得吳仲飴、彭渭川飛熊信。夜有流星，自東而西，西而東。

二十二日丁亥。入直。廉生又交來鏐幣十三，斗檢封一，小印墨二，竟二。送枚岑、伯雙、右臣《陶堂集》、《東津館文集》、《桐江集》、《江山風月集》。增壽寺芍庭家得信成服，往弔之。劉若曾、江容方、周齡、胡子英來。

二十三日戊子。入直。上幸南海。晤廉生，交產幣十五枚，直百四十金餘十金存用。梁斗南三兄開弔文昌館，往弔之。得誼卿信。到署。張季直謇、殷秋樵、胡泰福、劉樸副榜來。

二十四日己丑。入直。以《滂叢書》、《年譜》、《小浮集詩文》、《士禮居》、《左補》、《孔辨》贈張季直，又《慎葊詩文》，又《陶堂詩文》，又一分贈劉仲魯若曾，並屬季直代撰進呈錄前序。連文淵來。胡子英來。

二十五日庚寅。入直。兵部奏事。上幸南海之末日。兵部加班，奏武覆試，侍班。容方擇本日辰刻，雲海巢之西廊動工，即余從前之書房也。胡子英來。劉仲魯、張季直來。夜，大風。

二十六日辛卯。入直。大風，冷。子授未入直。是日係禮部直日，梁又權禮部也。子青屬爲菊垞書對，又送醇士畫一幅。送楊蓉圃對、書、帽架、朝珠、合茶、蓮心。胡子英來，還之二百，攜一破盃來。寶森送《五倫書》、元板《綱目》，還之。得振民十二日信，並汪退谷墨刻，又《十三行》。

二十七日壬辰。入直。兵直日，十五件，二片。復鳳石，交戴毅夫處。胡子英來，送仲田四十壽石拓、帽緯、袍料、褂料、燭、酒、花袖，共十件。

二十八日癸巳。入直。孫未到。吳磨勘班先散。寄張玉珊嗚珂《滂叢書》，交陸壽門。昨子英送看王孟津畫一幅，絹本，即還之。大風，冷。柴堦來，本科舉人。趙宇文夢奇來，選廣東大埔令。以慎葊詩文送廉生。曾培祺來，河南主考，號與九。

二十九日甲午。入直。斗南銷假入直。晤蘭孫處菊花猶甚好也。賀江容方選湖北鹽道廿七日去。昨外間喧傳合肥有東坡海上之信，其實無是事也。發南信，濟之、振民、辛芝、誼卿、培卿、訒生、葉鞠常，共七函。送左季高祭幛，交湖廣館，以楚人今日祭奠也。公請同考官，奎星齋辦，派公分叁拾一兩貳錢。到署。未初一刻歸。在署見禮部來文，知初一日內閣會議，陳寶琛在江西學政任內請以顧亭林、黃梨洲從祀孔廟廿五日。在南海遇延樹南宗伯及蔭軒，談此，意在駁之。蘇來僞匜一、玉壺、瑪瑙、壺料、八駿壺，還之。寫對卅付，又共四十付。得柳門信，言初四進沙窩門。①

十一月戊子朔乙未。入直。派寫韓江閘大王廟扁"鏡清昭佑"。復柳門，並函致松壽泉。陸壽門、穆春厓來。文邦從來辛酉川拔。

初二日丙申。大雪，卯正一刻二分。入直。送趙宇文《文恭年譜》、《思補》、《東津》、《洗冤》。子英來，一卣蓋子，孫父乙母癸，還之。對，昨廿付，今廿付。得廿一濟之、陶民、眉伯信。昨得幹卿信。

初三丁酉。入直。復李孟和福沂。承墨莊翰來，湖北主考。毛繩武來，得培卿、鞠常、瘦羊信，嵩佺信。

初四日戊戌。入直。發南信，濟之、培卿、嵩佺、陶民、鞠常、瘦羊、眉伯、幹卿、辛芝。容方來，以《滂喜》及先刻《年譜》、《思補》、《東津》、《功甫小集》、《洗冤》、《全生》送吳時齋。朱一新來。柳門到京。會戶部奏二件。

初五日己亥。入直。派復勘各省歲科試卷，懋勤殿。至內閣，遇蘭孫。禮部奏顧、黃稿勵另議。叔平來商。初二、初三俱來商，因顧、黃從祀事也。胡子英又送卣蓋來。閱伯熙所擬奏稿，刪改之。到署。風。吳毓臣遣人來告以痾，明日仍不能入直。劉綸襄來，汪柳門來。初八日祈雪。

初六日庚子。入直。復清卿内得四言天對、誼卿。送廉生藍拓，得天對。直日。大風，冷。

---

① 今按，原日記此下有夾頁，錄下：
監試，每十千，共加十付。委官，每四千，共加八付。
收掌，每六千，共加六付。剃頭，十二千，付。
香廚，每四千，每加四吊，付。堂皁，四千，加四吊，付。
茶房，四千，加四吊，付。水火夫，四千，加四吊，付。
共九十六千，又廿千。共領柒百叁拾千。

初七日辛丑。入直。濟之托世錫之兄寄冬筍。陳嵩俢寄鈕《説文》、《三國證聞》、《眉山詩案》，俱交到。在內見容方、柳門、崧錫侯。得張丹叔信。汪泉孫來，寶森來，收拾書二種。送蘭孫《三國志證聞》。得嵩俢信，以鈕氏《説文校錄》一送廉生，一送伯兮。邊潤民來。胡子英來。楊蓉圃來。胡子英送臘梅八小盆，梅二小盆。

初八日壬寅。入直。上詣大高殿祈雪。未刻，仍遷回養心殿。先是，以收拾天溝，八月中移毓慶宮也。廉生代購三布一幼泉十兩。濟之交沈蘭台寄香稻一包，收到。

初九日癸卯。入直。到署。午正二散。趙寅臣來。

初十日甲辰。入直。天安門禮部朝房覆看各直省試卷。答柳門、潤民。寫對五十付。子英來百。加班奏事。亞陶來，寶森來，《中吳紀聞》裝成。

十一日乙巳。入直。大風。刻好萬年青二幅送蘭孫。伯雙送常袞《制誥集》二、《藍高傳集》、《東越文苑》、《烏石山志》及《周易明報》。以《滂喜叢書》、《士禮居》報之。寫對卅付。黃秀生群傑來。亞陶來診姨太太。

十二日丙午。入直。上欠安，看方，請安。招花農來。崧錫侯來。

十三日丁未。入直。上已愈，看方，請安。唁慶邸綿佩卿，弔子騰昨去世。候廉生不值。施小山人鏡送本日豁免江淮等處諭來。

十四日戊申。入直。出城，城根遇蘭孫。兵部直日。亞陶、樹南、雷瀛仙來。寫對六十付，又寫廿付，共七十付。王廣榮來江西主考。唐椿森來，以睡未見。

十五日己酉。入直。上微受寒，仍看方，請安。對卅付，共三百六十付，俱全。冬至夜，祀先。

十六日庚戌。冬至，子初三刻。入直，仍看方，請安。馮文蔚來,已晚,未見。

十七日辛亥。入直,仍看方,請安。晤蘭孫。午初,到署,未初散。答馮蓮唐。微雪。雪至半夜止。

十八日壬子。入直。看方,請安。壺天,遇蘭孫。會户部奏雲南關邊練軍一摺。武庫司沈維誠來。黃枚岑來,若農來。

十九日癸丑。入直。晤若農。若農來。若農送鼻煙,送以蒸食二合。送邊潤民對及家刻。李荊南送明日同鄉謝恩摺來看,送以家刻。胡子英來百。屬裝册九十八開,又十九開、十三開。蘭孫得吏右。送馮蓮唐以家刻六種。得濟之、譜琴、振民信,即復。送若農以家刻六種。孫幼軒來。

二十日甲寅。入直。同鄉謝恩。壺天,偕叔平晤蘭孫。文叔平治、陳彦輔來。

二十一日乙卯。入直。偕翁、孫、孫、周、徐、盛、龍、奎、陳秉和議黃、顧從祀一摺。年差始寫福字四十,出門見喜等廿二件。得辛芝廿七信,即復。寶森來十二兩。誠勳來,號果泉,庫司坐糧廳差滿。本日另議一摺,奉上諭:大學士、六部九卿、翰詹科道再行詳議。胡子英來。若農仍入直。

二十二日丙辰。入直。寫年差天佑皇清十三言、五言、長壽,又壽八方。兵部直日。若農、柳門、鍾寶僖來。馮蓮堂來。送若農《左補》、《孔辨》、《士禮居》、《百宋》、《藏書紀要》。

二十三日丁巳。入直。寫進上"福龍吉祥"四字五分,春條十二件。寄清卿拓本卅二紙有鏟幣。送柳門《左補》、《孔辨》、《貞烈》、《秋審》、《松壺》、《慎菴》、《桐江》、《東津》、《功甫》、《東古文存》、《士禮居》。齒病不見客。花農來。胡子英來,以金白芷拓、王蘭畦拓屬裱。

二十四日戊午。入直。上祈雪大高殿。牙痛。發南信,共七函。

又運齋信。誠果泉勳送十色，受酒及茶、糟魚。送廉生《籀經堂類稿》。沈叔眉源深來，送以《思補》、《東津》、《年譜》、《秋審》、《洗冤》、《正學》六種。趙宇文夢奇來，送以前刻六種，又一分屬轉送朱丙壽。

二十五日己未。入直。年差余寫一百十二件。兵部加班一件。傅雲龍來，戀元選司郎中。以内中節賞條幅三百卅件，託斗南覓人書。胡景桂送《魏鄒珍碑》、《隋南和澧水石橋記》。答以《文恭小浮先生年譜》、《思補詩集》、《正學編》。胡子英來，鼎議定。以《籀經類稿》送伯兮，交廉生。劉慈臣來，云丁未劉毓敏之子偕程小泉之子來京，云號乙齋。

二十六日庚申。入直。朗齋處送席。本日請訓也。午初，到署。未初，散。胡子英送鼎來。蘭孫借書七種。

二十七日辛酉。入直。上欠安，看方，請安。本日上諭，復王公官員俸餉一道。柳臣送酒、食物及《說文統系圖》，受之廿五。廉生送漢專大字、竟拓、吉羊語一紙，即付裝。泉孫送歲朝圖一幅，昨日其生日也。若農送朝珠、香牌、蜜餞。

二十八日壬戌。入直。看方，請安。風。苑秋舫來，以新得鼎拓送廉生及伯兮。劉滋楷來七十一名，承德。胡子英來，裱册送來。牙痛，至今未愈。

二十九日癸亥。入直。看方，仍請安。漱蘭來，適未歸，送廿四金。沈叔眉送禮八包，辭，收箋。未刻，上諭工部尚書："著潘祖蔭補授，欽此。"花農來寫摺。花農再來。工部司務廳中衡來。黃仲韜來，送家刻各種。得濟之、三姊信，鞠常信。

三十日甲子。入直。具摺謝恩。賀閻、張大拜，候萊山。吳繩臣來。朝房遇福篯亭，得協揆、司農，叔平調司農，芷菴補工尚，文山調太宰。各衙門官員謝復俸，本定今日，以堂銜更換，改定明日。額小山總理兵部。發南信，四叔、濟之、三姊、培卿、誼卿二函、鞠常，七函。柳門來。斗南送呂宋煙草，焚之以治牙痛。殷秋樵來，送以家刻七種。

十二月己丑朔乙丑。入直。公摺謝恩，乾清門外磕頭。恭代御筆開筆，乾清、坤寧、養心殿福字四件。到工部任。賀額小山嫁女，拜客數家。梁經伯來。若農送一席，以送崧錫侯。得窓齋廿六、廿七二函。手復清卿，謝惠牙疼藥。林維源來，號嗣甫。小寒，申正。

初二日丙寅。入直。派管理火藥局事務。再送朗齋席。晤蘭孫。陳駿生送《歲朝圖》一幅。漱蘭送《習學記言》、試牘、茶料、漆合，收之。筆帖式廉興、清平送謝摺來看。廉生處存件取來七箱，送去各省闈墨五本。若農要順天闈墨二本。芷葊來，送以家刻六種。工直日。

初三日丁卯。入直。具摺謝恩。答芷葊，弔子騰。外國新直會晤，弟三班仍福箴亭。讀燕甫、沈中復。一點半，德館。二點，和、比館。二點半，美館。三點，英館。申正後歸，已酉刻。賞大卷。得李貢山璲信。

初四日戊辰。入直。送張朗齋行。萊山招未刻，辭之。送蘭孫《桐蔭論畫》二本。王可莊來，江容方來。午正，到署，同芷葊，未正散。得清卿信，云初七到京，屬爲崇文門照料。

初五日己巳。入直。派寫豐寧縣關帝廟"神威善佑"四字。朝房遇蘭孫、壽泉、蔭軒、芷葊，以清卿進城面托壽泉。賞耿餅。寄廉生件已取齊。手復鳳石，交毅夫。初三熙續莊示牙疼方，昨已試之。昨容方一方有槐蔴者，無從覓也。云染坊有，詢之亦無。交斗南六十四兩。仲飴寄《捃古錄》、醬菜，即復，並寄以硃拓萬年青二種，交廉生。

初六日庚午。入直。大風。遣人迎清卿，並屬壺天。壺天遇柳門,柳門送《説文統系圖》裱好者二幅、泰山四紙、琅邪二紙。送柳門硃拓萬年青二種。復偉如十八信,交沈子敦。胡子英來,得逢潤古信。

初七日辛未。入直孫未。大風,冷。朝房晤祥仁趾、清卿。午正,到署。未初散。山東門人劉綸襄、李端遇、高彤瑄、傅潛、陳秉和、梁錦奎送酒席,送清卿。手復鄒岱東,送以《左補》、《孔辨》、《士禮居》。得承惠信,河南府,號楓亭,即復。

初八日壬申。入直。上祈雪大高殿。冷。石查來大衍。奏事擬本條對十五分,乞寅臣令郎書之。清卿、朗齋來。王同愈來謝之。胡子英來。郭升到,得譜琴、振民信。發南信。

初九日癸酉。到火藥局任。發四叔、濟之、譜琴、振民、運齋、廣安、辛芝、麟生信。晤清卿、蘭孫。送阿小山克達春禮四色,《正學》、《洗冤》二種。得李覺堂信王守訓乃其甥也。手復胡輯五,送家刻三種。手復朱少愚丙壽。朗齋信。

初十日甲戌。入直。直日。賞燕窩。皇太后賞福壽字,吏部引見時碰頭,以賞回王公俸艮故也。大風,冷。得濟之十四信,誼卿二信,辛芝二信並譜凡例。劉家蔭來。收程正伯字卷,送《夢溪筆談》,宋本也。還之,以已有也。

十一日乙亥。入直。大風,冷。汪柳門來,得閣學。內中送火鍋三兩、帽珠四個。阿小山克達春來。胡子英來皕。送柳門《功順叢書》。得彥侍信、拓本。

十二日丙子。入直。送劉樾仲家蔭家刻六種。午正,到署。二刻散。總署來文,知十四俄國會晤改於十六。寫春聯及雲階對件。惇邸又送素菜八色及蒸食。明日以朱拓四申、姚萬年青,張得天對、《説文圖》及食物六包答之。

十三日丁亥。入直。乾冷。送方孝傑《叢書》四函,又《正學》等五種。李維誠《洗》、《正》二書,梁彤雲廷棟,隨張朗齋,工主,徐亞陶來。胡子英來。汪柳門來。崇文閣以磨墨亭抄本全函來,索二百金,不成,薦之若農。若農得其書數種。

十四日戊寅。入直。松壽泉招未刻,辭之。先後助斗南百又卅,又四十,又廿四。贈廉生十行本《尚書注疏》,汪孟慈物也。午後,雪。復王符五,送以《思補》、《蠶桑》二種。陳兆奎來,得雋丞信並古陶二件。得劉永錫信、沈守廉信。夜,大雪。

十五日己卯。入直。寫御筆天喜神之神位漏子。江容方來,牙痛。明日俄國會晤,已行文,感冒矣。松江守恩興來,號詩農,本紀保舉。雪至申後漸止。

十六日庚辰。大寒,巳正。入直。賞福壽字,引見時磕頭謝恩。得仲良信,巒臣面交。是日,俄國會晤,以感冒行文不克到。大風,冷甚。得豹岑信,余誠格送來,其甥也。廉生函來,欲同伯兮見招於廿二日,前告以齒病不能到。胡子英來,叟季良父壺拓疑偽,與筠清館不同。熙麟來癸酉。工部筆政彥秀等送摺七件來看。

十七日辛巳。入直。午正,到署。未初散。慕慈鶴來。寫福大十七件,小廿五件,對十一付。胡子英來百。芍庭開弔文昌館。

十八日壬午。入直斗未,上詣大高殿,謝雪雪一二寸。斗南車翻馬驚,以致腰疼,又助斗南大衍。直日。派題群仙祝壽畫、壽字幅三件,竹梅福三件,得鞠常信。

十九日癸未。入直斗未。上辦事後幸北海。同鄉謝恩叔未。皇太后賞貂皮十張,大卷八个。晤蘭孫,屬若農書足軒扁。午正後,南書房送來賞袍褂料各一、帽緯一匣。若農即寫扁來,且作贊,甚工。得贊廷信。得王作孚信。

二十日甲申。入直斗未。上辦事後幸北海。芷菴招廿一,辭之,送以文宗御筆對、硃拓及《說文統系圖》。送容方行,送以自書對及食物四色。賀柳門。是日巳刻，工部封印。清吉甫到。蘇來。胡來大衍。夜雪達旦。

二十一日乙酉。入直。上辦事後幸北海，派寫浙江海鹽觀音大士扁"自在真如"。晨雪，巳正後晴。斗南已愈，燮未。賀燮臣子完姻，送六兩。晤廉生，見其崔青蚓《歲星圖》及黃石齋、倪鴻寶大草直幅，又建義大造象一。蘭孫索硃拓萬年青二紙。容方來，明日行，並看馬號等處。柳門送端木子柔疏稿來看，即還之。手復宗子材。胡子英來，攜來一罨八十，以宋本《唐子西集》付其重裝，以年内爲限。蘇來，爵冊。竇森來，以元本《存復齋集》二本、《瀛奎律髓》交重裝，限以年內得。方子聽來。劉樾仲來，送《家語》、《列子》、《群書治要》。

二十二日丙戌。入直。賞黃米糖。以福壽字乞若農署款。若農所著《撼龍注》、《元秘史注》皆可傳。石查來卣。以道因碑索售廿四金，云朱子涵物也。以朱菽堂、秦誼亭《歲朝圖》二幅屬其重裝。蘭孫送閱倪鴻寶畫石手卷，有吳荷屋跋，無上上品也。上幸南海。筆彩來，其帳帖還之。蘇來，付五十兩，昨爵四千。石查送來丙戌《歲朝圖》，極工妙無比。泉孫送殿試策來看。戴綏之姜福來。馮開勳送韭、紫蟹、艮魚、回網魚等，以送若農。

二十三日丁亥。入直。上幸南海。得駕航信。送柳門韭黃、腐干、香蕉、自製粽四色。松壽、倫五常來，即著倫查火藥局。托若農在粵傢伙。送清卿食物及自製粽，共四色。清卿來。子授來，索《左傳》八十兩，並言增價。蘭孫索觀石查畫。得張南浦信。祀竈。甚冷。工部送廿五加班三件來看。

二十四日戊子。入直。上幸南海，末日。清卿於本日請訓，在內未允。明日工部三件，二件報銷，一件更換河道大臣也。聞吏部黃漱蘭處分亦明日上。斗南送食物六色。倫夢臣查局來復。得子授復，《左傳》八十兩已交前途。《唐子西集》得自崇文閣。送寅臣令郎袍褂、磁茶壺、銅手爐。柳門送酒二罎，食物三色。胡子英來大衍。李若農送粉角子。駿生送牡丹二盆。又泉孫、熙年送天竹、迎春、梅花、水仙各二盆。文邦從來。

　　二十五日己丑。入直。大風，冷。工部加班奏事三件。傳心殿與芷菴語。仲華開復處分。清卿送點石盂鼎拓五紙。得濟之、廣安信，即復。又復彥侍信，即發。送清卿以文宗對、得天對、萬年青、硃拓二、袍褂等六色。廉生送高君善業泥、蘇常侍景龍殘石各拓，送以盂拓、問鼎拓。胡子英來，畫得《歲朝圖》設色鮮明。漱蘭降二級。清卿來，得春厓信。

　　二十六日庚寅。入直。過年祀神。得鞠常信，即復，交熙年。松壽、繼昌來，爲琉璃窰事。倫五常來。孫子授招毓慶、南齋同事，以牙痛、胃痛辭，未到。聞斗南亦不到也叔平亦未到。以《高碧湄集》五部寄倪豹岑，交余誠格。胡子英來，《唐子西集》裝好。寶森所裝《朱澤民集》及《瀛奎律髓》亦裝成。吳清卿遣人來拓齊鎛鐘，拓去三分。得成允信。都水司交到水利艮百四十兩。得香生信。得譚進甫信。

　　二十七日辛卯。入直。賞貂皮、荷包、手巾。送若農《陶堂集》二部。賀廖仲山得兵右郎，漱蘭缺也。開發内廷賞條對。蘭孫借《唐子西集》、《中吳紀聞》、《净土安養集》三種閲之。陳駿生來，送以《東古文存》、《年譜》二、《桐江集》四種。文書田來報，昨日去世。以拓本廿四紙交方長孺，送方子聽。得汪眉伯信。吳爕臣送雪峰山拓廿種，又十八種，及食物二，帽架一。答以汪退谷《十三行》、家集、《年譜》、《功甫小集》、《全生》、《秋審》、《東古文存》、《洗冤》等書，《正學編》一部。胡海帆翔林來，交到雲楣信。發下麛鹿賞。胡子英來，鏟幣廿四個。

　　二十八日壬辰。入直。得子健信。上詣太廟、乾清門，蟒袍、補褂侍班，歸時磕頭。蔭軒亦穿貂見，余等補褂，乃易之。朝房遇露圃、樹南、受之、小雲、仲山、春厓、恩寶廷佑、芷盦，俱貂褂碰頭。胡石查來六十。訪蘭孫，不值。開發内廷節賞。送芷盦、四叔花卉、拓本二幅，吉羊古拓横幅、申文定萬年青、王良常《桃花源記》六幅。江槐庭來，復查估事。以幣拓四送廉生閱。胡子英來，還鏟幣二枚，小幣一，梁幣一，安邑幣一，邑幣一，俱僞也。得濟之初九、振民、眉伯、瘦羊信。李次青、程小泉信。答立豫甫、徐花農食物。朱詠裳善祥來。電。

二十九日癸巳。入直。賞荷包五个，恭代御筆福神、喜神、財神、貴神、天喜神之神位五分。胡子英來，一百三十二金，欠廿八金，産幣直也。卅日付清。子英以叔姒敦蓋來，索百五十金。開發蘇拉。又黄酒館自五月至今，每月四十千，合銀廿兩付之。梁經伯四兩。又太監料套紅壺十兩，藻草瑪瑙壺、珊瑚蓋廿兩。蘇來，十六兩。廉生送來卣器蓋拓，云陝周姓得奇物也。又郘爰拓。韓蔭棻送花，答以文宗對、點石盂鼎、得天對、《説文統系》、《思補詩》、《年譜》二、《正學》。花農來八十。賞香橙。得文卿信。芷盦送熊掌、鵝、野雞、魚、小魚、蟹，以送仲華，答盂鼎。竹村信，小村、穀宜信。以《群書治要》送廉生。

三十日甲午。入直。賞龍字。懋勤殿跪春。軍機到，同跪春。禮額、閻、張、許、孫、李、梁、吴。上御保和殿，出乾清門時，貂褂、蟒袍，掛荷包謝恩，並春帖子。軍機未侍班。是日，李耀奎一起軍機，無賞。送蕁客食物四色。子望信。蕁客答食物四色，以送若農。石查廿兩、《道因碑》。胡子英來。筆彩樊來古竟十七兩付清。仲華送鹿肉、奶餅環、田雞、銀魚六包，以鹿肉、田雞送駿生。接竈，祀先。陳少希信。

光緒十二年

　　光緒十二年丙戌正月庚寅朔乙未。立春。寅正,進内,前門關帝廟拈香。辰初三,慈寧門行禮。上御太和殿受賀。懋勤殿開筆,遞如意,回賞。詣惇、恭、醇三處。夜,雪。
　　初二日丙申。入直。風,冷。得張承燮信。軍機團拜送席,辭。
　　初三日丁酉。入直。大風,冷。請假,賞十日。函致芷葊。若農、斗南、燮臣來。發南信。
　　初四日戊戌。入直。叔父廿八寅刻去世,龍泉寺念經成服。蘭孫、柳門、申之、仲田、沈蘭台、範卿、毅甫、莆卿、蘊苓、王勝之、蔚若、斗南、吳樹芬、崔巢、緝廷、李菊莊、張芝圃來。
　　初五日己亥。祀神。復芷葊,派琉璃窰事。以駿生所送鹿肉、哈什瑪二碗送若農。
　　初六日庚子。得運齋電,問吉期。胡來。夜風。
　　初七日辛丑。得青士信。斗南來,付以修理帳房費卅兩。送若農鈕氏《説文》。電復運。蘭孫來,得成子中信。
　　初八日壬寅。大風。子禾來。莆卿祖冥誕,法源寺。得辛芝十二月十四信,次日復。
　　初九日癸卯。龍泉念經。漱蘭、陶竟如、黃仲弢、杜庭璞、寅臣、芷葊、若農來,竟日。寄清卿信。
　　初十日甲辰。復世錫之琉璃窰溥善、江槐庭。

十一日乙巳。四叔二七,龍泉寺念經。江容方、翁斌孫、殷李堯、陸繼煇、江槐庭、中衡、張正堉、吳爕臣、蔡世傑、汪泉孫、王孝玉、楊崇伊、連文淵、陳秉和、徐寶謙、徐琪、龐鴻文、吳蔭培、子授、沈曾植來。方勉甫來。

十二日丙午。加班奏事,注假。斗南、若農、廉生來,借《探路記》,即還十五。都察院、安徽本日九卿安徽館俱辭。

十三日丁未。

十四日戊申。銷假入直。上出内右門,請安。謝東城客。送王蓮塘《陶堂集》三部。

十五日己酉。入直。保和殿侍宴。蟒袍,補褂,共　人,斗南講官班。辰正,送蘭孫點石盂鼎。

十六日庚戌。雨水,子正。入直。乾清宫廷臣宴。禮額、恩、福、延、烏、錫、麟、崑、伯、閻、張、徐、翁、畢、許、潘。崇假。賞大卷、蟒袍、鼻煙、如意、花瓶。賞元宵。午正,冷。壺飯。

十七日辛亥。入直。謝客數家。晤蘭孫。劉瞻漢來。胡子英來四十。容方來。

十八日壬子。入直。容方來借馬。松壽、倫五常、蔡世傑、張正焴、中衡來。仲華來,徵厚來。

十九日癸丑。入直。自十五始,上辦事後幸北海、南海,本日止。得涂伯音信。聞馮申之卒。

二十日甲寅。入直。換染貂帽,正穿褂。發十四日濟之信。

二十一日乙卯。入直。卯刻,開印。徐。辰初前到署。

二十二日丙辰。先君三周年,法源寺念經。來客另紙記之。石查送看潞　卷三百。

二十三日丁巳。入直。謝西城客。弔申之。萬德崇來。許仙屏來,送以《陶堂》廿部。

二十四日戊午。入直。謝客。賀容方子棣圃忠振完姻。石查以古泉、《易》、《詩》來三百。

二十五日己未。入直。工部奏派查橋梁。圈出。子英來。壽平□□壺銘留。壺天，晤蘭孫。得辛芝十二月三日信，即復。

二十六日庚申。入直。宗樹椿、魯恒祥來。到署。午正，得濟、竹、麟、陶、振五信。即復。又寄辛、麟信，交熙年。

二十七日辛酉。入直。工部直日。晤蘭孫。李和生來。次日發濟、竹、運信。

二十八日壬戌。入直。未初，到署。晤芷菴。

二十九日癸亥。入直。派寫承德府"檀城保障"扁一面。談長庚來。石查料壺一、板橋畫一。

三十日甲子。入直。倫五常、趙鴻猷、石查來百。蘇、胡來。得丁介帆信。驚蟄，亥正二。

二月辛卯朔乙丑。入直。崔冠卿、賀繼元來。

初二日丙寅。入直。王維城、王玉山來。

初三日丁卯。入直。會館祀文昌帝君。復辛芝、鞠常、誼卿信，又致培卿。復清卿。劉世賢來。劉仲魯、張季直來詢團拜，告以期服。黃玉堂、閻志廉來，陳彥鵬、花農、柳門來。小雨，微雪。

初四日戊辰。入直。坤寧宮吃肉，補褂。續、鑑、回、長、廉瑜、琦、石查來。午正，到署。馮璇、馮謙崇、袁際瀚、傅佩珩、王思明、泉孫來。

初五日己巳。入直。派東陵另案工程敬、潘，西陵松、畢。壺天坐，芷菴約商三音布各差到閣。斗南、宋震坤來。得濟之十二信，即復。

初六日庚午。入直。叔平商奏底，芷菴商缺。李坤戊午、李崇謹、韓宗獻、趙致中、陶步瀛、張慶昌、張禮來。

初七日辛未。入直。派寫新民廳柳河神"安流告稔"扁。晤蘭孫。成月坪來。步其高、門應麟、張芝圃來。復偉如。阿震之子英來。

初八日壬申。入直。復亘之師，交仲田艮卅兩。薛如璋、丁方鏽、劉培、葛毓芝、慶陞、王維勤、楊松齡、侯鎮藩、周之驥、黃壎、霍汝堂、李崇儒李村子、王錦榮、容方、柳門、趙恩澎、誠厚、松壽、夢臣來。

初九日癸酉。入直。派寫興化"晉安昭佑"扁。答芝圃，賀皞民母六十。蘇懋宗、孫鴻猷、劉錦榮、王紹唐、田鴻文、太史桂、陳之炳來。復吳、葉信。得碩卿信，即復，交蔚若。

初十日甲戌。入直。到閣，無稿。觀音院李問樵周年。蔣傳燮、高煥、計履端、李伯川、李建章、郭維翰、心存來。

十一日乙亥。入直。到閣，畫另奏。范嵩慶、劉騰躍來。唁陳梅村丁外艱。趙次山爾震、①陳忠偉、李景侗、黃樹桂、史菡、吳恒瑞、劉自然、王紹廉乙亥覆試，癸未庶常、春生、王鈞。

十二日丙子。入直。賀頌閣、月坪、次山。晤蘭孫。到署。崑小峰十六到工尚任。劉彤寯、韓濤、王之鑑副榜、趙壽之、楊紹宗、馮品、張肇魁、康倬、莊國賢、高壽祺、丁述曾見過、谷連陞、李世芳、楊啓明、子英來。

十三日丁丑。入直。候序初。王玉泉、李榮、何其厚癸酉、李福齡、張遇恩、何玉如來。頌閣來，留麪。仍入直。子英來。

十四日戊寅。入直。發濟之、廣安、瘦羊、運齋、辛之信。玉衡來，鄭德興、趙曾棣、李德鈞、方釜運、徐鄂、殷崇光來。

十五日己卯。入直。派寫燕郊行宮等處扁廿七面。經伯修丙寅、許景堂、豫咸、徐桂林、趙毓奎、王履賢、吳曾瀛觀瀾、趙景新、岑次

① 今按：此爲潘氏誤記。趙爾震字鐵珊，次山（册）乃其弟趙爾巽之字。日記後文可考。

點、吳騰驤來。

十六日庚辰。春分,子正初刻。入直。顧、黃會議,仍另奏翁領銜。上諭毋庸從祀昨日事。唁廉生,答小峰及客,杜鍾英、于式珍、胡濬、陶榮、趙昶、蘇之純、李家駒、杜彤、繆光笏、劉嘉琛、姜士寫、容藻芬、鍾敬存來。清吉甫招,辭。

十七日辛巳。入直。派寫燕郊等對六件。候少荃。午刻,到署。柳元俊、李炳章、殷柏齡、劉篤敬、何寅清、王鏡溪、黃澤森、王恩瀚、武延緒、譚序初、子英來。送若魚翅。

十八日壬午。入直。賀地山嫁女。卯,崑到任。大風沙。李棠、胡千里良駒來。己酉團拜,未去。

十九日癸未。入直。冷。弔申之。送序初聯幅、先集、《蠶桑》、摺稿。送趙次珊同,並托帶偉如信件。穆清舫特亨額放兗州,來見。梁湛泉、關勝銘、王廷槐來。穆送對屏、《正學》、《秋審》。朱仲我孔彰來,駿聲之子。岑春澤雲階,彥卿子,新舉。斗南送椒醬、橙、豉,答黃精。送若農熊掌。

二十日甲申。入直。晤蘭孫。送若椒醬。梁效成、韋佩瓊、項同壽、張煦招。翰昭、羅貞元、梁壽祺、鄧禮賢、楊崇伊、柯逢時、子授來。佘道昌宇來號澄甫。

二十一日乙酉。入直。賀萊山嫁女。工直日。石查、何維棣、王拱辰□丞姪、馬鑾光、于鍾霖來,帶見。何達聰、王守訓、王懷忱、秦化西、保純來。王松畦送《中吳紀聞》、文登石。

二十二日丙戌。入直。湯鼎烜甲戌庶,大庚縣、仲韜、子元、韓啓酉欽子、左廷麟、唐烜、高拱桂、子英、張僡來號韻舫,友山子。沙兆洽來。

二十三日丁亥。入直。到署,辰刻。督修派松壽、江槐庭。少荃相來。復培卿、誼卿、鞠常信。劉同鶴俊升來,博野撤任已久。呂定子、子英來。為若農木器托壽泉。陸馨吾來。

二十四日戊子。入直。弔廉生，送幛聯、十兩。乙酉團拜，未到席。席送序初、曲園。仲韜、子英來。工加班。

二十五日己丑。入直。子英來二百七十，西泉。小宇來一百十，高。發清卿信、拓十三紙竟五、鉢一、敦蓋一、臨菑四朱一、五銖範一、戈一、泥封一。張宗德來，號少雲，問畲之堉。以下東陵日記。

三月初七日庚子。巳刻歸。蘭孫來。汪瑜伯來。

初八日辛丑。入直。雨。斗南分校。承敦甫厚來。陳日翔來，臺灣鳳召①人，張星鍔之門人。工主陳增玉來江西，號吕如。朱琛來。子英、蘇來。李仲若、王雲清來。復偉如，交摺差。

初九日壬寅。入直。到署。管廷鶚士一、廷獻士脩來。子英來百五十，産幣直。蘇來，還其一盃。于鍾霖來。

初十日癸卯。入直。直日。陸繼德馨吾來。蘇來，子英來百。

十一日甲辰。入直。派寫"般陽綏佑"扁。惇邸福晉上祭。答李菊圃。蘇來，古器三，俱僞。阿克占來。

十二日乙巳。入直，請安，看方。雲階、子英來。

十三日丙午。入直。請安，看方。子英來四十，石齋卷。劉宗藩來其弟乙酉舉人。辛白來。

十四日丁未。入直。請安，看方。熱極。到署，辰初薛師十五六到任。答定子、辛白。于鍾霖、花農來。蔣嘉霖來，祥璸來。

十五日戊申。入直。請安，看方。大風，冷。巳初，雨。童德中、吕定子來，子英來。

十六日己酉。入直。請安，看方。陶子方來。胡子英來四十，臨菑小權、文信泉。李士鉁來嗣香，丙子覆試，癸未庶。

---

① 今按："召"疑爲"山"字之誤。

十七日庚戌。入直。辰刻,到署。穀雨,午正初。答陶子方。子英來。

十八日辛亥。入直。值日。派查估河道,同敬、信。李若農借四歐碑。瑞莆侯璋、李菊圃用清來。子英來。夜雨。司員松壽、濟善、小峰、倫程、志和、梁菴。

十九日壬子。入直。請安,看方。晤廉生。蘇來百七十,盂付四兩。子英來,還破壺、殘戈、小幣。倪畫僞。發辛之、瘦羊、鞠常信,交熙年。松雀齡來。李潤均來。夜雨。

二十日癸丑。入直。朝房晤敬子齋。答雲階。賀徐小雲招贅。吳蔭培、王子獻繼香、袁渭漁寶璜來。龐鴻年、陳彥鵬、陳翼謀、阿克占、陳與同來。王詒善、潘譽徵來。

二十一日甲寅。入直。請安,看方。引見時請安。李福、汪鳳瀛來。楊聰、楊銳來。到署,辰正二。邵小村、楊奎謥來。楊守敬來送八種。孫翰卿、宋光裕、鄒福保、顧有樑、胡廷琛、張宗德來。子英來四十,西泉規。借仲若漢碑、六字陳戈。

二十二日乙卯。同子齋查估西直、平則、西便、廣安、右安門。未初,歸。屠寄、水寶煜、劉元輔來。蘇來,僞敦一,還之。許子原、柳質卿、張清泰來。恩興、子英來。林時甫維源來辭行。

二十三日丙辰。辰初,到右安門官廳。子齋昨今俱直日。辰正二,同查永定、左安、廣渠、東便、崇文、正陽、宣武門。未初,歸。韓鏡孫送河豚白,西泉刻二印,潤八兩。子英來。

二十四日丁巳。卯初三,抵朝陽門,同子齋查朝陽、東直、安定、德勝門,至松林閘止。巳正,歸。得濟之、竹年、振民、瘦羊、小雅信。復吳清卿,陳侯戈拓一,匋陽小幣十三。

二十五日戊午。入直。看方,傳心殿晤子齋。雨,劉姪堉來。辰初,到署。

二十六日己未。入直。看方，請安。工部直日。答瑞弗侯。邵小村、尹子威來。

二十七日庚申。入直。請安，看方，第二方有薛撫民。再得運信，復。馮培之、楊保彝、子英來。

二十八日辛酉。入直。請安，看方。看廉生。劉錫璋、張煥章、子英來。

二十九日壬戌。入直。請安，看方。到署，辰正。

三十日癸亥。入直。上詣太廟、乾清門，階下請安。補服，侍班，例也。御前惇邸、瀅貝勒同。本日無方。王紹曾、陳貞、柳門、子英來。送仲若果子狸。答春厓。

四月癸巳朔甲子。入直。請安，看方。展如來。到署，遇清吉甫。運齋到京，遣人照料，門上即往送二席。發濟、竹、辛、振、鞠信。彥侍信，拓本九。發清卿信杞蓋一、敦蓋一，東西周□貨，古泉十二銖一。

初二日乙丑。入直。到署。請安，看方。派復勘會試卷。答培之以振民件托寄。誼卿來。贈培之屏對物件並小峰信。文小坡、吳本齊卓臣、子英來。立夏，亥正三。

初三日丙寅。入直，到署。請安，看方。發濟之、培卿、景瞻、振民信。曲園、培之、子常、怡卿來。又振民書一包交培之。

初四日丁卯。入直，直日。司員邁拉遜、中、衡、江、張正焻。派查估天壇等處工程，同福珍亭。鄧蓉鏡來。江濠生、胡景桂、高釗中、劉卓栻懌平、春軒子來。

初五日戊辰。入直，看方。看廉生。陶子方來。

初六日己巳。入直。在奏事處階上失跌。到署，議張摺，崐、薛、徐到，以事不至清師。汪瑜伯來。未初小雨。

初七日庚午。夜雨達旦。仲午過禮，大媒仲田、熙年。若農來。

初八日辛未。行至順治門而歸。柳門來。

初九日壬申。入直，查估。與鍼亭、子齋面商查估。賀頌閣明日嫁女。

初十日癸酉。入直。復奏閘堤工程一摺偕敬子齋。仲午巳正完姻。客來，不備記。派盤查銀庫。睿、豫、肅、徐、麟、潘、奎、徐、薛崇禮。

十一日甲戌。入直。會親，吳氏橋梓、陸松生、柳門、仲山，仲山、松生俱辭。未正散。致清卿信並濟、陰等四十八紙。

十二日乙亥。入直。到署。直日。查庫，帶聯福、錫綸、崔國霖，何乃瑩假。候吳江廖，用大帖。

十三日丙子。寅正起身，答謝惇邸。到署，行文禮部。姪尚志中式。磨勘閱卷，應否迴避。辰正，查庫，四十萬。午初散。晤蘭蓀。斗南來。榮堃來芝田，軍兵舊屬。江麗生來，瑜伯即日行。

十四日丁丑。卯正二，到署。辰正，查庫，得八十萬，分早晚班。早班午初散。發濟之、辛芝、瘦羊、廣安、嵩佺信。文恒榮、小坡來，以《功順》、《莊疏證》、《沈石湖注》贈之。又寄嵩佺。尹次經來。

十五日戊寅。卯正，到署。辰正，查庫。席卿到，早班午初散。心存、曲園、錫清弼良來。吳樹棻、易佩紳來。

十六日己卯。入直。查庫。早班午初散。雨。運齋、何唐生來。

十七日庚辰。入直。派閱覆試卷。邁、江、張來。若農來。

十八日辛巳。入直。派散館擬題。"王者之道如龍首"賦，以題為韻。珠宮含飴，得章字。至禮部朝房，復勘畫奏稿，無應議。到署，辰刻。查庫，早班散。楊錦江、盧萩圃、陶濬宣來。鹿瀛理來。仲魯、季直來。小滿，午正初刻。

十九日壬午。入直。派閱散館卷。崑、奎、祁、李、徐、孫、沈，七十八本,譯。額、敬二本。一等卅二名,二等四十二名,三等四名。午初散。佩蘅來。

二十日癸未。入直。派殿試讀卷。福、張、翁、潘、景、徐、廖、沈。事詳禮節日記。

二十一日甲申。朝服行禮後,住傳心殿。

二十二日乙酉。閱卷及各處卷。

二十三日丙戌。定十本及黏簽,交供事。

二十四日丁亥。進十本。巳初,召見,並帶引見十名,及至閣填榜。子英來。

二十五日戊子。卯初二,上御殿傳臚,讀卷官班外朝服行禮,狀、榜、探歸弟,均未到。發南信,濟、竹、鞠、辛、葵生。巳初,到署。錫清弼來橫幅。邵碩甫、穆清舫、魏應枚丙之子來。

二十六日己丑。到署。晤廉生。巳刻,查庫畢,畫稿。恩榮宴,頌閣補服到。小畬來,住橋南,熙年、泉孫同住。發濟、譜、三姊信。

二十七日庚寅。入直。查庫復命。到署。蘭孫不值,晤運齋。皇太后賞藍直徑紗一疋,醬色實地紗一疋,銀灰芝蔴紗一疋,駝色直徑紗一疋,緯紗二件,葛布二件,帽緯二匣,摺扇一柄,燕窩一匣。徐致靖來,蘭孫來。

二十八日辛卯。入直。賞袍褂料、紗、葛、帽緯。引見時磕頭。工部直日,送廉生古匋三百紙。畢光祖枕梅、陳貞來。子英來督修東便門。下朝房,松、趙。

二十九日壬辰。入直。派閱朝考卷。徐、崑、麟、潘、祁、許、潘、李、徐、孫、廖、烏。申初散。送仲良書信,交濠生。寄二姊信。

五月甲午朔。入直。到署。以《莊書》、《沈注》寄鞠常。紗、葛、研、扇、箋送寅臣之子,席送運齋。嚴修、汪濠生、何世兄毓祥、子英來。沈曾桐來。繆祐孫、徐鄂、楊銳、趙之炯、曹再韓、運齋來。楊雲清、華學瀾、鳳章、史悠咸乙酉、上官苓來。

初二日甲午。入直。晤蘭孫。趙展如來。蘇連來，三日皆偽物，還之。送展如扇、對、書。復竟如。送沈子培、子封《莊證》、《范注》。送再同二沈書。又送廉生《高伯足集》四分。馮煦、柳門來。復王苻五橫幅。

初三日乙未。入直。派寫大沽口海神、菩薩、天后扁底。陳日翔來，送以家刻，並送張星鍔。辰初，到署。惲炳孫來，復彥侍，送《莊》、沈書。蘭孫送煙，答以琴峰畫册。陸壽門送紙，送以席。

初四日丙申。入直。辰初，到署。得杜紹唐信。

初五日丁酉。芒種，寅初三刻。入直。答東垣橫幅。

初六日戊戌。辰初，同福箴亭率司員查估天壇等處工程。巳正，歸。

初七日己亥。入直。直日。丁未，張之萬、徐宋傑、樹銘、李培祜請樂春園，辭之。許子原、梁權智益謙，教習、劉應熊廣東瓊州，杜紹唐門生、魏應臣丙之子，與以駕航信並寄近刻書、陸壽門來言語不通。換麻地紗。

初八日庚子。入直。卯正二，到署。晤蘭孫。六點鐘雨。子英、程樂菴志和、尹次經來。

初九日辛丑。入直。答善厚齋、立豫甫。賀萩圃漕督。運齋來。巳，穆阿克占來。酉刻，大雷雨。

初十日壬寅。入直。到署，巳初，小峰方到。風。晤廉生。傅哲生來。寄窓齋信。卓臣來讀。邁新甫來。目風吹紅瘇。

十一日癸卯。未入直。經伯寫摺。蓮塘處上祭。函致廉生，告以目瘇。

十二日甲辰。請假，賞十日。存齋寄《石林奏議》，即復，並《莊》、《沈》、《東古文存》。運齋來。

十三日乙巳。曾摯民、傅哲生送席。

十四日丙午。蘭孫、胡、蘇來。復仲飴送《莊》、《沈》、《東古》。陰。

十五日丁未。蘇來鼎百十兩。寄振壽字、辛榴官書件，交熙年、泉孫。

十六日戊申。蘇來酬以五兩。柳門取于氏書去。運齋來，得濟、竹、辛、麇初六信，即復。

十七日己酉。換亮紗袍褂。花農、叔平來。熱。

十八日庚戌。斗南、若農來。熱。啨菊常信。

十九日辛亥。風。中、江、張來邁已放。子英來。

二十日戌正二，夏至。二十日壬子，派查估溝渠同敬、信。司員松徵誠、啓梁、李潤均、張叔熯、王瑾。次經來。山東馬姓來，尹薦。

二十一日癸丑。江麗生來。松雀齡來，寄廉生信，並拓三百一。

二十二日甲寅。斗南、蘭孫、趙寅臣、聯福、那益三、劉盛芸、曾摯民來。運齋來。尹彥鉞子威，左儀來。許子原來。子英來。托曾摯民帶偉信、《寒香館帖》、《莊》、《沈》、《東古》、《古泉話》。

二十三日乙卯。銷假請安。送曾扇、對、鼻煙。熙年、泉孫南歸。直日。晤蘭孫。莊鍾濟、葉在琦、馮芳澤、羅光烈、承德、蔡金臺、王蔭槐、賀沅渠、綸閣、黃紹曾來。周薈生、汪柳門來，薦程蒲孫孝廉炳銛於柳門。

二十四日丙辰。入直。到署。葛振元、張星吉、闞普通武、盛沅、楊森、李端棨、徐受廉、榮慶、瑞洵、吳慶坻、陳昌紳、梅汝鼎、高熙喆、劉學謙、朱延熙、姚丙然、吳鴻甲、連捷、馬芳田、周承光分發主事、鄭祖煥散、董寶誠、張南浦、張樹德丁丑謄錄□、余贊年、李煥堯、孫綜源、沈曾桐、黃子壽、福箴亭、徐世昌、楊天霖、韓培森、陳逌聲、江希曾、劉啓彤年姪、鹿瀛理、劉玉珂、劉安科、王新楨、姜自驥、孔憲教來。胡來。

二十五日丁巳。入直。答子壽、南浦。石鏡潢朝考一等、王廷相、柯劭忞、林仰崧、李子榮、李子茂、仉繼恒、林鑑中、張燮堂、尹殿颺、彭述、陳志喆、華學瀾、凌芬、孫錫第來。胡來。夜雨。

二十六日戊午。冒雨入直。到署。子英來付百兩，二敦。

二十七日己未。入直。換萬絲帽。偉如信，曾交來。于齊慶、卞緒昌拔、高覲昌、丁良翰、劉樾仲、秦樹聲新工部、宋滋蘭來。

二十八日庚申。入直。到署。雨。程蒲孫秉銛、恭振奎來。復苻五，送團扇。亞陶、李襄廷經藩、沈維善、宋育仁、心存來。送心存八兩。

二十九日辛酉。入直。請皇太后安，看方前五日無起。發濟、竹、辛、鞫信寄還熙、泉家信。楊福臻癸未、格唔鏗額、劉啓襄、江德宣工、王榮先來。爲眉生詩作序，寄其子慶猷。

三十日壬戌。入直。請安，看方。到署。李瑋堂、劉自然、劉果禮、張元奇來。于書定議柳手卢。

六月乙未朔癸亥。直日。陳厚德秩卿子、周愛諏、鍾大椿、回長廉來。

初二日甲子。入直。工部，偕少雲、小雲考試保送軍機。《唐宋樞密使同不同論》送八人，王彥威、馬步元、繼昌、張正焴、胡治銓、何乃瑩、周暻、霄翔。謝崇基來。許子原、張鈞鋙齋姪孫，宗德之姪，浙拔來。夜雨。

初三日乙丑。入直。請安，看方。何維棟唐生之兄送《頤素軒印存》。晨，小雨。柳門來六百，欠一。徐敏中來，葉大琛工主來。

初四日丙寅。入直。請安，看方。晤蘭孫。張樹德來。復濟之、竹年、廣安、振民信又熙年、泉孫。

初五日丁卯。入直。請安，看方。賀運齋移居。運來。還柳門一卷,全清。

初六日戊辰。小暑,未正一刻。入直。發南信,濟、辛、振、麟生、彥侍,拓本十四紙,委員王恩爵。派閱卷,偕福箴亭、麟世菴、薛雲階、徐壽蘅。辰正,入闈。午刻,俱到内。監試達崇阿仲升、李士琨次瑶。晤專司稽查奎星齋,到時查察大臣崑、錢尚未到。雨。禮司員那桂、瑞珽、魁麟、李士瓚、趙慶□、李浚送席,四千。雨竟日。同人乞書扇。

初七日己巳。辰刻,查察大臣送書籍,跪接。壽丈寫刻一分,辭達而已矣。"賦得荷香雨過天"天。印一千八百張印至申初三畢。亥三送題,補服,實進。一千八百張,其法五張一折角,五十張一束,放題紙,亦省事。

初八日庚午。安摺二分、摺一件,恭繳御章、書籍。出題處《四書》貼黄籤。未初,發安摺。酉刻,進卷。直、江西、湖南各廿本。夜,直百,江四十,湖二十。次早,直廿五,湖卅二,江廿四,八旗廿六本。由監試分省。夜雨達旦。

初九日辛未。雨、晴、風。巳正,安摺回。余分三百廿七本。閱直、江、湖卷畢。再閱八旗卷畢。晨,甚涼。午後熱,同人彼此來談。

初十日壬申。晨陰。復閱各卷。夜,子刻雷雨。雲丈川二卷,余處江西二卷以文論名士也。

十一日癸酉。飭吏粘籤填名次。諸公午亦閱畢。雲丈尚未粘籤。子初,大風雷雨。

十二日甲戌。晨涼。是日包各卷,午初畢,歸入進呈卷箱,三等卷不包,交禮部。箴亭招午飯,看覆命摺、夾片等第單,恭呈御覽。委員王恩爵行獎勵拔委一次,書吏亦名行文獎勵。有安摺。

十三日乙亥。辰初,錢、崑二公進内,即交卷箱,出闈。陳容叔來,運齋來。容叔送經苑椒山十二幅。

十四日丙子。入直。遞安摺、覆命摺。又列銜禮、王等公摺,懇親政後仍訓政。又醇摺,又伯等摺。送柳門禮十六行。福面商查估五壇一摺,明日奏。到署。柳門來。

十五日丁丑。入直。偕福箴亭奏查估天壇等處一摺。送柳門行。晤蘭蓀。夜大雷雨達旦。殷還浦來,托寄偉如信、銀鑲椰拓一匣,麓拓畫、書四種,又省三信、《功順》及闈墨。

十六日戊寅。入直。辰初,至内閲畫,再懇訓政稿。到署,與小峰面商繕司去年十月馬德壽、王恒起通永木植免税事。司員記過掌印三音布已去任。拔貢蘭維烜、董系和來。王裕宸、余堃、高焕然、顧緝廷來。子英來_{煦堂小幣百}。

十七日己卯。入直,直日。晤蘭孫。許子原來,仲韜、嚴子猶_{良勳}、李華年、易子猷來。送黃子壽《功順》及各書。

十八日庚辰。初伏。入直。禮、王等公懇訓政摺,又醇王一摺,又錫珍等,又潤□等。洗象。辰正,又大雨。藻熱異常。答仲韜。雨時作時止。子英來_{百,煦刀幣清}。大雷電,雨至子時止。徐堂之來_{號仲池,沈藻卿之姻}。

十九日辛巳。入直。雨。晤蘭孫。芷厂、壽蘅、雲階招廿日慶和堂,辭之。

二十日壬午。入直。得鞠常信。花農、次經、陳兆葵、運齋來。寄廉生拓本百十三紙。

二十一日癸未。入直。寄濟之、竹年、瘦羊《莊疏證》、辛芝,内復鞠常、振民信,交小畬_{明日行}。又三姊信。檀浦、子英來。夜小雨。

二十二日甲申。大暑,辰初三。入直。到署。晤蘭孫。答檀浦。小畬南歸。松壽、承厚、啓紹來。

二十三日乙酉。入直。到署。復偉和,①交天順祥。夏慎大、段

———
① 今按:"偉和"疑當作"偉如",蓋筆誤也。

書雲來。陸繼煇、陳厚德來。

二十四日丙戌。入直。大公所、醇邸、樞廷、户、工議籌辦銅斤，加爐鼓鑄。午初散。孫子授、少雲、萊山各以差未到。復廉生拓本十八紙。盧震、高亭修、祝惟培、周儒臣、雅賓來。陰雨，通夜不止。

二十五日丁亥。寧壽宮聽戲。羅胎帽。作濟、竹、振、辛、廣安信。大雨竟日。辰初二入座，申初三刻散。住壺天。大雨連宵。

二十六日戊子。辰初三，入座。上御乾清宮，受賀。雨。檐下行禮，蟒袍、補褂、羅胎帽，遞如意，賞還。寧壽宮聽戲三十二刻，申正散。工部田司啓、紹錫等來回事。寄廉生信。賞如意、袍褂料、帽緯、花瓶、手爐、洋漆盤、荷包八件。雨時作甚大，仍住壺天。

二十七日己丑。入直。徐、梁、吳不到。直日。因前二日推班，明日亦推班。住壺天。啓、錫二君來，木稅及閒塌事。發南信。

二十八日庚寅。中伏。入直，同直一人未到。金鰲遇斗南。何奏箎、吳文坦、林景賢、王彥威、鄭在德、楊宗駒、運齋來。藻熱。子英來。

二十九日辛卯。入直。上詣太廟、乾清門，侍班。回班，雨濕衣冠。羅胎帽、蟒袍、補褂。張濂經來。上萬絲冠，御前亦萬絲。竟日雨。陳瀏、袁玉錫來。田星五來。賀輝玉、范得廉、趙寅臣來。

七月丙申朔壬辰。入直。訪蘭孫，不值。衛時勳靜瀾姪，刑來，歐陽柄榮、李華年、韓景琦、胡可願來。卞緒昌來，董系和來。唐彝藩、岑春澤、宮子行來。

初二日癸巳。入直。到署。晤蘭孫。寄廉生泉幣刀拓十五紙。蘭孫借觀椒山十二幅。勒深之孫點來。徐森、夏書紳、章光國來。丁惟禔、惟晉來。

初三日甲午。入直。辰刻，偕子齋查估皇城右左翼溝渠、地面，午正散。陳萱蔭、黃秉湘、甘大璋、邁拉遜、單啓藩、胡裕培、孫子授、姚茂坤、于維錦拔、尹次經、陳方鑑、沈允章、毛繩武來。復南信。

初四日乙未。入直。遇子齋，略談。到署。田星五、盧咸頊來。寄窓齋拓本十五紙。

初五日丙申。入直。子齋面定奏稿。送伯兮、薈生邸、徐鐘拓，伯兮鼎拓，泉拓五十一紙。又寄窓齋拓三紙。派寫牽牛河鼓天貴星君、天孫織女福德星君神牌。賈裕師、陳吳萃、吳庭芝、王曾禮來。李棠、張雲、唐玉墀來。

初六日丁酉。入直。賞燕窩。到署，遇清、徐。慶元、倪度、胡遠燦、陳霖、王之楨、徐承焜、徐垚麟、倪錫庚、郭昭、暴簫雲、焦錫齡、王鈞、千祺、賈綸穌、鮑增彥、姚炳熊、孫鳳藻、程佑孫來。孫寶琦來。江肇豐、徐宗溥、祁晉晫、戴式蕚、陳慶榮來。

初七日戊戌。入直。直日，又木稅一片。陸篤齋學源、董玉卿、吳增僅、党述、沈錫齡、葉振逵、陳壽昌、朱益藩、汪嘉棠、段書雲、高煥然、劉其偉、張樹蓂、高蔚楨、曾鑑、張家照、龔世清、葛嗣濚、侯鑑涵、陳廷鑑來。李春浦、賀柏壽來。張硯秋、李廷颺來。侯維鵬來。

初八日己亥。入直。到署。覆奏溝渠廂白正藍緩辦一摺，旨依議。昨戌刻大雷雨。送雋丞、邁新甫、奉叔彰、岐子惠對、扇、屏。梁經伯、陳澍霖、張履喆、李夢蓮、張文瀾、耿葆清、童光海、姚惟寅、葉揚俊、王樹鼎、雷補同、陳廷炘、鄧蓮裳、畢恩溥、孫詒績、朱勛來。子英來付四十。

初九日庚子。立秋，子正初。末伏。入直。晤蘭孫。陳慶萱、松壽來。子英來，十二。周錫光、謝鑑禮、周文楨、許福楨、吳鴻賓、張壽祺、卜永春來。送容叔南園祁文端砆拓及家刻。

初十日辛丑。入直。在內畫户部會奏稿銅改。寄廉生拓本劍、瓦四、甕一。嚴子猷良勳來乞對。田智枚、羅邦彥、薛鴻先、申麟、何安行、陸壽臣庶、張奎漢、吳海、李廣年、王桂林來。王元之來號伯恭,父蓮棠,泗州人送詩文,省旂屬來見。蘭維烜來。酉正二刻,雨。丑正,又雨。

十一日壬寅。入直。到署。陳容叔、許子原、杜秉寅、尹兆麟、王澤霈、扈于高、曹垣、李清芬、劉漢、靳琦來。凌福添、周易、謝汝欽、伍亮寅、蕭開啓、夏同彝、葉意深、段友顔來。周紹暄、鄒兆麟、趙之藺、卞緒昌、謝維喈、謝霖來。曹穗來。

十二日癸卯。入直。畫户部復龍摺片。戈炳琦、寅臣、李菊圃、子英來。方子聽索十鐘,又七拓去。王煒來。

十三日甲辰。入直。到署。商應璧癸酉副、徐花農乞題"吉光萃羽""竹汀消夏"、曹竹銘來。趙世駿、王瀋中、王安中、尤大鎮來。函致崑小峰。張潤來。廿刻,雨。

十四日乙巳。入直。醇王等會奏泉法,旨依議。到傳心殿,晤崑、烏、徐,同到署。撤恩溥、馥、桂主稿,調司。藻熱。何現璋丁丑香山武、李有琨、葉承祖、周之濟、陳正源、張世麟、官兆甲、裘祖諤小華子、啓承齋紹調水司、子英來刀四,直各十。夜,大雨。送方子聽拓廿八紙。

十五日丙午。入直。卯正,上詣奉先殿,隨事,藍袍。工部直日,侍班崑注清假。晤蘭孫。巳、午間大雨。再爲子聽拓廿六紙。得濟、辛、麟、小畬信,即復,十六發。子原來。夜,大雨。

十六日丁未。大雨如注。行至半途而返。復王元之,送以家刻。復方子聽,送塤師遽方尊拓。寄仲飴内若農字,交蘭孫。

十七日戊申。大雨。未入直。復方子聽。陳雋丞來,辭行。運來。午後晴。

十八日己酉。入直。乘輿到署。拔貢團拜廿三才盛、辭。劉成傑來。

十九日庚戌。入直。上幸北海,傳辦事後至廿四。爲子聽索古匋拓書"綴遺齋"孫惠蔚語。齊語潸、李士珍、寶居恒、趙詒書工部，新孫。何現璋以其弟綸章事求，申飭之。王伯恭、胡子英、楊崇光即同穎來。夜，馬號墻倒，斃一傷二。

二十日辛亥。入直。雨。內閣畫上徽號稿。爲子聽拓古匋三百五紙。大雨竟日。水司在內請點派主稿、幫稿李潤均、趙爾震、曾鴻才、王豫修、許祐身。通夜雨。

二十一日壬子。以雨未入直。送子聽卣四十紙，答以拓廿紙。細雨竟日。陳兆葵來送雋丞席。

二十二日癸丑。未入直。送子聽卣四十紙。容叔辭行，送以袍褂、紗料、雨纓。王慮卿來。

二十三日甲寅。入直。夜雨。程樂菴、宮子行來。

二十四日乙卯。處暑，未正二。入直。送子行對、家刻、磁器、錫器。送朗齋椒山十二幀，交子行。徐開欽、運齋來。

二十五日丙辰。入直。復李朗辰信，並寄還蘇鄰詩稿。陳慶祉來號小田，新選松滋（己酉）之子。啓紹、那謙來看奏稿及癸未料估所稿請三萬。送盛伯兮、周薈生齊鎛拓前則邳鐘、沇兒鐘。子英來。

二十六日丁巳。入直。小雨。辰初到署。梁旭培、劉植卿來。

二十七日戊午。入直。卜永春、王守訓、德泰放惠潮嘉道，刑屬吏。陳廷炘、宜子望、文綽、鄒兆麟、趙之藺來，小宇交鏺幣五十。

二十八日己未。入直。辰初到署。子原來。夏慎大、袁玉錫、曹美臻覆試未取、阿克占來。夜雨。

二十九日庚申。入直。雨。晤蘭孫。雨竟日。

八月丁酉朔辛酉。入直。公摺上初五日上徽號。內閣會議來知德。得濟、辛、麟、振、三姊信，即復。沈允章、蔣楷、曹景郕、畢光祖、孫治績、商廷修來。劉應熊、施啓宇、千祺、韓蔭棻來。運來。

初二日壬戌。入直。直日。奏催金甎二尺方，一千六、二千五，依議。韓、鄂、田蔭棣來。李士芬、寶居恒、李煥堯、王小宇二百五十，五十鏟來。余贊年、子英來。

初三日癸亥。入直。卯正到署。衛時勷、姚丙然來。送薈生盂鼎拓。繆祐孫、董系和來。送薈生卣廿八、鼎一、盂一、尊一、戈一、杞敦一。若代香濤送荔。徐承焜、夏書紳來。送蘭、運荔。

初四日甲子。入直。雨。辰初到署。周之濟來。余誠格、李振鵬、沈維善、鈕家煥來。李菊圃來。徐宗溥來。

初五日乙丑。入直。清上徽號公摺。張星吉來。吳慶坻、榮堃來號芝田，軍兵屬吏。華學瀾來。運來面交偉如五十。于鍾霖來。宋育仁、龔世清、周承光、高熙喆來。

初六日丙寅。入直。晤廉生。到署，遇少雲。羅光烈、倪錫庚、李有琨來。送廉生漢石滕縣出土拓、唐石拓一，又產拓五十五。送仲若漢唐拓各一馬氏志。恭邸送《萃錦吟》，送蘭蒸食四合。

初七日丁卯。入直，派題皇太后御筆蘭八幅、菊四幅。送薈生卣拓全，又廿九紙斝、盂、匜、盤。李子榮、李子茂、鄧蓮裳、段友顏、蕭開啓來。王裕宸來。

初八日戊辰。入直。派寫啤嘞埠關帝廟"如日中天"扁。到署。送薈生九紙。孫綜源來，徐子静來。鄒福保、周薈生、葉承祖、党述、劉樾仲、齊功成來。

初九日己巳。入直。派覆核朝審。晤蘭孫。陳吳萃、方子聽、運來。

初十日庚午。入直。上詣奉先殿。工直日，內左門外侍班。王安中、景厚、劉卓栻、徐受廉、尤大鎮、趙寅臣、吳炳來。賞帽緯一匣，藍緞一疋，絳色緞一、駝色二、石青二、藍片金緞一、紫片金緞一。

十一日辛未。白露，丑正二。入直，到署。李士鉁、寶居恒、馮煦來。送薈生鐘拓三、敦十五，子聽鐘三。聞南屏病故，即往看仲田。史悠咸來。

十二日壬申。入直。開發內廷節賞。許子元、趙仲瑩、孫蘊苓來。寄偉如、石菴字並信，交仲瑩。盧聘卿初次、戴式藩來。

十三日癸酉。入直。到署。晤廉生。送子聽敦拓十五。薈生匜簠盦拓十八紙。汪範卿來。李青士嘉來，昨助以六十千。送廉生小幣拓百紙。花農來。劉恩霖來壬子年姪，云南卿堂弟。得濟、竹、麟生、泉孫、三姊信，即復，並寄辛芝。子英來八十。

十四日甲戌。入直。命作荷花墨蓮詩廿首。陳六笙璐、花農來。運來。

十五日乙亥。入直。賞瓜果、餅。派寫善福寺扁。賀運。子英來廿。

十六日丙子。入直。壺天遇蘭孫。送子聽斝、盉、般、匜拓，送薈方尊二壺觶觚拓。程樂菴來。

十七日丁丑。入直。午到署。宜子望、成竹銘來。

十八日戊寅。入直。直日。晤蘭孫。徐寶晉來。趙寅臣、丁惟晉、許涵敬分發山東來。

十九日己卯。入直。晤廉生，遇伯熙。趙寅臣、劉卓栻來。夜風雨。

二十日庚辰。入直。內閣會議《會典》事例摺，會奏駁來知德從祀摺。雨。晤廉生。巳正餘，到署。雨竟日。李憲之來。

二十一日辛巳。入直。答憲之、六笙。眉伯行，寄振民江料、八駿壺。

二十二日壬午。入直，命作竹石墨竹廿首。壺天晤蘭孫，叔平來談。花農來。湖南通判趙長綸小溪來，爲朱咸庚寄信。覆勘朝審摺復命。

二十三日癸未。入直。題皇太后御筆蘭一幅、菊三幅。雨。到署，午正。發濟、竹、辛、振信。運來。席卿送冬筍。

二十四日甲申。入直。送周薈生敦拓、鼎拓全分。送伯兮拓全分，與薈生同，但無卣。

二十五日乙酉。入直。辰正，到署。取則例館所編事例十九本極薄，嘉慶至道光止。丁立幹來。劉謹丞瑞祺來。交小宇十四兩，叔美畫《秋山試茗》。李振鵬來。寄仲飴《古文疏證》、《石湖詩注》，交廉生。劉雅賓來。

二十六日丙戌。秋分，午正三。入直。晤廉生。直日。送薈生、伯兮甌角爵拓全分。送子聽甌角爵五十五紙。崇地山來。孫鳳藻來。

二十七日丁亥。入直。晤蘭孫。

二十八日戊子。入直。天安門外朝審班，午正二散。

二十九日己丑。入直。天安門朝審班，巳正散。到署。送伯兮卣拓八十紙。送薈生豆觶觚罍鬲拓卅七紙。送子聽卅六紙，同薈。送端木子柔、祁子示《滂喜叢書》各一。方子聽來。

三十日庚寅。入直。晤蘭孫。送伯兮豆觶觚罍鬲拓卅七紙。得濟、辛、麐、振信。子英、永寶來。午後風。

九月戊戌朔辛卯。入直。賀吳雨軒、頌閣、孫爕臣喜事，曼生六旬。送薈生鐘一、鼎五、敦十、盉一、衛壺斧二拓本。送伯熙拓本，鐘一、鐸二、鼎三、敦十、尊一、壺一、盉一、鼎十九、斝一、盤一、方尊一、尊二。壺天遇蘭孫、佩卿。張芑堂來，永寶來。即墨、安陽四字齊，共廿枚。陳六笙來，所贈面卻之。

初二日壬辰。入直。弔趙粹甫、彭南屏。送方子聽。答張芑堂。永寶來劉。子英來廿。張詧叔儼來。

初三日癸巳。入直。晤廉生,長談至午初。到署,永寶來。

初四日甲午。入直。派題皇太后荷花四幅、菊二幅。直日。督修松壽、王瑾。江麗生、王廉生來。子英來。

初五日乙未。入直。龔穎生攜一卣來,且戉二字,索直千金,即還之。徐慶安來。王月波,蘇令,丁丑教習。

初六日丙申。入直。晤廉生,長談。午初到署。復張季直並盧萩圃,交張叔儼訾。子英來。

初七日丁酉。入直。上欠安,請安,看方。張叔儼辭行。雨,昨夜雨。南屏開弔。王伯恭來。李憲之來。子英來。

初八日戊戌。入直。派題皇太后蘭四幅、菊一幅,又絹幅一臣款。發濟、竹、麟、辛、譜、振、泉信,彥侍信六朝二石。子英來。石二,六十,付五十。初九云五十已可。玉雙來廣東道。

初九日己亥。入直。派寫順德九龍神廟扁"人和年豐"。午初,到署。食壺天。訪廉生。子英來。

初十日庚子。入直。派題皇太后蘭花八幅。壺天遇佩卿。啓紹、志靖、海康、夏玉瑚、田其年來。送廉生尊拓一伯、一薈。寄香濤《功順》,無信。寄柳門拓二,交田星五。

十一日辛丑。入直。壺天飯。晤廉生。午初到署。星五來,得陸存齋信。子英來。齊功成來,為題如瓊如史花卉冊首,卷首其婦也。寒露,酉初三。

十二日壬寅。入直。派題皇太后畫蘭四幅。直日。佩蘅招廿二日,以期服辭。賀子授、朗齋兩家婚嫁。晤蘭孫,為李憲之題《摘椿泉蕘圖》二絕句。《續考古圖》送廉生、伯熙、若農。伯熙送一石,若農送蠔豉。子英來尊,百卌,清訖。

十三日癸卯。入直。派題皇太后蘭四幅、菊一幅。風。得振民信。省旃來,毛繩武來。運來。

十四日甲辰。入直。派題皇太后畫蘭四幅。《續考古圖》送若農、伯兮、廉生。午初,到署。壼天飯,晤廉生。善星垣來。煜輝來拔,貴州知縣。省斾假三百,告以無有。

十五日乙巳。入直。賀培卿子訥士完姻。函件交運。送伯兮、薈生拓本,尊一,扛頭一。小宇送中勤盤拓本。送茀卿《續考古圖》。王仁齋瑞麟來,山東道,壬子同年化堂之子。歐陽銜來。

十六日丙午。入直。派題皇太后畫菊三幅。得濟之、麟生信,即復,十八發。丹初七十,到門投刺。薈生未刻來報去世。晤蘭孫。王蔭槐來,子英來。陳慶祉來季之子,松滋縣。

十七日丁未。入直。壼天飯,晤廉生。到署。送韓耀曾入學禮,紙墨筆硯、袍褂、印石、《思補筆記》。得鞠常信,九月十六葬,送以佛敬卅元,托培卿。又廣安信。張安圃丁憂。孫慕韓來,叢書二分,一分送蓉生。韓耀曾來,號伯彭。吳卓臣、王伯恭來。王忠廬來。發濟、麟、葉、廣安、振民信。

十八日戊申。入直。派寫建昌城隍廟"龍山保障"扁。弔周薈生、張安圃。徐出闈。張苣堂來。李荆南方豫來執贄,卻之,放黃州守。張子彝端本來。朱益藩來辭行。子英來。

十九日己酉。入直。壼天飯,晤佩蘅,辭廿二日招。晤廉生。巳正到署。雨。送苣堂對、屏、書三種。

二十日庚戌。入直。派題皇太后畫荷一幅、菊二幅。晤蘭孫。江麗生來。天壇等處覆估,添派啓紹、景星、趙爾震、王瑾。子授來。

二十一日辛亥。入直。大霧。送黃仲弢拓百四十七紙。徐寶晉來。永寶劉來。畢姬昌元板歐陽。送烏紹雲眼藥。送崇地山對屏。子英來十兩。劉謹丞來,送對、屏、書。

二十二日壬子。入直。壼天飯。爲錫厚菴作序。晤廉生,借青蚓《歲星圖》。大風,驟冷,換夾襯衫。永寶劉來。

二十三日癸丑。入直。上幸北海看箭,十六起,本日止。蘭孫借青蚓畫。陰冷。蘭孫送看李復堂畫册。若農借去《安南志略》、《輟耕錄》二部一原本,一毛本。復陸存齋,又魏齊二石拓本。

二十四日甲寅。入直。派題皇太后畫菊二件。仲弢作《豐字考》,送仲弢敦拓四十九紙。壺天飯,晤廉生。午初,到署。王小宇來,以崔青蚓《歲星》屬鉤刻。送成竹銘、屏、對、書三。答謝運齋、斗南。楊鳳梧來。陳厚德來。換羊皮冠,黑絨領,銀鼠一套。

二十五日乙卯。入直。壺天,與蘭孫長談。陰冷。若農送翅子、鵪鶉羹。吳乃斌薇客之孫來,子英來。得偉如八月廿日信。復偉如,交沈子敦。

二十六日丙辰。入直。陰雨。永寶劉來。鄧小赤來。華鳳章來,中蘅、啓紹、江麗生來。霜降,戌正。

二十七日丁巳。入直。派題皇太后畫蘭四幅、菊一幅。壺天飯。壽蘅來。晤廉生。巳正,到署。花農來。

二十八日戊午。入直。陰雨。晤蘭孫。發濟之、竹年、辛芝、廣安、振民信。得朗齋信。寶森堂送來《唐六典》明板。永寶劉來。換灰鼠褂、黑袖頭。

二十九日己未。入直。上出乾清門,補服,侍班。派題皇太后畫菊上詩堂四幅。派題皇太后畫鍾馗上"來歡致福"四字,光緒十二年九月二十九日御筆字一行,又七絕五首。陸贊煕曾官教諭,號子石,老八之子來。得濟之、竹年、三姊信,即復,明日發,並泉孫、廣安信。竹年女適廣安子,十月十九日喜事。又振民、辛芝信。永寶劉來。寶森來。

十月己亥朔庚申。夜雨達旦,冒雨入直。坤寧宮吃肉,卯正二刻,共三十五人。紹、祺未到,恩承奎、潤升殿試。派題皇太后畫鍾馗一幅一軸題二詩,又三詩,臣款。雨至未正猶未止。

初二日辛酉。入直。壺天少坐。巳正到署。運來,奉上諭:"潘著充會典館副總裁,欽此。"正:額、閻、恩、張。副:錫、翁、延、烏、禧。

初三日壬戌。入直。公摺謝恩,内閣具。派題皇太后菊四幅。永寶來,以薦若農。送仲弢邵鐘、齊鎛拓本。晤蘭孫。楊錦江來乙酉連捷縣。成竹銘來辭行。子英來,得張承燮信。

初四日癸亥。入直,引見時碰頭謝恩,同烏達峰。還王小宇錢竹汀篆對。永寶劉來,汪範卿來。黃仲弢來,胡子英來。

初五日甲子。入直,上御太和殿,朝服謝恩。壺天,同清卿飯。晤廉生。到署。送清卿一品鍋。永寶劉來,子英來。

初六日乙丑。入直。派題皇太后畫菊二幅。皇太后賞袍褂六、帽緯一。本部加班奏事。

初七日丙寅。入直。派題皇太后畫鍾馗一軸二幅,詩二首。一"福自天來",二"天中紀瑞,鴻福開雲"。汪太夫人八旬冥誕。清卿、誼卿、崔巢、範卿、董彦和、徐花農、方勉甫、古毅夫、王莆卿、杜四世兄、陶竟如、劉雅賓、彭仲田、蔣迪甫俱來。

初八日丁卯。入直。派寫上海捐賑公所扁"心存濟物"。壺天,爲蘭孫寫牕心十六幅。晤廉生。答謝清卿、誼卿、茀卿、江澍畇、蔣迪甫、花農、毅夫。午初,到署。復吳培卿,界石浜墳丁螟蛉養息,酌賞錢文事。永寶劉來百兩鬲。送若農熊掌二對。王伯恭來。

初九日戊辰。入直。派題皇太后菊一幅、蘭四幅。皇太后賞菊一幅、蘭四幅。袍緞四,錦二。世錫之信托仲韜,即作函。窓齋來,借姑馮句鑃拓本一軸去。鄔純暇來。胡子英來。

初十日己巳。入直。慈寧門行禮,遞如意,賞還。小雨。擬南齋公謝摺。若農寫,工部遞唐興。永寶劉來。斗南來。方燕昭來,子貞之孫,養性之子,捐道江蘇。

十一日庚午。入直。公摺謝恩。壺天飯,爲蘭孫書格眼廿九紙。晤廉生。午初到署。得濟之、瘦羊、泉孫信,即復。函致辛之、廣安。胡子英來。錫之交到香稻、古甑,又廣安、鞠常信,復廣安。

十二日辛未。入直。晤蘭孫。仲若送鵪鶉、蠔豉。答以漢畫象拓本。送世錫之席、酒票各一。永寶劉來。振民寄到箋五百張,即復。發南信。鹿喬笙來。立冬,戌正初刻十分。

十三日壬申。入直。賀吳太親母生日。晤窓齋、運齋、卓臣。晨陰,小雨。子英來。盧咸頊來。夜雨達旦。永寶來四十。

十四日癸酉。入直。壺天飯,晤廉生。巳刻,到署。細雨竟日。

十五日甲戌。入直。爲蘭孫題文勤册觀款。送仲弢拓本百五十六紙。送廉生新拓本五紙。永寶來。陳次亮燨來。

十六日乙亥。入直。至天壇待珍亭,至午初,以不來告,冒雨而歸。鄧小赤來。

十七日丙子。入直。徐蕙生、吳卓臣、朱蓉生來。子英來。得陳嵩侄信,茶壺、茶杯。

十八日丁丑。入直。派題皇太后指畫菊、蘭二幅,各三詩。十日指畫於延春閣、十思堂之南廂。命全忠代書,以蔭目疾不能作細楷也。壺天飯。候六舟,晤廉生。巳刻到署。岑春榮、運齋來。祝袁廷彥母壽。

十九日戊寅。入直。晤蘭孫。林萬濤乙酉來,赴唐景崧館,送《筆記》、《洗冤》、《全生》,並送唐一分。得陳駿生信,云十一月月初來。子英來廿兩,⺊盦之半直。寶森來。

二十日己卯。入直,派題皇太后畫菊一幅,引見時碰頭謝恩前賞畫。若農借《鬼谷子》江都秦刻。永寶來還鼎一,敦一,皆煦堂物,真而不精,字俱蝕。

二十一日庚辰。未入直。續估天壇,未正始歸。珍亭及立豫甫欲留飯,辭之。得毛子靜信,由六舟來。六舟來,未直。寶森、子英來。

二十二日辛巳。入直。風。派題皇太后畫菊一幅、蘭四幅。壺天飯,晤廉生。巳正,到署。子英來。永寶來。

二十三日壬午。入直。派題皇太后畫菊一幅、蘭四幅。送仲弢方尊十三紙,壺拓廿三紙。倫夢臣來。仲午生日,陶民甥來。得小畲信,云三姊病甚重。子英來。

二十四日癸未。入直。派寫甘肅平涼城隍扁"仁敷皽得"。派題皇太后畫蘭四幅。壺天飯,晤廉生。巳刻到署。賀子禾孫完姻。得濟之、廣安、振民、琴兄信,即復,廿五發。寶森、永寶來。

二十五日甲申。入直。工直日。派題皇太后畫蘭四幅,畫院"魚洋翩毽"一幅。火藥局奏驗火藥,派善慶、色楞額定,廿七巳刻查驗。八額駙在假内,管事者只一人到。倫夢臣來,給團牌查局。永寶來,薈鬲索百七十兩,面斥之而去。沈中復遣增盛木敵送大卓二個來,當即付直七十二千,並送漢畫象、六朝石、董帖拓本各一。寶森來,《讀史管見》、《百段錦》、《廣成集》,還之。

二十六日乙酉。入直。派寫天壇齋宮十一言對:"克踐厥猷聰聽祖考之彝訓,無斁康事先知稼穡之艱難。"派題皇太后畫蘭四幅。送六舟屏、對、《全生》、《洗冤》、《筆記》宜子望同。晤蘭孫。王松溪寄專拓,復謝,交廉生。子英來三破石,劉二者。蘭孫借《梅花草堂筆談》、《人海記》二書。繕司主事倪士林送禮六色,卻之。得仲飴信,並《律例通》及醬菜。又丁少山唐石經《周易》。

二十七日丙戌。未入直。到火藥局定,巳刻。送三姊奠分卅元。發濟之、小畲信。復仲飴《滂喜》二部、《石林奏議》二部、《陶堂遺集》二部、《莊書范注》一部、六朝石拓二、造象拓二、唐志一、董帖一,交其家人。子英來造象二,唐石一。小雪,西初初刻。

二十八日丁亥。入直。派寫蘇州城隍"崇臺鞏護"、長洲"茂苑垂慈”、元和"繡壤敷仁"、吳"胥山永固"扁。壺天飯，晤廉生。巳正到署。花農來。王小宇刻好崔青蚓《歲星圖》。仲田四十，送袍褂、燭、酒。樊恭煦來。王元之、岑春澤來。子英來。

二十九日戊子。入直。永寶來杜集六十，劉須溪點，黃鶴注。耆敦百五十五。蘭孫借《在園雜志》。永寶又來杜集、耆敦。火藥局看摺。天壇查估看摺。王彥威來。

三十日己丑。入直。火藥局奏辦火藥。偕箴亭奏天壇查估工程。珎亭至懋勤殿，來談。晤蘭孫。以節賞屏、對各三百卅付托張蔚增工主，廣州人交斗南。送若農明鈔一紙。子英來。蘭孫送黃花魚四尾。

十一月庚子朔庚寅。入直。徐道焜來。復陸存齋拓本百四十七紙，交陸學源。復毛子靜拓本卅八紙，交天成亨。陳六舟來。永寶劉來。汪範卿來。蘭孫送蒸食。小宇送書寶菊齋額。

初二日辛卯。入直。壺天飯，晤廉生。到署午初。傅雲龍懋元來，索《滂喜叢書》，又"篆喜廬"額。宜子望、端午橋來。

初三日壬辰。入直。送若農《楊秋室集》二本。清卿來，以專拓四十紙去。永寶來。花農同歐陽鴻濟來，號平叔。子英來，付六十二，造象一。唐誌來府君□額。

初四日癸巳。入直。壺天飯。巳正，到署。端方具呈辭山東差委。清卿請訓，在內晤。遇伯兮。晤廉生。送清卿大理石一方、木器一箇及袍褂、食物等共十色。永寶劉來，付百兩票，尚欠百五十五兩。運齋、梁巨川濟來。為黃仲弢《宵壽古鑑》稿本題簽。前門始開行。

初五日甲午。入直。許崔巢來，還清卿山農拓，又弟二函，送虢鐘拓。陳駿生自汳來。永寶來。

初六日乙未。入直。餞清卿，同坐者子千、誼卿、駿生、仲午、廉生,午正散。若農送《明稗類鈔》來,即還。頌閣送《傳奇彙考》看。得廿六南信,明日復。

初七日丙申。入直。派題皇太后畫菊二幅、蘭四幅。送歐陽平叔屏聯、《滂喜》、《思補》、《全生》。壺天飯。晤廉生,送爵、瓿拓。巳正到署。發南信,濟之、竹年、瘦羊、辛芝、廣安、眉伯。潤古至壺天,一鳧尊僞,一敦無字,還之。茹古以叔作寶尊彝殘器來,直四十八兩,一矛頭八兩。王伯恭來辭行。胡景桂、許子元來,以《滂喜》一部交胡景桂,送定州王氏。以《筆記》、《全生》、《洗冤》送胡景桂。夜雪。聞世錫之去世。

初八日丁酉。入直。大雪。送清卿行。晤蘭孫。得偉如信。歐陽平叔來辭行。清卿來辭行。子英來。還若農《寶翰堂藏書考》一函,還頌閣《傳奇備考》。王伯恭札,知清卿未與同行,即贈廿金。

初九日戊戌。入直。派題皇太后畫菊一幅。送伯希《滂喜》一部,存成均。送胡景桂月舫《滂喜》、《功順》各一部,屬轉交定州王灝號文泉,其姪延紱,廩貢,工屯田員外。沈楚卿廷杞來。駿生到,即被□,送以廿金。

初十日己亥。入直。派題皇太后荷二幅、蘭四幅。壺天飯。內閣畫徽號稿。晤廉生。巳刻到署。倫夢臣來。得李福沂信。

十一日庚子。入直。工部直日。晤蘭孫。大風。廷用賓來,放承德守。永寶劉來付六十,欠一百五兩。茹古來一破器四十八兩,一戈八兩,付二十兩。司務沈林來。中衡、江麗生來。

十二日辛丑。入直。派題皇太后畫菊四幅。大風。冷。具摺請訓。《傳奇備考》四本還頌閣。在內晤子齋。倫夢臣以高慎德呈來。王延紱來,號青友,文泉之姪。子英來付足百兩,全清。李荊南來辭行。程樂菴來,復奏橋梁閘壩一摺,看奏底。大雪,午正初刻六分。

以下東陵日記。

十八日丁未。巳正二刻歸寓。程樂菴以南西門外橋座工程摺來看。子英、永寶劉姓來。得張丹叔信。汪柳門寄到紅木器，由粵海交到。倫夢臣來，畫行查佔大臣稿。程樂菴、那謙來。得南信。

十九日戊申。大風。冷。蘭孫來。永寶劉姓來。發南信，濟、竹、振、辛四函。又復碩庭、熙年、泉孫。許子元來。

二十日己酉。送子齋雉、兔、蜜益母膏，送若農蜜膏。蔣寶英伯華來，駿生妹壻。李潤均來。梁航雪、吳卓臣來。運齋、子齋、子英來。施小山來廿四同鄉謝恩。

二十一日庚戌。復命。派題皇太后畫蘭八幅。派題研海四字二分，又詩二首。召見於東暖閣。到署。清卿來。劼剛來。

二十二日辛亥。入直。派寫平谷縣"瑞屏昭佑"扁。寫年差祥喜字四十件。弔世錫之。答劼剛、窓齋。晤蘭孫。偉如寄《紅厓碑》，即復，交摺差。花農、王伯恭、宜子望來。永寶劉來。沈楚卿來辭行。崇文閣來，《周書》價五十金，尚未付。方汝翊來。子英來，以《紅厓》之裝。

二十三日壬子。入直。派寫陝西太白廟"威宣招矩"四字。又寫年差福字四十件。永寶劉來，攜大柵欄一鼎一敦，索五十兩。以磁州拓本全分送若農。吳炳和來，號協甫，乞書對及名刺。陸壽門送紙及夏布。梁航雪辭行。送以拓十七紙及駕航信，又崔青蚓畫拓，又贈航雪十金。茹古送來三代吉金一匣，內阿武戈、漢鐸、宋公佐陽幼衣□及漢鉤，黃小松、翁覃溪所題，皆偽也，即還之。岑春澤來。王同愈來。蔡寶善來，麟洲之孫。

二十四日癸丑。入直。同鄉謝恩。偕叔平、頌閣乾清門叩頭。年差恭代上進皇太后福壽龍等件。壺天飯，晤廉生。午初到署。候小村。廉生處見宋板劉元起十八字十行《後漢書》、明初本《元史》。

亞陶來。永寶來，昨件議價不成，還之。又以鼎拓來，直二百。永寶又來。

二十五日甲寅。入直。寫年差畢。晤蘭孫。明日，上詣齋宮，南郊大禮。吳爕臣住厫中，並招李、梁小酌。卯正二刻，閱祝版第一次。子英、永寶來。惲彥琦、次遠來。熊登第芙青來，乞寫其父獻縣殉難對。豫東屏來。

二十六日乙卯。上詣天壇，宿齋宮，蟒袍，補褂。晨，同梁、李、吳同去。午正一刻侍班。永寶小鼎來索二百，卯初二刻。瑞德堂，翁、孫、徐、李、梁、吳同飯，艮四兩。方燕昭來，夢臣來。

二十七日丙辰。入直。蟒去朝回，不侍班。工直日。派題皇太后畫蘭四幅，送榮公、遷公、英介臣總鎮，交敬子齋初一帶去，以答其食物也。敬子齋東陵收工，月朔請訓。程樂菴來。永寶來，其鼎還之。得王益吾信。韓景琦來南和，拔貢。子英來。冬至，卯初二。

二十八日丁巳。入直。壺天飯，晤廉生。午初到署。張仲模楷來，新放汾州府。送清卿對幅禮六色，貂領袖、漆器、燕菜。方佑民對屏、書三種。豫東屏對屏、《功順堂》。張仲模對幅、書三種。誼卿送日本鮑魚。永寶來。雷其蔚來，號質卿，西園之子三，其兄台北府。顧芹來，台州拔貢，號楚英。邵小村來，送以席。子英來。

二十九日戊午。率司員徵、倫、程，又承修之中衡，至右安門之石橋、蓮花池之壩，又各處水簸箕收工。送子齋聯幅。送小村聯、屏、《滂喜》。送福少農潤聯、屏、書三種。以日本鮮鰒送若農、斗南各二瓶。永寶、茹古來。海纘廷來。

十二月辛丑朔己未。入直。派恭代皇上御筆開筆福字四方，派題皇太后畫菊花四幅。答海纘廷鼻煙、口蔴、山查餻。寄濟之信，交清卿寄。子齋今日請訓。遷公號儉齋。榮公號養之，名頤。英總鎮名廉，號介臣。子英來，千秋萬歲殘瓦四枚。夢臣來，復帶記名，又志彭。許仲韜鈐身來。陳景墀來。文邦從來。清卿來。

初二日庚申。入直。壺天飯。午初到署，晤廉生。江蘇全省在安徽館，蘇府在長元吳館，請清卿寫，不克到。傅雲龍懋元、張端本子彝來。申後風，宜有冷意，連日本大暖也。熊登第之父海珊，名存瀚，祠堂對昨已寫好，付之。本日遞年差。吳燮臣覆帶京察記名，今日有引見磕頭。工部記志彭、倫五常，不記溥善、徵厚。

初三日辛酉。入直。賞袍褂料各一。晤蘭孫。風少覺冷。吳清卿本日請訓，在內晤之。吳燮臣、陸壽門、高文翰、王遵文來。崇文閣來，送來《桂洲集》、《救急良方》、桓譚《新論》，俱明本，還之。

初四日壬戌。入直。同鄉謝恩。翁未行禮。招清卿、誼卿。隆禹門面求拓本，許以來年。清卿贈全形拓本四幅。子英來。

初五日癸亥。入直。卯正，上詣奉先殿，出內右門，磕頭謝恩。派題皇太后畫蘭四幅。壺天飯。巳刻，禮部朝房覆勘各省學政試卷。到署，送清卿行。永寶來鼎，付百兩，欠五十兩。茹古來一爵罔字，索八十金。繆小山來，送《順天志》八套，正始、咸亨造象拓本各一分。子英來，還《高文翰詩》一部。

初六日甲子。入直。工直日。送李小軒廷簫對、幅、書三種，現歸德府，其子乙酉副榜。送仲韜對、屏、書三種，交子元。許子元來，贈以一聯，春卿一幅。清卿來辭行，手贈舊料寶燒紅煙壺一枚。茹古齋又還廿兩，尚欠十兩，又一鏟幣，五兩。派寶泉局工程，同景善，隨帶司員中衡伯權、景星月汀、啓紹承齋、程志和樂庵、趙爾震鐵珊、許祐身子原、木廠、恒順高慎德、聚豐、种永順、監修筆政德陞、惠霖。

初七日乙丑。入直。覆勘各省試卷，覆命。賞耿餅。中衡伯權來。子英、王延絨來，送王文泉所刻十八套，號青友。

初八日丙寅。入直。壺天飯。午初到署。傳心殿見景福庭。

晤廉生。得朱少愚信。永寶來付五兩。送仲飴硃拓《歲星圖》，即復其寄郭有道碑、猴頭蘑交其家人。卓臣來。緝庭來。得德小峰信。

初九日丁卯。入直。冷。送王文泉屏、對"平爲福"扁、《歲星圖》硃拓。王青友聯幅。送敬子齋二菜二點。爲張允勳再寫"留耕堂"扁，交廉生。送胡月舫景桂聯幅、"平爲福"扁。卯正二，上詣大高殿祈雪。阿克占來。子齋送點心四匣。夜大風，大冷。

初十日戊辰。入直。偕子齋奏開埧收工摺。寄仲飴對、屏、幅，又若農對，交其家人趙姓。許子元來。子英來。運齋來。延樹南子續絃，送禮，未去。

十一日己巳。入直。派題皇太后畫菊四幅。潤古送卣、玉壺天一字。壺天飯，晤廉生。午初，到署。啓緒、周暻遞說議黄河，見來文，醇王、軍機、户、工大公所會議河事，見來文。十四日，外國拜年。寶泉局十五午刻開三。永寶來。賞燕窩。王松溪寄烏魚穗。

十二日庚午。入直。大風，冷。晤蘭孫。運齋爲張度、朱涵等振册捐四十千。趙爾震來。紹秋岸夫人送以幛，未去。小寒，亥刻二刻九分。

十三日辛未。入直。磕頭謝恩賞。潤古至壺天。壺天飯。午初，到署，遇徐小雲。楊士燮、周暻、延清、趙爾震各有說帖。十四日外國拜年行文，注感冒。陸壽門來辭行。志藹雲之孫毓麟來，告廿三迎粧。送陸壽門點心四匣。送毓麟菓席票、酒票。

十四日壬申。入直。工部直日。派題皇太后畫蘭四幅。派内念工程。外國拜年，未到以感冒行文。司員溥善、徵厚、那謙、江槐庭、梁有常、李潤均。木敞恒順高慎德來見，同茂李逢源。溥善、徵厚來。復胡輯五，送以對、幅。吳卓臣來。發南信，濟之、竹年、辛芝、振民、泉孫。信云十六行。得葉貫卿信，未復。王壬秋來。潤古齋來卣五十五兩，全清。永寶來，得沈守廉信，未復。徐小雲處來。江麗生來。

十五日癸酉。入直。派題皇太后畫菊四幅。懋勤殿吃肉。大公所、醇邸、軍機、户、工同議河務，未初散，徐小雲、清吉甫、景福庭、二孫未到。寶泉開工，未能去。子英、陳伯雙來。得張沅清、林啓信。江麗生、李慕來。

十六日甲戌。入直。工加班。派寫山東益都"福佑雲門"四字。派寫御筆底子"璇闈集慶"，"萬方介壽壽無量，兩度書春春倍長"。賞福壽字，引見時磕頭。壺天飯，晤廉生。午初，到署。朱其焯來，丁丑教習，原名敏修。夜，子正大雪。汪朝模送花四盆。

十七日乙亥。冒雪入直。巳初，雪猶未止。廉生送茶花一盆，遣人挑擔往取。聞陸鳳石丁憂本生外。含英送花八盆。得岱東信，即復，贈聯幅、《石林奏議》、《陶堂詩》、《范注》、《莊證》。得濟之、瘦羊信，十一月廿三所發。世傑送蟒袍、螺鈿對、筆墨、酒、惠泉。雪至申未止。得馬東垣信，贈以聯幅。

十八日丙子。入直。大霧。皇太后賞福壽硃拓、御筆鍾馗。壺天飯。巳刻，到署。永寶來付五十兩。張端本來十五日驗放，補郎中。自十九至廿三日，上幸北海。子英來，以賞件交裱。得王錫九夢齡信，送聯幅。

十九日丁丑。入直。工部加班。賞袍褂料、帽緯。卯正二，上詣大高殿謝雪。巳初，上幸北海，出神武門，磕頭謝恩。巳正，皇太后出神武門，磕頭謝恩。酉初，熙麟來。江麗生來。張堯農來。豫東屏來。得鄧蓉鏡蓮裳信。王青及延紱來，並文泉書《平播》、《明史紀事》二部，索去廣陽底本。運齋來。陰，小雪時作時止。

二十日戊寅。入直。封印未去小一定去。內倉開工未去，耀年請假五日。巳正散時，雪又作。賀運齋五旬，先二日往賀。晤蘭孫。寫江小雲清驥壽對，庚子年伯，江麗生之父也。子美來付四十，爵欠十兩，瓦器六件，欠十兩。卓臣來，送閱振濟勸捐信稿。歐陽銜來。

二十一日己卯。入直。派恭代御筆龍字一方、虎字一方。壺天飯,晤廉生。巳初,到署。大風,甚冷。送若農肚雞鰒一碗,燻魚一盤。得合肥信、成月坪信。廿四,俄國拜年,行文云感冒。花農來。茹古來。繆小山來。得李維誠信。得頌臣信。得王作孚信、裕祿信。

二十二日庚辰。入直。派管理溝渠河道。工加班,議復黃河分流會奏。翁邸送火鍋四菜二點,即送朱曼伯。總辦,松、溥、啓、倫、江、程添趙亮熙。監督,中、阿、志、張、王、許添景星、梁有常。監修,彥秀、龍保、錢良。茹古來付廿兩,全清。得李希蓮信。以案上姜所送蒸食四合送蘭孫。啓紹來。

二十三日辛巳。入直。甚冷。晤蘭孫。張蔚增代書聯、屏,潤敬卅兩,交斗南。經伯潤敬五十兩。今年端節、中秋俱未送,且寫信不及十函,信亦均未答也。李金鏞來,號秋亭,吉林知府。張仲模、朱曼伯來。賞黃米糖。熙麟來。永寶來濟陰一、二兩。崇文閣來付五兩,尾三兩。運齋、斗南來,斗南放山東。送李秋亭對幅。

二十四日壬午。入直。賞大卷八个、貂皮十張。答賀斗南。送仲華、芷菴、崑小峰節禮,並答蕭邸。中伯權、江麗生來。子英來五兩裱價。陳駿生送花四盆。蔣伯華送花八盆。運齋送花二盆。許子原送花四盆。得豫東屏信,筆政智齡來。得邁新甫信並乞書對二付。益珍齋來付四兩,欠廿餘兩。送蔣伯華聯幅、食物。胡翔林來,得雲楣信。

二十五日癸未。入直。陰冷。送立豫甫山節禮。恒順送花八盆。李秋亭來,送以書三種。仲田送牡丹、碧桃四盆。吳載勛求助,以廿千,梅梁之孫也。若農以曹庭傑《東北邊防要略》來看,即還。得李殿麟、邵小村信。送若農節禮。

二十六日甲申。入直。冷。送德靜山節禮。晤蘭孫。許子原來，並以方方壺、唐六如、王雅宜手卷來看。王介艇廉來，新放鳳穎泗六道，送以《洗冤》、《全生》、《思補》三種。伯華送節禮，答以聯八言、七言及屏四幅。松鶴齡壽來，病甫愈，來見。王賡榮來，新選廣西潯州府。德靜山壽來，新放浙運使。銀六兩，料黃煙壺直，還太監黃元慶。尊一字模糊，還子英，索直四十兩，還以十六金。崔國霖來，號春江，辛未安徽。李蕘客禮四色。吳均金禮四色。馮開勛送銀魚等物。

　　二十七日乙酉。丑刻祀神。入直。開發內廷節賞，賞貂皮、荷包、手巾。同鄉謝恩，翁、錢、廖未到。壺天飯。巳正，到署。蘭孫送窩窩頭、薄餅、銀魚，又爲錫之代劉毅齋乞書對。送敬子齋禮四色、《歲星圖》一幅。亞陶來，仲韜來。得濟之、辛之、振民、眉伯信。柳門、楊萩芳信。

　　二十八日丙戌。入直。派卯正恭代御筆福神、貴神、喜神、財神之神位五分，及本年本月本日本時至德尊神。辰初，上至中和殿閱祝版、蟒袍、補褂、侍班。若農貂褂來，屬換之。回時磕頭，謝荷包賞。至壺天，開發銀票廿四兩二紙一十六兩、一八兩。子齋送節禮。盛伯熙送牡丹、梅花各四盆，答以食物四色。答花農四色、《歲星圖》一幅。答亞陶四色。汪範卿食物四色。得程小泉信，答以對、幅。顧緝廷食物四色。孫夑臣送酒二罎。寶森來付十二兩。得許仙屏信。子授以所書《心經》屬代交進。

　　二十九日丁亥。入直。上詣太廟，始親行禮，不侍班。派擬九言對切鍾馗者。何潤甫乃瑩來，送《歲朝圖》一幅其女所畫。徐花農來，送以大衍。得毛鳳清，即薦與顧緝廷。運齋、李小軒來。得振青、朗齋、胡芸臺信。永寶來。楊蘇拉來，交付五十四名賞項。姚樨甫送菜四。李蕘客答禮四色。賞麊鹿等領到。賞荷包大小領到。

　　三十日戊子。入直。賞龍字。上御保和殿，出乾清門時，貂褂、蟒袍,不站回班。謝荷包賞、龍字賞。閣未到。答運齋,賀蘭孫元旦生日。陳少希信。胡子英一品鍋。永寶來,付四兩,欠卅二兩。送駿生十二金。復朗齋信,送以香光手卷。運齋、斗南來。祀竈,祀祖先。益琛四十兩,全清。

光緒十三年

　　光緒十三年丁亥正月壬寅朔己丑。子正,入內,前門關帝廟拈香。辰初三,慈寧門行禮。辰正三,太和殿行禮。懋勤殿開筆。遞如意,賞還。詣惇、恭、醇。午正三刻歸。若農送鼻煙,以吳閏生菜四色答之。陰而不冷。
　　初二日庚寅。入直。壺天飯。臨帖三幅。辰正三,到署。軍機處送席。
　　初三日辛卯。入直。發信,濟、竹、辛、麟、振。趙寅臣來。
　　初四日壬辰。入直。游匯東來,送運席。
　　初五日癸巳。入直。派擬四川西充等處扁七面。大霧,有霧淞。晤蘭孫。復柳門,交運齋。函致清卿。申初雪,入夜未止。中伯權來。
　　初六日甲午。入直。派寫"南岷昭佑"、"綏邊錫福"扁二面。派擬四川新津等處扁五面。雪止而未晴。德靜山送鹿尾等四色。仲飴寄果子狸、松骸。子英來。
　　初七日乙未。入直。派寫"威振西川"扁。派題皇太后御筆畫蘭四幅。上詣太和殿看祝版。乾清門侍班,補褂。仲午拜年。復衛之二姊信,交汪範卿寄。復仲飴,交公櫃鹽店,內拓本八紙。
　　初八日丙申。入直。派題皇太后御筆畫蘭四幅。壺天飯,晤廉生。巳正,到署。安徽九卿團拜,分甘吊,以疾辭之。子元來。許仲韜、王伯恭來。

初九日丁酉。入直。都察院團拜，未去。送崑小峰太夫人七旬晉六幛對、燭、酒。子英來。

初十日戊戌。入直。總理衙門外國會晤，未去。晤蘭孫。工部加班奏事。卓臣來。得王忠蔭藎臣信。子英來，以二水絹直幅來看，"翠閣丹樓不計重"絕句，索十二金，暫留。

十一日己亥。入直。懋勤殿跪春。發下春帖子賞。運齋來。

十二日庚子，卯初二，祝版。立春巳刻。午初，上詣祈穀壇，齋宮侍班，蟒袍、補褂、染貂帽。瑞德堂，頌閣東。未刻散，同翁、孫、孫、南齋四人。馬東垣來。

十三日辛丑。入直。壺天飯。派擬山西洪洞等處扁。辰正二，到署，看摺。明日加班。斗南來。晚招誼卿、子千、樫甫、伯華、駿生、卓臣同飲，借樫甫厨。得丁介颿信。

十四日壬寅。入直。派寫"惠普西河"扁。晤蘭孫。賞元宵。楊荻芳、胡子英來。

十五日癸卯。入直。皇上親政。辰初二，慈寧門行禮。巳初，太和殿行禮，俱朝服。午初，保和殿侍宴，蟒袍、補褂、染貂帽。子禾同坐。到家，未初。晚約運齋、卓臣、子千、經伯、駿生小酌。恩詔各加一級。十七日由內閣公摺陳謝。

十六日甲辰。入直。壺天飯。午正，賜廷臣宴乾清宮，先碰頭，門檻內謝加級恩，即磕頭入座。東邊：額、恩、福、錫、烏、麟、崑、紹、祺。西邊：伯、閻、張、徐、翁、畢、許、潘。賞如意、蟒袍、磁瓶、袍褂、鼻煙，並撤膳以賜。是日酉初，月食。得丁芥帆、李次青信。

十七日乙巳。入直。內閣辦公摺，謝加級恩。大風，冷。上於本日幸南、北海，至廿日止。得南十二月廿日信。

十八日丙午。入直。風，冷。祝崑小峰大空棟鄂太夫人壽，同頌閣，俱到。安徽館團拜十九日，辭之。復濟、竹、廣安、辛芝、瘦羊、碩庭、熙年、泉孫、振民、眉伯。

十九日丁未。入直。同頌閣、若農、燮臣公餞斗南，用樫甫厨。午正散。

二十日戊申。入直。上召見於東暖閣。晤蘭孫。大風。換染貂帽，白風毛褂。工部廿六請，辭之。中衡、松壽、溥善、那謙、志彭、啓紹、徵厚、誠鎮、阿克占。黃花農來，送以對、屏、席。

二十一日己酉。入直。花農送伊祖《愛廬行述》、《詩集》，並魚翅、香腸等食物。楊渭春士燮來，劉培送熊掌。

二十二日庚戌。入直。壺天飯。巳初，到署。候豹岑。王壬秋索書扁曰"紫琅玕館"，對曰"連苔上砌無窮綠，王母桃花千徧紅"，即書之，又乞叔平書。劉樾仲來。卓臣來。張竹辰來。

二十三日辛亥。入直。答竹晨，送斗南。招蘭孫飲，有樫甫、駿生陪，午刻。徐花農來。斗南來，屬贈張蔚增、子高對幅各一，去年冬雪賞對者也。楊渭春來，爲王伯恭籌家用四十金，屬渭春交。子英來。

二十四日壬子。入直。晤蘭孫。何壽南來，何雲裳榮階來。得御史，丁丑。小宇送武梁祠拓本。王伯恭來。運齋、秋樵來。得仲良信。

二十五日癸丑。入直。派擬天津等處扁。得子仲信。晤廉生，遇朱澂。壺天飯。午初到署。豹岑來。

二十六日甲寅。入直。派寫"百流歸德"扁。工部奏隨扈派烏。吳卓臣、許子元來。子英來。

二十七日乙卯。入直。工部直日。晤蘭孫。遇筠菴，即送筠菴，明日行。江麗生來。得偉如信，並雄精盃，即復。得濟之、振民、陶民初六信，即復，明日發。

二十八日丙辰。入直。派寫善果寺扁。晤廉生。到署，午初。

樊恭煦來。

二十九日丁巳。入直。派恭題皇太后畫蘭四幅。徐花農來。

三十日戊午。入直。徐念馥來，號桂芬，新齋丈之銘之孫。崔國霖來。宜子望來。江麗生來。

二月癸卯朔己未。入直。坤寧宮吃肉，卯正二刻。招伯兮、廉生、仲弢，再同硯秋來看書，並駿生。申刻散。

初二日庚申。入直。派寫賞勖貝勒五十"宗潢受祜"扁。胡子英來。壺天飯。午初，到署。雷其蔚來。王壬秋來。中伯權、張堯農來。

初三日辛酉。入直。長元吳館祭文昌。大雪。同蘭孫招豹岑及樨甫，庖人則李、姚二家共爲之，頗佳。徐亞陶來。午後雪止。聞內中云，昨酉初東方天關。

初四日壬戌。入直。命擬懷仁縣等處扁。午初，到署。壺天飯，晤廉生。馮開勛來，其子馮國琛，滁州吏目。運齋來。

初五日癸亥。入直。工部直日。蘭維垣來，爲其姊李蘭氏節烈乞文。

初六日甲子。入直。西陵行宮扁、對、貼落等共八百餘件。廖炳樞來，號紫垣，教習，乾州判，文恪孫，父銘勛。胡月舫來。得駕航信。盛伯熙借去《銅琴鐵笛齋瞿氏書目》。

初七日乙丑。入直。派題皇太后御筆畫蘭一幅二首。壺天飯，晤廉生。巳初，到署。胡子英來。得張祥會信，庚午優，敦煌縣。

初八日丙寅。入直。祝運齋夫人壽。陰，有雪意。卓臣來。子英來。運齋來。夜大雪。子授出內庭。

初九日丁卯。入直。遞西陵扁對奏片。辰初，上詣中和殿，看社稷壇祝版，補褂侍班。辰初，雪止。夜大雪。壺天飯。巳初，到署。晤蘭孫。梁有常、錢駿祥來。馮開勛及伊子國琛來付以關山信。

初十日戊辰。入直。大雪寅刻起,巳正未止,未初仍未止。函寄清卿,交誼卿。得濟之、竹年、振民、泉孫廿二信,即復。又廣安、辛芝。胡子英來。

十一日己巳。入直。辰初一,上至中和殿,閱文昌祝版,補服侍班。派寫善緣寺、廣雲寺扁,派寫黃新莊、秋闈等處扁三十四。松崔齡、若農、陸蔚庭來。胡子英、蘭維垣來。程樂菴來。

十二日庚午。入直。派寫半壁店、梁各莊、永福寺等處扁四十餘面。辰初一,上至中和殿閱關帝祝版,補服侍班。賞香橙。叔平來,至殿尋若農話。壺天飯。聞廉生病,晤。巳正,到署。翁鹿卿曾榮,到部。子英來。頌閣送熊掌,交駿生。

十三日辛未。入直。直日。奏改派隨扈大臣,派潘祖蔭。又烏拉布之母請旌。派寫扁四面、貼落八件。送朱曼伯席、德靜山屏、聯、普洱茶、滄酒、蜀錦二端。運齋來。子英來勻敦百卅金。夜雪。

十四日壬申。入直。派寫佛堂二件、對十六付,又派擬皇太后逐日寫吉祥四字。玉印一還小宇。得毛子靜、鳳清,即復,交提塘。永寶來,一觚扁字,屢來矣,索廿兩,還之。

十五日癸酉。入直。派擬嘉義縣等處扁。壺天飯。辰正,到署。晤蘭孫。中伯權、徐花農來。陳貫生冕來。得碩卿信。子英來。

十六日甲戌。偕福琮亭續估先農壇。復碩卿,交運齋。得南信順、濟、辛之。

十七日乙亥。入直。工部加班四件。派題皇太后畫蘭四幅。箴亭至懋勤殿面商摺稿。弔烏紹雲。復順伯、濟之、辛芝二函,小畬。陶民夫人去世,屬濟之送十元。剪足指爪。江槐庭來。辰正後雨。午正後大風。陳恒慶來,得九蘭信並拓本。運齋來。

十八日丙子。入直。壺天飯。巳正,到署。陸鍾岱來,補學正。

叔平送湯紀尚《紀事稿》。再寄順伯、培卿，以冠英貧老寄廿金，交運齋寄。復梁于渭，交法華寺本宅，又清卿，交誼卿。復陳九蘭，並《功順》及《籑齋外編》三本，交陳屯田恒慶。

十九日丁丑。入直。昨遞，西陵差使。箴亭往估地壇。賞大卷二。子英來。回寒。駿生烹熊蹯熟，擬昨日招運曹子千、卓臣、駿、檉、伯華，並借姚庖。許子元來。王延綏來。

二十日戊寅。入直。引見時磕頭謝賞。巳初到署，招曹、吳、陳、蔣、姚同飯，午正飯。以叔平所助吳子重廿金，面交運齋，又順伯信。手復斗南，交摺差。手復顧俊叔，交王莆卿。

二十一日己卯。入直。工部直日。又奏請寶源工程，東麟、徐、祁、西崑、曾。晤蘭孫。顧緝廷、運齋、張承熊來。

二十二日庚辰。入直。候合肥。派擬三海等處扁九十五件，對八十五件。胡千里送書及物四色。

二十三日辛巳。入直。派題皇太后畫蘭四幅。巳初，到署。胡千里、阿克占、運來。朱其焯來。

二十四日壬午。入直。遞派擬三海、西園門等一百八十件。子英來。

二十五日癸未。入直。派閱御史卷廿二本，同福、祁、童。張容華弟一。巳正，到署。岑春澤來，得鏡如信。

二十六日甲申。入直。同琭亭奏續估地壇、先農工一摺。工部加班二件。晤蘭孫。復清卿，內拓本二紙。李少荃來。丁麗生來。唁鳳石並祭幛。

二十七日乙酉。入直。派寫"鈞天普慶"等扁十面。丙午、己酉文昌江蘇財盛團拜，均未去。子英來百兩。崇文閣元板《廣均》、《均略》送看。丁未，張、徐二丈卅日福壽堂招。

二十八日丙戌。入直。派寫南海等處對十付。辰正，到署。蕭韶來，送以聯、屏、書。運來。子英來。寄毛鳳清《滂喜》，交緝廷。送緝廷聯、幅、禮六色。樹南去世，來報。

二十九日丁亥。入直。派寫勤政殿對二付、貼落一件。賀慶邸五十壽，直其未歸。得濟之、瘦羊信，即復，並辛芝一函，卅日發。卓臣來。

三十日戊子。入直。派寫瀛秀園扁一面。弔樹南廿八去世，唁席卿內艱。福壽堂張、徐丁未，請自往辭之。時已刻，主人尚未到也。發南信。丁立榦來。顧桐華來。

三月甲辰朔己丑。入直。上詣奉先殿。晤廉生。辰刻到署，晤蘭孫。蘇來，洪福來，號海如，求寫扁，歙縣人。吳枔香來，豹岑來。

初二日庚寅。入直。賀仲華補都統。壬子團拜，未到。爲洪氏宗祠寫扁聯小字信，張守巇、守峒同山來。林萬濤來，赴台灣道唐緯卿幕。松鶴齡來，爲衡司事。子英來。胡壽祺來，安徽解餉，孝廉方正。

初三日辛卯。入直。辰刻，到署。花農、繆櫟岑、子英來。花農送菜。徐念馥來。

初四日壬辰。入直。工部加班，帶引見四排六名，奏事三件。換氈冠、藍絨領、棉袍褂。晤蘭孫。崔國霖來。德靜山來。惲寶楨來。中、啓、程、趙、許來。寶泉工竣，明日行文。派從耕大臣，肅、克、慶、徐、翁、奎、麟、潘、祁、煕、廖、奕枕後改派黃體芳。

初五日癸巳。入直。巳正，到署。丁麗生送笪江上字卷。蘭孫送食物。松雀齡來。得培卿信。

十六日甲辰。以上西陵日記。蘭孫來。許子元來。運齋、小宇來。松雀齡、倫夢臣來。陸廷黻來。伯權、樂菴來。子英來。

十七日乙巳。入直。全牌子請安。派擬永福寺等扁八面。工直日。户會議鼓鑄,與福、翁戀勤談。得郭壽農樹榕信。李潤均來,蘇來,宜子望來。薛尚義來,爲欲得印結局。卓臣來。派查估後派翁、松雍和宮。松、啓、溥、徵、那、江、程、趙、李、□、熙、潤、均。江槐庭來。萬際軒來,號雲生,椒坡門人。楊渭春來。

十八日丙午。入直。晤廉生。巳初,到署。晤蘭孫。吳德貞來,癸酉、丁丑教習,分發河南。高文翰來。王守訓來。陳景墀來,謝小洲來。

十九日丁未。入直。先農壇演禮。馮開勛送河豚,送蘭孫。夏玉瑚來。沈曾桐、崔國霖、胡壽祺來。胡以阿藩、張梟信去。送沈曾桐昆季《功順》二部。

二十日戊申。入直。派寫隨州"福佑唐城"扁。晤廉生。辰正,到署,看廿二加班摺二件。寄仲飴,交廉生,索全拓。朱其焯來。寄窓齋高氏瓦罐拓九紙。

二十一日己酉。入直。派題皇太后菊花八幅。亞陶、鹿喬生來。張兆奎來,癸酉分發福建同知。高文翰來,付二百,尚欠貳百七十三兩。運齋來。胡壽祺來。傅雲龍來,索《功順》、《古籀疏證》。

二十二日庚戌。入直。上詣中和殿,看祝版,乾清門補服侍班。午刻,先農壇演禮,未初二散。工部加班。督修國子監,松壽、梁有常。子青云張鍾赤。吳炳和來,直候補道仲仙子。子英來,言漢洗及劉之十石、四專,洗大衍,石專各五金。

二十三日辛亥。未入直。寅正二,上詣先農壇。辰正,耕耤禮成。蟒袍,補褂。慶成宮慶賀,三跪九叩。序坐一叩,進茶一叩。辰正二散。陰、晴錯。吳蔚若來。運齋來,交張子青丈助吳冠英廿金,又順伯、培卿函。黃花農來。子英來,洗大衍付四十兩,欠十兩。

二十四日壬子。未入直。偕續燕甫及所帶桂文圃、高壽農、文康孔總署刑司及工部九人查估雍和宮工程。卯初去,辰初到,午初歸。

蘇來。寄清卿瓦缶拓九紙，交誼卿。徐念馥來。龔蔭培來，號又勉，履中之子，蘇州，現署大興。

二十五日癸丑。入直。上詣北海，至廿六日止。派寫吉羊四字扁廿五分。工直日。韓鏡孫送豚白，以贈若農。晤蘭孫送豚白。

二十六日甲寅。入直。派寫黃新莊行宮、盧溝龍王廟、永福寺等處扁八面。若送南花菇。晤廉生。巳初，到署。傳心殿與燕甫面商查估。寄劉仲良、崧錫侯屏、聯，交徐桂芬念馥。高文翰來二百卅兩，全清，送對一付，彼送《印譜》一部。又爲覓大興護照一紙。

二十七日乙卯。入直。偕小峰、子齋、吉甫到署，面商衡司一摺，巳正散。廉生借《戚少保年譜》，送四蝦一甆。復濟之、竹年、辛之、振民、廣安、碩庭、熙年、泉孫。吳德貞來，要劉覲臣信。發裕壽山信，交壽田。發江容方信，交子元，交星叔，爲顧允昌也。向花農索火骰。惲寶楨來，號鈞石，伯芳之子，乞書"廉讓堂"扁，又對，所贈卻之。花農送火骰二，子元十。徵厚、啓緒、松壽來。換季。穀雨，酉初三刻。

二十八日丙辰。入直。風。清明日風則無日不風。許子元來，交還容方信，交萊山。蘇來。王葑卿、徐花農來。倪豹岑來，張丹叔來，子英來，洗付四十，欠十。

二十九日丁巳。入直。上出乾清門，補祔侍班。偕續奏查估雍和，續召見。風。以高文翰印郵送駿生，以所得高瓦片、造象、甆拓十四紙送廉生。謝小洲送印合、搬指、磁煙壺、端研四色。丹叔送四色及書。

四月乙巳朔戊午。入直。辰，到署。答張丹叔、長少白庚、松森。蘇來瓦付十六兩，欠四兩。送廉生瓦缶拓九紙。吳德貞來，取信去。

初二日己未。入直。加班，奏衡司吏吳啓曾，交刑部。仲華來，留飯。馮蓮塘來。得花橋信。陸繼高來,號峻甫,少愿師之子。

初三日庚申。入直。辰刻到署。子英來。

初四日辛酉。入直。工部直日。晤蘭孫。趙藹臣_{時熙}來,選平樂府。得清卿信,黃戉拓一,即復,造象三、漢洗一、專四。

初五日壬戌。入直。借仲弢所得仰山古器拓二本,即還之,送以古匋拓九、洗拓一、瓦拓六。繆右岑來。子英來。劉姓以窘欲售十一石,真狡。得濟之信,即復,並寄辛芝、振民、熙年、泉孫。高熙廷來,視川學。張次雲_{承熊}來。

初六日癸亥。入直。辰刻,到署。晤廉生。寄彥士信,內拓本卅二紙。王伯恭、吳卓臣來。

初七日甲子。入直。派題皇太后御筆畫蘭八幅。上召見。寄清卿函,交運,運來。

初八日乙丑。入直。到署,考張鍾赤。_{其父名畇,河南糧道,己卯。}惲鈞石_{寶楨}來,發安徽知府。屛、聯送長少白庚、張丹叔聯桂。王曾仁來,振錄之姪。周生霖、高搏九來。子英來,付六十六兩。劉三石十一件,全清。

初九日丙寅。入直。答周生霖、陳維周,送長少白屛聯、《思補》、《洗冤》。風。癸酉、乙酉團拜,辭不赴,送席二,以送張丹叔、謝小洲。又二席,一送陸峻甫,一送高搏九。延旭之煜來。陳慶禧來,號榮門,辛未庶常,選楚雄縣。雷緯堂_{正縮}來。

初十日丁卯。入直。答雷緯堂、旭之。馮開勳送河豚。梁經伯、蘭維垣來。

十一日戊辰。入直。晤廉生。辰正,到署。謝小舟來,子英來,運來。

十二日己巳。入直。工直日。上詣大高祈雨。張丹叔、素禮廷來。王藝菴_{遵文}來。筆彩來。夜雨。

十三日庚午。入直。夜雨達旦。派寫美屬岡州會館、關帝廟"海宇澄清"扁。得仲飴信及郭有道碑、阮對拓、子苾對拓。復仲飴，勾敦瓦缶，甎拓十五紙，《探路記》一部。雨竟，尚不止。送廉生對六束。函寄清卿，甎四方一匣，《穆宗集》一部，內鈢拓七紙，擬交謝小舟寄。爲謝小舟書屏聯。陳熾次亮，改號用絜屬書對。雨竟日，止亥刻。

十四日辛未。入直。立夏，寅正二刻八分。辰正，到工署。雨後道難行。王蓋臣忠蔭、彭如泉漱芳子、溥孫、子英、孫勝非堪來。胡月舫來，以王氏叢書目呈閱。又一鐘，無字。三安陽幣、一垣字泉，還之。酉刻，雷雨數點。吳康壽幼樂送《黃葉村集》及土儀。

十五日壬申。入直。晤廉生。以肴二點二果席送吳康壽。吳幼樂來，云號頤齋，慕驥之堂弟，時軒之聯襟也。朱其卓來，分發河南。濟寄阜長畫元寶一豬一鄒紫東交來。

十六日癸酉。入直。戶部會奏兩局鑄制錢存儲備用一摺。辰正，到署。明日加班二件看摺。郭光燼來，乙酉舉，分湖北縣。運齋、馮蓮塘來。子英來。

十七日甲戌。入直。工加班二件。花農、子英來瓦拓四兩。晤廉生。發南信，濟、竹、廣安、鞠常。夜雨。

十八日乙亥。入直。常雩大祀。午初，上到齋宮，未初散。蟒袍、補褂，同直四人，食瑞德堂。卓臣來爲子涵寫扇。晚大雷雨。

十九日丙子。入直。黃建筅寄到。濟之寄來肺露，一滴無存。辰到署。運齋、鄒紫東嘉來來。得濟、竹、辛芝、瘦羊、泉孫信，即復。

二十日丁丑。入直。上幸北海，至廿四止。工部直日。筆彩來，鼎一大衍。交運、清卿信，內秦鼎拓一。小宇以兩面武、兩面安藏、一濟陰、一安藏來，還之。子英以劉二之鼎來。派查估供用庫工程。

二十一日戊寅。入直。派寫東古縣"海安昭佑"扁。晤蘭孫。賀萊山得孫彌月。筆彩來，鼎五十清。以交鼎寄清卿，交運。

二十二日己卯。入直。到署。查估松、啓、景、程、趙爾震、何乃瑩，書吏楊秀峰。寄時軒五嫂壽分八元，交熙年。泉孫由濟之會，又廣安、振民各《月季花譜》一本。尚昌懋來，號仲勉。陸峻甫繼高子英來。子英來，運來。熱。

二十三日庚辰。入直。發南信，並《月季花譜》八本濟、竹、辛、振、廣、泉孫、瘦羊，又二本送若農、運齋，又四本送子青，駿生二本，蘭孫一本。王念庭來，送瓦一、鉛人一、潘押一、拓一包，送以譜一本，又一送伯兮，一送廉生。子英來，付百鼎直也。以劉二簋來，交去收拾。高熙廷、卓臣來。

二十四日辛巳。入直。弔福綏庭。送廉生秦鼎拓一，伯熙一，念庭又瓦片拓一。蘇來，爲吳頤齋、趙藹臣寫屛對。寄清卿拓，並瓦片廿五紙交運，信寫廿九日。曹福元來。

二十五日壬午。入直。派管理八旗官學大臣，本日改早衙門。到署。屬許子元寫謝摺。寄成竹銘信、對、橫幅，容方信、《月季譜》、景夢寺陀羅石刻、崔子忠《歲星圖》，均交陸峻甫繼高。子元、峻甫、王藝盦來。

二十六日癸未。入直。具摺謝恩。陰，小雨。晤徐蔭軒，遇長允升，晤蘭孫。王世驥來工部，號星寰，孝鳳之子。陸鍾岱來，要去叢書二部。子英來。

二十七日甲申。入直。引見時碰頭謝恩。辰正，到署。賀季和、萊山嫁娶。長允升來管學官。朱其焯來。張樹冀來索百。

二十八日乙酉。入直。工部直日。蔭軒來。運齋、孫詒績來。長允升來。陳其敬來，號璞如，廂白，丁丑教習。

二十九日丙戌。偕嵩犢山查估供用庫並拜管學官，午正歸。高勉之來。端午橋來。子英來，以劉姓鑄子叔里姬簋來看。裁縫鋪以陽文六字大敦來看，拓而還之。

三十日丁亥。入直。派擬扁一百面，對九十五分。候王文錦。到署。晤蘭孫。王可莊、福少農來。曹秉濬來。曹秉哲來。鑑古袁姓，前博古來。蘇來。

閏四月朔戊子。入直。赴仲華招，同子和、蔭軒、蘭孫、子禾、小峰，歸已申初。文卿來。鑑古來。角蓋一，卣一，二百。拜管學文和、升允。

初二日己丑。入直。帶引見寶源局六名，楊聰桂一名，張鍾赤一名。換實地紗文。寄清卿角蓋拓一，交運齋。鑑古袁來，付一百兩足文。

初三日庚寅。到鑲黃旗官學，到者蔭軒、洛英、允升、雲舫、吉甫升允、文禮雲、福幼農。午刻散。蘇來，付瓦四兩，全清。鼻煙十四兩。吳卓臣來，趙爾震來。

初四日辛卯。辰初，至景山正黃旗官廳，候敬子齋，率同司員分東西皇城溝道收工。到署。得辛芝、濟之、振民信，即復。又寄清卿卣拓。若農來。鑑古來一趯卣，索七百，不能成。

初五日壬辰。入直。派寫鑑古樓、嘉柯殿等處扁廿面。朱其焯來，付劉藎臣信。駿生述及徐王子鐘，云是柯太史托詢，宜昌出土，去年楊守敬曾索直一千，須先付艮，恐難成也。吳卓臣來。鑑古來，一醇士僞卷，還之。德小峰來。

初六日癸巳。入直。派寫對七副。工部直日。晤蘭孫。復鳳石，交毅甫。惲鈞石寶楨取阿笑山、張竹辰信。徐花農來，子英來。

初七日甲午。入直。到署，遇生霖。端方來，鑑古來，子英來。簋議成，三百。未正後雨。

初八日乙未。不入直。雨。西四旗官學到任。廂紅學,頭髮胡同,管王仁堪,翰江澍昀。廂藍,西斜街,管福懋,翰陳懋侯。正紅,報子胡同,管長萃,翰洪思亮朗齋。正黃,祖家街,管高釗中,翰徐致清。俱到。卯初到,巳刻畢。冒雨而歸。李經羲來,號仲仙,少荃之姪,選永寧道。蘇來,煙十剌,每剌卅兩。鑑古來議遇卣。得萩芳信,即復。運來。

初九日丙申。入直。到署,遇生霖。子元來。《花譜》蘭二本,陳四本,子元二本,小宇二本。小宇來。王穆之號仲皋,伯恭之弟來。胡月舫送來鼎,僞。《宣公集》,明板,還之。刀、筆暫留次日還。楊渭春來。趙增榮、子英來。

初十日丁酉。寅正起身,卯刻到廂黃官學。文禮和、劉次才、鍾洛英、王雲舫、王可莊、高勉之、升吉甫、長季超先後到,福幼農後到,同飯。巳正,先散。歐陽潤生霖來,河南降調府,丙午年,癸丑世□。運來,鑑古來,得眉伯寄濟、振、泉孫信。

十一日戊戌。入直。到署,遇生霖,謝公祠。答德小峰。問徐小雲病。同敬子齋奏皇城左右翼查估收工摺一件。蘇來,得偉如信。天順祥來,又八妹信,即復。鑑古來,卣四百,先付四十。子英來付簋足百兩,欠百兩。

十二日己亥。入直。子刻,雷雨。子青丈招福壽堂,辭之。晤廉生。得仲飴自公櫃鹽店寄來信,並《溽南集》,即復,並寄以簋、叔尊蓋、勻敦、殘匋二百,兩字共四拓,又《月季花譜》一。午刻雷雨,至申止。端午橋來。

十三日庚子。入直。遇生霖,到署時辰初二。晤蘭孫。發郭樹榕、益齡、紹石安、楊雪、朱丙壽、德泰、李璲信。王伯恭、王小宇來。鑑古來,付一百兩。發南信,濟、振二、泉、辛五函。

十四日辛丑。入直。工直日。辰正,小雨。汪範卿來。鑑古來。

十五日壬寅。卯初，到署。鑲白官學，洛英、林贊虞、雲舫、可莊、禮和、勉之、允升、吉甫、幼農到。飯後先散。午刻歸。端午橋、孫勝非、孫子授來。小峰送禮。崔國霖來。鑑古來又付豆銀一百兩。

十六日癸卯。入直。寅正後大雨。入直，惟若農到。晤廉生，還胥姓十九兩鑄銀章又一兩豐貨。到署。岑春澤來。蘇來，二觶皆偽，還之。函致若農、文卿，薦駿生、伯恭。子英來。

十七日甲辰。陰雨。與蔭軒約定到正藍旗學。王雲舫、羅錦文郁田、蔭軒、可莊不到。羅則翰林，官查學，應到。辰正散。花農、伯恭、喬聯寶號小鶴來。送勝非屏對。

十八日乙巳。入直。到署，同小峰、生霖。派大婚典禮司員滿、漢各四十員。午初散，候湛田，雍和宮報廿日全完。批鑲白課卷。

十九日丙午。入直。傳心殿晤子齋、燕甫。到署。晤蘭孫。送湛田席。許仲韜來。

二十日丁未。查正白官學，管升允，翰林朱百遂未到。可莊、雲舫、允升、勉之、洛英、禮雲、幼農陸續到。飯後散。素禮庭來，湛田來。發濟之、辛之、熙泉、碩、廣安信。崔國霖來。

二十一日戊申。右安門石橋收工。子齋未去，擬明日奏，又供用庫亦明日奏。方子嚴來。答許筠菴，晤蘭孫。伯權、承齋、菉生、堯農同來。鑑古來。王萩菴辭行。

二十二日己酉。入直。工部直日。松森招廿六音尊，辭之。若農來，並晤駿生。惇邸送素菜點十色。手復蔭軒，訂五月三日面商。若農函詢廿四召見事。復濟、辛、振民，又致廣安，再爲倉石。批鑲黃課卷。

二十三日庚戌。查估雍和宮收工，卯刻到，巳刻歸，同續燕甫。趙爾震來。蘇再來。鑑古來卣蓋子孫索六十。尹彭壽來。已睡，送壺、陶片廿一片。

二十四日辛亥。入直。派寫"福佑恒農"、"惠溥茅津"、"威宣硤石"扁三面。到署。孫勝非、鈕家煥來。筆彩來。許子元來,以《經籍訪古志》屬駿生抄其目。蘇來。"玄中"二字僞,還之,不必見器,定爲僞也。若農來。鑑古來付四兩。

二十五日壬子。入直。偕續燕甫復奏雍和宮收工摺。寄清卿一函,内次經所送僞壺拓一。徐子静、倪豹岑來。次經來。

二十六日癸丑。入直。到署。子英來,以方子聽、王念庭拓本交之粘册,申初交到。皇太后賞絳色緞一疋、絳色芝麻紗一、漳紗二、帽緯二、駝色緞一、駝地直徑地紗一、葛布二、燕窩一匣、扇一柄。子英來。曹吉三來,新放河北道。

二十七日甲寅。入直。引見時兩齋磕頭謝恩。梁經伯、啓迪齋來,文卿來,得毛子静信。燥熱。遣人問仲華足疾,送《月季花譜》。

二十八日乙卯。入直。到署。换亮紗,候蘭蓀,不值。賞袍褂料、葛紗、葛布、帽緯等十件。鑑古袁來,付足百兩,尚欠十兩。胡月舫來,運齋、子英來。

二十九日丙辰。入直。到署,遇生霖。晤蘭蓀。芷菴送八合,誠鎮送八合,送仲華八合。

五月丙午朔丁巳。入直。上看祝版,乾清門侍班,回時磕頭謝賞。工部直日。升吉甫、劉次方來。方長孺來。賞角黍。若農、頌閣節禮答之,又送颸臣。

初二日戊午。夏至,丑正二刻二分。入直。到署。巳初雨即止。潤古來,以鼻煙一求售,還之。惇邸送奶卷二盤,以送蘭孫。開發内廷節賞,又蘇拉五十六分。

初三日己未。未入直。至鑲紅旗官學,與蔭軒面商一切。洛英、禮雲、雲舫、允升、幼農、勉之、可莊、吉甫俱到。發去若農書《説文建首》四百分,痧藥等各十瓶,喉藥廿分,萬應定各十瓶。子英來,刻《説文建首》卅兩,付清。又《全生集》八分,交洛英。筆彩、蘇來方子聽拓本,蘇泉范均還之。王伯恭來。

初四日庚申。入直。到署,遇生霖。送駿生廿兩,黃酒館二百七十千。送方子嚴菜點八合。

初五日辛酉。入直。賀節。運來。蔣文英禮玉,受家集,申甫之子。豹岑來。

初六日壬戌。入直。晤廉生。大婚,添派漢司員十人,滿八人。小峰、紹雲、萊山、吉甫、生霖俱到。得濟、竹、辛、振四月廿八信,即復。又麟生信,聞其跌傷也。子英來。若農《説文建首》八百分已齊。

初七日癸亥。入直。晤蘭孫。《説文建首》卅分、巴魚子、鳳頭菜送若農。以《説文建首》四百分交洛英,分致八學。送蘭孫虞恭公楹聯集字一分,徐小雲一分,又《月季譜》。熱而不雨。答蔣文英號夢岩,申甫之子。筆彩來,鏹幣二,索廿五兩,一枚還之。紹石安燊來見。夜大雷雨。

初八日甲子。入直。派寫"鈞天普慶"、瀛秀園扁。到署,遇生霖。文卿來。夜雨。

初九日乙丑。入直。工部直日。陳增壽來,駿生之兄。王伯恭來,索去《滂喜齋》一部。

初十日丙寅。入直。朝房晤壽山。到署。辰正,小雨。蘇來。仲飴寄古磚六。余誠格來。

十一日丁卯。入直。晤蘭孫。梁航雪來,送瓊州章魚,即送若農,答其茶滓治癬。

十二日戊辰。入直。到署,遇生霖。子元來,亞陶來,曾景釗來,鑑古來。

十三日己巳。入直。鑑古來,還其卤蓋。昨以荔支、枇杷送蘭孫。得熙年、泉孫、小漁信,火骸、月季花等件。卓臣來。

十四日庚午。入直。到署,遇生霖。復濟之、泉孫、熙年、小畬、培卿、振民,又辛之,爲培卿書吳氏宗祠扁等三件。申正,雨數點。程藻安子名慶祺,號賡雲,送茶、欖四色。得柳門信,端州石室一紙。

十五日辛未。入直。上召見於東暖閣。巳初,雨數點。吳德張來,田司,號廉泉。復柳門,交誼卿。復鳳石,交毅甫。蘭孫送荔支,送誼卿廿枚。運來。

十六日壬申。入直。到署。復楊思贊同福,贈以拓百四十八紙,又十六紙交曾鴻章。仲華送惠泉水,答歐虞公集聯。惲次璦來。蘇來,追鼎裝座架甚精,僞也,還之。楊同楜來,已睡,未見。

十七日癸酉。直日。注差。到象鼻坑廂白,鍾洛英管學,同人陸續到。巳刻散。陳冠生來,交之潘振聲民表九十千,交文禮雲藥費十六兩五錢。

十八日甲戌。入直。到署,遇生霖。蘭孫招,同豹岑、湛田、子禾,未刻散。致程尚齋,爲伯恭並文恭公三種。

十九日乙亥。入直。到署,看加班摺。伯恭來,送以十一兩,云廿一行。

二十日丙子。入直。加班奏大婚事宜,黃面紅裏一摺二片。綵綢棕毛即片也。引上屆成案請旨。倪世林來,號萊杉廿六歲,豹岑之子。樨甫來。

二十一日丁丑。入直。到署。晤生霖。答廖穀士。晤蘭孫。花農、卓臣來。熱甚。廿四日,上祈雨。

二十二日戊寅。入直。寄清卿專拓三紙,交誼卿。得熙年、菊常信。楊同楜來,號調甫,丁亥門生。

二十三日己卯。入直。到署,遇生霖。程慶祺來,號賡雲,藻安之子。發南信,濟、竹、辛、麟、振、碩、熙、泉各一並若農《說文建首》

一分。又寄鞠常信,交運。

二十四日庚辰。初伏。入直。卯正,上詣大高殿祈雨。熱甚。送對、屏、扇,豹岑。晤蘭孫。送對、扇,湛田。又陳芙生增壽、歐陽潤生、蔣夢巖文英、楊調甫同櫛。又廖穀士,菜四色。

二十五日辛巳。入直。工部直日。八旗官學閱奏稿,教習專以縣周正摺鄉全場,准代館期眼,①亦給假代館奏片,定廿九日奏。運來。仲弢索沆鄾鐘拓。熱甚。督修大高殿派松、王瑾。

二十六日壬午。入直。到署,遇生霖。彭仲田選甘肅秦安。屬駿生校升吉甫所刻《左氏讀本》以付官學,校出錯字五十處。潤古來,一觚,一匜,皆偽。熱甚。

二十七日癸未。入直。王延黻來,爲書《畿輔叢書》簽面,號青友,文泉之姪。潤古欠筲付十兩,欠四兩。廖穀士來。熱甚。未,日井十九度;未,土井廿二度八分;辰,木角五度一分;申,火參九度四十六分;未,金張四度五十一分;午,水鬼三度三分。

二十八日甲申。入直。八旗官學送看一摺一片。卯正二,陣雨。到署,小雲銷假。雨中歸。辰正三刻,晴。陳芙生增壽來。得容方信。未刻又陰,雨至子刻止。

二十九日乙酉。入直。八旗官學奏事。召見於東暖閣。是日,頌閣亦召見。晤蘭孫。許子元、梁航雪來。亥正後,大雷風雨,即止。

三十日丙戌。入直。到署。復容方,《岳雪樓鑑真帖》、②《探路記》、自集《溫虞公》四、《說文建首》四,交其家人陳福。

六月丁未朔丁亥。入直。晨,晤可莊於黃酒館。屏、對、書、扇,

---

① 今按:"眼"疑爲"限"字之誤。
② 今按:"岳雪樓"原誤記作"岳雲樓",今改。"岳雪樓"爲廣州孔繼勛於道光五年所建藏書樓,至其子孔廣陶時藏書逾三十萬册。《岳雪樓鑑真帖》乃孔廣陶所刻。

德小峰。對、橫、扇、書，紹石安。對、橫、扇、書，廖穀士。運來，裕壽山來。答陳建侯仲耦、王肇鎮、陸費煦、程慶祺。岑春澤來。黃仲弢來，借去《積古》、《筠清》二函。對、扇、《探路》、《歲星》，徐棣華郜。函致蔭軒，爲江陵《四書講義》，復以志在必成。梁航雪來。

初二日戊子。入直。到署。陳仲耦來。汪範卿來。送壽山席。仲田來。

初三日己丑。直日。到廂藍學，蔭軒、幼農、可莊、伯雙、洛英、禮雲先後到。未到者吉甫、雲舫、勉之、允升期未到。區海峰諤良，辛未庶常來。豹岑、胡月舫來。送陳建侯仲耦對、橫、扇。岑春澤送骰、酒。

初四日庚寅。中伏。入直。到署。丑刻雨，黎明晴。題楊忠愍身後墨跡，交月舫，其各跋盡可刪，宜勒石諫草堂也。又不全宋板《諸臣奏議》，索制錢十千一本，還以一兩一本。得仲飴信，己君盃拓一紙。得振民信。復仲飴信，《溫虞碑》集聯一分，沈兒鐘拓一，遇卣拓一，子孫卣拓、斝蓋各一，交仙源局。申初，大雨。雨中復振民，並濟之、竹年、辛芝信，又廣安、瘦羊。

初五日辛卯。入直。答裕壽泉、長壽山。道路已難行。廂黃頭館教習王掄英來，並遞呈。得清卿信、拓八十五紙，即復，卣拓、簠拓。王益吾寄書五函。

初六日壬辰。入直。傳心殿晤蔭軒，王掄英所遞呈，屬雲舫、可莊查辦。王定夫肇鎮來，任蔣橋信甫之壻。發南信。未刻，寒暑表九十五度。夜雨。

初七日癸巳。入直。辰正，到署。蘭孫送荔支，欽天二次封奏。花農來，運來。午，日初四午宮井廿九度；辰，月軫十一度；未，土井二十三度；辰，木角五度；未，①火井五度。金張十三度四十九分；未，水井廿

---

① 今按："未"，原標"火井五度"旁，疑當移下文"金張十三度四十九分"旁。此"未"似當作"申"。

四度。

初八日甲午。入直。工部加班奏供用庫一摺,派福、徐。晤蘭孫。午初大雨。卓臣來,並培卿信。至夜四次大雨。

初九日乙未。入直。卯正三到署。孔昭乾來。夜雨。子英來。

初十日丙申。入直。雨時作時止,歸途大雨。

十一日丁酉。入直。工部直日,奏大婚綵綢核減三分之一摺並開單。留中,次日發下依議。道路難行。子英來爵大衍,未付。酉電,雨不大。

十二日戊戌。入直。辰正,到署。楊同櫛來辭行。陳仲耦送自刻篆隸、《説文提要》、荆州銀耳。得王益吾信,又大衍。江槐庭來。夜,小雨。

十三日己亥。入直。晤蘭孫。復王益吾。梁經伯來。申初,大雷雨。寫復濟之、振民、辛之、熙年、泉孫、碩庭信,廣安信。子英來。夜雨。

十四日庚子。入直。寅正時大雷電,冒雨而歸。運齋來。文卿訂定駿生,並函告其多開丸藥,扶陽下淋之類。

十五日辛丑。入直。辰初,到署,遇小峰。得南信、濟、辛、鏡如、瘦羊、小畬各函。發南信。得陸心源信及《金石學録補》。蔣夢岩文英來。寒暑表又九十六度。繆櫟岑、陸蔚庭來。

十六日壬寅。入直。再函鄭嵩齡。齊梅孫功成來。復陸存齋,寄以《建首》、《温虞》、盂鼎、鑄簠、遇卣一、古匋九。海康來,瑞亨之子,工部員外,號仲安。曹朗川來。寒暑表九十三度。

十七日癸卯。不入直。到正藍官學,勉之、蔭軒、幼農、吉甫、雲舫、洛英、禮雲先後到。季超期服,可莊《心經》差,未到。趙爾震來。以飛龍丹各三瓶交八學,又蔭軒三瓶。交子授静瀾信,爲方昇。寒暑表九十七度。

十八日甲辰。入直。派擬萬壽山前後殿三字、四字廿面。辰正，到署。蔣夢岩文英來。蘇來，爵二，還之一父已不真，一字小而模糊，索一枚六十金也。函致靜瀾，爲孔廣鏡接前任虧空事，交孔昭乾。子英來大衍。

十九日乙巳。昨夜大雨不止。立秋，卯初三刻十二分。入直，冒雨而行，辰止。工直日，奏大婚減成之彩綢、棕毛交蘇杭織造。彩綢各一萬一千五百疋，棕毛交江督廿二萬五千斤。賞燕窩。夜，大雨五次。

二十日丙午。雨時作時止。徵厚、程志和來。夜雨不止。

二十一日丁未。入直。辰初，到署，看廿三加班二摺一件，兩庫月摺一件，核覆古北口練軍等項。送卓臣對：桂宮修月誇金管，蘭砌怡雲詠玉笙。送駿生"萬里槎游推博望，百層樓上屬元龍"。歸途遇雨。得程尚齋、廖穀似信。夜雨。

二十二日戊申。入直。連雨五日不晴。手復程尚齋，《説文建首》、《温虞公》字聯、《月季花譜》各二分。趙藹臣來辭行。

二十三日己酉。入直。工部加班奏事。寄清卿河間遼經幢、《金石學録補》、《温虞》集聯、《月季花譜》，交蔣夢岩。送駿生對。太白，廿三日辰初二刻二分入辰宮翼十度。殷秋樵、佛昇額、阿克占來。

二十四日庚戌。末伏。入直。辰正到署，遇小峰。運來。仲田來。送卓臣喜禮力四兩。

二十五日辛亥。閱是樓聽戲。辰初入座三十二刻，未正三刻散。住壺天。羅胎冠。廉生來。

二十六日壬子。遞如意，賞還。辰初，上御乾清宮受賀。辰正，入座三十三刻。申正二刻散。閱是樓聽戲，賞如意、帽緯、袍褂料、花瓶、手爐、藍料、碗、荷包八件，仍住壺天。廉生、伯熙來。

二十七日癸丑。入直。小雨。徐、吳未到。晤蘭孫。得南濟、竹、辛。辛又四函,《飛龍》、《唐賦》等件。《飛龍》千六包,《唐賦》二百,即復即發。卓臣來。午又雨。張僖來,號韻舫,友山之子,玉山之姪也,捐福知府。得友山信。

二十八日甲寅。入直。本日推班。辰初,雨。恩銘來,號新甫,癸酉山東同知。楊渭春來。

二十九日乙卯。入直。羅胎花衣,上萬絲。上看祝版,乾清門侍班。辰初,到署,小雨。長允升來,交去《飛龍》百分,《唐律》十部。運來。劉佛卿嶽雲來。熊登第來。初三各學俱《飛龍》百分,《唐賦》十本。

七月戊申朔丙辰。入直。工直日,遇仲華於朝房。辰巳間又雨。函致容叔《歲星》、《石湖》、《溫虞》、《月季》。復鳳石。陸壽門送紙二束。雨竟夕。

初二日丁巳。入直。上自本日至初六辦事後至北海。上召見東暖閣。王青友、崔國因惠人來。

初三日戊午。到廂紅官學,可莊、洛英、允升先到,蔭軒、吉甫、勉之、雲舫後到,幼農、禮雲未到。巳刻散。換羅胎帽,藍紗袍。餞駿生、卓臣,長元吳館共餞,洪、彭、顧、孔未到。陸壽門來。午後雨。

初四日己未。入直。辰初,到署。

初五日庚申。入直。派寫賞張之洞扁"籌邊錫福"。派寫牽牛河鼓天貴星君、天孫織女福德星君神牌。芷菴、文卿來。裴大中浩亭來,上海令,送以對、幅、書。安,霍邱人。對、屏、書,譚文卿。對、幅、書,譚進甫姚莘甫。對、《洗》、《全》,恩新甫銘。又張僖韻舫,友山之子。

初六日辛酉。入直。辰初,雨。晤蘭孫。送湛田行。得清卿信，拓廿紙。復，即交運齋，内古匋拓廿二紙。送壽山扇、對、書。送世振之扇、對、書。雨至申初未止，夜雨達旦。

初七日壬戌。以腹疾未入直。許子元來，得濟之、辛芝、麟生信，即復，初十發。繆祐孫攜岑來。夜又雨。

初八日癸亥。入直。辰正，到署。小雨。孫子與點、駿生、卓臣辭行。蘇來煙一刺，廿兩。花農來。

初九日甲子。入直。工部直日。仲父母八旬冥誕，龍泉寺念經。駿生行，送珊瑚蓋蘭花煙壺、藍玻璃壺各一枚。鮑孝愉，號仲餘，花潭子，鹽大使。

初十日乙丑。入直。招文卿、仲田、誼卿、範卿。答謝誼卿。曹朗川來。

十一日丙寅。入直。上召見東閣，派寫惠孚寺扁初十日。交仲田濟鼻煙、燕窩，辛歐《虞恭公》集聯及祁對等，振民書籍及陳仲耦等拓、河間經幢等拓。歸途，雨。送仲田對、扇、書。文卿十八日行，與卓臣偕十二日行。午未後大雨，至夕止。上自本日至十六，幸南北海。卓臣來辭行。

十二日丁卯。入直。朝房晤黎蒓齋。晤蘭孫。裴景福來，號伯乾，浩亭子，拔貢刑，進士户。

十三日戊辰。入直。辰初，到署。肅邸贈拓本六紙，報以二百七十一紙。黎蒓齋來。胡子英來。

十四日己巳。入直。柯遜菴來，姚厨十兩，又卅餘千。

十五日庚午。入直。端午橋來。大順廣道羅錦雯來。黎蒓齋送書，送以席。送蒓齋扇、對七言八言、屏四幅。

十六日辛未。入直。辰初，到署。送蒓對二、扇、屏。送孫廣雲對七、《全生》。送方子嚴對、《功順》、《全》、《洗》、《年譜》。陸壽門錫康來。

十七日壬申。工部直日，注差，到厢黄官學，惟高勉之未到。巳刻散。運來。恩新甫銘來辭行。曾景釗送鼻煙、《宋紹興十六年題名》二俱明板、《陶集》明翻本。

十八日癸酉。入直。伏魔寺吳太翁冥誕。晤蘭孫。裕壽山來，子宜來。方子嚴來。孫子輿來。送子宜食物。子宜送骰、茶、印譜、扇。

十九日甲戌。入直。辰初，到署。小雨。運來。復曲園，並爲《茶香三抄》書面，交花農。陳瀏來。

二十日乙亥。入直。工部加班朝日壇一件。查估，徐、桐、敬信。劉幼丹心源來，送《年譜》、《思補》、《詩》、《全》、《洗》、《唐律賦抄》。胡子英來，八妹來。

二十一日丙子。入直。付姚廚二兩。派寫徐州關帝廟"仁周淮泗"扁。蔣伯華來。蘇來付十兩，欠十兩。發南信，濟、辛、振，又交張福寄食物、參鬚。陳仲耦來。

二十二日丁丑。入直。辰正，到署，遇吉甫。運來。得濟之、辛芝、碩庭信，即發。廿五日發。又瘦羊、碩庭信。

二十三日戊寅。入直。晤蘭孫。小宇索《全生》、《洗冤》。蘇來付四兩，欠十三兩。李泗淵一口杭音來，據稱壬子李焜之子，李潤均堂弟。陳瀏偕其舅湖南寧遠縣信名揚號曜仙來，所贈卻之。郝近垣來。

二十四日己卯。入直。賢良寺弔翁仲淵，其家人辭。辰正，到署。巳初，雨。蘇來付十兩，欠二兩。孫子輿來。

二十五日庚辰。入直。雨。工部直日。林萬濤來，繆櫟岑辭行。陸壽門來。崇文門額已。

二十六日辛巳。入直。陸壽門來。

二十七日壬午。入直。辰初，到署。晤蘭孫，換麻地紗。謝元福來，辛巳翰林，江蘇候補道。孫子輿來。

二十八日癸未。入直。在內遇黎蒓齋，薦孫子輿。蔣伯華、汪範卿來。黃耀庭來。延曾來,有德靜山信。

二十九日甲申。入直。送秋皋對、屏,答海棠、木瓜。還四十兩,古月軒泥金紅玻璃壺;二兩,明甆碟二個;二兩,洋甆碗五個;七兩,景泰砝藍盆個;五兩,明霽青花紅嘉靖甆一個。得清卿信,即復,交誼卿。

八月己酉朔乙酉。入直。辰初,到署。孫子輿來,送錫之屏四幅,答其龍城石刻。蘇來,付十兩,全清,又鼻煙八兩。劉佛卿函薦黎蒓齋。運來。郝近垣送《郝氏叢書》全部。

初二日丙戌。入直。

初三日丁亥。入直。上看祝版,乾清門侍班。是日,翁仲淵開弔,長椿寺送分,未去。到署,明日直日。晤蘭孫。鮑孝裕來。未刻,運來。仲午生子,名樹摰,字字甫,號益多。張僖來。李潤均來。蘭維垣丙卿來。發辛、濟、竹年信。

初四日戊子。未入直。工部直日,注差,卯初到厢藍學,復核教習之優生三人,各一講,一六韻詩識字一人,講解一人,同人俱到。午正散。運來。孫子輿來。得熙年信。

初五日己丑。入直。晤蘭孫。送蒓齋七種各二分。許仲韜來。張鍾赤來,號少林。送蘭孫黃白月季二。

初六日庚寅。入直。辰初,到署。得苑秋丞、張沆清信。濟之匯《毛詩》、信。汪子常來,胡壽祺來,與以河關山信。子宜來,與以靜瀾信。

初七日辛卯。入直。會吏部覆胡俊章題本遲延一摺。賀仲復,答子常。子常送月餅、火骰等件,答以扇對七言、八言、橫幅。得仲飴信,即復,贈以燕窩、雲霧茶、金珀煙壺、鏒金帶板,交廉生處來价。江蘇降補陳榮來,號詗山,理菴姑丈之姪壻也。秋分,酉初二刻。

初八日壬辰。入直,換實地紗,爲徵和齋厚書對幅。汪眉伯來。蘭孫、若農、芷菴送節禮,答之,並答頌閣、誼卿、颺臣。派覆勘朝審。復培卿,交誼卿。

初九日癸巳。入直。辰初,到署。得宗子材信,答以屛、幅、扇、聯四事。孔昭乾來。得偉如信,並八妹信,交天順祥,即復。

初十日甲午。入直。爲黃耀庭作書致仲良、錫侯,交仲約。羅郁田、許子原來。運來。費德保來,蘇來,廖炳樞來。寫曾左祠扁、對,壽蘅求。

十一日乙未。入直。到署,考張翊宸亮基之子,奏留。散,遇徐小雲。龔穎生來,交仰蘧信。開發内廷節賞,均由錢,仍改歸銀十千作一兩。商言詩來,貴州嶧琴門人,誤拜者。作濟之、竹年、辛芝、麟生札。

十二日丙申。入直。工部直日。賞帽緯、大卷六件。發南信。函致偉,交子宜。子宜本日以知府引見。朝房見福珍亭,定十六收工。見蔭軒。

十三日丁酉。入直。晤蘭孫。樫甫送菜四色,以其二送蘭孫。付樫厨二兩,付黃酒館廿兩多付四兩,歸入下帳。得李貢山信,樂道堂送《萃錦吟》,答以《滂喜》四函。

十四日戊戌。入直。戀勤殿設席。叔平過談。

十五日己亥。入直。子宜來。得濟之、瘦羊、泉孫、陳容叔、駿生信。運來,即發濟之、麟生、嵩佺、辛之、駿生、泉孫、小畬信。賞瓜果、月餅。又適得嵩佺信,即復,並題其縮臨《九成宮》。延煜辭行。朱少愚信。

十六日庚子。至祈穀壇,收工,並查海墁,未初方歸。箴亭巳刻到。

十七日辛丑。到正白官學——考梁步瀛之官學生、教習,不留,文禮雲未到。馬筱沅光勛來。酉刻雨。

十八日壬寅。入直。辰正,到署。十六改晚衙。連文淵來,陳冠生來,劉佛卿來。夜雨。付眉伯、松峻峰信,並屏、聯。

十九日癸卯。入直。晤蘭孫。覆勘朝審會奏。岑雲階春澤來,得彥卿信。午初三刻又雨,即止。王瑞麟來,泣之之子,號仁齋。自山東候補道來,去年九月十五曾見。

二十日甲辰。入直。工部直日。若農來,徐花農來,王仁齋送禮六色,收茶葉、汴綢。

二十一日乙巳。入直。眉伯辭行赴保定。召見,朝審班未去。清秘送來敦一蓋五字,杠頭一。畢勛閣詔策來,孫帆之姪孫,濟之内姪也,有静瀾、濟之信。得濟、竹、辛、麟、碩信,即復。聞寶穀承綱去世。又發振民信。運來,子英來,陳礽頤來,號朵峰,乙酉拔貢,住易州。聞鄭州決三百丈。

二十二日丙午。寒露,子初二刻五分。不入直。朝審從十七起上班,巳正散。到署,同徐小雲。孫子與來。崔國霖來。清秘來。付百五十兩,敦一、杠頭一、錞于一。

二十三日丁未。不入直。寅初三,赴地壇,辰初到。珍亭辰正來。散巳初。送樂初屏、聯。蘇來。一無字小銅器,二剌洋煙,還之。寶源昌來。三剌洋煙,一大二小,還之。送静瀾屏、聯、横幅,交子宜。聯、《筆記》《年譜》,陳朵峰、王仁齋。蘭丙卿來。

二十四日戊申。入直。賀運、卓臣完姻。晤蘭孫。換戴暖帽。子宜來,云廿六行,交以静瀾屏、對、幅。寶恒昌來。百兩,鼎已付,欠共廿八兩,欠一銅器,五字,八兩,煙。吳丹盟攀桂來,孝廉方正。陳景墀來。

二十五日己酉。入直,寅微雨,帶寶源局監督引見,張翊宸、岑春澤引見。招劉佛青來,楊味春來。王忠廕、岑春澤來。褚仲約成博來,正藍翰林官。運來。清秘崔來,一鼎、一無字漢洗,還之。

二十六日庚戌。入直。賀續燕甫嫁女。晤廉生。辰正,到署。

江槐庭來，子英來。

二十七日辛亥。入直。叔平到懋勤殿談。劉佛青、楊渭春來。子英來，胡翔林來。

二十八日壬子。入直。朝房晤叔平。沈守廉來。工部直日。叔平以摺稿來商。

二十九日癸丑。偕叔平封奏，召見。蘭孫招同子和、子禾、蔭軒、錫之、仲華飲北學堂。申刻散。

三十日甲寅。入直。派寫養心殿、毓慶宮貼落三件，命擬養心殿對老門一件。換夾袍褂。辰正，到署。馬筱沅來，運來。復清卿札、敦一、鼎一、槓頭一。申刻，大雷雨，竟夕。

九月庚戌朔乙卯。入直。辰刻，仍小雨。派寫養心殿七言對一付。未正二，雷。明日樹孿姪滿月，運丈抱剃頭。

初二日丙辰。入直。賀德公善嫁妹照公之子。晤仲復。長元吳館蘇府公請仲復，未初二刻散。子英來，以壽卿拓十二冊屬裝六冊。八月廿六交清卿拓一百十一張，廿七交山農拓一百廿九張。是日女客數席，男客未留。

初三日丁巳。卯刻，赴正黃學，辰初出題，考者七十二人。蔭、翁及諸君先後到。禮雲未到。散。得郭樹榕信。

初四日戊午。入直。奉上諭："潘祖蔭著兼管順天府府尹，欽此。"辰刻，到署。賀蘭孫禮尚，謝運齋及同鄉。王莆卿來。許子原來，屬繕摺。歐陽潤生來。朱滔來。夜雨。

初五日己未。冒雨入直，具摺謝恩。朝房晤搏九，晤蘭孫。世敬生春來，運來。發濟、竹、辛、麟、振、熙年、小畚信。王忠廕署糧馬、楊春元候縣、查光太治中、賴永恭宛、張如梅大、于文光經歷來見。張少林鍾赤來。

初六日庚申。入直。工直日。到順天府任。晤搏九。候何小亭。陳伯慶送課卷來七十三本,連清文。即交高勉之。縣熊以功、魯人瑞來候補。王芝祥來,爲祖蔡中和難廗事。鄭沂來丁酉前治中。魯南子授來。颺臣來。

初七日辛酉。入直。復培卿信,交運齋。蘇來鏟幣二還之。啓迪齋、田季瞻、勞錫田心農來。高搏九來。王仁齋來,付以豹岑信。

初八日壬戌。霜降,丑正一刻二分。入直。辰初,到署。蘭孫來。密雲高醴泉六十二歲來浙人。蒓齋來,運來。

初九日癸亥。入直。答戴毅夫、蒴卿。鐵香、鄒詠春來。發辛、麟、濟、竹信。許台身子衡,行二、許祺身行四,子□[1]來,子元胞兄弟。蘇來鏟二,廿二兩。陶見曾來曼生子。陳象瀛登甫,北廳來,管近修琢堂,江寧南路,辛亥來。

初十日甲子。入直。朝房晤福、李、徐、蔭、翁、曾。到工部,無人。招樂菴、菉生、寅臣來,商順天號舍房屋事。金星在巳翼一度九分。發衛之二姊信,交汪範卿,又德静山信。送黎蒓齋、王仁齋行,以王南陔《說文段注補》屬劉佛青代作序,並贈以《功順堂》,又《重論文齋筆錄》一本,以備考。中伯權衡來。仲韜、何小亭、梁錦奎、薛黼平來。

十一日乙丑。入直。朝房晤搏九,奏覆勘貢院增添號舍摺。謝客,答仲韜、黼平諸君等,未晤。劉佛青、麟芷菴、何其翔現任大興來。仲韜來。

十二日丙寅。入直。同鄉謝恩。答汪子常。花農來,仲韜來,子英來,蔣伯華來,趙欽舜來三河。

十三日丁卯。入直。高搏九至朝房,商購買民房增號舍。答客

---

[1] 今按:許祺身字,原僅記一"子"字,未記下一字。

王景賢、徐壽蘅等。王青友延紱來。蘇來,十五兩,多五錢。鼻煙全清。以《唐大詔令》校抄善本交青友致文泉。王瑾、程志和來。

十四日戊辰。入直。工部直日。答客。蔭軒招,同蘭孫、錫之、仲華、小峰、子禾,未刻散。恩良來。沈宗薈霸、蔡壽臻宛署昌、陳鴻保良來。中伯權來。

十五日己巳。入直。順天府貢院奏飭工部勘估承修,又買民房卅二户三百零半間由薛奏款内撥價事。朝房晤搏九,又偕之與福、翁商河南放款原庫平事。辰初,到署。恩良來。得伯恭信。

十六日庚午。入直。晤廉生。楊錫元來保定縣,己未。許子元來,劉佛青來。劉兆璋來,補三河。復胡雲楣及《説文段注訂序》,交胡翔林寄。子英來。

十七日辛未。卯正起身,到鑲白官學,洛英、吉甫、可莊、勉之、雲舫、允升、蔭軒陸續到。午正二刻歸。陳鏡清來南路,山東人。運來。

十八日壬申。入直。工部加班四件。函致蔭軒,商厢黃管學。賴永恭來,張兆豐來通州。范履福來江西,寶垣查災。得振民信,劉枝彥來武進、涿州。歐陽霖來。

十九日癸酉。入直。答客。辰正,到工署。俞彬來。蓋臣來。

二十日甲戌。查正藍官學。褚伯約洛英、可莊、季超先到,雲舫、勉之、幼農、吉甫、清鋭繙譯後到。午正二散。蘇來,岑春榮來。張如枚、馬序東來。崑小峰來。趙儀年來。

二十一日乙亥。入直。送沈中復。張璞君來。復王伯恭送筆帖,交楊味春。王芝祥來。龔蔭培來薊州,襯。朱聯芳來浙湖候縣通差。胡子英來。復眉伯。

二十二日丙子。立冬,丑初三刻。入直。工部直日。黃摺一件。招蔭軒、蘭孫、仲華、子禾、錫之飯。未正散,小峰辭。姪光宸、張邦慶文安,署、劉中瀚固安、湯釗署香河來。得辛三函,濟一函,瘦羊二函,碩庭、小畚各一,即復。

二十三日丁丑。入直。陰雨。辰正,到署。爲成録函致静瀾、豹岑、子中,交仲華。爲光宸函致静瀾。博古袁來,借十兩盤川。吳家王管來,帶辛、濟、竹、振信,即復之。佑之來辭行,原名福宸,號臻伯,今名光宸。

二十四日戊寅。入直。換羊皮冠、黑絨領、白袖頭。寄星台,爲沈振銓,石門主簿沈寶青所懇,交劉樾仲。送中復枝山大草手卷、犀尊一匣、沈香杯一匣。斗南送洋煙一匣。唐典來題署香河。袁又來,取六兩去,連昨十六兩。宫兆甲來工拔京官。蘭孫招往,即往晤。正藍學送卷來,即寫名次,發給《溫虞》集聯十九分。崔國因、文邦從來。歐陽霖來。

二十五日己卯。入直。工加班五件。順奏事五件。蔣實英、楊味春、岑春榮來。運來。郝近垣、石賡臣、張駒賢、子英來。

二十六日庚辰。入直。晤吳雨軒。增壽寺邵師九十冥誕。答運齋。蘇來以□卤器蓋匣架,全揮之。換藏獺冠、瓜仁領、銀鼠褂。馬序東、查光泰、裕壽泉來。雨軒、宋有恒薊州吏目來。

二十七日辛巳。入直。辰刻,到署。晤蘭孫,送裕壽泉屏幅、對、書及席。仲華招廿九,辭之。劉佛青來。運齋、王芝祥、李少東來。

二十八日壬午。入直。丁予懃戊午,永清、鍾德輔平谷、花農來。楊殿森送摺看。舉吳毓春爲廂黄管學。

二十九日癸未。入直。卯正二刻,上出乾清門,補褂侍班。官學處遞摺,旨依議。晤蘭孫。運來。

十月辛亥朔甲申。卯正二刻,坤寧宫吃肉。奎、淮、松、森未到。送蘭孫行,遇錫之。清秘來漢洗,索屆,還之。

　　初二日乙酉。入直。送蘭孫登車。萩芳送米十石。發濟、竹、瘦羊、辛芝、振民信。子英來付百,瓦罐二,四十,裝潢直六十。陳壽椿來蔭廷,大城,浙。子青洋貂褂,直卅五兩,即付。

　　初三日丙戌。辰初,到厢紅官學,可莊、蔭軒亦到。洛英、季超、雨軒、吉甫、雲舫、幼農、勉之陸續到。訥生去世,送幛、聯。今日艾圃在增壽寺念經,一到。換黑袖頭,灰鼠褂。寄石查信,交靜瀾官封。王錫九書,即復,答以對、屏。高姓文翰來。王言昌來雲南,戊午、己未舉。現查永清,去岁文安。袁遂來吳縣人,寶坻。運來。熊登第來。

　　初四日丁亥。入直。順天府奏二件。一通埧;一蔡壽椿獲盜,加一級。巳初,到工署。胡月舫、孫慕韓、徐棣華來。沈絜齋來仍以道用。

　　初五日戊子。入直。寶恒昌付五十三兩,又銅鼎一,全清。付姚厨郭六兩六錢,共付七兩五錢。送沈絜齋對、席。童薇研招初六,辭之。送搏九對、屏。張璞君文子又送禮,受之,餘俱辭。長允升、王藎臣來。

　　初六日己丑。入直。皇太后賞帽緯一匣、袍褂料六卷。李子和來辭行。高文翰來。蘇來。蘭孫家報托寄。

　　初七日庚寅。入直。花衣。答李子和,送菜四色。答運齋、若農。姚石山渭生禮咸以豹岑信來催銀,即復以已發。蔣伯華來,索去豹岑信,言及蓬史珣。王曾彥懿德曾孫來候補令。方照軒耀、劉淵亭永福來。博古袁又來。

　　初八日辛卯。入直。辰刻,到署。發南信,濟、竹、辛芝、瘦羊、振民各函。復香濤、清卿,交誼卿。函致子彝。蘇來,進百餘字鼎一,水晶水注一,昌化筆架一,還之。蘭孫固城,初六官封。高文翰來付三百兩。凌道增來候縣,新留順,安鳳人,馬令請留。送方照軒、劉淵亭各一席。

初九日壬辰。入直。朝房晤珍亭、仲華、子齋、受之、蔭軒。許子原、唐典新任香河,辭行來。劉淵亭送禮八色,受食物四色。巡檢吳世長來江寧人,門口村團防局。熊登第來。

初十日癸巳。入直。皇太后萬壽,慈寧門行禮,遞如意,賞還。祝季和五十。博古袁又來借錢,未付。譚澍來前署武清,今辦撫山東歷城。其父兵部總署,名譚金照,舉。

十一日甲午。入直。派寫"南極賜壽"四字漏子。命擬吉祥四字卅分。工直日。貢院派崑、許。發南信,濟之、麟生、振民、辛芝。爲蘭孫發官封。子英來一扇。

十二日乙未。入直。仍是灰鼠袍褂。火藥局明日奏派伯王、芬車。派點放大臣摺同扎拉豐阿。十三日崇授之招飲於其處。寄清卿韓涅陰幣一,即舊所謂盧氏涅金。高文翰來一匜三字,不精,十兩。葛嗣滎來拔戶小京官,浙嘉。

十三日丙申。入直。派寫吉祥話十分。辰正,到署。崇受之招,同子禾、仲華、小峰,未正散。子英來。

十四日丁酉。入直。唁奎星齋,弔麟芷菴內艱。大風。管近修來調東路。

十五日戊戌。入直。與搏九在愛吾廬長談。吳德張來。花農來。袁來一卣蓋,付四十,並真,共五十六。尹次經來。曹作舟來順義縣。績溪人,海舫甲班。乙丑、庚辰。子英來還其扇,屬作鼎座。

十六日己亥。入直。爲勞莘農啓田寫對。天甚冷。爲蘭孫發官封,內致蘭孫一函、張季直一函。蘇來一觶,有陽文,索百廿兩,還之。渭春、張子與來。高文翰來付二百,欠六十。得許、張稟,平家疃合龍通垻亦竣。

十七日庚子。到廂白旗官學,時辰初。洛英、蔭軒、勉之、雨軒、雲舫、季超、吉甫俱到,幼農、可莊未到。蘇來。運來。復搏九。

十八日辛丑。入直。會典館奏事一摺。辰正，到署。畢勛閣詒策來，付静瀾信，送對幅。張汝梅來糧廳到任。李嶼三登瀛來，蘭孫之姪。王詠霓來。譚澍來六日辭。

十九日壬寅。入直。工部帶街道引見慶縣陸思，見張炳琳、趙增榮、松壽、夏玉瑚。致徐海福，又世善、錫鋆。直日。派寫柳州真武廟"龍城神守"四字。許仲韜來，督修賢良祠松壽、王瓘。德盛劉天樞、運來。高文翰來。

二十日癸卯。卯刻，會典館開館，蟒袍，補褂。辰正，伯王、芬車到火藥局。高搏九、查如江、曾景釗、趙以珦、熙麟、張子彝、王蓋臣、高文翰清、胡子英來。

二十一日甲辰。入直。以前洋灰鼠。端方來火藥局覆命伯、芬銜。劉枝彦來涿州，爲牛。臨《書譜》五十張。爲蘭孫發信。

二十二日乙巳。偕犢山供用庫收工。送善厚齋行。陳鴻保來爲牛。王繼武來候縣，五批解餉。得濟、竹、瘦羊、辛芝信，即復。恒壽來。臨《書譜》五十張。

二十三日丙午。入直。派寫潮白河神"潞隄保障"扁。朝房蔭軒面商福、鍾任滿。大霧。召見東暖閣。辰刻，到署。吏張以廉手畫董蔭堂署河西務。曹秉濬來。銀號交廣東電條。臨《書譜》五十張。

二十四日丁未。入直。以廣電万金交搏九。順府奏事錢糧價借旗租現審未完一案。岑春澤來。高慎德、劉天樞來。運來。

二十五日戊申。入直。上詣醇邸。鄭人瑞來江西教習，直縣。董蔭堂來署河西巡，紹。楊令春元來東安冬撫。

二十六日己酉。入直。八旗官學奏報銷摺，旨依議。辰正，到署。子英來鼎作"座"，亭長專作"座"。爲蘭孫發官封。

二十七日庚戌。入直。工部直日。偕嵩申供用庫查估完竣一摺。火藥局偕扎拉豐阿奏造夯藥一摺、演藥一摺。會典館奏章程卅五則一摺。趙爾震來，以請假摺交去呈遞。

二十八日辛亥。具摺請假，賞十日。子元、誼卿、廉生來。

二十九日壬子。

三十日癸丑。遣人送世春。

十一月壬子朔甲寅。發蘭信。

初二日乙卯。子元、誼卿來。賞香橙。

初三日丙辰。廉生來，得蘭信、南信。

初四日丁巳。復清卿範拓廿六紙。

初五日戊午。工部直日。子元、經伯、誼卿來。送周玉山席。

初六日己未。續請賞假十日。

初七日庚申。發南信、蘭信。得柳門信，十一復。範拓廿六紙。

初八日辛酉。得偉如信，十一復。是日冬至。午刻，寧河謝錫芬來。

初九日壬戌。瑞瑾號式良。子元、經伯來。

初十日癸亥。發偉如、柳門信。

十一日甲子。端午橋來。發蘭信。子英來。

十二日乙丑。復錫之，問疾。三河趙欽舜、仲華來。趙寅臣、長潤、延清來。

十三日丙寅。工部直日，戶、工會議張曜請帑一百八十七萬修川字河摺。松鶴齡、倫夢臣來。搏九送看各撫完竣並張、吳籌款一摺，十六奏。子元、經伯來。

十四日丁卯。武清楊臻來，號益之。得仲田信，即復。午刻，鄒岱東來。

十五日戊辰。運來，小宇來，那益三來，程樂菴來。大風。

十六日己巳。大風。以續假摺交筆帖式。發蘭信，發南四信，復廣安。廉生、王振錄來。

十七日庚午。續假，賞五日。寄清卿宧敦拓，柳門馬曹拓四紙。李覺堂來，送以菜點。吳鼒臣、吳誼卿、胡子英均來。

十八日辛未。手書並拓本廿七紙寄李少雲，又毛鼎、馬曹寄毛子祥，交覺堂。得高均信。

十九日壬申。中伯權來。復容方散盤一、馬曹二、古雪浪湖一。房山文邦從來。書房安橋扇。得朗齋信，庫平五千兩。

二十日癸酉。自復朗齋信，並函致搏九。搏九來，即將五千庫平面交，計千兩五張，三百兩一張。趙鐵山來，盛伯熙來。

廿一日甲戌。經伯、子英、易實甫潤鼎來。

廿二日乙亥。續假，賞假五日。函致蔭軒，得復。子元、江小濤德宣來。德寶來，送看二戈，次日還之。運來。

廿三日丙子。小寒，寫濟、竹、辛、麟、振、碩、熙泉、小漁信。小宇送叔美梅並印梅花喜神館木印。小宇來還賬三百，欠一百。鼒臣來二百。恩雨田來。子英來六十。河南信初六日所發，內有桐西信，廿五發。振民、小漁共十五函。

廿四日丁丑。廉生、月汀、經伯、午橋來。補寶坻縣湯釗川人來。

廿五日戊寅。筆政來領安摺。喬生來，送《石柱頌》。發南信。叔平、蔭軒、運齋、若農來。

廿六日己卯。銷假。上召見。遇周玉山、李覺堂，遇蔭軒。到署。運齋、王青友來。良鄉陳臻伯、經伯、雲階來。代理永清王言昌來。發南信。錢錫寀來，杭人，甲午。三縣同鄉謝恩。

廿七日庚辰。恭代御筆漏子扁，"一堂喜氣"、"歡天喜地"、"福壽仁恩"、"福"字四十方。答寶榮齋、徐、翁、孫、崑、敬。晤搏九、佩蘅、仲華。送玉山屏、聯、《功順》，幼甫《功順》，雲楣《功順》，覺堂聯、幅、集《筆記》《筆錄》，易實甫屏、聯、集《筆記》。劉樾仲、馮開勳來三次送食物。錢青選來涿州判。

廿八日辛巳。入直。派坤寧宮十一言對，長壽字、福四十方。到署。答客數家。馮夢花、汪仰山補東安、徐瑔吳縣，洞庭候補、查如江、朱子涵、董開沅來。運來。子英來。汪仰山號魯瞻，徐瑔號曉珊。

廿九日壬午。入直。工直日。恭代上寫漏子扁三面，又"日新"、"矯輕警惰"、"壽比南山"。恭代御筆進太后吉祥四字扁五分，恭代御筆進太后福壽、龍字紅箋各一方，龍箋各一方。送航雪拓本廿七紙。隆斌西山來潮守。經伯、胡月舫來。花農、運齋、王蓋臣、譚澍來。

十二月癸丑朔癸未。恭代御筆開筆，福字五方。何其翔、許子元、鄒岱東來。子英來。復王振錄，爲函致子彝。

初二日甲申。入直。派寫盛京奉化"臨潢普護"一面。劉兆章來湖北人，號玉田，署三河。趙欽舜來三河，署永清。得蘭仲飴信。王振鈐、易實甫來。

初三日乙酉。入直。上祈雪，卯正後雪。順天府奏資善堂並參譚澍。晤蔭軒。送烏少雲祖母入節孝祠。陳象瀛來。運齋、子英來。

初四日丙戌。到正白學。蔭軒假，幼農目疾。洛英、吉甫、吳雨軒、雲舫、可莊、勉之、允升俱到。順天府報雪二寸，工部引見，均注差。熙麟來。賞袍褂料，派擬吉祥話各四十分，共百六十分。

初五日丁亥。入直。遞年差。辰刻，到署。暴爾雲、尹子勖來。

初六日戊子。入直。呈遞吉祥話一百六十分。送子勖菜。江韻濤來，張樸君來。得蘭蓀信，復之。梁航雪來廿金。運齋來。阿克占來。

初七日己丑。入直。順天府京察過堂,一等查光泰。晤仲華。候雲階。汪仰山魯瞻、李卓如煥來。薛雲階來。

初八日庚寅。玉粒納神倉,辰時,同季和、摶九,共五穀二表七斗九升五合二勺。工直日,注差。巳刻,工部京察過堂,未正散。得南信,發南信濟、辛、麟,內爲立山祭幛。許子元來。湯釗補寶坻、楊春元來皆解納。丁予勳戊午舉人來前永清撤。

初九日辛卯。入直。派寫四字吉祥語,共百六十分。經伯來。龔右勉來,交鄭東甫。關貴、運齋來。

初十日壬辰。入直。晤廉生。劉佛卿來。啓承齋、端午橋、夏渭泉來。張子虞來。運齋來。復清卿鼎一、戈一。李秋亭金鏞來。

十一日癸巳。入直。送秋亭菜點。子勗辭行。子英來。夜雪。

十二日甲午。入直。大雪。朱滑、李雲從遼幛八、胡子英鼎白、歐陽銜來協修。

十三日乙未。入直。召見,摶九亦見,第二起。順天府報雪,又貢院懇加撥一千五百兩。爲查如江作序。寶佩蘅、曹再韓來。

十四日丙申。入直。辰刻,到署。李煥帶崧錫侯、延旭之信。文貢三琳來,質夫之弟,行四。趙之營來丁丑,涑水人,廂藍。潘光祖、潘裕堂、楊味春來。胡子英來五十。

十五日丁酉。入直。派寫廣教寺斗子匾。晤蔭軒兵部朝房。端午橋來。

十六日戊戌。入直。派寫河西務"流安歲稔"匾。工部帶引見成霈一名。賞福壽。引見時磕頭。李卓如來。王藎臣來,往薊州審王姓占崇公地一案。

十七日己亥。入直。航雪、延清來,增校對八人。張鍾赤來。

十八日庚子。入直。派寫"功存垂瓠"、"穀城保障"、"寢城淳佑"扁。

十九日辛丑。入直。派恭書御筆"延年益壽"漏子。順天府月摺,八旗官學保正白保錫鋆鍾署,廂藍保吳,廂白保蔣艮。辰刻,到署。點協修、校對各十人。蔣實英來。運齋來。曾景釗來。

二十日壬辰。入直。子原、岑春澤、雲階來。發樵野信。吳子蕉浚宣來。候管學官蔣仲仁。

二十一日癸巳。入直。皇太后賞福壽字、太龍字。發南信。運齋來。連捷仲珊,丙戌來。

二十二日甲辰。入直。懋勤殿跪春。萊山假。卯刻,進春山寶座、芒牛圖,同摶九。朝服,禮部薇研照料。沈子培、丁立幹桐生來。仲華來。

二十三日乙巳。丑初起身,祀竈。陸天池鍾岱來。廉生交大德《漢書》,索二百八十金,還之。仲仁來。陳景墀來。

二十四日丙午。入直。文安張邦慶來。

二十五日丁未。入直。發下春帖子賞。賞大卷八件,貂皮十張。派充經筵講官,具摺謝恩。招客二席,未正散。

二十六日戊申。入直。花農來寫摺。陸天池來,為杜詩二匣事,東權一物。懷柔李天錫丙子,丁丑,□初貴州。來。子原、石廣臣來東安。何心泉德源來,少東之門生,雲南人,發貴州教習、知縣。

二十七日己酉。入直。賞荷包、貂皮、手巾。節賞開發。派寫福、壽、財、貴神之神位及本年本月本日本時太歲至德尊神。吳魝臣、王子範、運齋、江菉生來。花農送畫,月舫食物,子原送花。

二十八日庚戌。入直。補褂、蟒袍。上閱祝版,回時碰頭。寅初,敬神。請客,未初散。風,冷。

二十九日辛亥。冷。賞燕窩。上詣太廟,不侍班。賞大小荷包。還黃酒館九兩四錢,欠一兩四錢。晤廉生,還二百三十四兩,欠卅六兩。經伯來。梁航雪來。

三十日壬子。入直。派寫"福壽綿長"、"人壽年豐"、"新年大吉"、"新春大喜"漏子。賞龍字。上御保和殿,出乾清門時,貂褂、蟒袍,叩頭謝。不站回班。夜,祀先。

光緒十四年

　　光緒十四年戊子正月癸丑朔，月甲寅。寅正，關帝廟拈香，慈寧門行禮，太和殿行禮，懋勤殿開筆。遞如意，賞還。候三邸。未初歸。
　　初二日甲寅。入直。吳閏生招，辭。官封發黃花農。劉芝田信，蘭蓀信。
　　初三日乙卯。入直。辰初，雪。
　　初四日丙辰。入直。雪頗大。皇太后派題壽福祿圖十二幅。上派寫吉祥四字漏子十一件。子原來。
　　初五日丁巳。入直。拜年。未刻，順天報雪。
　　初六日戊午。入直。同鄉謝恩。拜年，午初發蘭。到署。沈宗薈來。范履福來補良。陳鏡清來。
　　初七日己未。入直。皇太后派題壽星十七首、硃雀二首。拜年，午初。啓緒、袁遂來。
　　初八日庚申。雨水。巳正二，上詣祈穀壇，侍班，花衣、補褂、染貂冠。李雲從來十六，以航雪信。瑞德同李、吳，未初散。拜年。運來。吳葆長良縣丞、江寧、馬淥、張大、賴昌、蔡宛來。搏九來。
　　初九日辛酉。入直。辰初，上自壇回。辰正二，上閱太廟祝版，侍班，補服。雪二寸。周承先曉卿、湯釗來。郝近垣西、張璞君通、唐典香來。管近修來。謝錫芬、高醴泉來。

初十日壬戌。入直。派寫"邠城昭佑"扁。晤廉生。會典館拈香。子青招福壽堂，未正行。陳象瀛、陳壽椿、趙欽舜來。子英來。文子乂來。

十一日癸亥。入直。派題皇太后畫鶴八首、鳳五首。順天報雪。大雪。辰刻，到署。龔右勉、劉枝彥來。

十二日甲子。入直。劉兆章來三河。王言昌、劉中瀚、許仲韜、李天錫來。曹作舟、謝裕楷來。徐琭、常榮通州糧馬通判、華堂、理藩來。樊慶寅來癸酉房山教。

十三日乙丑。入直。順天府奏雪高召見。順天團拜，同搏九招機、戶、內、頌閣、受之、雲階，共四席，到三席。申正先歸大雪。劼剛招十五福壽，辭。

十四日丙寅。入直。啍子齋。謝錫芬、沈宗蓍、胡月舫來。招運、子千、伯華、弗、範、彥和。

十五日丁卯。入直，順天報雪深透。辰正，保和殿宴，蟒袍、補褂、染貂帽。巳初三散。何德源基來禮賢丞。馬序東、龔右勉、汪仰山來。

十六日戊辰。入直。壺天，麥花五個。午初二，乾清宮廷臣宴，午正散。禮、額、恩、福、錫、奎、烏、崑、伯、張、徐、翁、許、潘。賞如意、蟒袍、瓶、煙、袍褂並席。子英百鼎，欠五十、張邦慶文、唐典香、賴永恭昌、文邦從房來。

十七日己巳。入直。順天奏春撫三萬石。上召見。晤搏九朝房。辰正到署。劉兆章來。殷秋樵、阿振之來。松壽鶴齡來。

十八日庚午。入直。派題皇太后畫鳳詩二首。熊登第來，方惟禔來。羅鼎焜廣西，武清。其父安肅縣來。夜雪。

十九日辛未。入直。小峰慈壽，送燭、酒。張正焴、楊臻武、志彭來。蔡崔君壽椿、阿振之、中伯權來。

二十日壬申。順天府演耕。賀小峰太夫人壽，未刻歸。徵厚、啓緒、徐琪、王忠廬來。

二十一日癸酉。入直。周承先來。運來。

二十二日甲申。入直。皇太后賞畫松雀一幅，派題壽福祿圖十四首。九卿團拜，以家忌不到。到署，點派倫五常所遺各差。子英小幣卅，欠冊。魯人瑞、熊以功來。得南信，即發。

二十三日乙亥。驚蟄巳正一刻十二分。入直。派題鶴十幅，奉上諭："照舊供職，欽此。"招王文□、徐□□、蔣艮、王仁堪、高劍中、曹鴻知、李培元、若農、颽臣、搏九，頌閣辭，未初散。

二十四日丙子。入直。派題梅一幅、蘭三幅、鶴三幅、鳳三幅。招月舫、花農、子原、航雪、寅臣，經伯辭。王錫九遣价趙來，見之。錢錫寀、余堃川拔來。

二十五日丁丑。入直。派題皇太后畫鳳一、鶴二、荷花七，共十幅。王青友、馮夢華來。張兆珏號□和，怡山之子、蔡右年、何其翔、蔡壽臻、榮恒候州來。俞志賢來。

二十六日戊寅。入直。公摺謝恩，引見時碰頭。派題皇太后荷花十一幅。巳初，到署。得蘭蓀十七信，即發。徐壽蘅招湖廣館，辭。馮開勛來，號春浦，送以許文恪對、幅，及《洗冤》、《全生》、《產寶》。姚虞卿來桐城通判，伯昂，石甫姪孫。杜錫九來。廉生薦古泉十一，寶化刀一，齊刀笵二，付以十七兩四錢。

二十七日己卯。入直。派題皇太后畫蘭八首、梅一首、鶴二首、鳳一首，共十二幅。工部直日。頌閣以京察未到。魯人瑞來代理懷柔。聞步軍統領衙門出示大錢□成。

二十八日庚辰。入直。曹福元、丁予懃來。金倬銓來代理霸，號霞堂，杭人。趙欽舜署霸、羅鼎焜武清來。

二十九日辛巳。入直。崑小峰、吳蔚若來。王藎臣來辭往順義那王氏一案。

三十日壬午。入直。順天府封奏一件。派題皇太后畫鶴四幅、壽星跨鶴一幅。召見。辰刻,到署。子英來四十。邵實甫來貴東道。

二月乙卯朔癸未朔。① 入直。卯正二刻,坤寧宫吃肉。辰初三,至順天府演耕,午正散。崔惠人來。劉錫元來保定。

初二日甲申。入直。謝裕楷來新派發審,陝人。丁予憼來署順義。運來。得鏡如信。爲領道照信五紙,實收三紙,交運齋,由百川通來。薛繡平來。運又來。

初三日乙酉。入直。發南信。濟、竹、辛、麐、振、熙。清卿信、拓二紙趙夢奇。劉枝彥來署大興。查如江來。子英來五十全清。

初四日丙戌。入直。辰刻,到署。范履福來宛平,驗梁正德來,赴良鄉本任,尚練氏一案。得蘭蓀、仲飴信,復之,初六發。二百四十里,梨園領村。

初五日丁亥。入直。上看社稷祝版,補服,侍班。朝房晤搏九。工直日。端午橋來,陳小亭來。唁子青丈之子同蘇去世。

初六日戊子。卯正,赴廂白官學,蔣、鍾俱在。吳、吳、王、王、長、高、蔭軒先後到。福幼農亦到。巳正散。杜錫九來,念庭父乙觚還之。還胡戈一,劍一。蔡鶴君來。范履福來稟辭。子英來。張如枚來。

初七日己丑。入直。上閱朝日壇祝版,補服,侍班。是日忌辰。得濟、辛、麟生、碩庭、小漁、廣安信,即復。寄麟《郭有道碑》。

初八日庚寅。入直。派題皇太后畫鶴六首、鳳二首。巳初,到署。祝運齋夫人壽。寅刻,上詣朝日壇,過會典館,應侍班,以有差。

---

① 今按:"乙卯朔"三字蓋誤記未删。

偕李、吳，均未去。劉枝彥、運齋來。

初九日辛卯。入直。曾廉訪鈇來。沈宗蕃來。馮錫仁星垞以譚文卿信來。

初十日壬辰。入直。晤廉生。趙松峰、中伯權、江菉生來。爲東甫函致王禹臣言昌。

十一日癸巳。送曾懷卿對、屏。先農壇視農器。復綏之。若農來。派擬扁、對四百餘件。子英來。

十二日甲午。入直。卯正，上視文昌祝版，補服，侍班。派擬船名十二，殿名十，洋樓四字十二。順天府會奏保甲。送曾懷卿席。辰刻，到署。許子元、李耀初天錫來，以東甫事告之。子英來三百廿，欠卅。

十三日乙未。入直。辰初，上看關帝廟祝版，補服，侍班。皇太后派題菊二幅、牡丹二、玉蘭一、梅一、蓉桂一、荷花二，又洋樓三字扁十二分。工直日。何德源心泉，教習，貴知縣來。廿四日交以偉如信，許硃拓。陸天池來。弔張同蘇。看繆小山，到門，其僕辭。龐國珍來，號小芙，訓導，其父掌運。

十四日丙申。順天府演耕。辰初到，午初散。曹作舟來調臨城，趙州屬。韓景琦來乙酉，直拔山西。丁振鐸來辛未，鞏昌守，徇卿。

十五日丁酉。入直。派擬洋樓三字、四字扁各十二面。熙麟來。送夢臣、懷卿、實孚、三皆有屏。韓景琦少蔚對。蔡崔君來。翁道鴻號儀臣來。恩雨田來。

十六日戊戌。入直。派題皇太后畫梅一、菊一、蘭一、藤花一。派寫"安瀾舠"三字。烏達峰、奎星齋、清吉甫、興詩海、景蘸庭招十七文昌，辭。運來。馬信芳同、芮家荃同稟留袁遂。

十七日己亥。寅正，赴正黃學大考八旗。鍾、徐致靖先到，長、吳、吳、王、王、高、蔣後到。未初先散。中伯權、松鶴齡、吳觀臣來。

石賡臣右皋來。

十八日庚子。入直。派從耕。睿、鄭、克、錫、曾、續、孫、麟、潘、松、黃、禧十二人。辰正,到署。琉璃,中衡、張正焴,滿派聯福、王瑾。馮壽松號雀巢來浙湖州,前固安。長允升來。袁鏡蓀來。

十九日辛丑。入直。唁顧皞民、康民。王小宇、高搏九、沈宗薈來。寄辛芝《説文統釋》、《音同字異辨》,許文恪仁師硃拓二分、漢塼二分,又瘦羊、碩庭漢塼二分。蘭維垣來,送滄酒。楊味春來。

二十日壬寅。入直。到署。唁伯雙。招伯兮、廉生、佛青、夢華、子培、小宇、仲弢、天池,辭者再同。丁予憩、李潤齋來。

二十一日癸卯。入直。工部直日。帶引見景星、那謙、清樸、伊凌阿、畢棠、區諤良等,楊傳書奏留。送陸梅孫、天池對幅。派題皇太后畫耄耋富貴一、松鶴一、荷花二、山水二、壽星鶴二、桐鳳四、竹鳳一、海屋添籌一、靈仙祝壽一、松鶴一,共十七件。陳瑞伯鴻保來。

二十二日甲辰。入直。晤廖穀似朝房。派題皇太后畫路絲一、柳燕一、松鹿一、牡丹一。蔣芝庭嘉霖來。朱子涵來。子英來廿,欠十。曾景釗來,執小門生禮,所贈宋本《國語》、鼻煙、研、《書譜》皆卻之。趙欽舜、龐國琛來。寄青士對、屏。又龐小芙索豹岑信。

二十三日乙巳。入直。派寫霞曙樓貼落二件。得蘭蓀、仲飴信,廿六復。又豹岑信。運來。華堯封來,已七十八。隆斌、汪範卿、恩雨田、馬錫之序柬來。寄清、柳拓本,交運,運辦壽器九十。清明申初一刻二分。

二十四日丙午。入直。寄清《陽明集要》、《説文統釋序》、《音同篆異辨》、悲盦詩、許拓、雪浪,柳《探路記》三書同,許、雪同,交隆西山送對,《洗》、《全生》。辰刻,到署。廿五安徽團拜,辭之。邵寶孚積誠辭行,交偉如信並人參。王叔賢繼武查通州地案,辭行。運來。

二十五日丁未。入直。派寫"惠洽丹川"扁面。順天府奏月摺,開復譚澍。先農壇演耕。同孫燮臣、搏九、何小亭飯。心存姪錫聘之來。廖穀似來。

二十六日戊申。入直。派題皇太后畫鶴一、蟹二。送華堯封席。唁薛雲階，答穀似、堯封。楊味春屬作《顏氏》、《春秋》二書序，付之。書還之。送梁航雪拓本二紙。運來。蘇來。趙寅臣來。韓景琦來，交剛、張、嵩《筆記》、《□集》、《洗冤》。

二十七日己未。辰初，天壇、先農壇收工，午初散。箴亭因豐澤園侍班未到。心存寄到濟之信件。若農送煙，還二次。子元、魯人瑞卸懷柔來。運來。張少林來。夢臣、再同來。

二十八日庚申。入直。查估，偕箴亭覆命。換毡冠、棉袍褂，摘白袖頭。派寫扁六十三面。已寫四十四。未正三刻，小雨。先農壇演耕。上閱視祝版，乾清門補服侍班。得濟、竹、振、麟信，即復。廿九發，麟拓二分，又辛信。馮春圃送河豚、黃花魚。

二十九日辛酉。寅正二，上詣先農壇。辰初，禮成。蔭以從耕，搏九進鞭，兼接鞭。得仲飴望日信，官封，初一復，交蘭蓀。楊味春來。

三月丙辰朔壬子。入直。派寫扁三十三面，對一副。晤廉生。到署，端午橋來。楊增來卸武清、房山缺。心存來。運來。曾懷卿來。倉爾爽號寯臣來茌平。譚澍、董開沅來。崔惠人來。

初二日癸丑。未入直。卯初，正紅旗查學。長、吳、洪、鍾、吳、高、王、蔣、王先後到。巳初，先散。石右皋、劉竹坡、陸天池、吳蔭培來。岑雲階、王藎臣來。竹坡屬題吳柳堂遺墨。

初三日甲寅。入直。派寫扁二面上南，對廿三副。心存姪搬住橋南。未至申小雨。龍泉寺伯父母十週年。沈絜庵來。謝裕楷、王曾彥來解鄭工十六萬銷差。癸酉、乙酉文昌團拜，辭之。送倉爾爽寯臣、廖穀似席。送沈絜齋席。李雲從來。趙國華菁衫來乙酉門人恩彤號丹來之父。運來。

初四日乙卯。入直。順天府奏雨二寸。辰刻,到署。答趙菁衫、沈絜齋。大雨午後止。

初五日丙辰。入直。順天府奏雨四寸。送趙菁衫席。張益禧小滄,癸丑名,文瀾之子來。王禹臣言昌來卸永清。朱卓英來。送趙菁衫對、書。送華堯峰對、書。

初六日丁巳。入直。派寫"養正毓德"及南上蠟箋匾。晤搏九。長允升來。張璞君來。華瑞安學瀾來。復綏之,交運齋。寄瘦羊,送再同拓八十二紙。

初七日戊午。入直。到署。許子元來。樂菴來。地山來。江菉生來。

初八日己未。入直。直日。派題皇太后蘭二、鶴二、詩八首。寄清卿造象十二紙。寄郭壽農、田星五、趙夢奇信。衛榮慶來廥通判,廣陽江人,佐邦之孫。賞袍、褂料各二端。

初九日庚申。穀雨子初三刻一分。入直。派題皇太后梅五、菊一、松芝一、海屋一、鶴二,共十首。江蘇團拜才盛館,未到。送如江、玉亭、鶴君、竹坡對、幅。送天池拓。送佛青、夢華盉鼎拓。張兆珏來東安春撫。徐孫麒承祖來。張肇鑣來逸群,府經,寶坻春撫。陳小亭來。

初十日辛酉。入直。到署。派題皇太后松二、梅二。玉亭、竹坡、鶴君來。胡蕲生聘之、蔡右年松峰來。花農來。

十一日壬戌。入直。工加班,奏簾子庫事。派題皇太后梅花四。運來。發南信,濟、瘦羊。得石查信並《歲朝圖》,即復,並鈢拓十紙,交其家。李佐周楨來湖南。

十二日癸亥。入直。派題皇太后梅花七。賀運清秘。答李楨。曾景釗陶山來。朱敏齋靖甸,戊午、己未來。蔣醴堂嘉霨來。

十三日甲子。入直。麟芷菴六旬正壽,送燭、酒。送翁儀臣道鴻席。雨。李端遇鴻正來。

十四日乙丑。入直。順天府報雨一寸。辰正,到工部署。朱聯芳來_{浙縣通,幫審}。鶴巢來。趙菁衫、蔡世傑來。吳樹棻來。

十五日丙寅。入直。運齋來。祝莘卿祖母七十。莘卿、天池、陳瑞伯來。己酉十九團,又福箴亭、師曾、嵩、中、巴敦甫、崇、星階、福壽堂招。賞袍褂料、大卷四聯。崔惠人、武幼毅景炘,乙酉付來。

十六日丁卯。入直。派題皇太后竹四、梅二、海屋添籌一、山水三。復鏡如電。_{安徽館,同頌閣、生霖、搏九、子授、燕甫、勞愷臣庖,燕甫承辦票演。共四兩。}

十七日戊辰。到廂藍官學,吳、運、長、徐蔭軒、高、吳、蔣陸續到。王雲、王可未到。卯刻雨,午初止。復清卿,有甗_{蔡軒贈拓}。送天池拓本。趙欽舜_{霸州}、王彥威來。李佐周來。

十八日己巳。入直。辰刻,到署。隆書村_{文來長寶道}。張賡颺來。范履福_{六吉}、許仲韜、王藎臣來。

十九日庚午。入直。派題皇太后畫梅五、蘭二、竹二、菊二。得濟、辛、麟、子宜、小畲信。己酉才盛,箴亭、福壽堂均未到。江亭、子禾招,同蔭軒、漱蘭、寅臣,申初散。送倉寯臣、徐孫麒、朱敏齋對幅,勞凱臣對、扇。

二十日辛未。未入直。順天府五營合操,巳刻歸。送天池拓六十一紙。得仲飴十二月十四信,復,交蘭蓀函中。

二十一日壬申。[①] 入直。派題皇太后畫荷花三、蘭三、鳳二、鶴二。韓培森_{浙庶}、運來。寄石查信,並爲書幅四。

二十二日癸酉。入直。工引見二名_{彥秀、龍保}。到署。運來。毅

---

① 今按:"二十一日"原作"二十二日",顯係筆誤,據上下文改。

似來。仲弢來。寄鏡如照六張，交運、交念劬。

二十三日甲戌。入直。送廖穀似行。送天池廿五紙。發南信，濟、瘦羊、辛、子宜、小畲、鞠常、泉、碩、熙。馬東垣、丁予懃來。長麟_{詩農},正黃來。楊保彝來。

二十四日乙亥。入直。工直日。賀劼剛嫁女。才盛館丁未招，陪堯封，申初散。亞陶來。運來。寄清卿信十、布拓三百古，鈢齋匾。

二十五日丙子。立夏巳正一刻十一分。入直。唁姚樨甫。龐澤鑾_{省三子,號芷閣}、暴爾雲來。蔡鶴君來。趙執詒、崔惠人來。

二十六日丁丑。入直。順天府奏事。到署。閱熙麟課卷八本，送查如江孫完姻燭、酒。沈宗騫來。

二十七日戊寅。入直。管學正黃奏派長麟。賀樂初杭州將軍，詩農正黃管學。倉寯臣來。宜子望、劉兆章_{三河}來。復李少雲希哲。賴永恭來昌平。

二十八日己卯。入直。送佩卿行。王青友、熙小舫來。金蔚堂銓來卸霸州,完五十餘件。答林維源_{時甫}對、屏、《功順》，交許國榮。花農、佩卿來。送佩卿扇、對。王藎臣來。馮開勛送河豚。

二十九日庚辰。入直。運來。中江來，即派二人迎提金磚。午正，江蘇解磚委員何東橋_{浙寧波人},左綬解一千五百磚，並以崧鎮青信來，即往見中江。柯遜菴_{四百}、胡月舫來。松鶴舲來。

三十日辛巳。入直。上閱祝版。乾清門侍班。派題皇太后畫竹三、梅二、菊一、壽意瓶花四。得南信，濟、竹、麟廿九。寅臣來。

四月丁巳朔壬午。入直。到署。許子原來。得偉如信二月廿七。楊崇伊、石賡臣、王瓘來。朱滔來，未見。

初二日癸未。入直。工部帶引見。直日。内廷節扇送趙、梁寫。陳瑞伯、熊壽籛_{號聃仙,登第兄}來。文子乂來。

初三日甲申。常雩大祀。午初，上詣齋宮，蟒袍侍班，未初散。得振民信，寄吳枚菴雜抄。郭樹榕鼻煙。徐、李、吳同食瑞德堂。

初四日乙酉。子刻，張姨太太去世。花農來寫假摺。運齋來。發南電、南信。工部團拜，辭之。未刻，大殮。復仲田信。伯衡、範卿來。手復歐潤生。

初五日丙戌。請假，賞五日。

初六日丁亥。運齋、陸淡吾、摶九、華堯封、範卿、陳瑞伯代東安、蕭卿、杜庭璞、廉生、何福海江蘇道，丙午，庚戌，鏡波、王青友、吳蔚若來。廉生來，以李少雲拓本及彥士拓本去。韓蔭棻、蔭棣、張鍾赤、劉枝彥、蔡壽臻來。中江來。運齋及陶氏昆季董彥合、心存送三。彭氏昆季、胡月舫、伯華均來。

初七日戊子。發偉如信，官封。緦臣、寅臣、蘭維垣、朱靖藩、石賡臣、羅鼎焜來。石、羅祭席，璧。致仲飴，交蘭十一發。

初八日己丑。以安摺交筆帖式。得竟如信照已到，即復，並清卿信，爲志嘉。高文翰來四，廿。

初九日庚寅。具摺請安。派寫惇敘殿等對，九言、八言、七言三分。手復豹岑、吾山，交蘭蓀，又仲飴十一。籛亭面商鳳興。到署。陳瑞伯、查如江、朱敏齋來。得蘭蓀卅日信。

初十日辛卯。丑正二，在奏事房遇衍聖公孔令貽。西苑門跪迎皇上卯初、皇太后卯初二，蟒袍、補褂，遞如意，賞收。辰初散。運來，寫神主。吳蔚若來。江丈清驥、孔燕庭令貽來。

十一日壬辰。入直萬善殿本日爲始。工直日。同人俱至關防衙門，並看禮器圖冊，面商鳳興。內務府圖，取歸工部。巳初散。汪仰山、韓文鈞子衡、高文翰四清、劉啓祥光福人，菊常中子、高晉墀用年姪帖，又北河州同大帖來。龔幼勉、楊蓉浦來。

十二日癸巳。入直。到署。送對、扇、書，何鏡波、彭伯衡。送對、幅、陸澹吾。送對、書，韓子衡。復濟、辛、振、碩。發南信二次，並復。李佐周楨、楊增，房山來。管琢堂來。能穀來。

十三日甲午。入直。朝房晤搏九。順天奏王宏裕、王玉昇一案，春廣、春二、普明、普玉一案原參奎家五席。畫十八奏稿會都。會館二百六十三所。點主籲卿、心存相題。送袍料。

十四日乙未。卯刻，殯於龍泉寺。到者陶董惕、蔣伯華、王弗卿、心存、能穀。辰正三，回吉。

十五日丙申。入直。召見。派寫頤年、含和殿扁，七言對七付。發南信，復濟、竹、辛、麟、廣安。函致康民，請赴寶坻。函致蘭，問檉事。關興槎送橙，前送分璧。王小宇來。王藎臣、陳小亭來。致高陽信，爲檉甫。

十六日丁酉。入直。龍泉寺開弔。辰正到，申初歸。

十七日戊戌。入直。派閱考試試差卷，同福、張、錫、徐、崑、童、徐、孫、烏。午正散，途中遇雨。伯武赴通。顧康民來，屬赴寶坻。寶坻事函復搏九。李雲從來，付十兩。復航雪。張揖琴肇鑛來致意。施子英、章定菴、袁敬孫。

十八日己亥。入直。派寫扁六面。晤搏九，遇燕甫、箴亭、芷菴。會都奏會館。到署，遇吉甫。陳冠生來。黃再同、張叔儼答、林文伯紹清來。朱子清、熙小舫、吳蔚若、花農來。王世驥來派幫稿上行走。復搏九，寶坻及北路缺。

十九日庚子。入直。工直日。答搏九。晤答如江。黃秉湘、卞緒昌、敬子齋來。函致如江，爲送元卷事。官學奏留正紅管學官長萃。

二十日辛丑。入直。高霞軒醴泉來。派查庫，同睿、豫、澍、瀅、奕、謨、奎、麟、烏、續。王小宇、聯福來。石麕臣來。潘衍桐、崔國因來。

二十一日壬寅。入直。陳祐曾阜,壽卿孫。發南信、濟、竹、瘦羊、辛、振、順伯、吳子重,內子青廿兩,叔平廿兩,余廿兩,共六十兩,由濟之交。劉竹坡來。

二十二日癸卯。入直。楊增來到房山本任。湯釗來寶坻,前香河有案。李翰芬來少駿,廣東人。柯遜菴來。運來。

二十三日甲辰。卯正,到署。辰正二,查庫起,午初散四十萬。潘嶧琴來。查如江來。謝星海來。

二十四日乙巳。卯正二,查庫。辰正二,散。每日二班,八十萬。長允升、劉佛卿、陸天池來。

二十五日丙午。卯正查庫,巳初散。與上同。蔭軒招明日,辭之。含英王姓來。夏味春來。杜錫九來,一爵,一造象,直四千,未正交。賞直徑紗四疋,漳紗二件,葛布二件,帽緯二匣,扇一柄,燕窩一包。復仲飴,又劉藎臣,交蘭。

二十六日丁未。卯正,查庫。辰正二,四十萬。函唁謝綏之並幛,交電報局。恩雨田八合以送芷菴,又黃絹二,又爲裝鼻煙。馮夢華來。得王振錄復之、嚴書麟信,知王振鈴去世。杜錫九來,付五十四兩,五刀。據云張獨鶻一鼎歲、一甑鄭日高肯出售,須一器五百。張少林來。岑彥卿五月廿八日幛、如意。

二十七日戊申。卯刻赴庫,巳刻散。許仲韜、石虙臣、劉中瀚、蔣伯華來。趙以珣來。

二十八日己酉。卯初到署,卯正赴庫,辰正二散。曹福元、張璞君來。陸蔚庭來。楊味春來。彥卿六十壽,送幛、如意。賜壽"綏圻錫祜"。

二十九日庚戌。卯初赴庫,辰正散。許子元、吳光奎戶員,新湖廣道來。得蘭蓀十八、仲飴信,初一復。李楨佐周、熙小舫來。

三十日辛亥。卯初赴庫,辰正二畢,共五百四十五萬餘兩,盈餘四萬七千二百廿五兩。徐銓、王繼武來。棍噶札拉參胡圖克圖、嘉木巴圖多普來。宜子望來。劉竹坡來。爲周祠函致叔平。賞袍褂料、葛紗、葛布、帽緯等十件如例，廿八日未寫。換亮紗。王藎臣來。運來。函培卿。

五月戊午朔壬子。入直。查庫，第一次復命。開發内廷節賞。發南信，濟、竹、辛、羊、振。岑雲階送彦卿信來。李乘時來解粽毛弟一批。趙寅臣來放貴主考。

初二日癸丑。入直。夜雨達旦。辰正，到署。陳協楑來號映垣，秋谷門生。楊味春、許子元來。王碑估來付九兩八錢，梁航雪所薦。航雪來十八金。王寶璐來號子詵，辛芝親家，仙庚之堂弟，山西靜樂。龐絅堂來。

初三日甲寅。入直。順天府奏雨一寸。於六部公所晤搏九。梁經伯卅金。送陳映垣扇、對。趙紹平潤筆、袍褂、紗、葛。送黄澤臣席。

初四日乙卯。入直。潤古來鼻煙廿兩，全清。筆彩來四兩，兩峰五瑞。以焦秉貞畫送劼剛，並索其畫。含英王姓來裝六古鉢、造象。陸天池來。張少林送司寇良父敦、中姬鬲，還之。申刻，地震。賞角黍。

初五日丙辰。入直。派寫"洛學心傳"四字扁福建。張肇鑛來，送扇、對四分，交張。子英、敬孫、定英、一琴即張，爲寶坻辦工好，以獎之。賞角黍。含英王姓來。裝六古鉢三，千六，造象二，三百。此外陶片十七、磚一、竟二、□布一，索昂。初七還之。

初六日丁巳。入直。辰正，到署。顧緝廷來。

初七日戊午。卯正，查内庫四十萬。未正三散。竹坡、岑雲階來。郝近垣來。回心泉長房來湖口縣，送聯幅。

初八日己未。卯正，查内庫。分早晚班。巳初，芳先散。運齋來。黃祖徽來。廉生來。

初九日庚申。卯正赴庫，午初畢。看摺。含英王姓來付一百七十兩，欠廿兩未付。

初十日辛酉。王秉謙吉甫，候通判，通幫審，常州人來。謄錄出身。馮夢華來。景方昇來海運差。

十一日壬戌。復命。寅正，上看祝版，乾清門補服侍班。辰刻，到署。子元、啟承齋、沈退葊守謙來。得窓齋信內陳子良拓四十紙，答以古器、造象、瓦陶、漢畫像六十一紙。唐典來香河，號子逌，求寫對。

十二日癸亥。夏至卯初一刻。唁袁鏡堂夫人。楊彥槼鴻度來，石泉之子，江蘇道。寄偉如伽南十八子、搬指、沉香暖手、蛇總管、鐲，交寅臣。張訾來。發南信，濟、竹、羊、振、泉孫。

十三日甲子。卯初，查緞庫。睿王祭關廟，未到。辰初散。劉常棣來，乙酉副，山東，號鄂亭。黃漱蘭來福主。熊壽籛來。

十四日乙丑。卯初查庫，辰初散。天池來。松壽、徵厚、中衡、惠裕、王瑾、許祐身來。柯遜葊來。寄黃花農信。

十五日丙寅。卯初，查庫。辰初，看摺，散。辰正初，小雨數點。卯初亦然。天池、運齋來。馮壽松來，派審卓公、芒公爭窰一案。明日工部加班。彩綢、棕毛、繡片三摺注差。羅鼎焜武清、馮夢華、殷吉階前文安，戊辰、丁卯。來。

十六日丁卯。工加班奏事。以德小峰信交張叔彥，並季直書。送天池拓四十二紙，又陝專足費七兩。連昨面交共十兩。夢華來。

十七日戊辰。因欽天監奏大婚迴避字樣，復命改遲一日。送對、幅、屏，黃澤臣、謝星海。送對、幅、扇，燕甫。蔣伯華、端午橋、李乘時來。岑春澤、佛昇額來。得偉如信。

十八日己巳。入直。查緞庫復命。辰刻，到署。送古甾泉扇、屏。送楊彥槼鴻度聯、屏、扇。陶子方、周小卿承先、汪範卿來。

十九日庚午。卯正,查顔料庫。辰初散。鮑承詔來花譚姪。范履福來。

二十日辛未。卯正,查庫。辰正散,看稿。臻姪來。

二十一日壬申。工直日,注差。派督修鑾駕庫磁衙。啓、海、梁、許、高、种。黄澤臣來。丁惠深、丁寶英來,雨生之子孫。寒暑表百度。

二十二日癸酉。入直。查庫完竣復命。派題皇太后畫壽星四軸、松鶴二軸、菊花一軸。辰初,到署。發南信,濟、竹、羊、辛、振、鞠。岑春榮來。繆小山來。

二十三日甲戌。入直。派題皇太后畫鶴三軸、鳳二軸、山水一軸。周克憲容階,甘肅考,馮壽松,運來偉如五十兩付之。晤小荃,候伯雙、夢華。經伯、何金魁來星垣,少梅之戚。復偉如,交天潤祥。

二十四日乙亥。入直。復胡石查、協奧昌拓本十一紙。派題皇太后鳳三軸、鶴二、山水一、荷一。辰,到署。送小荃席。復馬芝生,又壽山函,又函致静瀾,又世敬生,爲古何。

二十五日丙子。入直。夢華來。酉正二,大風揚沙。

二十六日丁丑。入直。進福華。派題皇太后畫靈仙一軸、海屋一、鶴二、鳳一、荷一。上祈雨,派擬儀鸞、福昌殿扁五十餘件,對八件,貼落一千餘件。聯福來。寶恒昌來爵還之。蘇來留煙。運來。

二十七日戊寅。入直。順天府奏事,旨:"擇優保獎,毋許冒濫,欽此。"朝房晤搏九。辰刻,到署。

二十八日己卯。小暑丑初三刻。入直。静默寺候耕娛,不值。尹子威彦鋮、余賡衢肇康來。丁予懃、查如江、徐花農來。濟對、屏,竹對、幅,辛屏,振對,麟幅。

二十九日庚辰。入直。工直日。天池來。

六月己未朔辛巳。入直。辰刻,到署。張一琴、王言昌、張子彝捐守,離署、耕娛來。送通永鎮唐沅圃、吳樂山扇、對。

初二日壬午。卯刻,赴廠紅官學,王、長詩農、長允升、徐蔭軒、吳、王、高、蔣、續到。吳雨軒未到。午初散。溥善、長潤、徐道焜來。點張缺,祝囗。員外陳傳棻、徐道焜。王定夫肇鎮、中伯權樂菴來。

初三日癸未。入直。派寫儀鸞殿、福昌殿等處扁十四面。交王肇鎮、世敬生信。趙爾震來。曾紀壽號岳生來,交茘齋寄皇《義疏》,即復。寄以《石湖詩》、《古籀文補證》、《月季花譜》及許文恪仁山師拓。得清卿士拓三紙,即復,寄拓九紙。申刻,雨。

初四日甲申。入直。順天府報雨一寸。派寫對二分。朝房晤搏九。辰正二,到署。伯武明日行。得南信廿五,即復濟、麟、泉,交伯武。蘇來。潤古胡子英、崔惠人來。

初五日乙酉。入直。派寫橫幅五件。伯武歸。得蘭孫廿六、仲飴廿日信,即於次日復,並豹岑、吾山信。壽門送印、書、紙。浙江道黃祖經來號子畬。顧康民、劉竹坡來。

初六日丙戌。入直。上詣大高殿祈雨。發南信,濟、竹、辛、羊、振。陶子方、章定菴署寶坻來。夜雨。

初七日丁亥。入直。辰正二,到署。蔣伯華、楊味春、高搏九來。夜風雨。

初八日戊子。入直。工部直日。帶引見三名廷桂、恩溥、嚴庚辛。順天府報雨,並奏蔡壽臻補北路同知。旨:依議。朝房晤搏九。派寫壽光門扁一面。酉初,大風雨。

初九日己丑。入直。順天府奏雨。上詣壽皇殿。卯正,事下即散。陸壽門來。王竹溪來,王振錄之堂兄,山東,從九。潘萊章來號季英。許子元來。藻熱。

初十日庚寅。入直。藻熱。增修鑾儀衛,添派松墀、程志和、高人、德盛、劉天樞、益陞、劉常榮。夜,風雨達旦。蔡崔君、夢華來十二日行。

十一日辛卯。入直。藻熱。王伯恭來。

十二日壬辰。順天府奏雨四寸。朝房晤搏九。寄張公束《功順堂》，並謝其高安銅器，並托覓，交壽門。送耕娛食物十匣、對、扇、幅。

十三日癸巳。入直。鼴臣典浙試謝恩。上詣大高殿報謝。藻熱。凌秋生道增來，通州派審。得濟、竹、辛信，即復，又鳳石信。吳鼴臣來。得藻安、子程、康祺寄來信件。

十四日甲午。入直。辰正二，到署。送耕娛。王藎臣、胡子英來。

十五日乙未。入直。順天會都奏棉衣。朝房晤搏九。花農、陳仲鹿芝誥、劉焌川候縣來。候周玉山來，玉山來時已睡。耕娛來。十七子青招福壽堂，辭。

十六日丙申。入直。工直日。溥善、端方來。

十七日丁酉。入直。到正白學，陸續俱到。胡湘林來。宋育仁來。吳德張來。

十八日戊戌。入直。派寫寧壽宮扁一，天慶堂對六付。派題皇太后梅花四、山水一、鶴一軸。送周玉山席。辰初，到署。陳瑞伯、趙松峰來。

十九日己亥。入直。派題皇太后荷二、梅二、松一、菊一軸。惇邸招廿日慶和，以期辭。壽門來，送以《秋審》三本與小峰信，送點心四匣，又玉珊信、《功順》。陳弼侯與同來。謝端甫裕楷，固安來。王曾彥、石右皋、施之博來。夜雨。

二十日庚子。入直。派題皇太后梅三幅、松一幅、鳳一幅、壽星鶴一幅。送廿四，屬《貫垣紀事詩》廿四本。姚虞卿來，派審禮部官地案，送以《年譜》、《秋審》二書。端午橋、歐陽鴻濟利見之子來。酉初，大風雨，即止。三姪女來信。

二十一日辛丑。入直。派題皇太后梅二軸、松芝一軸、海屋一軸、壽星一軸、山水一軸。劉姪塏之子來住，爲之名曰蔭福、曰蔭禧。國子監朝房遇叔平，在闕門内新收拾者。辰初，到署。寄蘭孫、仲飴信。江梅生澄，<small>□叔之弟</small>、劉泉孫姪塏<small>用賓</small>來。

二十二日壬寅。入直。工部加班，引見五名。<small>祝、區、陳、徐、魏。</small>鑾儀衛工程，旨仍承修。順天報雨月摺。官學奏革生廣福歐辱教習賽崇阿，交部。運來。林紹清、張兆珏來。仲約典江試。

二十三日癸卯。入直。派寫北海鏡清齋等處扁七面。派寫儀鸞殿對一付。酉初，大雷雨、雹，戌刻止。啓程松墀、海康、許子元來，留子元飯。張一琴來。

二十四日甲辰。入直。上辦事後還宮。若農、可莊仍進内。<small>以碰頭，故辦事後向不碰頭。</small>沈賡虞鳳韶來<small>仲復姪，蘇候補守</small>。花農來。畢光祖來。

二十五日乙巳。入直。順天府奏得雨深透。晤摶九。寧壽宮聽戲。辰正入座，未正一散，三十刻。羅胎冠，住壺天。爕臣約便飯。

二十六日丙午。遞如意，賞還。辰初二，上御乾清宮受賀。寧壽宮聽戲。辰正入座，三十二刻，申刻散。賞如意、帽緯、袍褂料、花瓶、手爐、漆盤、荷包。羅胎冠，壺天，叔平便飯。龔右勉來。得南信十六。大雷雨，戌初起，亥初止。函商摶九，即復。

二十七日丁未。入直。卯正，到署。發南信，濟、竹、麟、辛、碩、振、鞠常。姚虞卿來。<small>查禮部地，復。</small>

二十八日戊申。入直。推班。夜，戌刻雨。

二十九日己酉。入直。龔右勉、徐壽兹<small>受之</small>、丁惠深<small>韌臣</small>、丁寶英<small>芝田</small>、湯釗來。子刻，大雷，風雨。

三十日庚戌。末伏。立秋午初三刻。入直。上看祝版。花衣,雨帽,乾清門侍班。雨中到署。范履福來。沈久齡司獄、璞君、丁予懋、王言昌、尹彥鉞、運來。

七月庚申朔辛亥。入直。卯初二,上太廟禮畢,辦事後回南海。交尹子威、朗齋信。江梅生澄來,交静瀾信,初四行。王仁東煦莊來,接署廂紅。恩雨田、查如江來,面訂初六金臺,並錢、凌二令。韓子衡文鈞來,交清卿信鐘拓。

初二日壬子。鑾儀衛查工,同司員六人。送丁訒臣、芝田扇、對、書,並卞頌臣、奎樂峰信。復清卿,內鐘拓,並屬松鶴、梅花喜神扁額。孫調吏右,徐轉左,汪升右,童署。沈鄭孫宗彝、唐典、李天錫、賴永恭來。武俊民用章、長允升來。劉佛青來。

初三日癸丑。入直。辰初,到署。文子乂、陸天池來。

初四日甲寅。到廂紅官學,王煦莊接管,同人先後到。巳刻散。柯遜菴、高搏九、陸梅孫夔和、謝裕楷、崔惠人、馬序東來。得南信,濟、振廿六。順天奏事,聲明官學。

初五日乙卯。入直。派寫牽牛河鼓天貴星君、天孫織女福德星君,派擬扁五十四,對四。工直日。內閣畫會議上徽號奏稿。巳刻後,雨時作時止。夜雨達旦。青友、張、王、亭、竹坡、雀君、子原來。

初六日丙辰。金臺院試因雨大不果,封題交查錢、凌二令。發南信,濟、辛、麟、振。

初七日丁巳。入直。子刻小雨。派寫桐城、定遠、舒城扁三面。賀柳門工右。寄清卿劍拓。查如江、錢亮臣來。

初八日戊午。入直。巳刻小雨,午刻大雨。伯兮來。長季超來。王藎臣來。雨不止。

初九日己未。入直。到署。王宜仁來,振錄之子,號文珊。李燕昌來，廣撫乙未，福太之孫。陳弼侯與同來。運來。

初十日庚申。入直。派寫芳華樓扁十一面。

十一日辛酉。入直。派寫芳華樓對一付、貼落六張。蔣實英、羅宗鎏乙酉，順德副、朱聯芳、文邦從、周玉山來。

十二日壬戌。入直。辰初，到署。送伯熙、季超扇各一。運來。王藎臣來，又來。韓鑑來，號季仙，丙辰本房韓欽之弟，行四，守。

十三日癸亥。入直。工直日。上詣醇邸。周生霖、榮恒、蔡鶴君、陸天池來。交千五。

十四日甲子。入直。候摶九不直。賀星叔。答洛英。運來。張樹德雨人，送對、福。聯福、小宇、摶九來。張一琴來委固安。夜，丑初雨。

十五日乙丑。入直。派寫賞醇王扁四面，九言對二付，七言對二副。上詣壽皇殿。本日換羅胎冠、藍袍。林文伯紹清、錢亮臣、張少林、張子復祥齡，乙酉川拔來。子原來。劉竹坡、薛黼平來。

十六日丙寅。處暑丑正一刻三分。入直。順天奏宛、良、房、涿、固安被水，並捐銀千兩。派寫泰山扁一面，吉林關帝、城隍、龍神扁三面。召見，旨交部議敘。到署。運來。朱子涵來。張雨人、張兆珏、施子英、袁敬孫、張一琴、黃子畬祖經來。施、袁、張各送橫幅。

十七日丁卯。不入直。到正藍旗官學，同人陸續。王煦莊以生瘤未到。工部筆政來領摺。查如江、陸天池來。

十八日戊辰。入直。具摺謝恩。朝房晤摶九，特來面商一切。汪仰山、董開沅來。

十九日己巳。入直。引見時碰頭謝恩。偉如三電捐萬。晨雨甚密，入夜未止。偉如電捐順災五千。

二十日庚午。入直。由福華門較近，惟順治門須卯初開耳。發南信，濟、辛、麟、振、鞠、熙、伯武。汪仰山、蔡鶴君來。岑雲階來，捐千。張翰仙汝梅來河南人,託名道者,午橋幕府。

二十一日辛未。入直。工直日。奏催蘇織造繡片,限八月。連文沖來,爲莊、程三人要札至涿掩浮尸。吳瀚濤廣霈來。永寶來三百,欠五十,叔向敦。黃子畬祖經來。得振民信。如江、楊春元解銀赴房、蘭丙卿來。

二十二日壬申。入直。運來。張兆玨來。徐叔粲來思彥,琴舫之弟,得芹舫信。王延紱來捐二百。金銓、陳兆葵復心、涂宗瀚號浩亭,伯音之子、杜紹唐來培菴。

二十三日癸酉。入直。以戶部一千函致搏九備文領。派寫體順堂原同和殿扁一面。劉幼丹心源、王弢夫彥威、熊以功、魯人瑞、王裕宸來。

二十四日甲戌。入直。以蔭軒願學一百信函致搏九備文領。張樹德雨人來,付星台信。岑雲階來。三函致搏九,一周小棠祠,一奏門頭溝等處,一查朱原函。連沖叔文淵、凌秋生來。董開沅來。謝綏之電復。

二十五日乙亥。入直。發南信,辛、麟、濟、振、碩、伯武。林紹清、李燕昌來。

二十六日丙子。入直。順天奏煤路、黔捐、棚座八月八日領題月摺,奉旨:"依議,知道了。"朝房晤搏九、小亭。錢亮臣、朱子涵、葛樹堂來。

二十七日丁丑。入直。辰刻,到署。徐世昌菊存、張賡颺來。

二十八日戊寅。入直。頌閣招,同劼剛、冠生、丙卿。錢清選來涿州判。魯人瑞署順、熊以功署固來。顧緝廷來。賞燕窩。

二十九日己卯。入直。招梅孫看古器,並天池、蔡松菴、經伯、月舫。連文沖、運齋、姚維錦、林履莊康甫、蔡鶴君來。送莊、鄭興貴肖軒對幅辦善舉,連之友。

八月辛酉朔庚辰。入直。劉焌、莊佩蘭號尊銜，丙午，欸之姪孫，辦善舉回，送對幅、雙泰來優貢，蔭方之子。復黎蒓齋、孫子與以崔青引《歲星圖》。丁予懋、王夢齡、王煥黼臣、震鈞在廷，二人俱吉人邀、劉樸乙酉副丁來。楊春元來。

初二日辛巳。白露未正一刻二分。入直。順天奏蘆溝粥廠提前一月周祠一摺一片，奉上諭一道。辰刻，到署。柯遜菴、胡月舫、潘嶧琴、恩雨田、張玉亭來。天池、味春、王伯恭、姚虞卿、陳小亭來。運來。

初三日壬午。入直。招劼剛、頌閣、冠生、丙卿。周承先、黃煦、楊容圃、張少林、薛黼平、陳琇瑩來。

初四日癸未。入直。候搏九，並見查、蔡、張一琴。殷謙、楊蔭北來。葛樹棠查宛西莊、李少東、許子原、錢亮臣、熙麟、張一琴、管廷鶚、孟憲彝金臺弟二、裕德、崇受之、王之春號爵棠，廣東臬來。仲仁假歸。函致一琴與子英專理煤路。

初五日甲申。到廂藍官學。仲仁以假未到。蔭軒諸公先後到。仲仁缺，王懷馨明德署。岑雲階、劉宜侍樸，薦潘衍桐來。羅鼎焜、韓鑑、劉焌、房山常述、蘇振常來。

初六日乙酉。入直。本日還宮。派寫"金門保障"、"澤普瀛壖"扁。到署。程全保受之、謝裕楷、崔惠人、許子原、勞錫田、榮仲華、王丕釐、何崇光來。運來。

初七日丙戌。入直。劉竹坡、謝端甫、曾景釗、運齋、胡廷幹戶部郎、劉佛青來。奉上諭："戶部尚書著兼署，欽此。"廷寄二道。

初八日丁亥。入直。丑刻，請題。卯刻，發下，謝恩。子英來。上出乾清門，補服侍班，還宮時磕頭。題下，借萊山轎跟班、轎夫賞十四兩至貢院，已擠極。工直日。奏督修國子監省牲庫工程。工價制錢三百二十九吊八十□文。松壽、梁有常、高慎德。文廟神庫五百三十七兩八錢八分八鳌。謝端甫來。廷寄二道，人犯札大宛私鑄，委管近修。翁道鴻、高汝翰壬子,天寵之子,御史、陳小亭來。派溝渠河道大臣。徐花農來。查如江來。周生霖來。

初九日戊子。入直。到署。到戶部任。小雨即晴。謝端甫來用印。蔡鶴君來。廣銀萬到，昨交如江百川通。今日香濤電到，即復電，交崔君。上今日用膳後還西苑。王夢齡來。

初十日己丑。入直。至蘭蓀處。謝端甫來監印。交還查如江送卷費，九縣共廿六兩。又送勞薪甫橫幅。又送李筱荃對、幅、扇、《功順》。孫紀軒紀雲來，交送剛、張、嵩等書。如江來，交去庫上鑰匙，收廣電萬金。拜熙、孫子授。

十一日庚寅。入直。答受之。拜嵩、曾，答萊山。謝端甫來監印。到戶部。宜子望、王言昌來。發蘭蓀、清卿、子英官封。袁廷彥來。皇太后賞帽緯、大卷六件。

十二日辛卯。入直。戶直日。到工署。楊琪光號仲琳,性農子,有集,江蘇道來。端甫來用印。蔡鶴君、劉竹坡、蔣嘉泉來。李菊圃、岑雲階來。得陳與昌信。接廷寄楊天增。

十三日壬辰。入直。到戶。雨。謝令用印。候張吉人。雨竟日。

十四日癸巳。入直。派寫"白檀綏佑"扁一面。到工、戶部。謝令用印。丁立鈞、陸梅孫、天池、汪眉伯來。林文伯、李燕昌來。運來。辛芝電，飛龍丹十七寄。

十五日甲午。入直。賞瓜、餅。交連沖肅藥四匣。謝令用印，送對。送杜培菴紹唐對、幅、酒、骰、肴二。送王爵棠之春八合，經伯廿四兩。

十六日乙未。入直。戶加班,工直日。到戶部。吉人來。謝令用印。發李、吳官封。詣王懷馨鄖陽館。發辛、濟、麟、振、竹信。聯福、龔蔭培、劉焌來。

十七日丙申。秋分子初一刻三分。到廂白旗學，蔭軒先到，王懷馨明德初到任，餘均續到。勉之尚未來。巳初散。到户部。謝令用印。石右皋、蔡鶴君來。王小宇、杜培菴紹唐、汪仰山來。寄香濤《經籍訪古志》、《天文算法纂要》、拓本一百廿，交杜培菴。王宜仁來，符五之子。岑雲階來。手復謝岑彥卿。得偉如信。端午橋來。

十八日丁酉。入直。户加班。到工、户。于文光領印。劼剛、張祥齡、連捷、林康甫履莊、岑太階來。蔣錫年來蘇令，解餉，丙午年報，又銘之甥，號少菴。文仲瀛海來。送少菴對、幅、書。送涂宗瀚號培亭點心、書，許字。

十九日戊戌。入直。公所晤搏九。七千交岑。到户部。張邦慶、莊佩蘭來。廉生、沈宗蓍、榮恒順義，毓公地畝來。俞志賢來。

二十日己亥。入直。丑正，雨。户直日。劉焌順義，毓公府□、趙詒書、蔡鶴君、葛樹棠高宗司振荒、方勉甫、丙卿來。

二十一日庚子。入直。到户部。尹子威來。陶惟坦仲平來。趙慶椿癸酉副，壽丞，木銘子、張少林、馬序東來。夜雨。

二十二日辛丑。入直。到署。徐壽昌川縣，號鶴年，堯圃之姪來。許子原、薛尚義廿六同鄉謝恩、范履福來。

二十三日壬寅。入直。招張吉人、連聰肅、王廉生、王小宇、黄仲弢、尹子威、蔡松菴、陸梅孫、天池，吉人辭。張兆珏來。

二十四日癸卯。朝審上班，午初散。工直日。户奏事，注差。林文伯、賴梓誼、查如江、李天錫、汪憲哲癸酉、陸天池來。

二十五日甲辰。朝審上班。到户部，同小峰。多介川來。曾景釗、張少林、張朴君、龍芝生、宋育仁來。

二十六日乙巳。入直。賀烏少雲，晤搏九。福壽堂子青招，申初先行。劉竹坡、潘應奎號璞臣，云名紹經、號箬舟之曾孫來。江菉生來。

二十七日丙午。入直。順天府奏事。復施、張，派寫"松亭惠普"、"嬀川昭佑"、"澤周上谷"扁三面。派擬頤和園等處扁三百八十餘面，對如之。朝房晤搏九。到工部、户部。謝端甫來。

二十八日丁未。入直。手復子英。派閲宗室覆試卷，同徐、麟，一等二寶，熙，二等三，三等二。到户部。凌道增來。王伯恭、高醴泉來。

二十九日戊申。入直。派題皇太后硃墨拓菊廿二幅、竹四幅、梅八幅。朱滃、汪朝模、運齋、丁予憨、楊謙柄子英，丙午，七十餘來。手復子英、一琴。到户。

九月壬戌朔己酉。入直。户加班。到工，到户。晤蘭蓀。蔡壽臻、馮開勛子名國琛、馮壽松、龔又勉、崇善宗室舉，復試第二、胡月舫來。

初二日庚戌。入直。到户。寶瑞臣熙來。寄胡雲楣書二種《探路》、王夫之《四書講義》、拓三種文湖州、東坡竹題跋，交眉伯。謝端甫、蔣錫年、楊蔭北來。

初三日辛亥。正黄會考八旗，同人陸續俱到，未刻散。葛樹棠、張少林、王毓藻來。

初四日壬子。寒露卯初一刻四分。入直。派寫頤和園等處扁三十二面。到工，到户。晤蘭蓀。張璞君、汪憲哲來。

初五日癸丑。入直。派寫玉蘭堂等處扁三十面。到户。朱善祥詠裳來。吴廣霈瀚濤、岑雲階、余堯衡肇康、方勉甫、賴梓宜、姚虞卿來。

初六日甲寅。入直。到户。派寫扁五十面。送惠人、伯恭横幅。送勉甫。晤蘭蓀。溥善、長潤、徐道焜來。崔惠人、王伯恭、端午橋來。送楊蓉圃、潘嶧琴、陳芸敏、裕壽田、柯畀菴、朱詠裳、樊介軒、黄霄亭煦、王子蕃、胡月舫對、幅。

初七日乙卯。入直。户直日。派寫扁四十五面。海康來。

初八日丙辰。入直。派寫大字直幅廿二件。到户，到工。樊介軒、蔣伯華來。林文伯、查如江、蔡卿雲_{户福司，湖北，年姪，秋谷門生屬助}潘應奎璞_臣十金。許子原、高摶久、恩雨田來。

初九日丁巳。入直。派寫扁、對及舟上者六十一件，福、壽、喜卅件。到户。龔右勉來。劉麒祥_{號康侯，霞仙之子，劼剛妻弟來}。

初十日戊午。入直。册寶玉牒起身。期服，不朝衣。賀王魯薌、孫萊山嫁女孔公、劉康侯。晤廉生。候劼剛。發南信，濟、辛、麟、振、碩、泉、熙、伯武、鞠常、廣安。

十一日己未。入直。户加班。工直日。到户。晤蘭蓀。花農、王懷馨、王繼武、劉詒英_{開生之子}、何其翔來。

十二日庚申。入直。派擬紫竹苑、報恩樓改名。到户。賀孔公完姻。歐陽鴻濟、陳源_{居庸關}、□丈、郝近垣、丁予懃、徐仲文來。交施子英雷公散四匣_{二百四十，付}。

十三日辛酉。入直。到工，到户。吳福茨_{引孫放浙寧紹道}，王春沛_{爲王兆蘭求致憲齋信來}。胡月舫來，帶去《說文部首》百部。芷葊來。_{發信施子英，丹三百瓶}。

十四日壬戌。入直。雨。朝房晤芷葊、蔭軒、席卿。到户。運來。賴永恭、管廷鶚、劉焌來。

十五日癸亥。入直。大風。劉枝彥_{回涿任}、楊士燮來_{中舉}。

十六日甲子。入直。朝房晤摶九。派寫天鏡樓扁一面。到署。晤蘭孫。劉心源、張肇鑛、熙麟、龐鴻書、尹殿颺_{庶常}、張賡颺來。

十七日乙丑。到鑲紅官學，同人俱到。巳正散。順天府自請議處，因成昌誤編滿官也。奉旨依議。寶居恒_{湖北雲縣拔，解餉，付以偉如}信、劉綸襄、張預來。陳壽椿來_{新補□縣}。張邦慶來_{武清委□}。

十八日丙寅。入直。內大臣公所晤芷葊，爲工部西直門角樓工程即改查估事。答芷葊,賀叔平。發濟、辛、振、廣安,均墨一,又瘦羊、竹年。多介川、葛嗣瀠來。

十九日丁卯。霜降。辰正初刻一分。廂藍旗查學,同人俱到。吴栘香代來,江、洪、徐三翰林官來。子授請爲其夫人題主。子原、花農、仲弢來廂辦對聯。張翰仙汝梅來,右江道,送對、幅、屏、席。徐仲文來,抄對五本。劉枝彦來涿州,稟辭。

二十日戊辰。入直。到工署。潘嶧琴、柯遜葊、石右皋、翁叔平、陳芝毓來。

二十一日己巳。入直。派寫同豫軒七言對一付臣款。賀萊山子中式。晤蘭孫。阿振之來。

二十二日庚午。入直。卯正,上奉皇太后頤和園。工部加班。紅黃飛金十三,二兩。手復仲飴,函致清卿、豹岑、藎臣。徐壽昌鶴年來。函致崧錫侯。徐壽蘅招湖南館,辭之。送徐鶴年對、書。查如江、宜子望來。景月汀來放蘇糧道。發窓齋。送嶧琴行。

二十三日辛未。入直。卯初一起,兒下即散。

二十四日壬申。入直。卯初一起,兒下即散。壺天少坐,到署。招張吉人、許子元、徐花農、劉佛卿、梁經伯、黃仲弢、朱子涵,惟子原辭。劉幼丹來,送《滂喜》。

二十五日癸酉。入直。晤蘭孫。王伯恭、左念謙、沈、鄭、孫。張如枚、王曾彦、周非元三人同來。啓紹、楊士燮同來。

二十六日甲戌。入直。頌未入直。命擬龍王殿扁八面。到署。許子原、崔惠人來。林文伯、殷謙、寳居恒拔,湖北、周學熙紀之、許子原、孫子授、馬序東來。

二十七日乙亥。入直。工直日,順奏事。派閱覆試卷一百十七本,同張、徐、烏、麟孫、徐、廖。一等卅二,二等四十八,三等卅七。未正三散。順奏寳坻案保舉,夾片奏施、袁、章三人,又奏派監臨,夾片孝子高占魁旌表糧價月摺。陰雨竟日。得王益吾信，並寄《續皇清經解》一箱。

二十八日丙子。入直。陰雨。派寫廣潤祠、龍王殿扁二面。發南信，濟、麟、辛、竹、謝綬之、熙、碩、泉、振、葉鞠常。順天府送來二十七日奉旨："著潘祖蔭入闈監臨。"復窓齋。王伯恭、徐仁鑄擘甫、恩雨田、王蓋臣、中伯權來。運來。

二十九日丁丑。入直。晤蘭孫。曾光岷蜀章、葛樹棠、查雙綬玉階、葛嗣溁來。

三十日戊寅。入直。換海龍冠、抓仁領、銀鼠褂。上看祝版，乾清門補服侍班。爲滁州吏目馮國琛函致阿小山，交馮開勛。劉兆章三河來。丁予憨來。劉中瀚即國安。段陞瀛覆一等官學司事。

十月癸亥朔己卯。寅正二，上詣太廟。卯正二，坤寧宮吃肉。晤筱亭及內務府各位，交后邸對百四十六付。頌病，未入直。朝房搏九面商通州署事。發南信，濟、辛、振闈墨五本。程祖福聽彝，容伯孫、雷補同、王蓋臣、張璞君、檀璣斗生來。湯釗來其子中式。

初二日庚辰。入直。派寫湖南善化城隍、定湘王扁，"威宣式遏"扁一面。復二姊，交範卿。晤蘭孫。湯銘勳篆九來，執贄，卻其金釧子，新舉。

初三日辛巳。正黃旗查學。三翰官江、洪、徐清繙譯及八管學俱到。午初散。潘應奎號璞臣來，助川資十四兩，連前廿四兩。得王振錄、嚴小雲信，即復。永寶來。蔣伯華、高汝翰來要湛田信、青士信。

初四日壬午。立冬，辰初三刻一分。入直。到署。鄭邸招吃肉，未去。葉培勳來執贄，新舉，三等，永元之子南雄人。豫泰建侯，揚廷甥、孫傳充稼生姪，皆一等來。魯人瑞來。康祖詒號長素，友之國器從孫上書自稱南海布衣。發南信，濟、辛、麟、振、碩、熙、泉、徵厚、張賡颺、蕭萬有、姚虞卿、劉焌來。

初五日癸未。入直。指示皇后日期,遞如意二柄,賞收。皇太后賞帽緯、大卷六件。花衣。叔平至懋勤來談。會館招,筱荃辭、月汀,未去。送施少欽、陳詠南、陳竹坪、王心如對,交施子英。復吳培卿。花農來。運齋、王繼武、李天錫、查如江來。松壽、中衡、啓紹、江槐庭、何乃瑩來。施則敬、凌道增、張肇鑣、俞廷獻、楊增來。王夢齡、陳鴻保來。景月汀來。①

初六日甲申。入直。丑刻,雨。皇太后賞袍褂料二件。冒雨入直。仲午得一女,名慎淑,字曼壽。運來。

初七日乙酉。入直。晤蘭孫。答運齋。徐慧生寶晉、連聰肅、施子英、張一琴、范履福、徐東甫來。

初八日丙戌。入直。到署。復南信,濟、竹、辛、麟、振。康祖詒、金銓、陳與冏來。

初九日丁亥。入直。張允言伯訥,安圃子、張汝梅翰仙來。永寶來箑、鬲共四百五十。送翁儀臣、景月汀對、幅。

初十日戊子。入直。派擬后邸斗方七面,交福箴亭。皇太后萬壽,慈寧門行禮,遞如意,賞還。張一琴、王伯恭、王瑞麟、伯兮來。

十一日己丑。入直。晤搏九,留飯。賀佩蘅、月汀奉懿旨后邸演龍亭、沫亭。偕内務府大臣先暫坐啓承齋家。午正聚,未正散。高汝翰、蘭丙卿、凌秋生、張一琴來。

十二日庚寅。入直。到署。許子元、沈、鄭、孫、李筱淦、陳壽

---

① 今按:日記另紙記初五日皇太后懿旨二通,今録於下:
光緒十四年十月初五日欽奉慈禧端佑康頤昭豫莊誠皇太后懿旨:皇帝寅紹丕基,春秋日富,允宜擇賢作配,佐理宮闈,以協坤儀而輔君德,兹選得副都統桂祥之女葉赫那拉氏端莊賢淑,著立爲皇后,特諭。
光緒十四年十月初五日欽奉慈禧端佑康頤昭豫莊誠皇太后懿旨:原任侍郎長敘之十五歲女他他喇氏,著封爲瑾嬪;原任侍郎長敘之十三歲女他他喇氏,著封爲珍嬪。欽此。

椿來。

十三日辛卯。辰正，入闈。主考徐桐、徐樹銘，監試文傑顯侯、牟蔭喬朵山，收掌郭薰之、張鴻謨，外簾劉家模、胡鍾駒、劉果、汪文衙，彈壓副都統安興阿，四圍監試端良簡臣、成斌□峰、吳光奎巨園、燕起烈舜卿，提調何小亭先後到。本日提調、監試核對名册印聯記號。得王繼善電，爲陳煦元會艮事，即復。晚會同提調、四圍校核名册，戌初畢。

十四日壬辰。寅刻起，卯刻叫門，進生、兵五百四十一名。辰正三，叫內簾門，發題。午刻完場。安副都統及收掌二人出闈，進內簾。主考聘假兵部移送中額數目清單送內簾。四圍御史於彌封後，填寫弓刀石頭二三號及印雙單好。亥正畢，送卷入闈，告蔭軒、壽蘅以中額，憑兵部摺並行文問揭曉日期。共五百四十一本。滿十六本，合二十本，夾十七本，民四百八十八本。

十五日癸巳。內簾定十七日揭曉。至公堂將日期移會順天府、兵部，分札治中、照磨、司獄。明早請印入闈。看御錄，看安摺、復命摺。發條叫車。委員張如枚、吏趙鳴謙記大功，餘拔委。

十六日甲午。卯刻，送印入闈，內簾閱卷未竟，云須午刻叫門。治中查光太來談，送本入闈，照磨曹送印。午初，進內簾填榜，戌初畢。校對進呈錄，亥正一畢。提調房四兩，本房二兩，餘共四十吊。夜雨數點。

十七日乙未。卯刻，出闈。送康祖詒長素八金，並允其伯祖友之國器作志。函致搏九。鶴巢通州講席。約經伯來，寫復施、王心如、陳煦元，竹坪信。海康、子元、經伯、搏九來。松、中、徵、溥、啓、夏、蔡、江、許同來。運來。

十八日丙申。入直。復命引見時請安。蘇來付八兩，欠十四兩。到署。晤蘭孫。長允升來。徐蔭軒、張玉亭、端午橋、許雀巢、許子元來。

十九日丁酉。小雪，寅正三刻三分。入直。換洋灰鼠。朝房晤搏九、蔭軒、蘭孫、芷菴、子齋。永寶劉來付百五十兩，欠五兩。運齋、子元、惠人來。岑雲階來。

二十日戊戌。入直。舟行有冰。朝房晤芷菴、子授、仲華、偕受之、仲山在門神庫看鳳輿。瑞輯五霖，吉林道，刑京察一等來。周小卿承先、李筱洤、王廉生、姚丙然庶常、許仲韜、子原、葉善堂永元、貴桌、楊謙柄子英，丙午、廖仲山、徐壽蘅來。

二十一日己亥。入直。到署。派擬鍾粹宫、體順堂扁百五件，七言、五言對四十件。發南信，濟、辛、振、麟。搏九、仲韜、如江、王煦莊、張璞君來。

二十二日庚子。入直。朝房晤小峰、小雲、搏九。會倉場奏王恕園米石。招蘭孫、蔭軒、錫之、仲華、子禾，辭。凌秋生、金鈺、張一琴、賴子宜同來。岑雲階來，熙麟來。復王符五有崔子、萬鍾善信。

二十三日辛丑。入直。候燕甫，晤廉生。丁述曾乙酉、施子英、張少林、趙松峰、張一麐、楊培號殿臣、廣仁堂振董，候選州同來。送子英花翎一支。

二十四日壬寅。入直，直日。朝房晤簽亭、蘭孫、子齋、小峰、小雲、受之、燕甫。工部捐五百助南賑。函致搏九，爲南振。楊雲鵬之母遣抱具呈，告以私宅不應收。高允五千。唐繼勛次昉，湖南覆試一等、俞廷獻、王延黻、江棐生來。陳秉和石卿、孫錫第、小宇、夏槐卿宗彝，湖北鹽道，前元和縣、端午橋、徐花農來。

二十五日癸卯。入直。到署。晤蘭孫。清樸來。爲連書巢白華手書致窻齋，交聰肅。

二十六日甲辰。以火藥局未入直。卯初，施子英、楊啓臣來。辰初，爲八妹季如執柯，適王曉林曾孫王敬熙瀍舫。孫王承陞韞和，子王祖仁豫生、慕韓，乙酉副榜。福壽堂子青招，未正二先行。張英麟、張一琴來，得南信。

二十七日乙巳。入直。工加班。順月摺報雪一寸。招小山、南皮、星叔、萊山、小峰、小雲、燕甫、搏九、頌閣、仲山、子青，燕甫辭。

二十八日丙午。入直。派寫鍾粹宮扁十二面。至內務府公所候鳳輿呈覽。午初二，偕筬亭、敦甫、星階、受之率總辦等瀛秀園候旨：甚好。未初散。蔡鶴君來。

二十九日丁未。入直。派寫體順堂對十四面。到署。晤蘭孫。永寶劉付一百，尉兮厚、羅先烈、搏九、彭述來。

十一月甲子朔戊申。演鳳輿伯、王同行，內務府及工部同人俱到。巳正一刻，自后邸同崑、徐、清、崇至乾清門，午正二刻至乾清門階下止同徐、崇。祝劼剛五十壽，同額、張、許、徐、續，頌閣承辦，遇仲華，酉正先散。住壺天。

初二日己卯。入直。派寫奉天"福芘遼東"、"威宣渤海"扁二面。派寫鍾粹宮前後殿對六付。納采禮，以期服未到。張璞君、陸梅孫、連文沖、曾景釧、姚虞卿、蔡世傑、李貽雋來。

初三日庚戌。到廂黃官學。蔭軒先到，同人後續到。考國子監保送岳森、萬祖恕、李澤蘭三名。午初散。清樸、鶴巢、陳忠偉仲彥、子原、聰肅來。

初四日辛亥。大雪，子初三刻一分。入直。派擬承德府灤平縣扁。晤蘭孫。招伯兮、午橋、小宇、梅孫、天池、仲弢、佛青、鶴巢、廉生，未正二散。復香濤，復窓齋。發南信，濟、麟生、筱雅、辛之、伯武、振民、沈藻卿翰、廣安、碩庭、鳳石信。又崧中丞、龔道仰蘧、景月汀信。連文沖救生會，高允湊一千之數。

初五日壬子。入直。派寫灤平縣龍神廟"澤周燕樂"扁一面。王氏做媒送粧，同汪範卿。梁經伯、運齋來，丁、杜、張同席。至王宅,袁敏孫、何山亭子厥禧、彭子嘉同席。未刻散。復林康甫,付以窓信。

初六日癸丑。入直。派寫德孚寺扁。火藥局奏派演放克王、芬車定□。至王氏,往返二次。未正,禮成。于文光來,交盧溝救生會順屬捐四百兩。得劉芝田信,埃及古文。

初七日甲寅。入直。晤蘭孫。戴兆春、李若農、熊以功、金銓來。永寶、潤古、蘇來。梁航雪來,贈廿兩,並袍褂料、大卷,送過棉皮袍褂一套。

初八日乙卯。入直。至仲華內大臣公所,遇蘭孫,留飯。到署。葉菊常、朱延熙來。

初九日丙辰。入直。派擬寶坻縣扁三面。手復仲田。賀若農、可莊。甥壻王慕韓祖仁回門。王青友來,以鈕樹玉校《急就章》、劉玉麐《爾雅補注》付之。王曾彥、周克寬甘主、謝端甫、宜子望、王可莊、孔少沾來。

初十日丁巳。火藥局會同克王、芬車演放,八額駙未到。王繼武來。永寶劉來付百兩,付二百五十兩,欠二百。魏晉楨、運齋來。

十一日戊午。入直。帶引見七排街道。本貫托佛歡、屠仁守、吳兆太。中夏、趙詒書、榮禧、殷李堯來。復劉汝翼號獻夫,以其到任遞履歷也。蘇來言鼎直五百五十兩。復楊藐芳,送米。派寫天台"赤城顯佑"扁一面。孫傳兗來本年舉,選福永春州同。

十二日己未。入直。到署。馮夢華來。蘇來。付廿八兩,欠十兩。大鼎五百五十兩,臘月初五日付。李經畬、陸天池、沈曾桐來。

十三日庚申。入直。火藥局奏事,工加班。晤蘭孫。胡子英、李雲從來。張一琴來。

十四日辛酉。入直。上欠安,看方。陰,有雪意。吳蔭培、楊士燮來。手復張朗齋、倪豹岑。

十五日壬戌。入直。上欠安,看方。到署。招葉鞠常、李若農、黃再同、盛伯熙、王可莊、劉佛青、馮夢華、王廉生、黃仲弢、王聿卿、陸天池,申初散。

十六日癸亥。入直。上召見,辦事後還宮。蟒袍、補褂,西華門接駕。內廷不接駕。招佩蘅、子青二相,燕甫、受之、頌閣,受之辭。頌閣未正三先行。申初三刻散。

十七日甲子。廂藍旗官學,同人陸續俱到,仍煦莊代可莊,未消假也。午初散。查如江、張一琴、張發祥曾任廣西,已革,捐復、王祖仁來。李雲從、胡子英來。

十八日乙丑。巳正後,上詣天壇齋宮。蟒袍、補服,侍班。瑞德堂約叔平、爕臣、劼剛、頌閣,仲約臨時辭。蔭軒、蘭孫。

十九日丙寅。冬至,十九日酉初一刻。入直。上辰刻還宮。至門神庫看鳳輿事件。銀色改黃色,道台辦理。晤蘭孫。王瑞麟來化堂子。李雲從來二百十四兩付清。一匜皇父匜。胡來。

二十日丁卯。入直。工直日。海康、徐受沆亞陶孫、許子元來。胡永寶來。

二十一日戊辰。入直。派寫大草十張,張一字,字一丈誠、敬、鶴、慶、清、淨等字。到署。賴永恭、陳忠偉仲彥,送以對二及書、曹福元、崔惠人送筆二匣、胡子英來。

二十二日己巳。入直。工加班。派題皇太后御筆墨拓鐘馗廿幅、菊廿幅,又派寫龍、虎二大字各廿幅。胡來百,李偉卿一觶、一瓠。黃祖徽、陸梅孫來。陳小亭來。

二十三日庚午。廂紅學,可莊見,及同人俱到。未初散。永寶劉來。付百,欠百,叔向敦欠五十兩。

二十四日辛未。入直。函致豹岑、窓齋、曼伯、承楓廷恩。沈退菴、吳爕臣、張一麐來。順天奏事。晤搏九朝房。

二十五日壬申。入直。到署。苗玉珂來分發順天。派寫"鴻禧"真草各二大字。赴劼剛招,同頌、若、仲山,午散。函致楊鵠山,爲鐵路事。送葉善堂、沈退葊、夏槐卿對、書。

二十六日癸酉。入直。晤蘭孫。岑雲階春烜、濮賢懋來。

二十七日甲戌。入直。到署。蔣伯華來。王青友、運齋、張一琴來。

二十八日乙亥。入直。工直日。永寶劉來百兩,欠五十兩。高醴泉、葉善堂、許子元、章定葊、馬錫之、吳慶坻、鄭煥永南同知,陟山,吳人、夏槐卿來。

二十九日丙子。天壇收工,松、啓、中、繼、江、程、王、趙俱到。沈銘勳鏡泉,紹人,久在直、徐花農、恩雨田、章定葊、端午橋、黃仲弢交二百十金,還《復山集》,惠四函□食物、王藎臣來。

三十日丁丑。賢良祠收工松鶴齡、王小宇、匠劉天樞。丁予懃、劉樾仲來。

十二月乙丑朔。戊寅,入直。派寫恭代上進皇太后吉祥四字,福、壽、龍、虎等四十四件。到署。仲韜來。熊以功、王藎臣來。

初二日己卯。入直。派恭代上進皇太后"含和頤性"扁,"太平有家聖人壽,垂拱無爲天下春"對,漏子福字四十方。晤蘭孫。申初,雪即止。大風。

初三日庚辰。到正藍學,葊軒等以次俱到。可莊外症,煦莊到。午初散。外國拜年,行文不到。蘇來仲師鼎三百兩,欠二百五十兩。大風,冷。王春溥來,付以愙齋信拓本五紙。李天錫來。

初四日辛巳。入直。大徵禮,入直者蟒袍、補褂。派寫坤寧宮十三言對一付,"天佑皇清"一件,龏二件,長壽一件,祥喜七件,福廿件,壽十件。發倪豹岑、劉謹丞信,爲洧川劉禮咸石珊。徐兆豐乃秋來得御史。

初五日壬午。入直。派寫鍾粹宮甬子門三字扁四面楓蘭國、齊紫宸、被太和、保泰和。蘇來二百五十兩,又鼎五十兩,全清。胡來。陸蔚庭、姚虞卿、連聰肅來。

初六日癸未。入直。工直日。派寫興國州"惠周荆雄"一。招若農、緦臣、再同、廉生、小宇、子封、子培、仲羖、搏九來同坐。郭綏先來。楊增來。

初七日甲申。入直。派寫永和、景仁、鍾粹宮"迎禧迎祥"、"出門見喜"等件。陳小亭、王言昌解楊云用、徐受沅付倪信、熙小舫要□目方、喉藥來。

初八日乙酉。工引見三名注差。玉粒入神倉,偕搏九、季和、小研。與搏九同飯,午刻散。石賡臣、陸梅孫、天池、范履福、運齋來。卞柳門來。得清卿信,有拓,即復。

初九日丙戌。入直。到署。手復胡清瑞,送聯、扁、書。劉樾仲、王茀卿來。

初十日丁亥。入直。工加班三件。晤蘭孫。吳蔭培來。王青友、端方、啓紹、俞志賢、葛樹棠、陳景墠、張一琴來。復楊鵠山。蘇田之子趙子俊來。胡來。

十一日戊子。入直。順封奏一件,又奏事。奉上諭一道。張兆豐、羅鼎焜、劉家蔭、劉枝彥來。

十二日己丑。入直。派寫"福佑桃山"、"青關澤普"扁。子原來。蘇、趙來,付以《虞初》、克鼎直也。運齋、彭沛涵六、查如江來。

十三日庚寅。入直。上祁雪大高殿。雷。到署。劉兆璋三河來。岳森來。蘇、趙來付四十兩,行。

十四日辛卯。入直。順天奏雪一寸。工直日。復綏之電。楊春元來。胡來。外國拜年,注感冒。

十五日壬辰。入直。順天府又奏雪三寸。官學奏留王仁堪。壽蘅招同蘭孫、徐榮。

十六日癸巳。入直。丁際瑞來，范履福之表弟。賞福、壽字。寅初，貞度門焚，延及太和門、昭德門俱焚。申初歸。住壺天，同蘭孫、若農。廉生來。

十七日甲午。入直。引見時磕頭謝恩。順天府奏月摺及紙張。丁予憨來。永寶、張一琴來。彭涵六沛、運齋、張少林來。

十八日乙未。入直。到署，明日巳刻封印。遇小雲。徐寶謙、楊葆光蘇盦、李憲之來。

十九日丙申。入直。招蔭軒、蘭孫、仲華，辭者豫錫之、祁子禾。發南信，內有彥侍、廣安。湯釗來。賞袍褂料、帽緯。

二十日丁酉。入直。晤廉生。蔭軒招同露圃、仲華，蘭孫辭。未初散。孫國培來縣，新分順。仲韜、江葇生、程樂菴來。邱泰來來，乞梅少岩信己酉同年仲堪之姪，號鐵生。

二十一日戊戌。入直。大公所福、嵩師、巴、崇會議旨交太和門等處查估事。小峰先行。摶九至朝房，晤高甄別事。李澤蘭佩秋，南學取弟三、鳳林韻生，刑京一，穎守來。張安圃、仲弢、趙松峰、張一琴、運來。皇太后賞大卷八件、貂十張。

二十二日己亥。入直。晤蘭孫。祝運壽。許仲韜來。松壽、程志和、查如江、徐琪、李天錫。

二十三日庚子。入直。皇太后賞福壽字、虎字、鶴字、硃拓鶴字。在內晤箴廷。到署。吳廣需來。胡來付百兩。賞燕窩。翁道鴻來，付仲良信。劉瑞年時升子，號雲舲、江槐庭來。賞黃米糖。

二十四日辛丑。入直。豫山、翁斌孫、岑春煊來。順天府甄別三員，劉兆章、丁予憨，另補黃祖、周莘、楊雲鵬，交直督。朝房晤摶九。

二十五日壬寅。入直。工加班九件。派寫江西安義"龍安昭佑"扁。上派寫鳳、鶴二字漏子。題畫徐、李、吴，各用詩三首。許仲韜、馮壽松補樂安、王言昌補永清、胡翔林來。

二十六日癸卯。入直。徐、李、吴各用詩八首。皇后儀駕鹵簿呈皇太后御覽，陳設東長街大成左門基化門對過。巳刻，皇太后駕過，磕頭謝恩，同福、嵩、巴、崇光、崇禮、清、徐樹銘。賞御筆。手復培卿、胡雲楣。筆彩來付五十兩，玉酒杯上乘轎卅六兩，銅鍋二兩。王夢齡、楊春元來。陸天池來七十兩，付柳孫。

二十七日甲辰。入直。命將兩齋題御筆畫盡閱一遍，有無錯誤覆奏。上詣中和殿閱祝版，補褂、蟒袍侍班。同鄉謝恩。胡子英來一百兩，連其僞敦五字者。到署。許子原、苗玉珂、高搏九、靈耀乙酉，宗室、李雲從來明酒盃，《韓仁》、《尹宙》、《張猛龍》、《李仲旋》，共卅兩。

二十八日乙巳。入直。派寫"秀容昭佑"扁一面。山西共五面，誤作四。梁經伯卅兩。上詣太廟，皇太后賞梅、蓮、松三幅，賞大小荷包。龔蔭培來。李蕁客卅兩。晤廉生。邢兆英子傑，車局委員、徐琪來送以大衍。殷謙來。再復吴清卿。李雲從、胡子英來。

二十九日丙午。入直。上派寫鶴字、壽字大草各一幅，臣款。賞龍字。上御保和殿，出乾清門時，貂褂、蟒袍叩頭謝恩，不站回班。盛伯熙。邵鍾名世之數，董昌洗一字最多，以酬其勞。子原送花及燈、屏。陳冠生、吴運齋、陸壽門、張仁黼、江槐庭、劉家蔭來。祀先。

光緒十五年

光緒十五年己丑朔丁未。是月丙寅。寅正,關帝廟拈香。辰初三,慈寧門行禮。辰正,太和殿行禮。懋勤殿開筆。遞如意,賞還。蘭孫賞壽,請陪天使,同仲華,座有萊山、星叔,佩蘅後至。未正二刻歸。

初二日戊申。入直。派擬河南龍神廟扁。候太平主人,拜年數家。惲次璦、姚虞卿、曾劼剛、勞心農、許子原、徐花農來。

初三日己酉。入直。卯正,懋勤殿跪春。青老未到。頒春帖子賞。派寫河南"德水安流"扁。派寫隸字福字、壽字大幅。明日順天進春山寶座,以齋宮侍班,不克到。

初四日庚戌,上詣天壇,宿齋宮。巳正,蟒袍,補褂,侍班。未初歸。凌道增來。高搏九、紹葛民來。立春,亥初三刻五分。

初五日辛亥。入直。拜年。午刻歸。運來。

初六日壬子。入直。會典館隨到行禮,拜年,巳刻歸。陳小亭來。

初七日癸丑。入直。拜年,辰刻歸。

初八日甲寅。入直。派題皇太后畫梅上八字一幅。晤廉生。石賡臣、錢錫寀卸文安、鍾德輔平谷、賴永恭文安、李天錫、唐典、范履福、魯人瑞來。子英來五兩,裱工。筆彩來,卅兩。

初九日乙卯。入直。上看祝版,乾清門侍班。派題皇太后仿湯正仲梅幅隸書詩一首，又一幅隸書"羅浮真影"四字。逯鳳圖來_{新選}良鄉訓導，癸酉門生。熊以功、江菉生、程樂菴、張璞君來。屠義客_{候補縣}，送以《洗冤》來。

初十日丙辰。入直。乾清門架綵。是日始，皇后千秋花衣。發下馬文璧畫竹、宋《魚藻圖》、明人《雪兔圖》閱看，次日覆奏。蔡壽臻北、楊錫元、楊增、趙欽舜、馮煦來。胡子英來。李雲從來。

十一日丁巳。入直。派寫鶴字旁七言對一幅。召見於東暖閣。順天報雪二寸。高召見。到署。張璞君、張澤溪_{青，主簿，辦千軍台}、馬序東。

十二日戊午。入直。派題皇太后畫梅詩一首，畫荷隸書四字"香天自在"。工部加班。壺天，燒鴨九□。曾劼剛招，未正二先行。陳鴻保來，云挖河事。

十三日己未。入直。派題皇太后畫梅二幅各四字"百花斯上"、"蓬萊群玉"隸書，比頌閣昨所題，並命李、吳分題之。晤蘭孫。劉竹坡、楊子英_{謙柄}、文子义來。運來。晚招運、子千、心存看花炮。

十四日庚申。入直。派題皇太后畫仿湯正仲梅七絕一首_{隸書}。蕭卿值班，不到。招運、子千、伯華、花農、王祖仁_{豫生}、範卿、彥和看花炮_{端午橋所送}。謝裕楷、王蓋臣來。

十五日辛酉。入直。派書"懋德嘉績"扁一面_{軍機擬}，賜醇王。又題黃鑒久_{安圖}上《益州名畫》隸_{四潘祖蔭謹題}。又題皇太后畫松一幅，隸七絕一首。皇太后賞御筆仿湯正仲一幅。辰正，保和殿宴，蟒袍、補褂。巳初三散。謝錫芬、張誉、許子原、陳鴻保、文邦從、殷秋樵、陳小亭來。賞元宵。

十六日壬戌。入直。派擬上送醇邸扁對並篆"皇太后御覽之寶"。松、中、許、王至壺。壺天，燒鴨，後蘭孫亦去。午正，乾清宮廷臣宴禮，額、恩、福、鈞、奎、烏、麟、崑、嵩、伯、張、徐、翁、許、孫、潘，未初三散。

賞如意、蟒袍、瓶、煙、袍褂並席。章定菴、張一琴來。靈燿來。汪柳門來。

十七日癸亥。入直。派恭代上御筆"受天百禄"扁一面，"千歡百喜膺天慶，五福三多保春和"對底子。① 賀子青大拜、蔭軒協、萊山刑尚、燮臣吏右、壽蘐工右、柳門工左。查爾崇峻臣、己酉、張邦慶、吳淖、劉兆璋、陸錫康來。

十八日甲子。入直。派題皇太后畫雪梅詩二首，隸書。順天捐揚賑一千兩，工部五百兩。壺天，請柳門燒鴨。蘭孫來，一談而去。福壽堂子青丈招。

十九日乙丑。入直。祝小峰太夫人壽。壺天，燒鴨。羅鼎焜海康來。發南信。惇王化去。江建霞來。雨水，酉初三刻七分。

二十日丙寅。入直。換海龍冠，白鳳毛。招仲約、吉人、小宇、鞠常、再同、廉生、佛青、夢華、可莊、仲弢、葦卿、柳門、沈子培、子封、雀巢、張子輿、甑臣、子原，辭者伯熙、劉幼丹心源、連聰蕭文沖。未刻散。是日，花衣始。皇天后賞大卷各一件，普洱茶大團一。張渭乙酉、李燕昌、殷秋樵來，交一千兩。豐仲泰荷亭來。

二十一日丁卯。入直。派寫"果行育德"、"進德修業"扁二面。派題張之萬山水一幅七絶一首，又團扇七絶三首，皆隸書。復豹岑、吾山。是日開印。秋樵來，交五百兩。孫寶琦來。崔惠人、松壽來。

二十二日戊辰。入直。到署。端午橋、許子原、星叔、謝錫芬來。爲子原執柯書帖。"以前任軍機奉懿旨交部議敘，欽此。"又交片。廿四日謝恩。夜雪。

二十三日己巳。入直。順天奏春撫糧價。晤摶九朝房。啓綏、劉焌、屠義容、查如江、馮開勳、其次子國珊、運齋來。

---

① 今按："春"原作"奏"，蓋誤書。

二十四日庚午。入直。具摺謝恩，黃面紅裏摺。派寫四川資中"昭佑鳳鳴"、"惠普福芘"墊江扁。順天奏雪二寸。晤摶九朝房。太和殿演禮，未到。珍嬪、瑾嬪進粧，廿五進宮。仲約得少詹。夜雪。皇后進粧。晤蘭孫朝房。爲子原執柯，在仲山處備席，坐有冠生。同經伯、玉康，以帖交八妹。曾景釗來。岑春煊、高廣恩、汪年伯清驥、陸伯奎寶忠來。

二十五日辛未。入直。到署。雪猶未止。皇后進粧，共二日。許子原、劉培、陸壽門、蔣伯華來。

二十六日壬申。入直。上至慈寧宫行禮，御太和殿行奉迎禮，朝服。壼天，燒鴨，未初。晤摶九於朝房。晤蘭孫、仲華傳心殿。順天奏雪三寸。以總辦銜名交樞廷。鄭嵩齡、岑春煊來。風。

二十七日癸酉。入直。寅刻，皇后進宮。派擬河南襄城尉氏扁二面，遞如意二柄，賞收。風冷。劉子澄齊潯，戶新廉州府、許仲韜、方右民汝翼，江藩、劉幼丹、蘭孫、岑雲階、余肇康來。手復豹岑。

二十八日甲戌。入直。上詣壽皇殿，派寫"康陰保障"扁一面。祝星叔夫人五十。奉懿旨："賞加太子太保銜，欽此。"並傳旨卅日謝恩。又工部堂官加二級。王青友、韓蔭棣、王繼武、劉瞻漢乙酉、吳漁川永、張少林、麟芷菴、運齋、陳壽椿新宛平、經伯、楊聖清癸酉，山東縣，彥臣信來。

二十九日乙亥。入直。同人公祭惇邸。阿克占、海康來。

三十日丙子。入直。具摺謝恩，又工部公摺謝恩。答謝醇邸。劉齊潯來執贄。子原、梁仲衡、郝近垣、岑雲階、運齋、汪柳門來。杜九、高文翰、李雲從來。

二月丁卯朔丁丑。入直。上看祝版，乾清門侍班，蟒袍、補褂，回時碰頭謝恩。李雲從來，付廿兩，全清。得南信。運齋來。到署。

高文翰來名世。交薛雲階百六十兩,古敦。

初二日戊寅。入直。推班四日。皇太后派長春宮聽戲。巳初入,碰頭謝恩,花衣,補褂,賞茶食二次,飯二次,御前三人伯、慶、克,軍機五人禮、額、張、許、孫,內務府五人柏、嵩、師、崇、巴、謨、瀅、澍、澤、倫、桐,惠王府二人載潤、載淇,及蔭共廿二人。酉初散。住壺天。

初三日己卯。入直。卯正,慈寧宮行禮。卯正,太和殿行禮,歸政,頒詔。太和行禮時,與搏九略商公事。巳初,長春宮聽戲。酉初散。茶食二次,賞飯二次。仍住壺天。遞如意,賞收。星叔招初四,主賓皆公事,改期。

初四日庚辰。入直。辰正,慈寧宮行禮,太和殿行禮,大婚慶賀頒詔。長春宮聽戲,巳初入座,酉正散。賞茶食二次,飯二次,賞素菜四碗。仍住壺天。

初五日辛巳。入直。至傳心殿遇星齋、伯熙,聞太和殿筵宴停止,即進內,知上欠安。午初,長春宮聽戲,酉正二刻散。賞茶食二次,飯二次,賞茶一匣,賞活計一匣,大卷二件。仍住壺天。若農、小宇來壺天。同樞內相商,每人五十兩,奏事八兩,南六兩。派擬奉天關帝廟扁三面。

初六日壬午。入直。派寫"挹婁昭佑"扁。工直日,同人均晤吉甫未至。至傳心殿晤搏九、蘭孫。復仲良、星五、駕航。運齋、李憲之、余誠格、宜子望、查如江、丁予憨、吳蔚若、朱子涵、槭興世錫之子、姚虞卿、陳兆葵來。祝運齋夫人五旬。

初七日癸未。入直。朝房晤箴亭、叔平、子齋、子授。招搏九、劼剛、漁川、頌閣、冠生。張澤、梁航雪、范履福來。夜大雪。

初八日甲申。入直。工部奏請旨保舉人員。至傳心殿晤小峰及同人蘭孫、仲華。王維度壬戌副,年六十、張一琴、王夢齡、周之驤乙酉、劉佛青來。

初九日乙酉。入直。晤蘭孫。運齋、王懷馨、高壽農、許仲韜、王廷相熱河、庶常、牛瑗辛丑、樹梅之子、裴鴻逵造象,同十三,石二,專一,石工、碑估季姓來。

初十日丙戌。入直。壺天燒鴨。許星叔招。馮夢華來。松、中、啓、徵來。

十一日丁亥。入直。到署,同人均到,議保案。午正散。查如江來。徐壽蘅、成子中來。裴儀卿來八百,送以對。季來八兩,石二。

十二日戊子。入直。上視關帝廟祝版,乾清門補服,侍班。派擬河南武陟扁。蘭孫來。送伯熙、廉生拓高裴之物。馮夢華、宗樹楷乙酉、徐花農、程樂菴、松鶴齡、中伯權來。

十三日己丑。入直。工部奏保舉。派擬江西德化等處扁。派寫河南"安瀾普佑"扁。派題皇太后畫葡萄二幅。派擬頤和園、龍王廟二字扁十六面。發下舊抄本《通鑑輯覽》校閱。松、中、程、張鍾赤、岑春煊、陸燮和辭行,同豫東屏山西去、朱靖藩、海康、啓紹、端方、許子原、徵厚、夏玉瑚、高次峰、王瑾、何乃瑩、壽麟來。寄清卿漢專瓦拓本廿餘紙。

十四日庚寅。入直。工直日,代奏司員謝恩。派寫江西"寶豐昭應"扁一面。派題皇太后畫葡萄一、雪梅一。派閱覆試卷,麟、潘、孫、薛。午刻入闈,知貢舉貴午橋、孫燮臣,內監試載存義們,甲子舉、楊、農,委員鄭沛溶。未刻,欽命題到,南向跪接。提調詹鴻謨、徐堉送席。晚,同人招,同兩監試飯。丑刻二,印出題一千二百張。"君子哉若人"至"取斯"。"揮毫落紙如雲煙",仙。大風。

十五日辛卯。入直。花衣三日。巳初,出題紙一千一百張,實到八百九十人,臨點不到十五名。遞如意,賞收。大風。晨起,為孫夫人撰墓表。進卷二百二十三本。寫對四十五付。

十六日壬辰,閱卷至午刻畢。兵部團拜,辭。

十七日癸巳。一等百本,二等三百本,三等四百五十八本,四等廿一本,不列等一名。貼黃籤,墨筆填名次。午,招芷菴、雲階、子授、存義門、楊定甫飯。黏黃籤,墨筆填卷背名次,包封繕摺,寫名次。午刻始,戌初畢。包封摺件亥刻畢。

十八日甲午。辰初出闈。寄清卿造象十九、漢專、隋專各一紙。送再同好大王碑葉跋,舊本。許子原、李蘭孫來。

十九日乙未。入直。覆命請安,並謝十六加級恩,引見時碰頭。蔣伯華、趙銕珊、王松溪、陳冠生、吳瞻菁、陳小亭、張璞君、許仲韜、任文卿其昌之子、承允、劉次芳、陸中甫鍾琦、張英麟來。招梁、梁、許、許、沈、柳門、廉生、佛青、夢華、建霞、花農、再同、鞠常來校書,便飯、點心。酉初散,校未竟。

二十日丙申。派題皇太后蒲桃一幅、梅花一幅。校書者鶴巢、冠生、子原、經伯、鞠常、仲弢、佛卿、夢華、子培、子封、柳門、建霞、花農、再同、廉生。蔡廚二席。王延紱、王彥威、潘駿文、余肇康、章炳森覆試一等六、王毓芝來。為外簾回避。

二十一日丁酉。入直。派題皇太后臨牡丹一幅、梅花一幅。祝仲華壽。亞陶來。己酉團拜才盛,不到。徐小雲、續燕甫、廖仲山招粵東館。江建霞一等廿二、章定菴、賀濤來。

二十二日戊戌。入直。派題皇太后蒲桃著色二幅。壺天燒鴨。蘭孫來長談。子青丈福壽堂,申初歸。趙松峰、端午橋、周學海復、鄭懷陔復、陳翼謀來。章定菴來。

二十三日己亥。入直。派題皇太后著色蒲、松各一幅款敬仿世祖章皇帝筆意,光緒己丑仲春下浣御臨。又敬觀世祖章皇帝"九天垂露"一幅。吳廷獻廣東、復、惲毓嘉乙酉、水寶煜來。到署。復容方並贈拓本八十七種。劉若曾、趙元益新陽、刻薨圖所藏書、陳日翔、沈爾裕欒城、沈師次子、趙儀年、趙椿年復、陳榮長盛京隨任、詩農、張蔭椿復第一、成守正復第十來。

二十四日庚子，派題皇太后松、荷各一幅，昨題蒲桃大約賜醇邸看用寶樣共九方。蔭軒娶孫媳送禮，桂蓮舫夫壽送禮。題"夫明者"二句，詩"園花玳瑁斑"，沈佺期《春閨》。派覆試閱卷，福、翁、李、麟、崑、嵩、許筠、孫授、貴、汪、廖。申正散。一等八十名，二等百六十名，三等一百四十七名，四等七名。三等之邱肇熙改四等一，四等之饒有容改三等，後復片奏申明。得振民信。

二十五日辛丑。入直。工部帶引見三名彥秀、桂森、□。直日。派題皇太后蒲桃一幅、松一幅。安徽館九卿團拜。午到申散。李潤均、吳緯炳研詔孫壻、蔡金臺、徐嘉言、宗舜年新復、汪柳門、何維棣、麟芷盦、李春澤來。柳門明日請訓西陵。

二十六日壬寅。入直。派題皇太后畫松一幅。順天奏事，遇搏九。蔣式瑆來。箸生，慶第三子。伯熙、柳門上陵、劼剛、鄭權、林國賡二人新復、裕祥、查如江、岑春煊、陳貞、徐鄂、湯震新復、戴錫鈞交三千二百兩，並田信，賓興、項同壽來。劉業芳來。張祥齡來。張聰恩來詩舲之孫。阿克占來。周士□、史菡來乙酉。

二十七日癸卯。入直。安徽團拜，辭之。皇太后賞御筆蒲桃一幅。到署。明日上駐蹕西苑。宗湘文、武延緒、祝維培拔、王裕宸、鄒道沂、張裕馨、柳廷詔三覆、許子原、吳騰驤、王詒善來。亞陶來。

二十八日甲辰。順天府演耕。搏九留飯，巳初散。祝露圃相七十。王寶璋、費念慈、莊國賢、劉兆璋、劉元輔、王瓘、王以懋、楊謙柄、文小坡、中伯權、夏寅官復、盛沅、袁鎮南、熙麟、許子原、張宗德小漁姊夫、王緒祖、劉子雄復來。

二十九日乙巳。入直。弔童薇研。王彥威、何官尹、丁惟禔、李仁堂、徐樹鍔、蘭孫、熙麟、張季直、馬文苑遠林之姪、朱子涵、王振聲、顧思義、許子原、黃漱蘭來。

三月戊辰朔丙午。入直。會內務府奏太和門查估事。坤寧宮吃肉。先農壇演耕。帶見小門生。熙年來京。石賡臣來。

初二日丁未。正黃旗學會考官學生百廿九名，同人俱到。誼卿未到。秦石麟來。啓紹來。壽蕺、左念謙，湖南館，辭。工部團拜，粵東館，辭。復濟之、竹年、辛芝、譜琴、碩庭、泉孫、瘦羊、小漁、振民。復清卿、培卿。沈維善、陳遹聲、李傳元、黎宗葆、端方、劉滋楷、梁壽祺、何鎮、汪柳門來。

初三日戊申。入直。豐澤園演耕，以府尹進鞭，余無執事，未到。派寫"澤溥開城"扁一面、皇太后蒲桃一幅。王振錄來。黃璵候知州，煦子、柳元俊乙、沈瑜慶乙、王巖癸元、羅鼎焜武、戴毅夫、朱孔彰仲我、單啓藩地山孫、胡廷琛、羅貞元己、李耀初、張兆玨、吳世珍甲辰，七十九、朱子涵、尤先甲、張祖辰乙、張肇鑣、家陞榮年已五十四來。

初四日己酉。入直。至仲華直廬，同露圃、蘭孫、頌閣、仲山少坐。到署。答尤鼎甫、卓臣、潤卿。吳大琳潤卿、陳人龍盧溝巡檢、王維城乙、許子原、俞陛雲階青、趙昶乙、吳蔭培、恩雨田、張元奇、劉學謙、楊銳乙、梁航雪、王伯恭、方長孺、趙增榮、端方、梅汝鼎、潘譽徵、熙麟來。

初五日庚戌。入直。工直日。寅正辦事後，上看祝版，至奉先壽皇殿。南齋及軍機未侍班。先農壇禮部演耕。蔣仲仁、蔣式芬、二秦來。清明，亥初三刻十二分。

初六日辛亥。入直。丑刻進內聽宣，奉旨副考官，同蘭孫，西苑門領鑰匙，余先行。午刻入闈。蘭孫、仲山、小峰俱到。齋後拜監試、同考、收掌。收掌王文毓、凌福添，監試桂年、洪良品。晚蘭孫處飯。夜雨，又大風。

初七日壬子。掣房，第一房。劉心源擬策題、經題。晚招蘭孫、小峰、仲山小酌。大風。

初八日癸丑。卯初二刻,欽命題:"子曰行夏之時"四句,"取人以身"二句,"曰子不通功易事"至"於子",詩題"馬飲春泉踏淺沙",泉。郎士元詩。蘭孫、小峰、仲山分寫題,余寫二分,共五分。辰正刻,實到六千九百九十六人,戌正刻成。子初送出七千餘,內簾先傳點。晚各人數篋,招二監試飲。

初九日甲寅。以策題五道及進呈策題五道、安摺各次分請劉幼丹、倪覃園、黃松泉、曹次謀、星槎、吳栘香、邵伯英。小峰招晚飯,又請劉幼丹、倪覃園來更換策題二道。原《儀禮》、《元史》二道換經史三道祁文端之舊。

初十日乙卯。校定策題,以經有"元"、"馬"字仍用《儀禮》。請覃園諸君俱來,以安摺交栘香。巳初,以策問五道交內監試桂、洪二君發刻。午後各手寫二場"交也者"二句,"帝曰咨女二十有二人"一句,"眉壽保魯"二句,"齊高偃"一節昭十二年,"是月也"至"籩筐"。

十一日丙辰。請十八房上堂,分三次以外簾交進,陳文屬分撿出。午正復刻二場題。戌仍招二監試飲,仍每人四篋。子初,送題,爲補袿。夜雨。房考鍾君言本年水不佳,告子涵。①

十二日丁巳。陰,風。邵伯英寫二場進呈,題紙酉刻成。三場題會經堂刻戌刻刻成。三場《儀禮》、史學、兵制、《管子》、藏書源流題紙明日乃進。

十三日戊午。三場題紙,外簾送進。未刻進呈二場題筒、安摺二件。內五點叫門。夜進卷五百五十九本。

十四日己未。安摺回。辰刻,花衣上堂,酉正散,薦廿一本。未

---

① 今按:本月後原有附頁,記錄內容如下:
己丑。刻字房卅千,加四兩;刷印卅千,加四兩;供事四十千,加四兩;監家人十二千;收掌十二千;委員八千;帚堂、茶、聽差六名,十八千;剃頭八千;鄉厨十六千;搬行李四千。共百七十八千。

刻進九百卅五本。亥正,送三場題,共六千八百五十張。二場同。夜進九百六十二本。

十五日庚申。閱薦卷四十七本。午後進卷六百六十六本。卯正,花衣上堂,酉正三散。連前三千一百廿二本。亥刻。

十六日辛酉。卯刻上堂,未刻進呈三場題筒、安摺二件。花衣。酉初散。閱薦卷三十八本,進卷一千四百一十二本。

十七日壬戌。子初起,寫題"知者樂水"二句,"燕得新泥拂戶忙",泥。蘭孫備點心。試同桂月圓。印百六十張。卯正送題。宗室實到卅二人。卷頭場到齊,實到六千六百十六名。辰刻,安摺回。閱薦卷四十七本,以一房二文、十房、十一房共四文交,加圈發刻。二場進八百六十六本。

十八日癸亥。寅初,進宗室卷卅二本,內一本未完卷,分得八本。卯正上堂,酉正二散。閱薦五十三本。

十九日甲子。卯正上堂,酉正二散。閱薦四十三本。至公堂來文,明日未刻送。硃批宗室中三名。午後風。進宗室卷摺。吳枋香寫落卷加批黏後。外簾送黃花魚。午後,大風。

二十日乙丑。卯正,上堂。午後封奏摺、安摺。卷有夾板。奏爲進呈試卷事。本年己丑科會試,蒙恩派臣等爲正副考官。三月十八日,據至公堂移送宗室卷三十二本,臣等公同檢閱,謹遵欽定中數,選貼試卷三本,擬定名次,黏貼黃簽,恭呈御覽,伏候欽定。命下之日,由至公堂拆封填榜,爲此謹奏。光緒十五年三月二十日。未刻,送宗室卷。閱卷四十一本,酉正一散。午後大風。

二十一日丙寅。卯正,上堂。穀雨,卯初二刻五分。巳初,安摺回。二場卷進齊,至公堂拆封填榜。發落卷廿九本。希廉、瑞賢、寶豐。閱薦四十本。午後風。

二十二日丁卯。卯正,上堂。閱薦廿九本。酉初散,酉正雷雨。明日撤堂,共薦卷三百五十九本。第五房二場卷經文必默寫首場起講與首場不符,知照外簾開門重行核對。又墨卷刻字較前次縮小,飭重刻。

二十三日戊辰。閱薦十一本。邵伯英十七、王惺齋三、熙小舫四來商文。晚蘭孫邀看鍾靜丞房文。次日薦抑之。

二十四日己巳。洪右丞送詩來並銀魚、魚翅。校各省卷,閱薦六本。

二十五日庚午。閱薦一本,連二場一本。覆十六、十二、十五、九、一七、十一、十四、十八、六、五、十三房二場卷百卅一本。伯英、幼丹來。蘭、峰、仲來。甚熱,夜大風。

二十六日辛未。換季,大風。覆一、二、三、四、五、六、七、八、九、十、十一、十二、十四、十五、十六、十八房二場卷一百卅本。元卷商,尚未定。午後又風。宗室廿七覆試,廿八閱卷。翁、許。

二十七日壬申。請十八房上堂,以房首卷交本房磨對。幼丹來。閱二場卷八十二本,三場卷第六房六本。又風。計連補薦共三百八十一卷。

二十八日癸酉。伯英、右丞來。閱二場卷卅二本,二場齊,核定應、中、光字卷及備卷數,開單交蘭孫。三場卅四本。

二十九日甲戌。蘭孫屬改試帖十二首。蘭二首、小峰二首、仲山四首。閱三場百六十三本。昨外簾送鴨,招蘭孫、小峰、仲山晚飲。夜大風。摺已備好。一進卷十本摺,一覆命摺。

三十日乙亥。大風。閱三場卷百四十九本,尚有未到者共三本十六房。仲山、蘭孫、幼丹、枒香來。

四月己巳朔丙子。十六房三本來,三場來齊。辰刻小雨,未刻上堂定卷。申刻散。

初二日丁丑。巳刻發中卷,各房磨對。未刻,進呈卷訂三連,以石壓之。請覃園、星槎、次謀、伯英擬批閱。上諭知鈐榜，派祁、世、長。

初三日戊寅。仲山處直隸卷，欽命四庫三抬作雙。本房三乞改中、蘭處卷，蘭來商。子虞來。午後覃、星、次、伯四君寫批。酉初畢。朱子衡來。蘭孫又屬改詩二。以滇卷過八百字後又止，子虞欲刻蘇誠七三一本，刻字舖告以來不及。閱抄，知已換單衣，此處仍棉。

初四日己未。未刻，發安摺十本，並繳硃筆及木匣。向無，此次有，前數日軍機行文來索，即行文至公堂交還該處。丑刻小雨。詩交刻。蘭孫、仲山屢校之。十一房、十六房、十房、十八房卷來。巳刻，封十卷及鑰匙，良久乃畢。

初五日庚申。安摺回。聞鍾靜丞、曹星槎俱感冒。右臣來，以紙索書，余贈其《海棠詩後》七絕。張肖莽來。十房磨對來，尚有八房。

初六日辛酉。怡莊來。巳刻，上堂，訂三連卷並印銜名，隨釘隨印，交本房加批。十一、十三房卷未來，直至未刻，曹、鍾二房卷方來。鍾卷光處二卷尚未磨。靜臣病，右臣助之也。至戌刻，加批來者十三房，未到者五房。此次特遲。發車馬條。立夏，申正一刻。

初七日壬午。將填草榜，十二、十三、十六房，至辰正未來，且有未起者。未正，卷始齊。蘭孫房中將各卷分各省，余手自書之草榜。申正三畢。請十位上堂寫名次明日事。幼丹、惺齋、怡莊、覃園、松泉、次謀、次方、移香、伯英、肖菴、郁齋。書吏寫小簽，戌初方畢。同蘭孫、小峰、仲山小飲，子初散。名備謄錄廿本。

初八日癸未。請十位寫名次。午後，公服拜監試、同考、收掌。未發落卷。開發，刻字卅千，刷印卅千，加四兩，供事四兩，加四兩，監試家人十二千，收掌十二千，委員八千，掃堂、茶、煙、聽差六名，十八千，剃頭八千，香厨十六千，搬行李四千，共百七十八千，提調大所家人各六千。請次謀寫曉諭及榜字。向應鼎甲寫。午後，大風，又小雨。戌刻止。

初九日甲申。丑初起，候知貢舉、提調、彈壓、監試填榜事畢後，供事寫謄錄卷面。寅正，子禾到，隨帶滿漢司員二人、外監試四人俱到。卯初填榜，子正始畢，並發謄錄卷交吏寫名次。

初十日乙酉。丑刻，家人以車馬來，提調與大所朱子涵、張一琴、王曾彥及堂上委員及糧廳、大宛俱來送行。寅初到家。誼卿、廉生來，門生來，六十餘人。

十一日丙戌。入直。請安，覆命摺由禮部遞。蘭孫辦。召見，至午門，朝服謝恩。四人俱到。房考三人，劉次方、劉幼丹、邵。貢士、會元外十餘人赴宴，止考官四人到。護宴大臣崇禮、右侍郎寶昌禮畢即行。

十二日丁亥。入直。工加班，奏太和門廿萬及山東速議培隄移民事卅萬。至西苑門與小峰商，以水利分半與署任。答子青。王承陛來，付清卿信、闈墨。王青友、姚虞卿來。節賞扇、對交寅臣乃郎及子原乞轉托，共三百四十五分。發南信，濟、辛、譜、竹、振、麟、碩泉並墨。

十三日戊子。入直。得朗齋電，收順助萬。官學奏管學蔣仲仁、王懷馨充補。到署。唁誼卿夫人五七。以水利千五百交啓送蔭軒。

十四日己丑。入直，順天府奏事，春撫完竣片，助山東賑。晤蘭孫。蘇培芝、趙生傑來。付四千，欠二千，與以護照。

十五日庚寅。入直。派擬鏡清軒等處扁八十餘，對四十餘。徐、李、陸、吳均以公不入直。胡子英來。爲伯恭索搏九信致鳳穎道王廉，並自致趙展如，薦伯恭鳳陽書院山長。考試差以苗卿迴避。

十六日辛卯。入直。卯初，上詣大高殿祈雨。到署。永寶來。

若農送洋玉蘭四盆。

十七日壬辰。到廂紅官學會晤，王懷馨、仲仁、煦莊代可莊、雲舫、可莊、誼卿、洛英署長季超、雨軒、蔭軒先後到。惟長詩農未到。巳刻散。

十八日癸巳。工直日，注差。慶和堂會齋，同受之、壽蘅、柳門、犉山，至後十刹海醇邸新府甎塔胡同西口外順承王府，遵旨前往丈量，午散。明日東四牌樓十條胡同對過廉公府、台基厰、毓公府。才盛館會榜團拜。

十九日甲午。入直，派閱散館卷，同李、孫萊山、孫子授、廖、徐、許筠菴、汪。一等，孫錫第等卅五名；二等，凌彭年等四十名；三等，沈維善等四名。午正三散。

二十日乙未。派殿試讀卷。恩、徐、李、許、潘、祁、孫、薛。

二十一日丙申。朝服，行禮後，住傳心殿。

二十二日丁酉。

二十三日戊戌。

二十四己亥。卯刻，召見並帶引見，即至閣填榜。蔭軒邀傳心殿飯。

二十五日庚子。卯初，上御太和殿，讀卷大臣及執事人員行禮。到謝公祠李鴻逵、李木齋、粵東新館李仲鈞、劉世安。到署。歸第在廣西老館。鸞慶胡同，辭。皇太后賞醬色實地紗一，石青實地紗二，漳紗二，駝色實紗、帽緯、摺扇、葛布、燕窩。

二十六日辛丑。入直。工直日。公所晤福師、嵩及清、徐、汪，崑領班。面商太和門事。杜來付五十兩，《崔玭墓誌》。派寫北海鏡清軒等處扁廿面。鳳石來帶見癸未舉輝等。

二十七日壬寅。入直。順天府奏請加王恕園米石。皇太后派題葡萄三幅。朝房晤搏九。

二十八日癸卯。入直。八旗官學奏陳秉和管學，馮庚期滿。開發內廷節賞。發南信，濟、竹、辛、麟、志暉鄂生、廣安、彥侍、曲園。又崧鎮青，又松峻峰、周玉山、朱敏齋，爲陸和讓景濂事。賞袍褂料、葛紗、葛布、帽緯，共十卷。

二十九日甲辰。入直。皇太后派題葡桃一幅。派朝考閱卷。張、翁、麟、崑、潘、祁、許、許、嵩、寶昌、廖、沈。一等八十，二等百八名，三等百十名。申初散。誼卿來，柳門來。

三十日乙巳。入直。到署，遇柳門。工部發電偉如。派中、程昌平丈量城樓木植。晤蘭孫。

五月庚午朔丙午。入直。得南信。皇太后派題葡桃三幅，賞蘇葉餃。遇箴亭，言昨日發電事。發南信，濟之、瘦羊墨十本。

初二日丁未。到厢白旗官學，勉之署，王懷馨。可莊、雨軒、詩農、誼卿、仲仁、蔭軒陸續到。王雲舫、鍾洛英及新任之陳梅莊秉和未到。巳初散。考教習二人：陳培蘭湖北、祝康祺。題"丹之治水也愈於禹"，賦得"艾人"人。午刻，皇太后賞御畫山水團扇一柄，御筆山水一幅。

初三日戊申。入直。到署。遇柳門，再發電催偉如。

初四日己酉。入直。粵東新館公請知舉、同考、鈐榜、內外監試、收掌，小峰承辦。共卅餘人，到廿餘。八席，賸一席送蘭孫。松江來，得黔電。酉正散。頌閣乞假十日。撰《齊孝子碑》。

初五日庚戌。入直。賞粽子。中、程自昌平來。

初六日辛亥。不入直。先君冥誕，龍泉寺念經。

初七日壬子。入直。遇箴亭。到署，遇柳門，發電偉如，交總署。子原來。高文翰二戈、一戚、一鈸、廿一□足一□陰。

初八日癸丑。入直。遇箴亭。晤柳門。謝客。

初九日甲寅。入直。昨奉委張邦慶。交片,邯鄲迎鐵牌。子良來,薦文小坡、張子復洋務局,又言龍景昌。搏九放湖南藩,來。

初十日乙卯。入直。派擬閒章四字七十餘件。會典奏提調延熙、鄂昌、總纂。到署,復偉如。

十一日丙辰。派題皇太后松鶴一幅。候搏九、子良。得偉如復電。寄清卿大鼎大鐘拓,官封。

十二日丁巳。入直。工直日,奏昌平城樓一摺。派題皇太后山水一幅、蒲桃一幅。江、程來,已睡,未見。夜,丑初雨。

十三日戊午。入直。朝房晤箴亭。派題皇太后山水一幅,菊一幅。松、中、江、程留飯,商摺底。裴來《毛詩》。寅正,雨,卯正後止。

十四日己未。入直。順天報雨二寸。晤搏九、箴亭、小峰。到署。晚,左子榮來。

十五日庚申。入直。卯正後雨,數點即止。官封遞交涿州劉竹坡。齊孝子廟,文仲幼書並篆額。寄愙齋壺、漢單于甄,又四甄、四造象、二戈,共十二紙。

十六日辛酉。入直。工部、內務府會奏太和門及四處府第報事,附片貴撫潘捐大木五十四根。晤蘭孫。張允言、朱滽、吳淖來漁川之兄。

十七日壬戌。至厢黃官學會晤,蔭軒、陳梅村俱到。惟可莊、仲仁未到。順天府報雨。奏明赴學,昨奏。奉旨:"依議,毋庸拆缺,欽此。"奏片貴州撫潘捐木五十四根,奉旨:"賞收,欽此。"

十八日癸亥。入直。卯初,上祈雨大高殿。朝房遇蘭孫、署子禾總憲。芷葊、小峰。到署,發電黔中。

十九日甲子。查厢白旗學,同人及翰林官陸續到,午初散。范履福、于文光稟稱鐵牌二十日到。工加班,帶引見,注□。

二十日乙丑。入直。得南信。上用膳辦事後還宮。工直日。

發南信，譜題名三種、濟、辛、麟、泉、振。熱甚，九十九度。

二十一日丙寅。入直。高奏鐵牌到光明殿。派高迎也。派題皇太后牡丹二幅，昨皇太后賞普洱茶等三種。夜，亥正雨。

二十二日丁卯。查正白學，煦莊、允升未到。午刻散，雨未止。冠生來主楚南試。

二十三日戊辰。入直。丑正，上詣地壇。順天奏雨三寸餘。到署。夏至，未正初刻八分。夜雨，自戌至子。

二十四日己巳。入直。大同鄉公請剛撫軍才盛館，未到。

二十五日庚午。入直。順天府奏雨三寸有餘，又糧價一摺，又修理貢院一片，又保舉鄭工解餉人員一摺。朝房晤搏九。到會典館看書十卷。奉上諭，廿七日報謝請獎一摺，奉上諭，吏部議奏。

二十六日辛未。入直。到署。派夏守所遺各差。江蘇館同郡請剛撫、劉臬，未初散。搏九派送鐵牌，來晤。大雷雨。

二十七日壬申。入直。丑初，大雷雨。冒雨入直，進西長安門、西苑門。派恭代上親筆邯鄲龍神廟扁"宣澤普霖"。卯正雨止。

二十八日癸酉。入直。順天府奏雨透足。搏九送鐵牌，請訓，遇之西長安門。工直日。送搏九席。許祐身、王延紱、夏時泰、曾章、高涵和、含英、李硯田、屈承杖、劉允恭、薛賀圖、魏秀琦。

二十九日甲戌。入直。派寫皇天后畫壺盧一幅、荷花一幅。榮恒來監印。于文光送印。工部加班，奏前門石路工程。于文光送印來，搏九送鐵牌往邯鄲。

六月辛未朔乙亥。入直。到署。

初二日丙子。入直。熱甚。發南信，交伯武、能穀、濟之頂靴，竹年食八件，並《洗冤》等，振民書九本、譜琴認啟單，辛芝《啟蒙》。榮心莊來。

初三日丁丑。入直。朝房晤蔭軒、蘭孫、叔平、柳門、劼剛、壽蕨。榮心莊來，經伯來。

初四日戊寅。入直。朝房晤徐、李、麟、廖。到署。伯武歸。賀經伯子完姻到京。心莊來。

初五日己卯。未入直。榮心莊來。張子青招福壽堂，申初散。王同鼎來安福。

初六日庚辰。入直。朝房遇蘭孫、叔平、受之、小雲、小研。本科團拜，因祈雨由前月初八改於本日，未正到，熱極，即行。

初七日辛巳。入直。派題皇太后菊花一幅，派閱優貢卷七十四本。翁、許、潘、寶。一等廿六名，二等廿八名，三等二十名。工直日，奏太和門、國子監、右宗學三件。太和門留中。心莊來。

初八日壬午。入直。晤蘭孫。心莊來。未刻雨。

初九日癸未。入直。卯初，上詣奉先、壽皇殿。心莊來。爲洪右臣撰《古文尚書辨裁》四種序。

初十日甲申。入直。同考公請粵東館，申初散。心莊來，乞寫扇、對。送陳協楑玞垣，秋谷門人扇、對、食物。

十一日乙酉。入直。呼子涵來。心莊來。助朱敏修大令月二金，寫摺交崔巢。張子復辭行。

十二日丙戌。入直。若農典浙試。派題皇太后牡丹一幅。熱極。雨竟日。

十三日丁亥。入直。工部加班，帶引見二名。蔡世傑、英綿。夜雨達旦。賀若農典浙試。

十四日戊子。入直。朝房遇蔭軒、蘭孫、漱蘭。觀音院誼卿夫人百日。心莊來用印。

十五日己丑。入直。工直日。遇青丈，言吳冠英事。派題皇太后梅竹一幅。晤蘭孫。申刻，雨。

十六日庚寅。入直。到署。長安門遇叔平。心存辭行,明早行。藹卿來。

十七日辛卯。鑲紅官學會晤,煦莊、誼卿先來,蔭軒同人續到。巳正散。心莊來用印。

十八日壬辰。入直。心莊來用印。

十九日癸巳。入直。上欠安。看方,請安。心莊來。晤蘭孫。搏九由豆店還嘉興寺。送偉如貂帽沿、人參,交張華廷濟輝,並送扇、對幅、書。

二十日甲午。入直。看方,請安。心莊仍來。夜雨。

二十一日乙未。入直。不看方,上已大安。起□,途中有雨。朝房晤搏九、生隣。

二十二日丙申。入直。順天府奏事二件。陰雨。歐陽平叔來,付德小峰、方右民信。

二十三日丁酉。入直。工直日。月摺。阿勒楚喀公念一件。寅初一刻,至西長安門,甚雨及之。夜,小雨達旦。

二十四日戊戌。入直。細雨,辰正晴。到署。發南信,濟、冠英廿兩、辛芝、竹年、瘦羊、復齋、志恢、振民。

二十五日己亥。入直。上辦事後還宮。派寫養心殿貼落一件。寧壽宮聽戲,巳初入座,申初散,廿三刻。羅胎冠,住壺天。招柳門、廉生、屺懷、鞠常、建霞,酉刻三分散。夜雨即止。

二十六日庚子。入直。遞如意,賞還。寧壽宮聽戲。辰正入坐,三十刻七分。申初三刻散。賞如意、帽緯、袍褂料、花瓶、香煙、漆盤、荷包。酉初後,雷雨。

二十七日辛丑。入直。得窻齋書,内有崔廷桂所得鐘拓,戊鐘也。即復,交誼卿,内鉢拓一、壺拓一、鼎拓一一字累。胡子英、蘇來。

二十八日壬寅。入直。到署。

二十九日癸卯。入直。小雨。晤蘭孫。進《續考古圖》、《續復古編》，清愛堂款識，百漢碑硯齋册。未、申間陣雨三次。胡來。大衍，尖尾幣六。子原來。夜，大雨達旦。

三十日甲辰。入直。雨不止。上看祝版，花衣，乾清門侍班。

七月壬申朔乙巳。入直。上禮成還海。答搏九。派順天鄉試，偕文治監臨。慶和堂，貴、孫二知舉，招，偕蘭孫、小峰。巳正散。甚雨及之。啟、端、趙來，為清卿奏報銷事。王、陳來，為大小所委員事。

初二日丙午。入直。順天奏放棉衣及七月十四考試繙繹事。到署。

初三日丁未。到正藍旗官學，蔭軒及管學官俱到。詩農該班。答幼亭、鳳石。福壽堂南皮相國招，未正二散。

初四日戊申。入直。工直日，發培卿信。發南信，濟之、辛之、竹年、譜琴、振民、碩庭、泉孫。送子良扇、對、袍褂、蒸菜、鼻煙、茶、腿。送聰肅橫幅。送南皮壽桃等件。

初五日己酉。入直。晤文叔平。途遇蘭孫，言請監臨印事。子良來，面交吳樹楷。太醫出去□□表。夜大雨。

初六日庚戌。入直。派寫牽牛河鼓天貴星君、天孫織女福德星君神牌。到署。晤蘭孫。發電報，辛、濟，配飛龍奪命丹。

初七日辛亥。入直時微雨，辰初後愈大。送尹子勘席。

初八日壬子。入直。發下宋人戲猿圖，遞奏片。到會典館看書十卷。陸費傑，五嫂之姪。劉齊潯前攜香濤信，尚未行，告以無增加語。寄香濤克鼎，交張瑞麟。□□□。

初九日癸丑。甄別金臺書院散卷一千一百卅四本。委員張玉亭、于文光，大、宛二縣張兆珏、王曾彥、屠義容。巳初散。

初十日甲寅。入直。會典館奏畫圖功課。派題皇太后畫魚詩堂二幅。復仲飴，交廉生，内拓本五紙。到署。酷暑已二日。得南信，以偉如信交夢華。言及馮守翥鵬。

十一日乙卯。入直。官學奏李弟愷獎敘。發南信，内魯巖廿元。濟、辛芝、瘦羊、福臻、譜琴。立秋，酉初二刻三分。

十二日丙辰。入直。上出西苑門。工直日，補褂侍班。清、徐未到。晤蘭孫。潘省年等查號委員來。

十三日丁巳。入直。派寫北海得性軒、得性樓、奧曠、崇椒、雲岫、隣山書屋、抱沖室、畝鑑室等扁八面。明玉舫扁一面，"桂樹小山菱葉檻，荷花世界藕絲鄉"對一。到署。

十四日戊午。入直。丑刻，雷電雨，冒雨而行。工部加班，帶慶元、張潤、賈裕師引見。

十五日己未。入直。卯初，上詣奉先、壽皇殿。申初雨。夜雨達旦。

十六日庚申。入直。到署。晤蘭孫。署仲仁管學事。余連蕚棣堂，丙子、癸未，幼之戚來。送叔平點心、小菜，晤於朝房，十八南歸。

十七日辛酉。未入直。正紅官學，同人俱到。巳正散。劉樸來乙酉副。

十八日壬戌。入直。微雨。幼丹來，爲周樹模索朗齋信。李祖廉，寶章之子，小泉外孫也。楊味春取少荃信去。

十九日癸亥。入直。夜中雨，時作時止。辰間小雨不止。到署。

二十日甲子。入直。工直日。順天府奏事。朝房晤摶九。

二十一日乙丑。入直。派題皇太后畫《歲寒圖》一幅、梅花一幅。晤承季榮、仲華。答月江。賀柊香順天府。祝摶九壽，未初歸。

二十二日丙寅。入直。晤蘭孫。

二十三日丁卯。繙譯場末日，查貢院之始。藻熱。

二十四日戊辰。入直。函致黃花農，爲仲午扶柩事。函致文叔平，貢院改辰刻查。得榮叔、椒坡、小峰信。樵野談及，不到。

二十五日己巳。入直。派題皇太后荷花一幅。到署。送外簾嚴庚辛，改李岳瑞，以後派外簾存記獎勵。仲韜交到樵野寄石三方。

二十六日庚午。偕文叔平查貢院。赴南皮宅觀劇。松壽等來，爲題本訛字。

二十七日辛未。

二十八日壬申。至子元處作伐，又至全浙館。李氏暫居。鐵琴之女適子原。再至許康，未正二散。鳳石假十日。

二十九日癸酉。入直。派題皇太后松二幅、竹一幅。會典館看書十卷。到署。晤蘭孫。復椒坡、雲楣、容叔。

八月癸酉朔甲戌。入直。

初二日乙亥。入直。龍泉寺，庶母張恭人念經觀音院。吳誼卿夫人初四日南歸。朱焯成來，交德小峰信交其家，頌閣托。

初三日丙子。入直。謝柳門、廉生、建霞、屺懷、鳳石，均不晤。晤蘭孫、誼卿，即送行。得南信。

初四日丁丑。卯刻，同叔平查貢院。巳正散。仲午奉張恭人柩歸葬。發南信，辛、濟、譜、麟、振、伯武、泉、碩。招魏來，爲黑龍江印文事。子木攜去朗齋信。以耕娛幛聯、如意盃交子涵。

初五日戊寅。入直。派恭代皇太后賞醇王扁一面、十一言對一付。上送醇王扁一面、十一言對一付。賞燕窩。到署。晤蘭孫。

初六日己卯。卯初入闈。餘詳監臨日記。①

十八日辛卯。辰初出闈。蘭孫來。

---

① 今按："餘詳監臨日記"蓋指本月初七至十七日之日記，此日記未知所存。

十九日壬辰。入直。復命請安。徐、吳到，遲未見。到署。晤蘭孫。開發內廷節賞。

二十日癸巳。入直。朝房遇露圃、蘭孫、子齋、仲山。禮直日。小雲談許久。答邵小村，送以席。

二十一日甲午。沈寶青要崧鎮青信交劉宗蔭。

二十二日乙未。卯初入闈，巳正出闈。崇受之招觀劇其家，辭之。復仲飴。函致張南浦、陶子方，爲涂伯音傳德，交其子宗瀚。

二十三日丙申。入直。工直日。督修內閣大堂松、許、高、□、德木植一摺留中。袁雀洲要南浦信。晤蘭孫。查如江回任。朱子涵署順義。旨准免稅。得偉如電，送蘭孫看。

二十四日丁酉。入直。到署。以偉如電交松壽，似應歸承修處辦。徐壽蘅招觀劇湖南館，未初到，申初歸。遇子青、小山、萊山、小村、摶九。甚雨及之。申刻，雷雨中祈年殿災。雨竟夜。

二十五日戊戌。入直。順天府月摺，又振山東四千一片。辰刻，同箴亭、星階、受之、柳門上諭館復估太和門工程庭柱石，象皮石須彌座。二者設法歸安。仍小雨。

二十六日己亥。入直。壺天燒鴨，晤廉生，遇幼樵。燕甫招觀劇，禮、慶、額、張、孫、榮師、廖、頌、摶俱在，不及擺席，先行，已申刻矣。

二十七日庚子。入直。答幼樵。賀安圃。訪蘭孫，不值。換單袍褂。召見。

二十八日辛丑。入直。派復勘鄉試卷。到署。岑毓寶來，號楚卿，彥卿之弟，新放雲臬。袁鶴洲攜去張南浦信。

廿九日壬寅。入直。卯初二，上看祝版，由海內，不侍班。酉刻，上祭月壇。崔巢代看星渠講舍卷，交去。劉竹坡刻成齊孝子碑。吳京培，浙解，駕木，吳文節族姪孫。潘號梅園，清河道。

三十日癸卯。入直。派寫寶匣蓋，計二百餘方。

九月甲戌朔甲辰。入直。工直日。公所遇箴亭、柳門、受之。到會典館，晤蘭孫。華承溎號漱石，天津人，浙江孫謄錄門生。徵厚贄相，卻之四十兩。李崇洸，稼門之姪。發信午、濟、竹、麟、振、誼。

初二日乙巳。入直。正黃旗會考，八旗一百廿一名，鄉試四十四名，不到者十四名。會晤時補考。

初三日丙午。入直。王肇鎔，任蔣橋姪壻，送點心小菜。端方來，催辦祈年查估稿。

初四日丁未。入直。順天府奏審訊壇戶孫榮德、魏連升、王德升三人杖八十，枷號一個月一摺。奉旨改杖百，枷兩月，餘依議。朝房遇摶九。是日考廳，派麟、李、貴。得南信。鶴巢代看八旗卷。發去《四禮翼》、《齊孝子碑》廿分。

初五日戊申。入直。到署。催祁天殿查估承修各摺。發南信。午、濟、譜、運、振。

初六日己酉。入直。覃園要小峰信。江、程來，定祁年稿。

初七日庚戌。入直。送陳阜火骸、茶葉，壽卿之孫也。

初八日辛亥。入直。子元來。聶道，丙峰之子，①號仲芳。

初九日壬子。入直。工直日。奏祁年殿查估及承，又奏太和殿等處石階之工程。派偕福錕查估太和殿等處石階及庫房等處工程。朝房遇仲華。又派祈年殿工程，同麟書。芷菴來。隨帶司員及用木敵帶去單。又旱河工程一摺，奉旨：著管理大臣查勘修理。

初十日癸丑。入直。

十一日甲寅。午後帶印入闈。

---

① 今按："丙峰"當作"亦峰"，蓋誤記。

十三日丙辰。子刻出闈。發南信，濟、午、辛、振、譜、麟各墨一本。遣人詢叔平，云十一到上海，因風大，未上船。

十四日丁巳。入直。復命，午門謝恩，至闕謝恩，三跪九叩禮，禮成，一跪三叩禮。公所遇芷菴、蘭孫、子齋、搏九、蔭軒、□公、壽蘅、小雲、露圃、箴亭。順天府偕主考叔瀛飯於搏九己初堂，舉人到者，李鳴鶴、張維藩二人。朝審，未到班。

十五日戊午。入直。派代御筆頤和園等處扁卅四方。壺天燒鴨十四吊。赴搏九、仲華招觀劇，歸未刻。中伯權要朗齋信，手書付之。

十六日己未。入直。派代御筆扁卅五方。送中伯權八色並朗齋信。朝房晤蘭孫、星齋、漱蘭。到署。送李貴猷食八色，送聶仲芳席。

十七日庚申。入直。工直日。派寫頤和園等處扁廿二面。晤小峰。

十八日辛酉。入直。派寫頤和園等處對十一副。篆無量壽佛上寶樣八分。招搏九、覃園、壽農、李潤均、颸臣、鳳石小飲。芷菴派祁年工程司員九人來見。

十九日壬戌。到厢藍官學。韻濤署。允升、詩農、煦莊、雨軒、梅村、勉之、蔭軒先後到。知王懷馨、蔣仲仁丁余贊堂聯萼，署仲仁缺者病故，擬送廿金。仲仁擬請幼丹署。賀醇邸五十，送如意。

二十日癸亥。入直。壺天少坐。到署。晤蘭孫。遣人問叔平。付劉樸、朗齋信。付彭沛、劉獻夫信皆問道；付覃園、小峰信；付曾光岷爲張子復與剛子良信。候劉幼丹。楊蔭北來。松吟濤招觀劇，辭。

二十一日甲子。入直。順天府奏王之傑卷彌封官張立德誤封，請將彌封及監臨分別議處。偕芷菴奏祈年殿廿四午刻動工挖土。

又偕箴亭至太和殿、中和殿、保和殿、熙和門、協和門、庫房及國史館、磁器庫等工查估。付蔣伯華耕娛信。

二十二日乙丑。入直。芷葊約公所談。答芷葊。

二十三日丙寅。入直。召見。到署。

二十四日丁卯。司員十八人，工匠十五家，祈年殿動工。欽天監擇午時，偕芷葊前往。聞叔平本日午刻到京。

二十五日戊辰。入直。派閱順天復試卷一百三十三本，每人十七本。麟、李、孫、潘、徐禮、廖、吳、徐工。午正散。陸壽門來。夜大雨。得來文知廿八卯刻填榜。

二十六日己巳。入直。晤箴亭，知同奉廷寄查辦事件。寄張公束鳴珂、鄒殿書凌瀚拓本二百五十張，近刻書三種。答鄒殿書、徐鏵之惠。派松、程查辦。福派成安步軍、海福衚門、毓秀晴岩，堂郎中。

二十七日庚午。入直。派題皇太后畫松二幅。是日，上還宮。丁崇雅，號鹿村。解餉來，高邑實缺。順天府奏事，糧價緝捕月摺。武監臨高文錫、衛廠郝好善樂施。奏事他他尋箴亭，不及待，禮部朝房大磨勘，自寅至卯，不見人而歸，屬將稿送畫。叔平來。送黃季度紹憲拓本二百餘種。

二十八日辛未。丑正起身，至貢院小所，副都統吉恒、恩光旋到。卯初，叫内龍門填榜十名，散已辰正。晤叔平，遇星叔。

二十九日壬申。卯刻，赴外火器營、旱河看工，箴亭以派讀卷未到。自北新橋，看至三孔橋，午刻歸。霜降，未初三刻十一分。

十月乙亥朔癸酉。入直。卯正二，坤寧宮吃肉。到會典館閱書十卷。到署。殷秋樵來。王兆淖來，要李筱淦信。復清卿，並拓鎛一。

初二日甲戌。入直。工部帶引見三名，文明、陳恒慶、馮芳植。傳訊劉已關防衙門。蘭蓀來。

初三日乙亥。入直。三所晤箴亭,面商,即手書交松程,屬於申刻到福宅。

初四日丙子。入直。仲午弟到京。上至箭亭,武殿試技勇。三所晤箴亭,商定奏稿初六日呈奏。許仲韜、子原、梁經伯、許雀巢、徐棣華、仲午同便飯。為廉生題海岱人文二册,內一册馮文毅家書也。

初五日丁丑。入直。武傳臚。上御太和殿,朝服行禮。朝房與箴亭商定奏稿,明日入奏。知明日賞壽,派武備院卿文璧。許粲、汪松程來。

初六日戊寅。巳刻,上還海。上派武備院卿文璧賜壽扁一面,對一副,福、壽各一方,壽佛如意,蟒袍,大卷八、小卷十六件。皇太后加賞長壽字一張、福、壽各一方,御筆賜款畫松一件,如意元金四,粧緞二、閃緞二。巳刻到,恭設香案,叩頭祇領。陪天使蘭孫、柳門、鳳石、颺臣。是日覆奏崇文一摺。內廷言明恭迎天使,不入直。未初,禮畢。皇太后賞帽緯、大卷六件。

初七日己卯。入直。具摺謝皇太后、皇上恩二摺。受之、劼剛來。謝醇邸,晤蘭孫。子涵來。

初八日庚辰。入直。壺天小坐。到署。辦事後,上還宮。

初九日辛巳。入直。壺天小坐。仲華處魦。謝客,未初歸。

初十日壬午。入直。辰初二,皇太后萬壽,慈寧門行禮。謝客。午初歸。得南電,為水災,即復。賀星叔、仲韜,仁師孫女于歸李子和之孫。夜半雨。送吾山禮物、叢書。

十一日癸未。入直。函致搏九,聞擬請假。壺天少坐。雨成小雪。送壽門食物、袍褂。為尹仰衡恭保作序。發南信,濟、竹、譜、運齋、培卿、廣安、泉孫、碩庭、陶民、振民。濟信內百廿元,寄秋如夫人,答其十二漢碑也,皆三松物。雪愈下愈大。惲彥彬來,為水災事。告順一萬,蔭一千。得浙公信,為水災事。

十二日甲申。入直。雪未止。順天報得雪六寸。蘭孫之子熊兒放定。汴生夫人正壽,湖南館。張吉人來商江浙賑。仲山來,亦爲此。

十三日乙酉。入直。壺天少坐。到署。

十四日丙戌。入直。順天府奏江浙水災撥各一萬,蔭捐一千。高請假,奏請應行接辦監臨事宜。奉旨著行即辦。賑捐一摺,奉旨依議。

十五日丁亥。巳刻入闈。主考頌閣、東甫,彈壓子齋,外場監試訥清阿、英樸厚之、胡泰福岱卿、張炳琳書村,內監試富亮、何榮階,內收掌李有榮、王得祿,外簾吳海、楊森、李煥堯、張桂林。本日提調、監試會核名册。得工部奉捐千兩分江浙振,即批示。與頌閣、東甫面商,行文兵部,問中額有疑須定。立冬,未初二刻六分。戌初封門。用戳記,提調、監試會同,戌刻畢,共六百廿五名。夜微雨。

十六日戊子。寅刻起,卯刻叫門,進生、兵六百二十五名。巳初刻,叫內簾門,發題,四圍監試,御史於彌封後填寫弓刀石頭二三號及雙單,好親筆填寫,何不假手書吏。去年成斌誤填,致誤中三十六名也。張春華宿字圍,自稱張振華,問其三代,均不符,振華當是未到,不知卷票何以在春華手也。列字圍王世臣一本乃治中誤擎,即令更正。王玉珍未帶卷票,後補。大風,晴。午初放牌,未初畢。子齋及受卷。受卷吳、楊留闈,幫彌封也。四圍監試直至子初才畢。開門時,考官已睡矣。

十七日己丑。甚冷。辰正,受卷彌封官出闈。爲人書對六十餘分。

十八日庚寅。發車馬條。內簾定廿日揭曉。至公堂明日期移會順天府、兵部、吏部,今年來問,有考試耳。分札治中、照磨、陰陽學,分護印、請錄等差十九黎明入闈。看御錄,看安摺、覆命摺。趙鳴謙四兩記功二次,工房二兩,張如枚等照去年記大功及拔委分別獎勵。餘共四十千。

十九日辛卯。卯初起,卯刻治中送印來。前日頌閣面言午刻叫門,巳初進內簾填榜,申初畢,校對御錄。戌正畢。中百六十八,雙好六十八。寫南信、濟、辛、麟、振、運齋,內各電。出闈即發。必須早叫門,以繕寫御錄甚遲。

二十日壬辰。寅初出闈。

二十一日癸巳。入直。監臨復命。派題皇太后臨徐霖蟠桃一幅,又仙人松鹿一幅。答子禾。

二十二日甲午。入直。工直日。尹仰衡、筱沄信,馮培之、小峰信。彭季群、筱沄信。

二十三日乙未。入直。到署。惲毓嘉送重刻李申耆地圖及書。

二十四日丙申。入直。明天奏糧價月摺,附片周小棠專祠。搏九續假十日。

二十五日丁酉。入直。火藥局奏派點驗火藥。派漪貝勒、德明。晤蘭孫。劉瞻漢為其父嘉樹諸城調滕令事,為函致朗齋也。

二十六日戊戌。入直。海已撤船三日矣,因化凍,仍有船承應。派題皇太后畫九芝、枸杞二幅。偕筱亭奏三殿查估一摺。偕蔭軒奏正白、廂白劉心源、高釗中管學一摺。朝房晤蔭軒,又晤筱亭、叔平、子授、東甫、受之。見祈年殿樣子。手復朗齋。天暖化凍。

二十七日己亥。入直。望洲來,送以點心二、菜二。徐致靖來,送祝。

二十八日庚子。入直。陰。

二十九日辛丑。入直。到署。

三十日壬寅。入直。工帶引見街道廳麟趾、周天霖等八名。江槐庭補郎中。委員吳京培、葛中培解木引見,以勞績候補班補用。遞牌錯誤,與小峰皆交部議處。

十一月丙子朔癸卯。丑正,入直。卯初,上還宮,内廷不蟒袍、補褂接駕,换貂褂。薛保榡慕淮、保橒分發蘇、詒澍。

初二日甲辰。入直。小雨。寅正,退直。壺天少坐。天明後賀仲飴。晤摶九,擬五日假。

初三日乙巳。大風,冷。新鮮胡同正白學會,蔭軒同到即去。劉幼丹、陳梅村、長詩農、高勉之,待之午初,餘俱未到。

初四日丙午。查正藍官學。劉、陳先到,長詩農、長允升、江韻濤、高勉之、吳玉軒續到,翰林官陳洪到。王煦莊生癰,及六翰林官均未到。午刻散。發南信,運齋一。又發南信,濟、辛、譜、麟一。部議,六月旨准抵銷。①

初五日丁未。入直。引見時碰頭謝恩。晤蘭孫。得彭頌田信,皮統。

初六日戊申。入直。郭號仲飴,嵩燾筠仙之孫奉廷寄:昨日事,今日盡。派王曾彥赴通。朱子涵來,署北同也。壺天少坐,天仍未明。

初七日己酉。入直。壺天少坐,天仍未明。以蘭孫函示壽農。

初八日庚戌。查廂黃旗官學。長允升先一日到,王煦莊生癰,劉幼丹未到,翰林官徐、陳清洪俱來。② 廣惠寺楊濱石開弔。何師範交清卿、陳芙生增壽信,即手復。

初九日辛亥。入直。工部直日。東西陵派崇、汪。壺天少坐。付潘駿以崧鎮青信、李穀怡賓章信。

---

① 今按:本日後原附頁有人名數行,今録於此:
盧秉政、王忠廕、潘駿、陸潤;李潤均、許祐身、楊壽樞;陸潤庠、潘紹詒、薛保榡、劉如煇、丁體常;張景藩、吳淖、黃槐森;那謙、繼昌、張兆豐、傅雲龍、徐樹銘。
② 今按:據日記前後文,有翰林官徐清、陳洪者,疑此處"清"字當移"陳"字前。

初十日壬子。入直。壺天少坐。到署。范先軫病，請開缺，助以六十金。

十一日癸丑。入直。派題皇太后松鹿一幅、桃榴佛手一幅。子英來，裱廿一鍾鎛鐸五。天安門磨勘，未去。晤蘭孫。壺天少坐。

十二日甲寅。入直。官學奏教習傅晉泰二次期滿，照章歸候補班用一摺。壺天少坐。手復誼卿，《粥說》卅本。潘駿，號樸庭。送潘樸庭對、食物。

十三日乙卯。入直。會戶部奏東河以撥抵兩道減存款准一年摺。以張彥譜捐千兩交鳳石。

十四日丙辰。火藥局漪貝勒、德銘點驗火藥，巳刻散。蘇振，仲華二百兩。

十五日丁巳。入直。以仲華二百交鳳石。爲鳳石代籌歲晚經費百兩。壺天少坐。到署。孫壽臣徐季和門生，初分順天幫劉滋楷四兩。乙酉門生，門有心疾。

十六日戊午。入直。吳仲飴引見，捐蘇振千兩，又先墊千兩。壺天少坐。爲徐國楨贊廷寫合肥信，蕘圃子也。復景月汀，又豫東屏復，智齡已派。徐國楨贊臣，蕘圃子，要合肥信。松子久經偉如保舉慶員，旨引見。

十七日己未。入直。工直日。爲邱泰來函致朗齋。火藥局奏造夯藥四萬、銅輪十萬。松筠菴、錫之招，蘭孫辦，蔭軒、仲華到，子禾未到。發南信，梁叔之子苦極，送廿元，交濟之，又竹、辛、麟《擔粥說》十九本。奉廷寄端良摺一件。

十八日庚申。入直。到正藍學，梅村先到，季超、幼丹、詩農、蔭軒、雨軒、勉之以次到。煦莊、韻濤未到。韻濤先據辭管學。子涵來辭，不見。

十九日辛酉。入直。召見於乾清宮。

二十日壬戌。入直。順天府奏拿獲高二等一摺，旨依議。壺天少坐。到署。大冷。復誼卿書十本，内辛、濟賀年。

二十一日癸亥。入直。大風冷。派題皇太后畫竹二幅。聞六舟到。若農復命。

二十二日甲子。入直。冷。晤陳六舟，答若農。經伯來，交偉如電。張佩緒，號曼農。

二十三日乙丑。入直。壺天少坐。送仲飴對、幅、書、屏、叢書各書俱全、燕窩、普洱茶、鼻煙、袍褂料，聞其廿五六行也。吳觀臣假廿日三續。

二十四日丙寅。入直。六舟召見。壺天少坐。到署。晤蘭孫，索筆二支去。

二十五日丁卯。入直。頌閣續假十日。工直日。會典館書十卷。汴豹岑、謹丞、栘香、湛田、曼伯、謝星海、袁莘坡鎮南、李芳柳晴階、賈槐三聰堂、濮青士、高袖海齊碑、謝摺交仲飴，廿七行。崧鎮青、李寶章穀宜交夢華。手復朗齋，贈以董卷齊碑、謝摺。許、林同見，談陵差事。連言薊書院考事。

二十六日戊辰。入直。退直時卯初三，起大風，冷。發南信，各謝摺一本。辛、濟、竹、譜、麟、振民、廣安、彥侍、培卿、誼卿、碩庭、泉孫。子英、蘇來，燕庭二匣，耳順。

二十七日己巳。入直。順天月摺。六舟晤於朝房。壺天少坐。雅賓自陝來。六舟又來。

二十八日庚午。午初，上詣天壇、齋宮。蟒袍、補褂，侍班。瑞德堂爕臣、柳門、若農、鳳石。臨時辭者，叔平、劼剛、蔭軒、壽泉。假不到者，頌閣、觀臣。未初散。蘇來。付六十，燕庭古泉二匣，欠十七兩。

二十九日辛未。立冬，夜子初初刻。入直。上寅正行禮，辰正還宮。午初至南海。

十二月丁丑日壬申。入直。派代上開筆,恭進皇太后吉祥四字五分,福壽等五十方。壺天少坐。同蘭孫赴蔭軒招,同錫之、仲華。①

初二日癸酉。入直。恭代御筆龍虎等,又十三言對、五言對、長壽字、"天佑皇清"等件。工加班,帶引見三名。崑假。晤搏九、六舟。

初三日甲戌。入直。恭代御筆福壽字等件,是日畢。壺天少坐。到署。

初四日乙亥。入直。工直日。奏事四件,龍泉寺禮懺。賞耿餅。陸太夫人七旬冥忌。王承陛及豫生、杜庭璞、汪範卿、汪柳門來。

初五日丙子。鑲紅旗官學會晤,蔭軒、可莊、煦莊、允升、詩農、幼丹、陳梅村陸續到。雨軒以疾辭,高勉之遲到。王衍觀,乙酉副榜,號正甫。鄒濤瀚,高安秀才,號殿書。送以書、菜、點。

初六日丁丑。入直。順天奏資善堂請賞米石,又棉衣七千餘件放竣事。頌閣銷假。

初七日戊寅。入直。吏部下處晤蔭軒、子齋、筠菴,與蔭軒商請廂藍管學官,請榮華卿太史慶、誼卿報滿也。壺天少坐。晤蘭孫。

初八日己卯。入直。賞臘八粥。遞年差。賞袍褂料各一件。壺天少坐。助張一琴五十兩。

初九日庚辰。入直。派恭代上進皇太后"珠宮頤悅"扁,"百五韶光增閏策,十千豐兆慶農書"對一聯底子。壺天少坐,燒鴨。邀若農、鳳石、可莊來,留飯。巳初,皇太后還宮,隆宗門外甬路接駕,蟒袍、補褂。陶曼生奠五十兩。

初十日辛巳。入直。同鄉謝恩。蘭孫、六舟、鄭芝岩、黃思永至壺天來談。到署。李雲從來十六,清。

---

① 今按:十二月日記天頭有人名兩行,錄於此:
屠義容、張兆珏;劉焌、聯福、吳重憙;郝聯薇、劉心源。

十一日壬午。入直。上派題博古花卉圖一幅十方,分十人題,篆隸真行各分任。壺天少坐,同鳳石。弔搏九,六舟亦至,同商定摺稿,明日入奏。

十二日癸未。入直。順天府奏前尹出缺。朝房與六舟長談。弔曼生五十兩。長椿寺弔徐鏡蓉行十,季和之弟。弔邵師母。

十三日甲申。卯正,赴先農壇。辰刻,御米入神倉,查、張、王、于到,謝病。到者,六舟、左侯、桐生。工直日,注差,引見三名,程志和補定,周學熙奏留,李廷璋司務。賀龐綱堂子完姻。董系和來,號蓊軒,送以家刻、近刻。手復清卿交郝。復李次青。胡子英來,百四十兩。長少白贈漢瓦二川拓,秦十二字瓦,漢九字瓦。即復。鳳石來,云搏九家請題主。

十四日乙酉。入直。壺天少坐。到署。以少白所贈瓦拓示廉生。復胡輯五。交大宛百金以備搏九處公祭之用。又付子英五十兩裱工。緦臣又續假十日。蘇相瑞,癸丑、己亥,□齡子,號榮生。張□農□。

十五日丙戌。小寒。入直。鳳石未到。壺天少坐。再復清卿拓本十紙。又復清卿,贊其臨散盤大字石刻,三函皆交其僕郝姓。復劉獻夫汝翊。趙子俊來。

十六日丁亥。入直。賞福壽字,引見時磕頭。順天奏糧價月摺,因封印後不便奏也。朝房晤六舟。壺天少坐。蘭孫來談。福壽堂子青丈招,先至廉生處。福壽申初散,甫上席耳。

十七日戊子。厢藍官學會晤,允升先到,幼丹諸君陸續俱到,蔭軒、勉之後到。午初散。李雲從、胡子英、蘇來。

十八日己丑。入直。壺天少坐。蘭孫來。張景藩年敬千金,璧之。到署。明日封印辰刻。派題皇太后畫長春圖三幅。趙子俊來,夜大風。

十九日庚寅。入直。是日辰刻封印。派題皇太后畫長春圖三幅。壺天少坐。若農以少詹封印來談。訪蘭孫不值。趙求爲其姪花鳳駐京提塘求南浦信，付之。張星炳丁丑教習，學正。賞袍褂料、帽緯一匣。趙子俊來。付千二百，二鼎，又川資百，又敦六十。

二十日辛卯。入直。壺天少坐。會典館奏事，請畫圖上添派各員。官學奏事。吳大澂報滿，奏派榮慶。趙子俊來。又付一千。止欠四百，據云百以下可不算。

二十一日壬辰。入直。派題皇太后"新年大喜"二幅、"新春大喜"一幅、"時時見喜"一幅。胡子英、李雲從來。壺天少坐。至順天府爲搏九題主，相題頌閣、鳳石。自送分五十金，又公祭發去百金，餘四十二兩，□爲紼敬。歸途賀惠菱舫、毓晴巖蘇織造。豫東屏、孫恩厚完姻，見鐵希梅。

二十二日癸巳。入直。皇太后賞大卷八件，貂十件。朝房晤蔭軒、芷菴、子齋，芷菴約往談也。晤蘭孫。

二十三日甲午。入直。派題皇太后畫《長春圖》一幅、《靈仙祝壽圖》一幅。賞黃米糖。皇太后賞福壽字、長壽字、御筆《長春圖》一幅。壺天少坐。到署。明日加班，注感冒。

二十四日乙未。具公摺謝恩。交若農，遣詹事府遞。工部加班，注感冒。俄國拜年，感冒未到。送鹿滋軒席、潘彬卿席、惠菱舫席。梁經伯脩敬六十兩。李雲從來。瑞古瓜瓢翠蓋壺十兩。[1]

二十五日丙申。入直。朝房晤芷菴、子授。鳳石百兩。緦臣昨銷假百兩。復李小泩、張丹叔、剛子良。得偉如信，由官封來。發南信、濟、辛芝、譜琴、振民、麟生、小漁、誼卿。復偉如，順天官封遞。送高壽農屏、對、橫幅。蘇白付十兩，洋煙廿兩，還之。

---

[1] 今按：本日天頭記有人名數行，錄於此：
謝裕楷、謝錫芬、王忠薩；李潤均、高蔚光、胡翔林、潘駿文。

二十六日丁酉。入直。會典館奏心紅紙張。壺天少坐。再復偉如，交順天官封遞寄。郭卅兩。手復王錫九、張璞君、胡芝楣。復張南浦、錫夢如良。

二十七日戊戌。入直。派擬醇王福晉五旬壽扁、對二分，每分四分。壺天少坐。賞荷包、貂皮、手巾，領麐鹿。賞湯羊野雞。開發內廷節賞屏、對。

二十八日己亥。入直。派寫恭代皇太后賞醇親王福晉五十壽明年三月"延康絣福"扁，"五福堂來觀舞綵，九華燈下壽稱觥"聯句。上一分派若農書之。卯初二，上詣太廟，中和殿閱祝版，蟒袍、補服侍班。回時磕頭，謝荷包賞。壺天少坐，與蘭孫談。佩蘅散生日，送如意、燭、酒，未去。昨廉生交來山東人索售王注蘇詩二函，內劉須溪補者下函三本之多，其直三百兩，以比舊存二本，一缺弟五，一缺弟廿卷。以劉補書尚無如此之多，只好送還矣。王注已不如施，叔平以廿金得施注，雖不全，而在覃溪本之外，真奇物也。覃溪本曾在陳小舫處，今不所歸矣。① 胡子英來。

二十九日庚子。入直。寅初二，上詣太廟，派恭代福神、喜神、貴神、財神及本年月日時至德尊神之位。復朗齋，爲姚詩富，交陳潤甫同禮。復姚拾珊，又豹岑、謹丞信。復胡月舫。

三十日辛丑。入直。賞龍字。辰初，上御保和殿，出乾清門時，貂褂、蟒袍叩頭謝恩，不站回班。寅刻，事下。江蘇同鄉謝恩，向在聚豐堂，今日鳳石家備二席。送盛伯席、奶餅、黃糕、鹿角、果子膏，答其鹿尾四也。即以其二及黃糕送蘭孫。復嚴少雲書麟。復崔子萬鍾善。復劉俊升。復成以坪。子英來百七十金，卣。祀先。許少罱送以袍褂料、帽緯、湯羊、山雞、素麪，以代潤筆。

---

① 今按："不"下疑脫"知"字。

光緒十六年

光緒十六年庚寅正月朔壬寅,月戊寅。寅正,關帝廟拈香。辰初三,慈寧門行禮。辰正三,太和殿行禮。懋勤殿開筆,遞如意,賞還。候鑑園太平主人,並拜年數處。蘭孫處拜壽。柳門來。

初二日癸卯。入直。到署。壺天少坐。蘭孫來談。六舟來。軍機團拜,送席,以送耆静生安,河庫道。奉上諭,閏二月十六日謁東陵。仲華送鹿尾,弟二次。

初三日甲辰。入直。順天府奏拏獲張四交刑部,又審訊潘少宣二件。晤六舟於朝房。小宇送鹿尾、哈什瑪。仲華鹿尾送若農。

初四日乙巳。入直。壺天少坐。拜年,晤廉生、六舟,未初歸。三日入直,未見徐、陸、吳。

初五日丙午。入直。壺天少坐。蘭孫來。西城拜年,巳正二歸。

初六日丁未。入直。派恭代皇太后賜七福晉壽扁、對,前尺寸大,此尺寸小。派擬賞瀅貝勒卅旬壽扁等。爲林康甫致中飴,並復之。復王符九,又裕壽泉信,爲沈倅寶善。復張翰仙汝梅,右江。爲徐小雲題石谷庚寅畫山水。王、謝二令來,又交裕壽泉信。

初七日戊申。入直。派題皇太后畫魚絹張一幀。

初八日己酉。入直。工部加班,奏順天鄉試棚座等二摺。紹葛民送鹿尾一。端午橋送鹿尾二。到會典館。

初九日庚戌。入直。同鄉謝恩。上詣中和殿,看太廟祝版。乾清門補褂侍班。得南信。賞燕窩。

初十日辛亥。入直。寅初二,上詣太廟,皇后千秋聖節,花衣。發南信,濟、竹、麟、振民、小漁。寅初,東華門得六舟信,即復。

十一日辛丑。入直。壺天少坐。到署。濮賢恒,號心如。

十二日癸丑。入直。壺天少坐。丑刻,得六舟信。辰初,到府。晤六舟,並約如江同談。晤佩蘅。至劼剛處,其劉夫人六十壽,同張、額、許、孫、福、廖、徐、續、徐、翁公送。申初,先行。

十三日甲寅。入直。懋勤殿跪春。壺天、蘭孫來談。都察院團拜,辭。徐壽蘅招湖南館,辭。曾劼剛招觀劇,昨已繳帖,辭。賞元宵。發下春帖子賞。潘紹誼求仲飴信,付之。

十四日乙卯。入直。上詣奉先殿,出內右門,磕頭謝恩。壺天少坐。長椿寺,汪柳門之封可十周年。

十五日丙辰。立春,寅初二刻十分。入直。丑刻,偕六舟到內,准禮部來文,寅初三,進春山寶座三分仰瀆。辰初,上詣保和殿,筵宴。宴未到。惟南齋侍班,染貂帽、蟒袍、補褂。午初,皇太后駕還西苑,在隆宗門外。同杞廷送寶小峰家,祝其太夫人壽。湖南館九卿團拜,辭。又順天主考請監臨,辭。

十六日丁巳。入直。午刻,乾清宮廷臣宴,未初二散。賞如意、蟒袍、瓶爐、袍褂、手爐並席。耆靜生安求清卿信,付之。復子靜。

十七日戊午。入直。招趙寅臣、梁經伯、許子原、徐花農、陸申甫、天池、汪範卿、王豫生便飯。未刻散。

十八日己未。入直,招伯熙、午橋、黃再同、王廉生、劉佛青、馮夢華、沈子封、子培、王小宇、王弢甫、黃仲弢、繆右岑、張子與、王茀卿、許雀巢、許少嵒、李木齋、鄒殿書,辭者施均甫。申初始散。

十九日庚申。大風。巳初,上詣天壇,宿齋宮,准午初,駕到,蟒袍、補褂侍班。約叔平、燮臣、陸、李、吳,未到徐,辭者曾、汪。未初散。

二十日辛酉。寅刻,進西長安門,上上祭。辰初,上自齋宮還海,貂朝衣,故事,貂朝至十五止。偕軍機西苑門內接駕,蟒袍、補褂。大風,甚冷。公所遇叔平諸君。廿二才盛館,己丑房官公請監臨,辭。廿四粵東館工部司員團拜,公請堂官,辭。小峰約本日觀劇,以腹疾不果去。

二十一日壬戌。入直。換染貂冠、正穿褂。兵部團拜廿八日,辭之。湖南館有冰床。手復六舟。夜大瀉。李雲從來。手復高雲帆袖海、吳清卿。

二十二日癸亥。入直。壼天少坐。到署。

二十三日甲子。入直。張安圃祖母開弔。叔平招江蘇館,借蔡厨,答瑞德堂之約。到者,孫、燮、徐、陸、吳。申初散。發電詢吳母。翼日電,本日申刻去世。

二十四日乙丑。入直。工部團拜,辭。朝房晤蘭孫。禮直日。發南信,濟、竹、譜、辛、麟、誼、振,並救疫方八十五紙。啓紹放承德,來見。

二十五日丙寅。入直。派寫回文屛八張,每張四樣。以《璇璣碎錦》交鳳石。會典館看書十卷。傳心殿晤六舟。太和殿演禮,遇可莊、蔭軒、小雲、建侯、蘭孫及諸君。爲徵和齋厚致書於耕娛。霸昌道德克精額來,號紹庭。鄒啓書辭行。德道送禮,收食物,答以席。

二十六日丁卯。入直。蟒袍、補褂。午初一,上御太和殿,筵宴,朝服。午正二,禮成。傳心殿晤六舟。

二十七日戊辰。入直。工直日。順天府月摺。朝房晤蘭孫、柳門、小峰、六舟。祈年監督,啓紹缺,派志觀。申刻,雪。夜風。

二十八日己巳。入直。風冷。招六舟、徐東甫、王雲舫、高勉之、王可莊、李潤齋、張少玉、高熙廷。未初散。

二十九日庚午。雨水,子初二刻十分。入直。風,冷。工部奏派隨扈查道,派潘祖蔭。順天府奏雪及四路州縣十月後得雪分寸。天安門磨勘班,未到。候蘭蓀,未值。

二月己卯朔辛未。入直。卯正二,坤寧宮吃肉。白風毛,補褂。到署。景善、清安、奎潤、貴恒、興廉招湖南館,辭之。交鳳石廿八兩。

初二日壬申。入直。恭進派寫回文八幅。鄭邸吃肉,辭。壺天少坐。子青丈招觀劇,不及待坐席,歸。

初三日癸酉。磨勘試卷覆命,注感冒。鳳石來診,又發下回文各八幅,一黃、一白。交鳳石五十兩。手復陸吾山。

初四日甲戌。具摺請假,賞十日。發南信,濟、竹、辛、麟、譜、振民、小漁、泉孫、培卿、清卿、誼卿,並謝摺四本,疫方四十紙。

初五日乙亥。蘭孫、叔平來。

初六日丙子。工直日。注假。柳門、花農來。函致仲飴、吾山,交廉生。潤古來。

初七日丁丑。聞範卿丁艱。手復江容方,交星叔。復賈槐三聯堂。張一琴、胡子英、李雲從來。

初八日戊寅。上詣社稷壇。六舟、子原、孫壽臣來。審李定年案。王、謝、查俱來。

初九日己卯。潤古來,付四十兩鼻煙價。得朗齋信,水利已解。李雲從來,卅兩。念庭福字蓋料壺。壽山來,送以席。

初十日庚辰。送薁召南良以席。蘭孫來,送楊秋湄拓本四十五紙,索其《山右金石記》及吳鑑拓本,交豫東屏發官封。端午橋、松雀齡來。

十一日辛巳。王叔賢請假省親。子原送摺來看。得誼卿正月十五信。蘭孫以叔平之《松桂堂米帖》有袁樞印及睢陽袁樞書《洛神賦》卷來閲，樞者王。

十二日壬午。上詣文昌廟。仲約來借《昭代叢書》。復六舟，送醬薑、密薑。

十三日癸未。筆帖式來取續假摺。發南信，濟之、辛、譜琴、麟生、振民、誼卿、培卿、清卿。寫十四日。

十四日甲申。具摺續假。若農亦請假，旨賞十日。送劉謹丞席。熙、續、莊來，未晤。楊荻芳來二次，未晤。發濟之信。

十五日乙酉。驚蟄，亥正初刻六分。清樸、江槐庭、屠義容來。得何鸞書信。順天送津貼百金。

十六日丙戌。子原、鳳石來。汪範卿送十六兩奠分。函致六舟。

十七日丁亥。經伯去世，送百兩，交子原。柳門、花農、鶴齡、子原來。手復孫駕航、錢辛伯。手復向萬鏐廣西梧州守。

十八日戊子。芷菴來，面商祈年，並英綿初二奏留事。

十九日己丑。李蘭蓀、姚二吉、張幼和來。復勞辛農，並以壽泉信送閲。壽泉住定福，持帖往候。天暖。

二十日庚寅。晨陰。昨日方出九。夜微雪，旋即大風，冷。

二十一日辛卯。風，冷。子英來付五十兩裝裱直。

二十二日壬辰。工直日。冷。

二十三日癸巳。筆政送安摺來。昨派管理溝渠河道大臣。換洋灰鼠一套。

二十四日甲午。入直。具摺請安。派寫煙郊、白澗等扁三十六面。子英來。《内經》、《太素》、《萬象名義》，共百金。晤六舟。答星叔、吉甫、壽泉、仲華與詩海，唁額小山斷絃。荻芳來。

二十五日乙未。入直。引見時請安。到署。答蘭蓀、子授、萊山、若農,均不值。惠菱舫招菊兒胡同榮宅觀劇,辭之。

二十六日丙申。入直。答小峰、玉圃、叔平、萩芳、芷盦、鳳石、壽山、劉蓋臣。唁邵小村、汪範卿,面送範卿廿兩。

二十七日丁酉。入直。工部帶引見三排。員:清樸、彥秀、濟澂、龍保。主:豐培、聊芳。是日,禮部亦引見。

二十八日戊戌。入直。皇太后賞大卷一套。風,冷。壺天少坐。到署。卯初,上還宮,建福宮行禮。函致青丈。孝全誕辰。管燠和紅生姪孫,應山縣,董系和辭行。日、夜瀉十餘次。

二十九日己亥。入直。卯初二,上詣中和殿看祝版朝日壇。海軍衙門會奏粵鎮南、瓊廉、瓊州砲台三摺。

三十日庚子。春分,三十日子初一刻七分。入直。上詣朝日壇。工直日,注感冒。換灰鼠一套,藏獺冠。

閏二月朔辛丑。到正黃旗官學會考,實到百十名。蔭軒、季超兼詩農差缺、華卿、勉之、可莊、幼丹、梅村、雨軒、煦莊代可莊俱到。午初散。

初二日壬寅。入直。到館。到署。送安圃行,送以對、幅、叢書、家刻。答樵野。子英來《元公姬氏志》,四兩。

初三日癸卯。入直。於奉宸苑公所晤少荃,遇仲華、芷盦、宋慶。得南信,復濟之、辛之、譜琴、瘦羊、小漁。

初四日甲辰。入直。晤蘭孫。陸樹藩,存齋子,號毅軒。存齋寄來新刻書。李雲從來賢人像,二兩。蘇來均還之。

初五①。正紅官學查學。允升、勉之、華卿、秋圃、徐子靜、可莊、煦莊、蔣清筠、梁紫垣、陳梅村、陳聘臣名珍、吳雨軒陸續到。巳刻,先

---

① 今按:影印件此處有"吳士愷"三楷字,疑簽條誤置。據上下文,此"初五"下當是"日乙巳"三字,蓋爲簽條遮掩。

行。幼丹尚未到，已擬辭也。手復存齋，並《急就》、劉補注《爾雅》、《石湖詩注》、《高孝子碑》、謝壽摺。六舟再通信。函致仲飴。得濟之、麟生、振民信。發南信，濟之絨響鼓，上海跌打損傷膏方、辛、譜、麟、振。

初六日丙午。入直。派寫廣仁寺扁_{四體廟名}。到署。湖南館丁未團拜，張、徐公請。己酉團拜。李、許、仙屏到。才盛館江蘇團拜。許、徐、仁山到。巳刻，壬子、癸丑公祭邵師母。_{子、李、許、潘；丑、瑞、麟、恩。}申刻散。謝令見。許慰祖來，適出門，未見，海秋之子，即小名虎兒者。

初七日丁未。答宋祝三。子青約毓宅觀劇。孝廉濰縣于文中子和持曹竹銘信，以殳季良壺蓋來見，直七百五十。午刻，赴毓宅，有劼、頌、燕、柳、六、叔、曾、徐、續、汪、陳、翁、孫燮臣、徐小雲、廖仲山、福箴廷、巴敦甫。申初，余先行。發南信。

初八日戊申。入直。工直日。_{督修寶泉局。}安徽館團拜。孫燮臣、方汝紹、郝同笵、高傳循、徐家鼎、王嘉善招，未初到，未正先行。

初九日己酉。入直。答清秋圃。候蘭蓀，未值。鄧澤錫，壬子同年，賢芬之孫。

初十日庚戌。入直。到署。督修寶泉局。_{松壽、李潤均、恒順。}于文中來面定。

十一日辛亥。官學奏事，聲明查學。奏陸鍾琦管正白學，幼丹御史缺。卯初，查廂紅學，可莊、煦莊、勉之、秋圃、雨軒、華卿、梅村先後到。翰林官徐子靜、管、陳、洪俱到。午初二散。赴季和招，仙屏、子禾、漱蘭到。未初二散。付許夢鞠_{慰祖}、江容方信。夜雨。

十二日壬子。入直。工加班奏事，四摺一片。晤蘭孫。再函致六舟，又張陳氏上控，遣弁押交府署。陳澤醴。_{新到轅，山西人，曾署直隸佐雜二次，現遇知縣班。}張芳標。_{山東改發河南知州，浙江人，號錦帆。}許慰祖辭行，未要見。

十三日癸丑。入直。順天府奏雨未及一寸。招張樵野、曹竹銘、李若農、高壽農、陳冠生、吳穭臣、李錦齋、陸鳳石。未初二散。午初後，雪。復六舟。

十四日甲寅。以下東陵日記。清明，十六日辰初三刻二分。

二十三日癸亥。以上東陵日記。①

二十四日甲子。入直。全牌請安。頌閣以病未到。聞劫剛仙去。派擬隆福寺各等處扁廿二面，對四付。

二十五日乙丑。入直。天安門禮部朝房覆勘各省試卷，對筆跡。到署。徐子静，河南小門生，帶見。于文中號子和來，面交六百六。

二十六日丙寅。入直。派閱各省覆試卷，徐相、翁、許、嵩、潘、祁、徐、郁景善、廖、薛、汪、徐樹銘十二人。申初二散。寶佩蘅招觀劇，辭之。癸酉、乙酉團拜，辭之。

二十七日丁卯。入直。順天府月摺三件一片。改奏牟蔭喬修貢院墻摺。工部帶引見陳傳奎、趙亮熙。宋承庠撤。同嵩犢山奏事處內談良久，又同箴亭四君談。知上欠安，請安，看方。已而南、上兩齋俱至矣。送鄧華熙席，璧王朗清席。曾劫剛廿二去世，今晨往哭之。傅以農鳳颺，振邦之子，帶來仲飴信及漢磚五，甚大。

二十八日戊辰。入直。請安，看方。請李小研來，并帶江南小門生俱見之。百日九人。送經伯奠分二百金，交子原。寄香濤拓本廿四紙、《莊》、《古文疏證》、《石湖詩注》、《劉氏爾雅殘注》、鈕氏《急就章補注》，交小赤。以曾沅浦信交鄧澤錫，薌甫之孫也。汪道怡交楊思贊信，其壻也。龔心銘，仰蘧之子。俞陛雲階青，曲園之孫，交來其

---

① 今按："東陵日記"（十五日至二十二日）未見。

信,並茗香三抄。蔡丞來,言順義張老一案,魯人瑞懷柔縣徐鴻典一案。以葛民送席送樵野。

二十九日己巳。入直。請安,看方。派寫慈雲寺、桃花寺、隆福寺扁十二面。工直日。泉孫到京。得濟之信。

三月庚辰朔庚午。入直。上大安,無方。得倉寯臣信。晤蘭孫。

初二日辛未。穀雨,午初一刻九分。入直。六舟訂定卯刻在朝房面晤。到署。子靜來,得胡雲湄信。

初三日壬申。厢藍查學,華卿、季超、勉之、申甫、煦莊、梅村、雨軒到,翰林官梁、楊、管、丁、洪、徐到,陳聘臣未到。巳正,散卷交徐子靜代看。申初三刻,接奉寄諭。場差王曾彥病,謝錫芬病。復六舟。

初四日癸酉。正白旗官學會晤,陸申甫、高勉之、清秋圃代詩農、陳梅村、長季超、榮華卿、吳雨軒、徐蔭軒到,巳正散,可莊疾未到。

初五日甲戌。入直。上祁雨大高殿。如江來為廷寄事、鶴齡、樂菴、海康、溥善來,為祈年殿事。趙花鳳來,有趙生傑信,送延年益壽瓦一、氈二張。

初六日乙亥。入直。上諭。順天府遞封奏一件。朝房晤六舟。知颽臣入闈。譚進甫來。

初七日丙子。入直。到署。蘭孫來。六舟送檢舉稿來,昨摺中有誤字也。大風竟日。得南信,並上海膏卅貼。

初八日丁丑。入直。工直日。派寫頤和園對十付。晤六舟,候仲華,未能見。夜大風。得偉如信,趙伯章交來。

初九日戊寅。入直。風,冷。復六舟。復偉如。復仲飴,交順天府。發南信,濟之、辛芝、譜琴、瘦羊、振民、培卿、清卿、誼卿。

初十日己卯。入直。答譚進甫。自行檢舉，"精力"誤"年力"，請議處。旨依議。函致六舟，又璞君信。上詣建福宮行禮，孝貞顯皇后忌辰。再復六舟。巳刻，雨，未刻止。

十一日庚辰。入直。順天府報雨。六舟假五日。到署。送王朗清德榜對、扇、鼻煙、補子、活計、火骰、茶葉、帽緯。復曲園，交子元。

十二日辛巳。入直。復六舟。上大高殿祈雨。如江自通來。張幼和稟辭。

十三日壬午。入直。復六舟。華卿來。劉兆璋來署寧河。

十四日癸未。入直。爲李木齋題黃善夫之敬室本《後漢書》，與王廉生本同，《康成傳》無石字，亦與碑合，佳本也。李伯馨經方，少荃子。二品，補用道。王藎臣、于次棠蔭霖來。

十五日甲申。入直。到會典館，遇露圃。到署。昨鶴齡諸君查旱河，云下游已竣，上游四月可畢。陳其義來，駿生之堂弟。

十六日乙酉。入直。工直日。朝房晤六舟。仲韜來。再函六舟。

十七日丙戌。立夏，亥正初刻四分。入直。派寫頤和園樂壽堂九言對一副。得南信。

十八日丁亥。厢藍學會晤，並補正黃會考。蔭軒出題，華卿、申甫、梅村、秋圃、可莊、勉之、雲舫、雨軒俱到。巳初散。鞠常來。發南信，濟之、辛芝、瘦羊、振民、魯巖。

十九日戊子。入直。派寫夕佳樓五言對二付。答裕澤生、葉鞠常，皆不晤。到署。復六舟。阮引傳，號申甫，文達曾孫，賜卿孫，其父恩光，署吳橋，此次途中遇之。得芝泉子大源信號硯田，以婚事求助三百金助以百元，即復，交劉傳福。

二十日己丑。入直。上連至南書房二日。誼園春祭，未去。鄭邸招廿一日觀劇，辭之。巳刻雨，微雷，未正後晴。又雨，至戌刻止。

二十一日庚寅。入直。偕芷葊奏祈年殿用延楠木一摺。上祈雨大高殿。賀犧山嫁女壽山子。

二十二日辛卯。入直。上御太和殿受賀，無表。順天府報得雨四寸。會典館到者，小山、露圃、星叔、芷葊、蔭軒、恩麟。先行。四人同飯。晤廉生，長談。福壽堂南皮招，申初先行。

二十三日壬辰。入直。公摺謝恩詔恩。上詣壽皇、奉先殿，道旁碰頭，均蟒袍補褂不誤，有補褂藍袍誤。手復六舟。到署。畢蒂村赴金華，辭行，已七十矣。吳士愷付以崧鎮青信。函致張幼和，爲曹姓一案。蔡鶴君來，派審通州案。

二十四日癸巳。入直。上幸頤和園。二十二日起，皇太后幸頤和園，凡六日。晤蘭孫。

二十五日甲午。入直。工直日。卯初二，上幸頤和園。西苑門得六舟書，即復。才盛館同鄉接場。庚子團拜，辭之。發南信，濟之又芝泉子大源事、辛芝、譜琴、瘦羊、振民信。

二十六日乙未。入直。卯初，上詣大高殿，謝降。順天府月摺，又三縣紳公呈李均豫引見一摺。晤六舟。朝房李均豫來，知奉旨送部引見。延徐亞陶來，爲荊人診。

二十七日丙申。入直。到署。延亞陶。己酉公請譚敬甫，辭之。送以扇、對、洋煙、竹帽架、茶、骰。鶴君來，通州事可結。王之傑乃之春之弟。小亭來，言趙連義案。曹善臻，海軍縣，[1]鎮江拔貢，丙戌朝考門人。

二十八日丁酉。入直。上辦事後還宮。答長詩農。張一琴署糧廳。

---

[1] 今按："軍"字疑誤。曹氏乃常熟人，常熟古稱海虞，此"軍"字或爲"虞"字之誤。

二十九日戊戌。入直。候德静山川臬,今日召見。陳慶彬子均來,送陽三老石刻。濮賢懋雲□以青士信來。馮寶林,己丑庶常。端之子,文用古注。

三十日己亥。入直。卯初,上看祝版。太廟侍班,補服。到署。

四月辛巳朔庚子。上詣天壇齋宫。午正,駕到瑞德堂。約翁、孫、松、汪、李、徐、陸,未刻散。雷而雨不大,小雨夜不止。仲容來,攜克鼎册去。復六舟。

初二日辛丑。入直。卯正三,上還宫,皇天后派擬賞萬壽扁對各一分。頌閣未到。再復六舟。復青士並克鼎、《滂喜叢書》,交其子雲依賢慈、石珊賢恒。薦蔡厨於樵野不收。濮賢恪來,號南如,青士長子。洞瀉竟夕。

初三日壬寅。小滿,午初一刻十二分。鑲黃旗考監,送肄業生劉雲龍等四名。吳雨軒、榮華卿、陳梅村、陸天池、王雲舫、可莊、季超、詩農、勉之。腹瀉,不及待蔭軒,巳初散。鳳石來診,服其方。夜仍瀉。

初四日癸卯。入直。再復六舟。派恭代皇太后賞皇上扁、對小底,"受兹介福","祖武承五福五代,天慶膺多壽多男"。

初五日甲辰。查正黃學,詩農、天池、可莊、梅村、季超、雨軒、勉之、陳、楊、丁、管、徐到。辰正即行。賀若農得閣學。

初六日乙巳。入直。派寫扁上款。光緒庚寅六月二十六日,御賜。得南信。

初七日丙午。入直。賀鳳石講官二次。亞陶來診昨日。

初八日丁未。入直。順天府覆奏查辦張兆豐封奏一件。奉旨:"張兆豐即開缺,降二級調用,交部議處等因。欽此。"蘭孫來,送小村行。至龍泉寺拜邵師母。送小村茶、骰、點心。

初九日戊申。入直。到署。龍泉寺壬癸公祭邵師母,到者芷菴、蘭孫。亞陶來診。巳正,風。嚴全來,臬司來訪陶福中一案。伯武來,得南信。

初十日己酉。入直。工部帶引見十二名。寶源局七名,滿員外一名,補筆帖式二名,奏留筆帖式、庫使各一名。發南信,濟之、瘦羊、辛芝、廣安、振民、譜琴、培卿。熙注差。

十一日庚戌。入直。工直日。同芷菴至天德木廠看祈年殿樣式。派查庫,同睿、莊、克、瀅、恩、許、嵩、徐、汪,十六起。看蘭孫喪女。賀萊山。發南信,濟、辛、譜、瘦羊、振民,各墨一本。濟、譜題名。風。

十二日辛亥。入直。卯初二,上祈雨大高殿。以搏九墓志交高枬。朝房晤萊山、午橋、筠菴、叔梅、季和、子齋、鰓臣。碰頭。劼剛開弔,送廿兩,晤劉康侯。

十三日壬子。入直。到署。李雲從來,得其高似孫《文苑英華纂要》四本。

十四日癸丑。入直。加班,會户部奏張曜請四十萬,以户部支絀,准廿一萬一摺。帶引見三名,陳傳奎正、趙亮熙陪、宋承庠。不許留咨題送。答劉毓麟,未起。蘭孫女殯,龍泉寺送紙錠。

十五日甲寅。入直。派寫吉林"龍泉惠普"扁一面。晤蘭孫。手書致朗齋,爲朱光紱之孫耀祖求賞薦事。手復陸存齋。函致再同,爲龍景曾事。函致仲飴。函致合肥,爲通永道事。

十六日乙卯。查庫起,瀅貝勒有善管庫者。崑、李未滿假。巳刻散。風。換麻地紗袍褂。到署。

十七日丙辰。入直。派閱覆試卷,同徐、麟、翁、許、嵩、祁、孫授、徐、頌、廖、薛、汪。一等七十二名,二等一百十六名,三等百廿六名,四等四名。申初,散。

十八日丁巳。入直。工部加班,帶引見二名。趙亮熙、區諤良,郎中。順天府奏查會館。晤六舟朝房。查庫,睿、瀅、徐到。卯正開庫。本庫到蘭孫、子禾、小峰。巳初,柳門到。巳初散。

十九日戊午。入直。會典館奏章程一摺,又奏留黃懋材一片。送鄭紹忠對、扇、袍褂、帽沿、活計、火骽、茶葉。工直日。派閱散館卷,共九十名,同崑、李、貴、祁、許、孫、李仲約。一等四十三,二等四十四名,三等三名。題《白虎觀論五經同異賦》。賦得"磐雲雙鶴下",得磐字,李端詩。

二十日己未。入直。查庫,同瀅、續、許、李、恩。巳初散。復六舟。得少荃信,復駁查治中署道一函。手復方勉甫。吳義培,號集生,少渠之兄,慕渠之子。

二十一日庚申。得承厚信。派察看標識。恩、崑、岳琪、桂全、胡隆洵。查庫,同莊、崑、祁、許、瀅、孫。巳初散。仲良驪孫來辭行,送火骽、點心二匣。得劉獻夫信,復之。

二十二日辛酉。查庫,同莊、瀅、恩、李、崑、祁。巳初散。六舟來。先函致六舟。胡子英來。大椀一,碎紋;小椀三,一碎紋,二完。

二十三日壬戌。查庫,同崑、恩、李、孫、莊、瀅。辰正二刻散。以南園對二一贈一還,錦齋畫馬一,還之。碩卿歸府引見。火藥局松、聯、程、韓來。獲□犯董氣子。刑部傳陳三、陳四,復部稿。汪如金,桐城,候選訓導,以劉海峰詩幅求題。戌初雨,即止。

二十四日癸亥。到署。查庫,同崑、李、祁、瀅、克、恩。孫後到。巳初散。仲飴寄李俊民《莊靖集》,無信。

二十五日甲子。卯初,上御太和殿,朝服,行禮。順天府宴及查庫,以察看標識,不到。禮部朝房察看標識。江右鄉祠文芸閣,福州館吳肅堂,長元吳館吳穎芝歸第。未刻歸。

二十六日乙丑。入直。察看標識覆命。順天府月摺夾片。宜、荊水災,據紳士任道鎔等函,撥銀二千兩。查庫,莊、續、李、瀅、崑、汪，辰刻散。爲廖季平作所著《左氏》、《公羊》序文二。皇太后賞藍芝麻地紗一、灰色芝麻地紗一、絳色芝麻地紗一、石青芝麻地紗一、漳紗二、葛布二、帽纓二匣、摺扇一柄、燕窩一包。施培曾，庚子之子，三品銜道員用，候府，揚務同知。

二十七日丙寅。卯初查庫，莊、克、李、祁、恩、徐。巳初散。

二十八日丁卯。查庫畢。巳初散。瀅以差未到。賞袍褂料、葛紗、葛布、帽緯，共十件。

二十九日戊辰。入直，查庫覆命，同管庫列銜。派閱朝考卷，同徐、翁、崑、許、貴、祁、孫、廖、汪、李、沈。一等八十，二等百廿，三等百十九，四等侯維鵬，不完。題賈誼、董仲舒論，擬趙充國屯田十二便疏。賦得"松色帶煙深"張渭詩，得深字。申初二刻散。鞠常到館。昨皇太后賞袍褂料各一，燕窩一包，普洱茶一團。熱甚。

五月壬午朔己巳。到廂紅官學，可莊、申甫、華卿先到，梅村、勉之、詩農、季超並補查正黃學數名，後蔭軒到，後雨軒到，巳初歸。日食，酉初。賞角黍。皇太后賞御筆畫摺扇一柄、團扇一柄。

初二日庚午。入直。南書房連銜謝皇太后恩。上以方澤還宮齋戒。寅正後出西苑門，同磕頭去，蔭軒、箴亭、松壽、泉、南齋五人、蘭孫、謝皇太后賞扇也。三所候箴亭，同佔三所東西各處，壽康宮、英華殿等處圍墻。開發內廷節賞及扇。發南信、濟、辛、瘦羊、譜琴、振民，並墨題名，碩庭拓、瘦羊拓。

初三日辛未。入直。到署。招二席，莆卿辭。伯熙以病未到。

初四日壬申。入直。上看祝版。乾清門侍班，補褂。送許少嵒紗葛、帽緯、荷包、銅香合、蕉扇，爲寫賞扇潤筆。梁味三，經伯潤廿四兩。復六舟。

初五日癸酉。入直。丑刻，上至方澤。卯正二，還海。發鎮青信，官封，爲竹年。招碩卿、鞠常、秦吟燕、汪濠生、熙年、泉孫、福臻。夏至，戌初三刻十二分。

初六日甲戌。入直。晤蘭孫。復仲飴，交官封。復六舟，並蠶桑，實濟三十本。巽卿來。

初七日乙亥。入直。寅正後微雨，時作時止。到署。陳巽卿送扇及裴岑碑。冠生送二菜、二點。王仲希_{曾彦}來，云欲往東將母。

初八日丙子。入直。孫錫康，號小平，大澤縣。涂景濤_{號稚蘅}來，將赴程壽山處。又竹年《洗冤》、《秋審》、《全生》、黄垣、大雲、伐蠱、籛急、稚試帖。

初九日丁丑。入直。裴儀卿來，圓足幣十、北幣、平陽等五千，付百七十兩。以《滂喜齋叢書》送涂景濤_{稚蘅}。陳舫仙來，已五十九。曾沅甫有信。午刻雨，寄濟静涵石刻，又《金臺四集》、《孫奇逢年譜》，又玳瑁鐲、夏布。李秀會試登科。寄辛芝《鎖院春吟》，會試登科。叔母人參一兩、夏布、阿膠。寄譜琴同門卷八本。寄麟生秦權、唐墓誌，又敦拓、《鎖院春吟》。以上交福臻。又振民《金臺》、《孫夏峰》、《戚伯著》、《華山碑》。

初十日戊寅。火器營、旱河收工，至三孔橋松林村一帶等處。寅正起身，巳正歸。福臻南旋。函壽泉，爲高楷，交高枏。

十一日己卯。入直。順天府報得雨二寸。子英來。會典館看書。公所晤六舟。到署。發南信，濟、辛。九嬸弟九月中辦喜事，送六十元。屬辛芝問濟之所，又竹年、振民，又譜琴，散館新進士引見單。再復六舟。發蒆芳、仲芳，官封。

十二日庚辰。入直。公所晤徐、李、麟、恩諸君。施培曾，號翰臣，子以塘，號樸齋，同知銜，蘇候補縣。施魯濱，號文波，福，朝考二等。復六舟。胡子英來。魁文農太守以卓異來。高仲城送漢印十八、九仙山拓、聯何重以收。貴州木來，合肥奏交工部收。張守炎，號星謀,海豐人。

十三日辛巳。入直。紹葛民遣世善來。得南信,濟之、辛芝、瘦羊。濟之要荷包等件。

十四日壬午。入直。吳夢淞淖來,欲薦德靜山臬幕。子英來。付廿刻箋,尚欠八兩。廿七付十金,多二金。

十八日丙戌。入直。小雨不大,巳刻至午漸大三寸餘。函致德靜山,復六舟。張發祥自頒發膳黃,又檢驗來。夜,亥初,又雨一寸。

十九日丁亥。入直。上詣大高殿求雨。順天府報雨三寸,又片,亥刻一寸。晤六舟、小峰、蘭孫、仲華於公所。到署。酉初三,雨即止。

二十日戊子。入直。丑正三,途中遇雨。發下國史館傳四本。卯初後又雨。得姚石珊信。酉刻又雨。亥初又雨。樂菴丁艱。

二十一日己丑。入直。傳旨,要《桑蠶實濟》幾十部上十部。太后前交懋勤殿,去年進四十部。卯正三刻,又雨。上詣大高殿謝雨。雨竟日。子康來二次。小暑,未初二刻四分。

二十二日庚寅。冒雨入直。派恭代皇太后萬善殿"龍象祁通"扁一面。工直日。鄭工料垜溢於舊二百餘萬,乞聖裁。雨至巳刻不止,未初三小止,細雨達旦。

二十三日辛卯。以活計一匣寄濟之,以鄭板橋、祁文端拓小對,《黨人傳》、《弟子職音注》鍾廣、《劉舍人子雄集》寄振民,交碩卿,並送碩卿禮。子千到京。

二十四日壬辰。入直。催轎二日。順天報深透。王西泉石經來。一百金,古鉢三,溜金閣字。到署。餞碩卿,陪者鞠常、子千、蔚若、柳門、鳳石、屺懷、建霞。辭者莆卿。

二十五日癸巳。王澧,爵棠之弟,候補江蘇府。瑞莆侯,江寧藩。

二十六日甲午。入直。答瑞莆侯、王澧。送壽門點心八匣，小峰、右民信。送莆侯席。送李伯行扇、對、活計、帽緯、茶、骰。送福少農、福餘菴席。送魁文農席。爲宋芸子作《說文部首》序。以秦甥眷屬進城托立豫甫。丁麟年，鳳年之弟。

二十七日乙未。入直。到署。子英來，付廿。送陳巽卿扇、對、書、茶、骰。

二十八日丙寅。入直。文貢三送禮。瑞莆侯送禮。柳門以使吉林來。王馨庭赴山東來。汪肇煌、秦甥以昨門上爲招呼也。手復萩芳。

二十九日丁酉。入直。卯初雨。夜細雨。

三十日戊戌。入直。丑初一刻，冒雨起身，寅初一刻到，計大雨十一陣，至寅正一少止。時作時止。碩卿辭行。戌初大雷雨，至天明未止。

六月癸未朔己亥。昨淋雨感冒，遣人招筆帖式錫霖來取請假摺。雨未止，屋俱漏。細雨竟日夕不止，水災成矣。函六舟。

初二日庚子。侵曉，大雨一陣，具摺請假十日，辰正三又大雨。徐壽蘅招湖南館，以乞假來告。初三己丑團拜，辭之。初四蘇府公請陳舫仙，魁文農、李伯行、吳碩卿均來辭，德静山亦辭。助孫得之傳鳳百金，交鳳石，以梁叔子子良事致文農，屬爲薦三邑徵比館。未正三刻，筆帖式志琦來。賞假十日。一夜雨未止。函六舟。

初三日辛丑。大雨已四日夜。水災奈何。雨至酉初止。函六舟，又再復之。

初四日壬寅。三函致六舟，四五致六舟。夜，丑初又雨。

初五日癸卯。卯初以千金函致六舟。發南信，濟、辛、譜、麟、振、窓、運、竹年。再致六舟，三復之，並看摺稿。雨不止。送陳舫仙對、扇、叢書二、茶、骰。復萸芳。夜,戌刻止。

初六日甲辰。順天奏大概情形,卯初,復六舟。復萸芳。六舟來奉旨:"民田情形迅速查明具奏。欽此。"計是日六舟六函,吉人三函。

初七日乙巳,丑刻起小雨。上詣大高殿祈晴。吉人來。是日毓、王、丁、潘行。得南信。山東以觚一、溜金安陽一、殘布一百金,還之,交廉生。大暑,辰初四刻。

初八日丙午。卯刻小雨。酉初又雷雨。得吉人信,三致六舟。酉刻又雨,旋晴。子初後大雨。四復六舟。

初九日丁未。晨起再復六舟。雨未止。雨時大時小。

初十日戊申。子刻大雨幾陣,至晨未止。辰正大雨少止。四致六舟,一致吉人、一琴。午刻晴,申又陰矣。申,由六舟交來廷寄。夜間雨三次。

十一日己酉。子刻致六舟、一琴。上詣大高殿祈晴。戌子,復張吉人、張一琴,致張光宇求船。小宇交彥漢千金。以安摺交筆政。

十二日庚戌。順天奏續報情形一摺二片。午搬至壺天。建霞、鳳石、柳門來。復六舟,又函致。入此月來,唯此日未雨。然晨有數點。

十三日辛亥。入直,具摺請安。復季和。到署,署內一片汪洋。復季和。郭綬先、謝錫芬、廉生、碩卿、蓋臣來。奉上諭一道,奉廷寄一道。

十四日壬子。入直。引見時請安。復季和,復張一琴。天池、徐樹鍔來。醇邸捐五千兩、小米一千石,遣護衛呼圖禮來,告以交府。姚令來,付大宛四百,余所捐也。戌初復六舟。兵部銜左雜朱成慶來見,先具稟為衛道正,昨交溝渠河道處。

十五日癸丑。入直。派恭代皇太后賞張之萬匾,添題皇太后畫桐鳳四幅。答張笏臣國正、陳六舟。復季和信,自捐名世之數。派出萬壽進膳,自二十日至初六,瀅、澍、謨、濂、漪、潤、瀛、許、潤、伯王、克王、慶王、禮王、彭、張、許、孫、福、嵩、師、巴、崇、潘,廿三人。以百廿金交篋亭,進膳用。陳小亭、查如江、廉生、伯兮來。

十六日甲寅。入直。工直日。順天府奏胡隆洵開缺。派題皇太后畫竹鳳一幅、松鶴五幅。公所晤六舟。又詣吉人晤。

十七日乙卯。廂藍旗官學,到時,一人未到,後始陸續到。楊菽芳為截漕六萬請督主稿。李燕昌來,船到馬駒橋,不得到。辰正二刻散。啍子禾斷絃。交季和五百兩,又托季和。雀兒市拐灣深坑。又至資善堂晤季子周、李仁菴。上車時,吉人、子涵、馬、孫慕韓、張,又一位不識,均到。五函致六舟。

十八日丙辰。入直。晤蘭孫,復吉人,向萬蓮初借船事。二函復六舟,二函吉人。盛沅萍洲赴通,帶菽芳、何際雲信。戌刻,雷雨。

十九日丁巳。入直。借提督公所復六舟,遇叔平。歸來函致六舟。巳初二刻雨,至未初二刻,連復六舟,共五函。復吉人,復一琴。

二十日戊午。入直。六所候六舟,幾兩時。許到署,得吉人信,即復。筆采,付四十,欠廿。到廬州館答郭奇中,號紹亭。董蔭堂來,付五百兩,交一琴。

二十一日己未。入直。六舟遷弁函致公所,萬善殿手復。到會典館看書。戌初,復六舟。

二十二日庚申。立秋,子初一刻。入直。聚豐堂蘇府公請張筱臣,不克到。丑刻,函致六舟,昨佛青函,願辦賑六人。發下初六日萬壽進膳,賞袍褂料、荷包二對。

二十三日辛酉。派恭題皇太后松鶴一幅。長椿寺王豫生請為太夫人點主。

二十四日壬戌。工直日。順奏事,注感冒。提督府、河道處、工部會議周天霖摺。手復張朗齋。夜,子刻大雨。

二十五日癸亥。入直。先至萬善殿，擬賞崑岡母等扁、對，後至四扇屏門、懋勤殿、他他。純一齋聽戲，辰正入座。皇太后膳房飯，早晚二席，席六人。果卓一，甚豐。申正一散，三十三刻。談問渠鴻鑒來。復六舟、一琴。石賡臣來，未見。

二十六日甲辰。入直。派寫"春滿笙陔"扁，遞如意，賞收。<small>南書房二兩。</small>開發聽戲各款廿兩，如意二兩。因席甚豐，此次加頌閣首唱，膳房十兩。純一齋聽戲。辰初二，乾清宮受賀。巳正二入座，共卅九刻，添二出。酉初一刻散，賞飯，與昨同，果卓亦然。復六舟，交吏劉文送去。又函致六舟。莊佩蘭來，號崔銜，面屬江槐庭。函致六舟，招之出。莊已告假。復一琴。子刻復六舟。送瑞張德禮、張壽子青禮。

二十七日乙丑。入直。辰初二，純一齋入直，卅三刻五分。申正二散。早晚二席，果卓與上同。函致六舟，復一琴、吉人。又蔭軒言魯城村事，亦交六舟。劉佛青來，即赴東安。又函致六舟。

二十八日丙寅。入直。函致六舟。上還宮。到署，出城。吉人來。再復六舟，交吏。趙文粹坐補宛平，號心笙。

二十九日丁卯。入直。答裕澤生。拜談廣鋆吳興館。凌文曜曦亭、佛青、夢華來面商。仲韜、子元來。孫開華來<small>庚堂</small>。

三十日戊辰。入直。丑刻致六舟。卯刻致六舟。卯初二，上看祝版。花衣，乾清門侍班。<small>機未到。</small>發南信，濟、辛、綏之。

七月甲申朔己巳。入直。寅刻，上詣太廟。卯正還宮。初一二有侍郎，共八十八人。辰初，純一齋聽戲，入座，花衣，席、果如前，卅四刻。申正一刻散。荻芳來長談。致六舟。得一琴信，三函。致六舟。

初二日庚午。入直。卯刻小雨。辰正，純一殿聽戲，卅四刻。

申正初三散。因雨，賞飯聽鴻樓三次，如前。午後雨更大。申散。賞如意、帽緯、荷包、花瓶、袍褂料、香煙、漆盤。雨甚大。順天府奏開廠，初五盧溝。以謝壽摺交青丈，以電四封交六舟。是日起補褂、紫袍。

初三日辛未。入直。巳初歸。西邊廿二人，東邊廿八人。純一齋聽戲，席、果如前。戌正一刻散。復六舟，交吏，共三致。弟二次內取五千兩，弟三次早設粥廠、擔粥。

初四日壬申。入直。派寫牽牛河鼓天貴星君、天孫織女福德星君神牌。戌致六舟、秋樵。函致荻芳，內鳳石一電。巳初，純一齋聽戲，戌初散，席、果如前，卅九刻。以聽戲經費八十三兩三錢交籛亭。

初五日癸酉。入直。巳初，純一齋聽戲，入座，果、席如前。戌正一刻散。復六舟。得佛青、夢華信。致仲華，問病。

初六日甲戌。入直。辰正後，公所晤六舟。純一齋聽戲，入座，果、席如前。戌正一刻，到壺天。柳門來辭行。函致六舟，內沽電一。手復荻芳，並懇作各函。手復一琴。

初七日乙亥。入直仁曜門，上出瀛臺時謝進膳賞。初六，派出進晚膳百廿兩。即前月廿二所發。巳初，純一齋聽戲，戌初二刻散。巳初，皇太后賞御筆桐鳳一張、畫扇一柄。莆卿擬摺，交金忠甫遞。函六舟。發南信，濟、辛、譜、窓、運、綏之。再致六舟。

初八日丙子。入直。賀南皮相國。賞壽，出城，以上七日皆住壺天。答德靜山，候秋樵。災民到門，遣弁領至順府。三函致六舟。一琴、聰肅來。何其坦，江西解木委員，謝綏之姪壻。金臺書院，因謝恩及直日不克到，請查如江代交善峰百兩。具摺謝皇太后恩。胡子英來，交一琴四百兩。手復仲飴。處暑，未初三刻九分。申初，大雷雨。上詣醇邸。興陞奉天尹，稱舊屬。

初九日丁丑。入直。卯初二，上詣建福宮，後詣醇邸。丑，函六舟,復一琴。到署。酉復六舟。李成英、方峻,貴州解木委員。

初十日戊寅。入直。卯,致六舟,又致一琴。巳刻復六舟,並發沅圃公信。六舟允西紅門、樊家村開廠。吉人來。胡子英來。安平公所捐百兩,付訖。

十一日己卯。入直。順天會五城奏坍塌情形一摺。工部帶引見三名。張蔚增、清平、張聯恩。補送李筱泠賞壽對。晤六舟公所,看如江説帖可行。送許仲韜對、扇、禮十色。送龔仰蘧對、扇、禮十色。張景藩等永樂店求助三千。恒壽號介眉,海韻樓之子。

十二日庚辰。入直。上詣建福宮,後至醇邸。劉樾軒宗蔭,爲楊若臣奎綬要曾沅圃信。梁于川濟許以書啓,每月四金。付王伯恭、江容方信。到署。復六舟爲合肥信,又函致六舟,爲胡蘄生設廠事。五致六舟。莊佩蘭,號雀銜。

十三日辛巳。入直。公所晤蘭孫、小峰、蔭軒、燕甫。函致六舟。問芷菴病,屬一琴電子英。發裕壽山、奭召南良、誠果泉瑞五百里排。繆小山得京察,召見。吉雲舫召見。交莊四百兩,盤川廿兩。

十四日壬午。入直。送仲韜行十六行。晤蘭孫萬善殿。復六舟。函致萩芳,又合肥督袁遂,金臺書院課卷發去。胡海帆來,交芸楣、芸台信、銀票,又施少欽等八人公信、銀票、符藥。

十五日癸未。入直。卯初前,上詣奉先、壽皇殿。到署。手復芸楣、芸台。交一琴藥、菩提丸二百、正氣丸三百、午時茶二十,又雷公散一匣。交夢華菩丸三百、正氣三百、午時茶一千。交子英,同一琴。手復李小研。再致六舟,一解張陳氏。得六舟一復。酉正三,復六舟。重階、張景藩爲貴州木料來見。吳京培解浙木來見。

十六日甲申。入直。工部直日。復六舟於松筠菴,又函致萩芳。陸學源交到存齋信。交黃慎之菩提丸三百、午時茶二百、雷公散二匣、飛龍丹廿瓶、正氣丸三百。

十七日乙酉。未入直。到正藍官學，雲舫、華卿、申甫、梅村、勉之、詩農、季超、雨村、可莊、蔭軒同到。巳初散。候芷葊。

十八日丙戌。入直。李請假十日。派寫瀛秀園扁四面。上派寫會元殿二付。到署。晤廉生，托發香濤、張藹卿電。赴六舟招，同子密、鳳石，堃岫辭去。張、續、徐、廖總署四人到時，適遇萊山。西紅門難民遣馬弁送籌撫局，函致一琴。西復六舟。亥正復大雷。得濟、綏之電，爲棉衣事，告以交花農。

十九日丁亥。卯到火藥局看圍墻，冒雨歸。送周傳輝席、吳京培席。五百里牌致黃花農，爲濟、綏棉衣事。周號蘊甫，洞庭人。李木齋來辭行，送以食物四色。復六舟三次。

二十日戊子。入直。派寫含元殿貼落一件。在內復六舟一件。內有合肥丁子祥信。徐壽蘅招湖南館觀劇，辭之。復陸存齋，並《儀顧堂題跋》作序，並克鼎、漢大甑拓本二。

二十一日己丑。入直。公所晤蘭孫、仲華、叔平，又與箴亭面商復奏溝道一摺。四致六舟。

二十二日庚寅。入直。順天府奏一摺三片。召見。到署。公所晤六舟。爲孔繁樸函致仙屛。孔慶筠，繡珊之子。

二十三日辛卯。入直。以廣東舉人潘慈和痧氣丸五箱，以三箱交六舟。夢華二百，黃容伯二百。松江火藥局陸欲朗齋書。楊呈章程，準言奭可一萬。函致陸存齋，漢畫一、唐石十一。

二十四日壬辰。入直。工直日。奏刑部工程四件，又三件。公所晤蘭孫、小雲、續莊。發南信，濟、竹、譜、辛、綏之、窓齋、運齋。趙允中高文翰舊同事以王廉生信，攜一匝、二古金餠、一陳日鉢、圓足三枚、關字四枚、農器二件、竟一个、玉印一方來，先還玉印。二致六舟。白露，酉初初刻二分。

二十五日癸巳。入直。會典館告以疾未去。到署。二致六舟。

查、蔡遞説帖，並來見。趙允中來，付三百十兩。蔣兹來，吉人門人，同辦振者，號星吾，其言甚明白。

二十六日甲午。入直。鳳石假五日，因太夫人病也。到會典館。周承先處送點心四匣。蘭孫來。

二十七日乙未。入直。順天府奏事。公所問六舟，已先行。函致六舟，連發四函。復萩芳一函。

二十八日丙申。入直。到署。函致六舟。得濟之棉衣電，交如江、六舟。手復仲飴。交如江轉呈六舟七千一百六十兩。一琴委寶坻。

二十九日丁酉。入直。公所晤蘭孫、叔平。璞君來。龔心銘來，仰蘧之子。楊味春自東安來。莊鶴銜自武清來。山農住樵野處。範卿赴廣平。看府學卷。

八月乙酉朔戊戌。入直。賞燕窩。三函致六舟。爲江北。又漕、山東、浙來文三件，又派鎮同，三處粥廠。又派糧廳。得南濟、綏，即復濟二函，綏之二函、辛一函、窓齋、運齋。趙文粹號心笙。

初二日己亥。入直。寅刻引見，磕頭謝燕窩賞。到者唯蔭及鳳石。鳳石是日銷假請安。上詣醇府。爲方孝傑、文安山長子函致楊西卿懷震。函致碩卿，並《叢書》二部，交蔚若。四致六舟。璞君、六、吉來談。

初三日庚子。上詣醇府。工直日，注查學。到厢紅學，榮、陸、王、長、清、陳、吳、高、徐陸續到。二函致六舟。手復萩芳、張叔和鴻禄，五百排。換寶地紗。

初四日辛丑。入直。到署。朱子涵、陳桂生來。劉步元來，交以小峰信，並發電乞江西來。初七來電，許萬石。

初五日壬寅。入直。順天府奏一摺二片。公所晤六舟，又與露圃、小峰、仲華長談。手復陳賢卿，交吏。六舟是日奉上諭一道，又廷寄一件。連文沖言鶴銜索奉天朱萬石或八千，函致六舟，云不可，許二千金。

初六日癸卯。入直。大風。到黃酒館，祝嵩犢山五十。賜壽。晤廉生。四復六舟。徐國楨來。蕘圃子，現查三河。劉焌自文安交卸。劉元誠到江蘇。壽農爲史恩濤。聯肅二次書。

初七日甲辰。入直。換單袍褂。到署。上明日詣醇邸後還宮。函致裕澤生，爲姚禮咸石珊、徐受沅亞陶孫、胡金淦麗伯、靳介熙鳳果子賑出力。亞陶來診。文芝閣來辭行。聶仲芳花洋捐事。姚錫珍寶田，刑主，永清稱年姪。

初八日乙巳。入直。得六舟信於前門，歸復。寅正，上詣醇府，還宮。亞陶來診，又諄諄托其孫受沅。昨偕姚石珊及胡、靳，已交澤生。蘭孫來。

初九日丙午。入直。壺天少坐。函致六舟。手復劉獻夫汝翼。函致筱沱，爲謝小洲平柜埠事。楊萩芳來送節禮，答以席。趙文粹遞說帖。謝裕楷到大興任。孔慶筠來，謝序文。

初十日丁未。入直。上御中和殿，視社稷壇祝版。軍機先散，不侍班。到署。秋分，午初初刻二分。

十一日戊申。入直。工直日。卯初，上詣社稷壇。祈年殿工程處奏事，請十成。火藥局奏改配火藥，請旨：知道了。萩芳、如江、崔君來，同定摺稿，留點心。手復經蓮珊。

十二日己酉。入直，函致六舟。該班處晤仲華。遇霞、圃、肅王、羅玉春。皇太后賞宮綢六疋、緯帽一匣。薛雲階送一甌來看，晉司徒伯郚父作寶尊鼎，照薛款識仿刻者，器真字偽，還之。

十三日庚戌。入直。賀韓鏡孫嫁女袁際云子完姻。蘭孫子放定。再復六舟。應德明，號震伯，敏齋之子。徐仲文來，言曾道樹奎事。沈銘勳到懷柔任。馬積生放賑來。

十四日辛亥。入直。順天府奏事。晤六舟於公所。候費屺懷，請作媒。歸來，請鞠常。開發内廷節禮。廣盛即壺天，共廿一兩，付叁拾兩，多付九兩。午橋送來叔向敦。奏事，次日送來。奉旨：知道了。梁書祥云廿五日歸。

十五日壬子。入直。賞瓜果。若農以《澹然齋小草》二函見示。晉陵張維樞子環，萬曆進士，文不足觀。①

十六日癸丑。入直。雨。工部加班奏事。督修門神庫工程，九百九十兩柒錢一釐，工價制錢三百八十一串六百廿五文，派午橋、小宇。公所晤淑莊、蔭軒、露圃。樹摯下定大媒，鞠常、屺懷辰正來，即往女宅。復六舟，又函如江、子涵、心笙、謝、姚，止節奉。

十七日甲寅。廂白官學會晤，可莊頭眩未到。函致六舟。何其坦號梅閣來。劉焌、楊增，順義。朱子涵來，交吳修數信並千兩，交籌撫局，及胡道芑□信。李燕昌署固安，來見。程文炳，號從周。羅大春，號景山。

十八日乙卯。入直。公所晤季和棉衣事、叔平倉事。到署。督修派端午橋、小宇。种永順。爲張樹德函致崧鎮青。張號雨人，又字靖寰，豐潤人。

十九日丙辰。入直。工直日。賀佛六佑，倫貝子。答廖仲山、羅提軍大春。再復六舟。以手書致芸楣信，交潘笏譚誦威。馬恩培，號植軒，昌黎優。余思詒，號易齋，稻軒姪，送以對，辦寶坻。劉毓珂，號璞齋，永昌守，大城人。曾彥銓，貴道，號衡甫。

二十日丁巳。入直。會典館閱卷，不克到。再復六舟。函謝小峰，交何其坦號梅閣，送以對、書、茶、骰。常光斗東安。

二十一日戊午。入直。再致六舟。爲張樹侯宗德函致芸楣，官封。子涵、心笙來。發吳柏莊、胡芸台、奭召南謝信。

---

① 日記天頭有人名若干，録於此：
李燕昌、朱聯芳、劉啓彤、朱濇、朱靖藩、志覲、崇蓮、桑寀、賴永恭、劉兆璋、劉焌、陳佐仁。

二十二日己未。入直。派寫綺華樓玉竹寶對一付，福字二件，鴻禧二件，迎祥一件。雷雨經綸符大易，耕桑纂組啄邠風。到署。公所晤叔平、蔭軒、露圃、燮臣。梁味三書祥來，扶經伯柩歸平，贈以二百金，自其沒至此，前後共五百金。再致六舟。

二十三日庚申。入直。再復六舟，又台北電。又函致合肥，爲通永道。①

二十四日辛酉。入直。工部加班奏事二件，引見四排四名。公所晤仲華、蘭孫，客拜園。羊房村難民來。函六舟，送關帝廟、濟撫局，並函秋樵。安平公所如以三里路遠，則散米。二致六舟。子英來造象卅。②

二十五日壬戌。入直。到會典館。壺天、蘭孫正寐，未見。小峰太夫人賀扁，未去，以疾辭之。致六舟。寒露，酉初二刻二分。③

二十六日癸亥。入直。覆勘朝審覆奏。到署。王可莊來，爲陳春瀛乞隨李伯行事。查、蔡、朱、趙俱來。

二十七日甲子。入直。工直日，奏事三件。督修都察院。至秋樵家，至則已行，適遇之途，邀之返廂，並晤六舟。

二十八日乙丑。入直。順天府奏三摺四片。廣仁堂留餘。依議，知道了。公所晤六舟，叔平後至。趙同來。仲羲二罍二千，如壽峰之物。④

---

① 日記天頭記有人名若干，録於此：
梁書祥、蔣嘉泉、趙文粹、翁同穌、張度、楊靖、朱福春、項壽城、馮壽松、鄒嘉年、趙文粹、查光泰、朱滒、蔡壽臻、啓秀、朱聯芳、湯釗、王仁堪、劉心源。
② 日記天頭記有人名如下：
郭奇中、秦綬章、朱滒、趙文粹。
③ 日記天頭記有人名如下：
李光熙、徐本愚、凌道增、衛榮慶、季邦楨。
④ 日記天頭記有人名如下：
陳澤醴、郭曾程、程全保、王曾彦、田我霖、松壽；朱滒、連文沖、王延綏、殷如璋、謝裕楷、潘民表；阿克占、端方、海康、溥善、志覲、王忠廕；張度、毓俊、趙文粹、劉嶽雲、陳壽椿、王夢齡。

二十九日丙寅。天安門朝審班,午初歸。發南信,濟、辛、竹、運、綏、振、小漁。趙同來。付一千,舊欠四百。付如壽峰信。欠二千。三鐘,一大二小,一無字。

三十日丁卯。朝審上班,巳正散。吉人、贊臣、佛青交來票根,即交局。又少欽、劉蘭階芬電,即交局復。六舟夫人六十,送如意、幛、燭、酒。復剛子良、德小峰。①

九月丙戌朔戊辰。入直。到署。以如壽峰柏托松雀齡,欲連倉總。再復六舟。手書致壽泉,爲凌道增棗強,爲辦大差。

初二日己巳。入直。賀青丈嫁孫女,佛佑姪德善照士之完姻,蘭孫子苻曾完姻。曼生長椿寺念經。丁崇雅來,號鹿村。得南信。三河難民歸百餘,交資善堂遣之。孟憲彝、張渭。門人,永清。②

初三日庚午。會考八旗官學生,勉之未至,於未初散。上幸頤和園。丑刻再致六舟,再致籌撫局。③

初四日辛未。入直。送劉芝田對、《叢書》二、燕菜、木耳、綢緞、火骸、茶葉。派寫浙江同善堂"樂善不倦"扁一面。楊萩芳送小菜、栗子。明日答以席。④

初五日壬申。入直。工直日。派擬宜年殿暖台扁四分,對四分。致朗齋,交劉心源,爲舉人湖北茅懋晉。六舟來,面商列字號棚

---

① 日記天頭記有人名如下:
王瓘、朱滔、凌道增、潘學祖。
② 日記天頭記有人名如下:
丁崇雅、陳冕、孟憲彝、張渭。
③ 日記天頭記有人名如下:
曾景釗、朱滔、溥善、王瓘、海康、聯福、江槐庭、賴永恭、李天錫、楊宗濂、查光泰、蔡壽臻、陳鏡清、李培元、姚虞卿。
④ 日記天頭記有人名如下:
沈瑜寶、朱福春、姚虞卿、王夢齡、楊春元、楊宗濂。

座昨亥刻被焚摺底。①

　　初六日癸酉。入直。順天府奏列字棚座燒毀事，又二片。以張陳氏案交朱滒。溥善五人來，爲藥庫胡同溝。派寫"瑶島雲韶"扁，"金界笙簧，絾縵裔雲開福地；玳筵絲竹，鏗鏘雅奏樂鈞天"。又龍翔，又鳳舞二扁。公所晤六舟、晤叔平、孫燮臣。致朗齋，爲陸存齋速涵季。賴永恭爲三河災民申斥之。楊、查、蔡、陳留點心，爲分散廿二萬件棉衣事。②

　　初七日甲戌。入直。派擬靜宜園、梯雲書屋七言對。王輔臣散振完，來。崔嘉桓以訛詐訟事來，卻之。致崧鎮青，爲沈瑜寶號子美。劉蘭階芬，癸酉優貢，高淳人。綏之請來辦振，送肴及點心與對。又乙酉拔貢門人曹善臻要裕澤生信，許之。徐仲文爲韓文彬，二處送，引見來。

　　初八日乙亥。入直。派寫香山正凝堂對二付，臣款。"松飄晚翠摐金鐸，竹蔭寒苔上石梯"。又山坳水曲亭三面，研北屏南桔萬株，又四字春條廿件，八字春條廿件。函致六舟。胡子英、筆彩來。魯人瑞自盧溝橋來。答劉蘭階芬。菽芳來辭行，交馬現龍千金。蘭孫交來。復一琴。③

　　初九日丙子。入直。吳又五日，計廿日。陸以疾未入。上幸頤和園。沈父忠師龍泉寺念經，百齡誕也，面交莊尊銜各種藥。晤其孫宗騫、宗珂。復菽芳、經蓮珊、施少欽、金茗人福曾、蔣家啓。同杜紹唐檢

---

①　日記天頭記有人名如下：
　　謝裕楷、陳鏡清、陳鳴秋、甯璹、陳彝、劉心源、張維彬、徐致靖、準良。
②　日記天頭記有人名如下：
　　潘民表、王繽榕、汪韶年、許祐身、何蔚紳。
③　日記天頭記有人名如下：
　　李均豫、趙文粹、王言昌、魯人瑞、陸學源、楊宗瀛；蔣家啓、朱滒、莊佩蘭、志覬、惠迪、曹秉哲（吉生）、桂霖，癸酉。

送烏□，木齋之門人也。①

初十日丁丑。入直。陸以疾未入。公所晤李、翁、孫燮臣、崇受之、徐小雲。到署。復六舟。送文光席。李崇洸屬作李稼門詩集序。

十一日戊寅。入直。帶寶源局引見六名。得季和書，爲棉衣事，即函致六舟，由六舟覆之。②

十二日己卯。入直。鳳石假十日。又復六舟。復季和。如江因入武闈來見。王積榕解棉衣來見，招商通局董事。陳允頤乃陳德生之子，定子之甥也，湖南道。亞陶來診。西黃村難民小罃，安平。③

十三日庚辰。入直。工部直日。在內函復六舟。發南信，濟、辛、振、綏。禮賢難民，安平。④

十四日辛巳。入直。觴臣銷假。致六舟。莊雀銜來，允其江西米三千，次日六舟已批文，安收回。用賓長談。難民鷟房六十餘人，安平公所次日婦女三人送李光熙。⑤

十五日壬午。入直。復六舟。又函致，爲仲午失實收請咨部補領。黃村西大窪□八十八人送安平。復啓承齋，送對二分及燕窩。杜芮，寶坻紳。松爲禧麟函致玉山。⑥

十六日癸未。入直。工部加班，帶引見六名。滿員外，滿主貴州解

---

① 日記天頭記有人名如下：
李崇洸。
② 日記天頭記有人名如下：
李中堂、朱滈、石賡臣、張度、毓俊。
③ 日記天頭記有人名如下：
徐寶謙、朱福春、查光泰、王績榕、蔣壽齡、陳允頤、謝裕楷。
④ 日記天頭記有人名如下：
莊佩蘭、殷如璋、王瓘、聯福、江槐庭、廷杰。
⑤ 日記天頭記有人名如下：
江槐庭、徐寶謙、馬恩培。
⑥ 日記天頭記有人名如下：
徐寶謙、松壽、蔡壽臻、杜世紳、芮家荃、王頌蔚。

木委員。三函致六舟,又四函。爲曹善臻致裕澤生。黃村南新莊難民送安平。

十七日甲申。到正紅官學,雨軒未到。午初散。二函致六舟,送松筠菴。子涵來,並告致六舟。禮賢難民送安平。送仲發拓,有單。

十八日乙酉。入直。到署。知六舟昨厓秋樵處,即日往晤,並借去《安吳四種》。六舟來,貴州李、方二委員來,與以偉如信。施啓宇要朗齋書,面書付之。周志靖爲其祖名宦事函致蘭孫。六舟來。

十九日丙戌。入直。換羊皮冠珠垂一套。發合肥,爲凌令。胡雲楣二函,四百。復許仙屏。手復趙展如。復村莊難民十餘送安平。

二十日丁亥。入直。難民天宮莊、懷房、宋家莊三處二百餘,送安平。以偉如信及東茗一匣交曾彥銓。何牧來。又通州交界白浮村廿餘處人交何牧及順天府。四函致六舟。①

二十一日戊子。入直。工直日。難民二起交安平。督修天壇、神樂署等工。籌撫局陳、朱先來,查、蔡及何牧後至,加何九千。王曾彥來,三河未放銀,朱不必查,本欲明日演引見,以項壽臣不在京又止。五致六舟。②

二十二日己丑。入直。陸鳳石消假。送李伯行,對、《功》、《滂》、袍褂、活計、食物。發南信,以張福前日來帶物,辛、濟、振、綏之、清、培、誼。難民三起交安平。飲馬井五十,韓字圜七十,辛店十八。酉刻,馬村桑□八家、馬家六十餘。得存齋信、雲楣信。③

二十三日庚寅。入直。黃村馬房五十餘,黃村、周家村十餘,貴家

---

① 日記天頭記有人名如下:
何其翔、季邦楨。
② 日記天頭記有人名如下:
查光泰、朱滽、蔡壽臻、陳鏡清、何其翔、王曾彥。
③ 日記天頭記有人名如下:
李燕昌、江槐庭、李瀾均、許祐身、謝裕楷、陸學源、胡翔林。

村卅餘,交安平。京南黄村大莊六十,交資善。三函致六舟。得萩芳信,即復。七致六舟。

二十四日辛卯。入直。帶引見六名。彦秀、惠良、鐵良、豐培、廉興、英聯。難民天宮院百餘、王四莊七十餘交安平。陸梅村、天池送二兩,前已薦如壽峰。要得鶴齡倉總。①

二十五日壬辰。入直。派寫英廉母"瑞洽蘭笙"扁,午師韓父"澤衍千城"扁。難民東黑垡村壹九處,每一人定福六十餘人,黄村東南邢各莊六處四百餘人,交安平。二函致六舟。樊號和叔,孫順義,紀王,文安紳。立冬,廿五日戌初一刻十分。

二十六日癸巳。入直。順天府奏事二摺五片。晤秋樵、吉人。難民四起送安平。②

二十七日甲午。入直。上還宮。如號壽峰。王東安,蔣禮賢。壺天少坐。至順天署演引見。晤如江、小亭、子涵。大風。黄村南八村難民五百餘送安平。手復金苕人、經、施、王、陳十君。又手復子英,已往寶坻。午後雨又雪,又大風。③

二十八日乙未。入直。散直,寅正歸廨。天未明,已見冰。再致六舟。申仲來。難民五百餘,安平。④

二十九日丙申。入直。卯初二,上看祝版,乾清門侍班。冷。難民三百餘,安平。廣會寺王莆卿祖念經。周懋琦來,號子玉。白廟、吴樂店、海子東牆、黄村東街、梁家務、九空閘、姚家墳、未善莊、

---

① 日記天頭記有人名如下:
陸鍾琦、陸燮和、李燕昌、張肇鑣。
② 日記天頭記有人名如下:
樊觀玉、孫紹庭、吴京培、楊宗濂、紀春陵、王春魁、張肇鑣。
③ 日記天頭記有人名如下:
顧肇熙。
④ 日記天頭記有人名如下:
姚虞卿、阮引傳、清樸、江槐庭。

長久莊,五百卅餘人,又東安十餘。①

十月丁亥朔丁酉。入直。卯正二,坤寧宮吃肉。麟、徐撤讀卷官也。左安、廣渠門、郭家村百餘人,趙村卅餘,馬道村百餘人,交安平。海子紅門壹百餘人,寶坻縣十餘人,海子內南場二十餘人,楊樹底下十人,馬公莊三十餘人。周子玉有信來,云即行,以其岳母信,徐宗勉堉,徐子毓□。送《功順堂叢書》。陳小亭、子涵、謝端甫、姚二吉來。禮賢難民,隨端甫去。寶坻難民送安平。再致六舟。專員飛遞菽芳。助壬子同年張榮祝、孫傳棥八金,交蘭孫。問陳小亭,知其人與有戚,謝莘菴亦有戚。②

初二日戊戌。入直。壺天。復六舟一函。送周子玉《功順堂叢書》。送羅景山大春對、玉帽沿、活計、玉珊頂、食物。查、蔡來、莊亦到,即令其同見六舟。以東安、寶坻災民交局資遣。③

初三日己亥。到廂藍學,以後輪到各學。徐武殿讀卷、高詩農未到。巳散。吳遇之途。寅刻,函致六舟。發南信,濟、竹、綏之、誼卿。作仲芳信,交張福。五致六舟。④

初四日庚子。入直。送紹葛民席、活計。袁世廉,號清泉,小午、篤臣之姪。蘇州十餘莊遞公呈,交如江帶去。

初五日辛丑。卯正二,上御太和殿,朝服,行禮。壺天。六舟、孫爕臣來談。粵興隆若農招,同頌閣、鳳石,吳颸臣不至。

---

① 日記天頭記有人名如下:
周懋琦、陸爕和、張度、殷如璋。
② 日記天頭記有人名如下:
孟憲彝、常光斗、溥善、長潤、徐道焜、清樸、江槐庭。
③ 日記天頭記有人名如下:
查光泰、蔡壽臻、莊佩蘭、興陞、孫欽晃。
④ 日記天頭記有人名如下:
朱滒、查光泰、王瓘、紹誠、何蔚紳、袁世康、張景藩、聯福。

初六日壬寅。注感冒。聞曾沅圃初二殁於任,許仲韜廿九去世,師門零落,爲之愴然。皇太后賞大卷六件、帽緯。

初七日癸卯。入直。到署。答蘭蓀、若農。子涵來。重擬摺底夾片。海子東鐵營十八人。

初八日甲辰。入直。工直日。以黃村本街二百餘交安平,一粥,並四致六舟。子英來,爲高壽農函致蘭蓀。

初九日乙巳。入直。派題皇太后畫松十幅,派篆"壽比南山"、"南山介壽"八篆字。至仲華該班處。至壺天。

初十日丙午。卯正二,上還宫。辰初二,皇太后御慈寧宫。慈寧門行禮。三函致六舟。致崧鎮青。

十一日丁未。入直。派題皇太后御筆畫松十幅。壺天少坐。到署。再函六舟。熙年偕張福南歸。熙年用去二百金。小雪,申正一刻十三分。①

十二日戊申。入直。壺天少坐。晤仲華、六舟、淑莊。秋芳住興勝寺,送米。三河民卅餘。②

十三日己酉。入直。送秋芳席。楊三河粥廠八千。函六舟。王曾彦帶銀、米來,赴東安。

十四日庚戌。入直。陰。函六舟。至長椿寺,星叔、子原爲仲韜設位。發南信,濟之、辛之、振民、窓齋、運齋。手復仲飴。秋芳、子涵來。以通州得仁務難民二百交楊,永清渾河北廿八村禀交局催速辦。③

---

① 日記天頭記有人名如下:
　朱滔、王曾彦、王瓘、陳懋侯、方濬益。
② 日記天頭記有人名如下:
　楊宗濂。
③ 日記天頭記有人名如下:
　端方、朱滔、楊宗濂。

十五日辛亥。入直。順天府奏事。奉上諭："等因,欽此。"到會典館。公所晤六舟。叔平交來仲午花翎照。本年順天所捐一千兩。手復仲飴,並拓本,又蘭孫信。

十六日壬子。入直。壺天少坐。到署。瀆崇復命。晤蘭孫。函六舟。荻芳補通永道。

十七日癸丑。到廂紅學,會晤長、長、王可、王煦、榮、陳、陸、吳、徐俱到,高不及待。午初散。再函六舟,六舟夫人前二日到,送以席、酒。以鵝房票垈七十餘人交安平。

十八日甲寅。入直。工部帶見十二名,街道八,寶安劉倫裏皆派。滿員外一,木委員三:吳京培、方道濟、王二全。火藥局奏點驗派那王、漪到順府演引見。函六舟。

十九日乙卯。入直。得振民信。

二十日丙辰。入直。派恭代皇太后御筆賜醇王新府扁七面,"慶霄淑景"、"降福受禧"、"輝光日新"、"嘉承天和"、"慧相澄觀"、"樂善延年"、"雲霞藻繪"。到署。督修正藍旗。溥善、王瑾,聚豐。範卿、子英來。

廿一日丁巳。入直。陰有雪意。西苑門復六舟,有述旨片,昨交去看樣。復濟之、綏之。仲約假。

二十二日戊午。入直。①

二十三日己未。入直。送松鶴齡對、書十色。送陳右銘《叢書》二部。送廷用賓對、書八色。發南信,濟之、內助冠英廿、魯岩廿。辛芝、振民、誼卿。

二十四日庚申。入直。受寒。壺天少坐。到署。得荻芳信。

二十五日辛酉。火藥局會同那王彥圖、漪貝勒點驗火藥。巳正

---

① 日記天頭記有人名如下:
林紹清、朱滒、曾景釗、何乃瑩、蔣壽齡、嚴暄、沈曾值、陳鏡清、銘勳。

三散。得施、袁、張信,即復。鳳石來診,服藥。

  二十六日壬戌。具摺請假,賞十日。

  二十七日癸亥。

  二十八日甲子。鳳石來診。

  二十九日乙丑。鳳石來診,周姓診。